PEARL FARM
ROOM #
DONGFANG
四川省东方轮船公司
客轮餐票
贰元
2.00
（本票限一次使用）
壹元
1.00
Nº 0222743
BATHPLUGGER
LITTLE DIOMEDE
INTERHEMISPHERIC BERING STRAIT TUNNEL & RAILROAD GROUP
ALASKA
USA

MICHAEL PALIN
RUND UM DEN PAZIFIK

Aus dem Englischen von
Martin Richter

FOTOS VON BASIL PAO

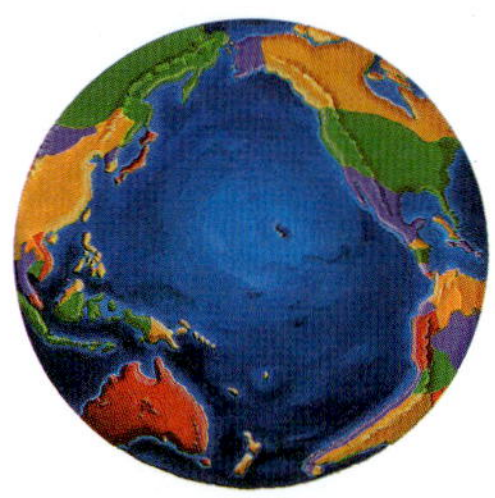

arte
EDITION

IM HAFFMANS VERLAG

Für Helen, Tom, Will
und Rachel,
die mich diese Dinge machen ließen.

Titel der englischen Originalausgabe:
»Full Circle –
An epic adventure around the world's largest ocean«
BBC Books,
an imprint of BBC Worldwide Publishing, London

Karten und Skizzen von Shaun Le Gassick
Layout von DW Design Ltd., Bobby Birchall

Fotos auf Seite 1: Java, Indonesien;
Seite 2: Am Ufer des Urubamba, Peru;
Seite 5, gegen den Uhrzeigersinn von oben nach unten:
Nome, Alaska; auf dem Amazonas, Peru; Vietnam.

Dieses Buch begleitet die Fernsehserie
»Rund um den Pazifik«
auf dem Europäischen Kulturkanal ARTE.
Erstmalige Ausstrahlung:
Juni und Juli 1998.

In Zusammenarbeit mit BBC Books.

Redaktion: Gerd Haffmans
Satz: Isabel Thalmann
Herstellung: Butler & Tanner Ltd
Printed in England

ISBN 3 251 00397 6

INHALT

LONDON 4376
SIBERIA 164
TOKYO 2983
PROVIDENIYA 230
MIAMI 4475
SEATTLE 1968
MOSCOW 4032

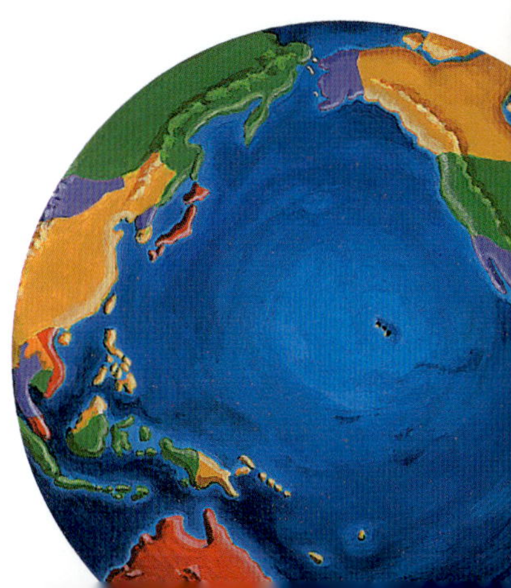

EINLEITUNG

Der pazifische Ozean bedeckt ein Drittel der Erdoberfläche, um ihn herum lebt ein Drittel der Weltbevölkerung. Seine über 180 Millionen Quadratkilometer Wasser umspülen die Küsten höchst unterschiedlicher Länder. Einige von ihnen sind Weltmächte – Rußland, China, Japan und die USA. Andere, Malaysia, Indonesien, Australien, Neuseeland, Südkorea, Chile und Kanada gewinnen ständig an Bedeutung. Die gemeinsame Küste ist mehr als ein geographisches Gebilde. Es ist ein politischer und wirtschaftlicher Zusammenhang, den man mangels eines poetischeren Ausdrucks den pazifischen Raum nennt.

Experten sagen voraus, der pazifische Rand werde das Machtzentrum des 21. Jahrhunderts. Die Kommentatoren weisen auf den Niedergang jener mittelmeerisch-atlantischen Achse hin, die die Welt in den letzten 2000 Jahren beherrscht hat. Die Zukunft gehöre der anderen Seite der Erde, das pazifische Jahrhundert stehe vor der Tür.

In den letzten Jahren habe ich zu diesen weisen Urteilen genickt, ohne genau zu wissen, warum. Was ist dieser pazifische Raum, von dem alle so selbstverständlich reden? Welche Länder gehören dazu? Haben sie ein Gefühl der Gemeinsamkeit, das ihnen von so vielen zugeschrieben wird? Ich wollte mit dem Nicken aufhören und selbst etwas darüber herausfinden.

Nach *In 80 Tagen um die Welt* und *Von Pol zu Pol* fragte man mich: »Gibt es einen Ort, wo Sie noch nicht waren?« Mir war klar, daß es viele solcher Orte gab und eine Reise rund um den Pazifik viele von ihnen berühren würde, außerdem würde ich etwas mehr über einen gewaltigen Teil der Erde erfahren, über den ich so peinlich wenig wußte. Nach der Entscheidung, mit dem fast unveränderten Team wieder aufzubrechen, fingen wir an, einige Punkte auf der Karte zu verbinden. Je genauer wir hinschauten, desto länger und ehrgeiziger wurde die Reise. Ein Kreis klingt nach einer überschaubaren Einheit wie einer Radkappe oder dem Zifferblatt von Big Ben, aber bei einem Durchmesser von 17 000 Kilometern nimmt er epische Proportionen an. Und *Rund um den Pazifik* wurde tatsächlich ein Epos.

Wir legten rund 80 000 Kilometer zurück, mehr als *In 80 Tagen um die Welt* und *Von Pol zu Pol* zusammen. Wir gaben uns eine Reisezeit von maximal einem Jahr und waren 270 Tage unterwegs, wobei wir zwischendurch kurz nach Hause zurückkehrten, um ein paar Sachen zu waschen und Ehen zu retten.

Es gab Momente, als die Kräfte erschöpft waren und das ganze Vorhaben unausführbar schien. Aber wie bei den besten Reisen lag der Grund oft darin, daß es keine Ruhepause zwischen den überwältigenden Erfahrungen gab. Es war eine Reise voller Überraschungen und widerstreitender Extreme. Schönes und Häßliches, Kultiviertheit und Elend, Großstadtlärm und klösterliche Stille lagen oft nur ein paar Kilometer auseinander. Es war nicht leicht, all dies festzuhalten, und doch schaffte ich es, jeden Tag etwas in meine kleinen schwarzen Notizbücher zu schreiben. Diese sandigen, meerwassergegerbten Tagebücher, voller Flecken von japanischem Reiswein bis zu Chicha-Bier aus den Anden, sind die Grundlage von *Rund um den Pazifik*, ergänzt durch Tonaufnahmen und Postkarten und Briefe, die ich nach Hause schickte.

Wenn es *Rund um den Pazifik* gelingt, ein Bild des Lebens im pazifischen Raum zu malen, so aus der Sicht eines Reisenden, der nach Wissen sucht, nicht eines Experten, der es verkündet. Ich habe etwas gelernt, und nun sind die Länder auf der anderen Seite der Erde für mich weniger ein Mysterium als eine Offenbarung. Dies ist die Aufzeichnung eines Jahres voller Staunen.

Michael Palin, London 1997

DANKSAGUNG

Rechts: An der chinesisch-vietnamesischen Grenze (von links nach rechts): Steve, Clem, Susan (chinesische Organisatorin), Jude, Fraser, Basil, Nigel und (kniend) John Lee (chinesischer Pressefotograf).

Ganz rechts: Das Team in Vancouver, außerdem (von links nach rechts): Roger, Oby (unser Fahrer) und Vanessa.

Meine ewige Dankbarkeit gilt zuallererst meinen Reisegefährten. Die meisten von ihnen sind schon vorher mit mir um die Welt gereist, und sie wissen, daß ich meine Bewunderung für ihre Arbeit, ihre Fähigkeiten und dafür, daß keiner von ihnen geräuschvoll frühstückt, kaum in Worte fassen kann.

Clem Vallance nahm erneut die undankbare Aufgabe auf sich, alle Fäden der Produktion zusammenzuhalten und bei der Hälfte der Folgen Regie zu führen. Roger Mills setzte sich bei fünf der zehn Episoden an die Spitze des Trupps. Kameramann Nigel Meakin und Tonmeister Fraser Barber hielten ihren legendären Standard unter oft unmöglichen Bedingungen aufrecht. Nigels Assistent Stephen Robson bewahrte in jeder Krise Ruhe, und Judy Tyrell und Vanessa Courtney ebneten uns geradezu umwerfend den Weg um den Pazifik, widerspenstigen Hotels, Kellnern, Grenzbeamten und anderen zum Trotz, die von unserer Absicht weniger überzeugt waren als wir selbst. Unser Fotograf und gastronomischer Berater Basil Pao war wie gewöhnlich unverzichtbar.

Es ist schon etwas, 270 Tage eines Jahres mit sechs anderen Menschen zu verbringen. Daß es auch Spaß macht, rechtfertigt unseren Reisegrundsatz – jeder ist auf jeden angewiesen.

Auf der Reise gab es noch viele andere, auf die wir angewiesen waren, um an schwierigen Stellen weiterzukommen. Wir vermissen Igor Nosov, der Sibirien für uns eroberte und leider anderthalb Jahre später starb. Ihm und allen anderen, die uns entlang des pazifischen Rands halfen, gebührt Dank – besonders Yukiko Shimahara, Shin-Na, John Lee und Susan Xu Xu, Mai Thu Ha, Marissa Floirendo, Philip Yung, Eko Binarso, Stephanie Hutchinson, Patricio Lanfranco Leverton, Barry Walker, Marcela Gaviria Quigley, Chloë Sayer und Bill Boatman von der US-Küstenwache.

Maribel Brook und Jane Sayers hielten die Fäden im Basislager London zusammen, und Emily Lodge arrangierte den Währungsumtausch.

Anne James von Prominent Television war eine Quelle der Inspiration, und Eddie Mirzoeff von der BBC half stets; auch dem Team, das die Serie sendefertig machte, gilt mein Dank – David Thomas, Alex Richardson, Victoria Trow und Kathy Rodwell.

Die Arbeit an diesem Buch wurde durch die Geduld meiner Assistentinnen Kath James und Kirsten Whiting erleichtert, und durch mein langmütiges Redaktions- und Produktionsteam bei BBC Books, vor allem Sheila Ableman, Anna Ottewill und unseren Designer Bobby Birchall. Nicht zuletzt danke ich Suzanna Zsohar, die der Welt dieses Buch verkündete.

Reisenotiz: Ich verdanke den *Lonely Planet Guides* Informationen über fast jeden Ort. Auch die *Rough Guides* und *Insight Guides* waren von unschätzbarem Wert.

THE PACIFIC RIM
author's route
RUSSIA
ALASKA USA
Little Diomede
Nome
BERING STRAIT
BERING SEA
Kodiak Island
Magadan
Petropavlovsk
SEA OF OKHOTSK
Vladivostok
SEA OF JAPAN
Sado Island
KOREA
Seoul
JAPAN
Tokyo
Hiroshima
Nagasaki
CHINA
Qingdao
Shanghai
Wushan
Chongqing
Guiyang
Nanning
Hanoi
VIETNAM
Saigon
YELLOW SEA
PACIFIC OCEAN
SOUTH CHINA SEA
Baguio
Manila
PHILIPPINES
Zamboanga
Sandakan
MALAYSIA
Kuching
INDONESIA
Jakarta
Surabaya
Darwin
TIMOR SEA
CORAL SEA
Alice Springs
AUSTRALIA
Adelaide
Sydney
INDIAN OCEAN
TASMAN SEA
Auckland
NEW ZEALAND
Dunedin

CANADA
ince Rupert
Prince George
Vancouver
Seattle
USA
San Francisco
Los Angeles
San Diego
Tijuana
MEXICO
Mexico City
CARIBBEAN SEA
Cartagena
Bogotá
COLOMBIA
Iquitos
PERU
Lima
Machu Picchu
Cuzco
BOLIVIA
Lake Titicaca
La Paz
Arica
PACIFIC OCEAN
Santiago
CHILE
CHILOE
Punta Arenas
TIERRA DEL FUEGO
SOUTH ATLANTIC OCEAN

LITTLE DIOMEDE ISLAND (BERINGSTRASSE)

1. TAG

Es ist ein Vormittag Ende August, und ich sitze auf einem Felsen in der Mitte der Beringstraße.

Ich bin nicht der einzige hier. Außer den sechs anderen Mitgliedern meines Filmteams leben noch 182 Inaluk-Eskimos auf diesem anderthalb Kilometer langen Felsen. Dort unter mir gehen sie ihrer Arbeit nach. Die Fischer zerlegen Walrösser und hacken das wertvolle Fleisch in große, übelriechende Teile, die unter Plastikfolie verborgen werden, wie Gegenstände bei einer Morduntersuchung. Ihre Frauen hängen die Walroßhaut auf Holzrahmen neben Seehundsinnereien, Heringsstreifen und Belugawal-Stücken zum Trocknen auf. Andere reparieren Boote, streichen sie an und basteln an den Außenbordmotoren. Die meisten der sechzig Kinder auf der Felseninsel spielen in der Mittagspause lärmend auf dem Schulhof. Eine Handvoll Männer mit Schutzhelmen verschwindet in der Fabrik, die neben dem riesigen Wassertank diese kleine Siedlung an der Steilküste beherrscht.

Von meinem gefährlichen Ausguck aus schaue ich auf die zusammengewürfelten Hütten mit einem Gefühl hinab, das an Verzweiflung grenzt. Alle anderen auf diesem Felsen scheinen zu wissen, was sie tun und warum sie hier sind. Ich versuche mich zu konzentrieren – Nigel richtet erwartungsvoll die Kamera auf mich, und Frasers windisolierter Mikrogalgen zeigt wie ein Kälberstock auf mich. Gleich soll eine Dokumentarserie beginnen. Ich fühle mich weniger als Fernsehmoderator, eher wie Alice im Wunderland.

Erst vor fünf Tagen steckte ich bei Dreharbeiten mit John Cleese und einer Tarantel in einem Wandschrank in Buckinghamshire, und nun bin ich an einem Montagvormittag hier, dicht unter dem Polarkreis, und schaue hinüber auf einen russischen Felsen, auf dem es schon Dienstagvormittag ist – diese Differenz von 24 Stunden erklärt sich aus der unsichtbaren internationalen Datumsgrenze, die einen Steinwurf entfernt die Beringstraße durchschneidet. Für die russischen Soldaten, die mich von der anderen Seite des Wassers beobachten, ist der Tag vorbei, der für mich beginnt.

Der Wind wird stärker und treibt den widerlichen, durchdringenden Geruch von Seehundstran den Hügel hinauf zu uns. Er riecht auch nach Wetterwechsel, wir können nicht sehr viel länger hier oben bleiben.

Little Diomede in der Beringstraße.

Der Felsen heißt Little Diomede Island und ist der nordwestlichste Punkt der Vereinigten Staaten. Er liegt direkt südlich des Polarkreises auf einer Breite von 65,40° und ist von dem russischen Besitz Big Diomede Island durch einen schmalen, reißenden Kanal von dreieinhalb Kilometern getrennt. Vor ein paar tausend Jahren, vor dem Ende der Eiszeit, war Diomede Teil einer Landbrücke, über die die ersten menschlichen Bewohner Amerikas kamen. Das russische Festland ist nur 48 Kilometer entfernt und das amerikanische noch weniger. Asien und Amerika liegen hier so nah beieinander wie London und Oxford, und im Winter, wenn das Meer zufriert, kann man von einem Kontinent zum anderen wandern.

Oben: Moderne Eskimos tragen Baseballkappen.

Oben rechts: Ignaluk. Unser Ausgangspunkt.

Rechts: Walteile. Im Hintergrund Big Diomede.

Die Beringstraße ist der nördliche Eingang zum Pazifik. Von hier dehnt er sich nach Süden aus, bis er 17 700 Kilometer von der Ost- zur Westküste mißt und ein Drittel der Erdoberfläche bedeckt. Viele haben seine Inseln erforscht oder sind entlang der Küsten Asiens und Amerikas gefahren, aber ich habe nie jemanden getroffen, der den ganzen Kreis zurückgelegt und alle Länder am Pazifik besucht hätte. In einem Jahr hoffe ich, wieder auf der kleinen Insel Little Diomede zu sein.

Sobald ich meine Absicht der Kamera anvertraut habe, fühle ich mich besser. Aber während der zunehmende Wind über diese unwirtlichen, baumlosen Klippen streicht, dämmert mir, was vor uns liegt und wie wenig ich von meiner Familie sehen werde. Ich blicke zur Crew hinüber und frage mich, ob sie dasselbe denken, aber sie packen schon die Ausrüstung zusammen, wuchten Taschen auf den Rücken und fangen an, vorsichtig ihren Weg zwischen den grasbewachsenen Felsen hinab zum Dorf und zum Meer zu suchen. Es geht los.

Das Dorf, in das wir hinabsteigen, heißt Ignaluk. Es ist der einzige Ort auf Little Diomede und zeigt alle Widersprüche und Komplikationen im Leben der Eskimos. Das Wetter ist rauh und gnadenlos. Außer den Hütten, die sie sich bauen, und ein paar öffentlichen Gebäuden gibt es keinen Schutz vor den Elementen. Das Leben ist noch immer am täglichen Bedarf ausgerichtet, und die Jagdmethoden sind uralt und traditionell. Lundähnliche Vögel namens Alk werden in Netzen an vier Meter langen Pfosten gefangen. »Im Grunde fischen wir sie aus der Luft«, sagte ein Mann zu mir. Sie jagen auch Wale, obwohl sie diese heute eher schießen als harpunieren. Wenn das erste Eis des Winters, das sogenannte ›Schlammeis‹, von Norden kommt, legen sie sich auf die Lauer nach den Eisbären, die mit ihm kommen. Es ist ein hartes Leben, aber niemand, den ich traf, würde im Traum daran denken, die Insel zu verlassen.

Die Kultur der Eskimos wird in der Schule und im Stadtrat betont. Alkohol ist hier verboten, wie in vielen Orten Westalaskas; die Eskimos vertragen nicht viel. Die Hälfte der Einwohner geht in der katholischen Kirche zum Gottesdienst. Neben ihren Eskimonamen tragen sie auch amerikanische – ich habe Eskimos namens Andy, Marlene, Orville und Anne-Marie getroffen. Sie haben vielleicht keine Gefrierschränke (statt dessen lagern sie Lebensmittel im ständig gefrorenen Boden), aber sie haben Satellitenfernsehen, und es dauert nicht lange, bis sich herumgesprochen hat, daß einer der Schauspieler aus *Die Ritter der Kokosnuß* auf der Insel ist. Was ich als letztes tun muß, bevor ich eine der abgelegensten Ecken der Welt verlasse, ist Autogrammschreiben.

Ich habe gesagt, ich käme wieder, aber sie scheinen mir nicht zu glauben.

3. TAG

'You will find a magic city,
On the shore of Bering Strait;
Which shall be for you a station,
To unload your Arctic freight.
Where the gold of Humboldt's vision,
Has for countless ages lain;
Waiting for the hand of labour,
And the Saxon's tireless brain.'

The Goldsmith of Nome
Sam Dunham

Frühstück in Fat Freddie's Restaurant in Nome, einer verrückten Stadt, die auf seltsame statistische Werte stolz ist, z. B. auf die Tatsache, daß der nächste Baum 80 Kilometer entfernt ist. Sie liegt an der Südwestküste der 320 Kilometer langen Seward-Halbinsel, benannt nach George Seward, dem amerikanischen Außenminister, der Alaska 1867 für 7,2 Millionen Dollar von den Russen kaufte. (Obwohl das etwa zwei Cent pro Hektar machte, war es kein populärer Kauf, und das Gebiet wurde damals ›Walrußland‹ und ›Sewards Eisschrank‹ genannt.) Wir haben uns im Hotel ›Nuggett Inn‹ an der Seeseite einquartiert.

Tatsächlich waren es drei Schweden, die 1898 im nahen Anvil Creek fündig wurden und einen klassischen Goldrausch auslösten, der innerhalb von zwei Jahren einen Streifen arktischer Wüste in eine Stadt mit 20 000 Einwohnern verwandelte. Es gibt verschiedene Versionen, warum sie Nome getauft wurde, jede davon gebührend exzentrisch. Ein gewisser Harry de Windt, der 1902 hier durchreiste und die Stadt als »eine Art schäbiges Monte Carlo« beschrieb, behauptet, es komme vom indianischen »Nome«, was »Ich weiß nicht« bedeutet, die Antwort, die die ersten weißen Händler erhielten, als sie die Eingeborenen fragten, wo sie seien. Die verbreitetste Erklärung besagt, daß Nome als Mißverständnis beim Lesen einer Seekarte entstand, auf der ein Landvermesser das Wort »Name?« an ein Kap geschrieben hatte. Trotz dieser nicht sehr vielsprechenden Anfänge hat Nome 97 Jahre mit Feuern, Sturmfluten und Seuchen überstanden, und obwohl seine Bevölkerung sich bei rund 5000 eingependelt hat, scheint es nichts von seiner Eigensinnigkeit verloren zu haben. Von außen sieht der schindelgedeckte Nuggett Inn wie eine Jahrmarktsbude aus, mit den holzgeschnitzten Figuren kühner schnurrbärtiger Goldgräber und dem obligatorischen vielarmigen Wegweiser: ›London 4376, Sibirien 164‹. Es ist eine Mischung aus Bordell und Naturkundemuseum. Ich mache einen Spaziergang die Front Street entlang, in der

Verlassene Eisenbahn aus der Zeit des Goldrauschs in der Tundra bei Nome.

Das ›Nuggett Inn‹, ein Museum mit Betten.

Hand das mit nützlichen Informationen bedruckte Platzdeckchen von Fat Freddie's Restaurant. »Nome hat dreizehn Kirchen, drei Tankstellen, neun Saloons und acht Sehenswürdigkeiten.« Alles, was ich im Moment sehe, sind eine Menge Leute, die wacklig auf den Beinen sind und den Gehweg entlangschwanken, wobei sie einander ab und zu undeutliche Begrüßungen zubrüllen.

»Bissu Koreaner?« überrascht mich am meisten.

Am Tresen des Andenkenladens gegenüber komme ich mit Richard Benneville ins Gespräch. »Klar gibt's hier ein Alkoholproblem«, sagt er und nickt in Richtung einer Ansammlung von Kneipen. »Die Bars an der Front Street

Oben: Elch-Denkmal und die Beringsee in ruhiger Stimmung.

Oben rechts: Andy und Rob, zwei ewige Optimisten.

Rechts: Die Front Street in Nome.

machen zehneinhalb Millionen Dollar im Jahr. Die Eskimos haben jetzt ihre eigenen Verwaltungen. Sie können für sich selbst entscheiden. Früher gab es hier zwei Gruppen der Anonymen Alkoholiker, jetzt sind es 22.«

Später führt Jim Stimpfle das Thema weiter, obwohl er die Eskimos mit der Diskretion eines Grundstücksmaklers mit ihrem politisch korrekten Namen bezeichnet. »Diese Stadt wurde nicht von eingeborenen Amerikanern gegründet. Sie ist eine Stadt aus dem Goldrausch, aber mit dem traditionellen Grundriß von US-Städten. Deshalb ist Nome etwas besonderes, und deshalb mögen es die Makler.«

200 000 Dollar für ein Grundstück an dieser kahlen Küste klingen stolz, bis man sich erinnert, daß Alaska inzwischen mehr zu bieten hat als Gold. Unter der steinhart gefrorenen Erde lagern gewaltige Ölreserven. Schon jetzt steht der Permanent Oil Fund, den Alaska als Tantiemen erhält, bei 13 Milliarden Dollar. Es gibt nicht nur keine Steuern, sondern jeder Mann, jede Frau und jedes Kind in Alaska bekommen pro Jahr 1000 Dollar vom Staat zurück.

So hegen die Bewohner große Zuneigung zu diesem wilden Flecken. Sie betonen die niedrige Verbrechensrate und die Tatsache, daß man entgegen allem Anschein seine Haustür nachts gefahrlos unverriegelt lassen kann. Nancy Maguire, die Redakteurin der eindrucksvollen Wochenzeitung ›The Nome Nugget‹: »Unsere Betrunkenen sind die freundlichsten auf der Welt.«

5. TAG

Ich fahre ein Stück hinaus an den Strand, um zu suchen, was vom Goldenen Sand von Nome noch übrig ist, der einmal eine stinkende Zeltstadt von 30 000 Goldsuchern anlockte. Heute, unter einem kalten, grauen Himmel, scheint die Bezeichnung lediglich ironisch zu sein. Der Strand ist schmuddlig, eher grau als golden, und es gibt eine Gezeitenmarke aus gebleichten Holzsparren, die wohl von Rußland herübergeschwemmt worden sein müssen, da es hier keine Bäume gibt.

Aber diese wenig verheißungsvolle Umgebung kann unerschütterliche Optimisten wie den gertenschlanken Andy und seinen dreizehnjährigen Sohn Rob nicht abschrecken. Sie schlafen in einer kleinen Hütte am Strand und sieben den Sand mühsam von Hand. Rob ist vernünftig und wortgewandt und überzeugt mich nach einer kurzen Unterhaltung, daß es gar nichts Normaleres geben kann, als einen ganzen Sommer mit seinem Vater zu verbringen und dabei Goldkörner von einem windgepeitschten Strand in Alaska zu lesen. Er hält die finanzielle Ausbeute für ausreichend, um das Fehlen von Schulfreunden auszugleichen, und schätzt, daß er in einem guten Sommer 6500 Dollar machen kann.

Weiter unten am Strand benutzt ein Engländer namens Stan Cook Meerwasser, um den Sand mit einem Hochdruckrohr umzugraben. Er hat einen gewundenen zwei Meter breiten Kanal den Strand hinuntergegraben, zuckt aber die Schultern bei der Frage, ob das Schäden für die Umwelt bedeute.

»Ein Sturm, und alles ist wieder da.«

Als ich ihn frage, wieviel Gold er gefunden hat, lacht er verlegen: »Wenn ich's sagen würde, würde ich lügen.«

Stan und das andere halbe Dutzend Goldschürfer an dieser Stelle machen vielleicht den Eindruck beknackter Einsiedler, aber er versichert mir, daß die meisten sich abends im Pub treffen. Und einander Lügengeschichten erzählen.

Auf der Rückfahrt durch eine öde Landschaft mit wackligen Hütten, die auf Ölfässern und alten Baggereimern von früheren Goldsuchen ruhen, halten wir am Safety Bay Inn, der von einer Frau mit vanille- und schokoladegetöntem Haar geführt wird, um ein Bier zu trinken. An der Decke sind Dollarnoten befestigt, und an den Toilettentüren steht ›Frauen‹ und ›Tiere‹.

6. TAG

Über Nacht kommt ein mächtiger Sturm von Norden. Ich höre Wind und Regen gegen meine Scheiben schlagen; lange rollende Wellen rennen wie Lemminge gegen die Kaimauer an.

Ich wache mit einem trockenen Husten, Halsentzündung und Verstopfung auf. Roger verschreibt mir Sachen aus der homöopathischen Reiseapotheke. Es scheint eine Pille gegen fast jede körperliche oder geistige Krankheit zu geben, auch gegen Heimweh. Dafür ist es noch ein bißchen früh.

Runter zum Frühstück. In Fat Freddie's Restaurant blubbert von morgens bis abends das Bratfett. Dort sitzen große kräftige Männer mit Vollbärten und Baseball-Kappen beim Essen, die fleecegefütterte Goretex-Jacken tragen, aufs Meer hinausstarren und nicht viel reden. Die Kellnerin nimmt unsere Bestellung auf und fügt quietschvergnügt hinzu, daß frisches Obst aus ist. Ich blättere die ›Tunnel Times‹ aus Anchorage durch, das offizielle Sprachrohr einer Gruppe, die für nicht weniger eintritt als für »das ehrgeizigste Bauvorhaben der Weltgeschichte«. Es handelt sich um den Bau eines Eisenbahntunnels unter der Beringstraße hindurch, der Nordamerika mit Asien verbinden würde. Vor mir steigt das Bild einiger verlockender Zugausflüge auf. Von Waterloo Station nach Grand Central Station. Von Windsor nach Washington. Von Bangkok nach Bogotá. Ich bewundere ihren Mut und notiere, sie im Testament zu bedenken.

Wir breiten Karten aus. Wir müssen versuchen, den schnellsten Weg zu finden, auf dem wir unsere angestrebte Route um den Pazifik erreichen – gegen den Uhrzeigersinn auf der asiatischen Seite hinunter und zurück durch Süd- und Nordamerika. Da Sibirien zum großen Teil unzugängliche Wildnis ist, ist der nördlichste Punkt, der geeignet ist, um an Land zu gehen, die Halbinsel Kamtschatka. Die US-Küstenwache hat angeboten, uns über die Aleuten zu fliegen – eine 3200 Kilometer lange Inselkette im nördlichen Pazifik – sofern wir zu ihrer Basis auf der Insel Kodiak kommen können, ein paar hundert Kilometer südlich von Anchorage.

Ich fahre Nigel über den Goldenen Strand von Nome.

KODIAK

7. TAG

Ich gebe zu, vorher nie von Kodiak gehört zu haben, und erfuhr zu meiner Beschämung, daß es die zweitgrößte Insel (nach Hawaii) und der zweitgrößte Fischereihafen der USA ist. Es hat eine ausgefranste, verschnörkelte, von steilen

Die russisch-orthodoxe Tradition lebt auf Kodiak weiter.

Klippen unterbrochene Küstenlinie und ein Landesinneres, das in seiner dramatischen Schönheit an die Alpen erinnert. Der nahe Mount Katmai brach 1912 mit größerer Gewalt aus als der Krakatan. 6500 Kubikmeter Gestein wurden in die Luft gestoßen, und die Asche erstickte die Lachse in den Flüssen und hüllte die Insel für drei Tage in völlige Dunkelheit. Am Karfreitag 1964 löste das stärkste jemals in Amerika gemessene Erdbeben eine 12 Meter hohe Flutwelle aus, die die Fischerboote im Hafen von Kodiak zerstörte und die Innenstadt dem Erdboden gleich machte.

An diesem Sonntag sieht die Stadt friedlich aus, sauber geschrubbt und seltsam unamerikanisch. Ich schreibe das den himmelblauen Kuppeln und weiß geschindelten Wänden der russisch-orthodoxen Kirche zu. Kodiak wurde ursprünglich von Russen besiedelt, die noch vor der Gründung der Vereinigten Staaten Handelsstationen an Alaskas Pazifikküste errichteten, wie die Engländer, Spanier und Franzosen. Noch immer gibt es genug Gläubige, daß die

Kirche während der Messe gefüllt ist, die Stunden dauert. Zum größten Teil wird sehr schön gesungen. Der Gesang des Knabenchors ist hypnotisch, sanft und unwiderstehlich. Obwohl das Ritual, das Ornat und die Architektur europäisch sind, hängt neben den Bildern der Heiligen das Sternenbanner an der Wand, und in unsere Gebete sollen wir nicht nur all jene einschließen, »die an Alkoholismus erkrankt sind«, sondern auch »unsere Truppen überall auf der Welt«. Das erinnert mich an unsere Verabredung mit der US-Küstenwache. Wenn alles glatt geht, sollen wir Dienstag nach Attu am Ende der Aleuten abfliegen. Das läßt uns anderthalb Tage, einiges Sehenswerte auf Kodiak zu besuchen. Unten am Hafen bietet eine Firma eine Liste von Sportarten an, zu denen ›Sporttauchen‹, ›Reiten‹, ›Kajakfahren‹ und ›Bärenbeobachten‹ gehört. Da mein Reiseführer den Kodiak-Braunbär als »das größte fleischfressende Landlebewesen« beschreibt, fällt die Wahl nicht schwer.

Ich klettere in den eckigen Rumpf eines De-Havilland-Beaver-Wasserflugzeugs der Uyak Air. Der Pilot heißt Butch. Er ist Anfang Dreißig, macht wenig Worte, außer wenn er das Loblied seines Flugzeugs singt. Wie so viele Flugzeuge in abgelegenen Weltgegenden ist die Beaver nicht mehr neu – diese hier ist 33 Jahre alt. Butch beschreibt sie ohne Ironie als »richtig gute Schlechtwettermaschine«. Zum Glück kommen wir um schlechtes Wetter herum; als wir die Berge in 1000 Meter Höhe überfliegen, werden wir durch einen Anblick belohnt, wie er sich aus Passagierflugzeugen nur selten bietet. Gipfel steigen vor uns auf und verlieren sich in einem faltigen Teppich von Grün, der sich um türkisfarbene Buchten und rasch fließende Flüsse breitet.

96 Kilometer südwestlich von Kodiak City landen wir auf dem Karluk Lake und erreichen Camp Island. Wir werden vom örtlichen Ranger empfangen, der uns die Zelte und Zedernholzhütten zeigt, in denen wir übernachten. Butch ist bald wieder fort, er rast den See hinauf und hebt steil nach Nordosten ab. Außer unseren eigenen Stimmen ist kein Laut zu hören.

Scott schätzt, daß wir gute Chancen haben, Bären zu sehen, wenn sich das Wetter hält. Er und Kent, der Zimmermann, laden uns und die beiden einzigen anderen Gäste – ein sehr lustiges deutsches Paar – in zwei Aluminiumdingis, die uns eine halbe Meile weit zu der Stelle bringen, wo ein schmaler Fluß in den See mündet. Scott, ein Gewehr über der Schulter, obwohl er die Bärenjagd strikt verurteilt, führt uns durch mannshohe Conyza-Bänke und lobt dabei den Reichtum der Tierwelt am See. Außer dem Rotlachs und rotbrüstigen Gänsesägern, die ihre eigenen Eier fressen, sollen wir Biber, Otter, Wiesel, Rotwild und Adler sehen. Alles, was ich im Moment sehen kann, sind schwarze Fliegen, die sich in so dichten Schwärmen um unsere Gesichter sammeln, daß wir eine Art Imkerhaube aufsetzen. Als ich die ersten Bären sehe – ein Muttertier mit fettem Rücken, das mit zwei Jungen im Schlepptau den Fluß entlang trottet – bin ich so beeindruckt, daß ich ohne nachzudenken das Netz vom Gesicht streife, um besser sehen zu können. Sekunden später attackieren ganze Fliegengeschwader meine Augen, Lippen und Nasenlöcher.

Die Bären sind keine hundert Meter entfernt, wir bekommen den Rat, uns ruhig zu verhalten. (Wie üblich sind die Experten geteilter Meinung, wenn es um das Verhalten wilder Tiere geht, die einen sagen, sie würden keiner Fliege etwas tun, die anderen behaupten, erst letzte Woche gesehen zu haben, wie jemand in Stücke gerissen worden sei.) Es gibt nicht mehr viele Kodiak-Braunbären, vielleicht 2500 auf der ganzen Insel, und obwohl sie bis zu 80 Kilometer umherziehen, kennt Scott die Stammgäste an diesem Fluß. Olga, das Weibchen, das wir zuerst sahen, setzt sich jetzt aufs Hinterteil und beobachtet aufmerksam das schnell fließende Wasser, das ihre dicken Keulen umspült. In dieser Jahreszeit gibt es reichlich Nahrung, der Fluß ist voller roter Lachse, die nach drei Jahren im Meer zurückkehren, um in denselben Flüssen zu laichen, in denen sie geboren wurden. Ausgewachsene Bären wie Olga fressen etwa 30 Lachse am Tag.

Zwei andere Weibchen kommen mit ihren ein Jahr alten Jungen den Fluß herabgeplatscht, sie unterscheiden sich von den Männchen durch ihren weißen Fellkragen. Maggie, das Leitweibchen, langt nach einem Lachs, der fortschnellt. Statt auf einen anderen zu warten, springt sie herum und stampft hinter ihm her. Schließlich findet sie etwas Passendes und läßt sich darauffallen, die Vordertatzen ausgestreckt wie eine Katze beim Mäusefangen. Dann hebt sie den Lachs mit feinfühliger Präzision hoch, reißt die Haut mit den Zähnen ab und trägt den Fisch zu ihren Jungen zurück.

Heute hat unser Kameramann Nigel Geburtstag (in *Von Pol zu Pol* wurde er gefeiert, während wir einer Bauchtänzerin in Südägypten zusahen), und wir haben zu diesem Anlaß ein paar Flaschen Champagner auf die Insel geschmuggelt. Just in diesem passenden Augenblick schlägt meine beginnende Erkältung, die ich mir mit allen Vitaminen von A bis Z vom Hals zu halten versucht habe, voll zu. Ich lege mich ins Bett und beende den Tag niesend und schniefend in meinem Zelt am See, während die Klänge von »Happy Birthday« über das Wasser ziehen.

CAMP ISLAND

8. TAG

Fühle mich heute früh hundeelend und sehne mich nach einem heißen Bad, sauberen Sachen und Ruhe. Als ich den Reißverschluß des Zelts aufziehe und schniefend wie Meister Dachs in *Der Wind in den Weiden* hervorkomme, bemerke ich ein Rascheln im hohen Gras, aus dem nach kurzer Zeit die Köpfe von zwei Füchsen hervorspähen und mich neugierig beäugen, der eine aschgrau, der andere rötlich. Ihre Ohren bewegen sich vor und zurück, wachsam und vorsichtig. Als ich zur Haupthütte komme, macht Scott Omelettes. Er sagt, es gäbe drei Füchse auf der Insel, Emily und zwei Junge. Sie seien ziemlich zahm, aber wir sollten sie auf keinen Fall füttern.

Als wir wieder die Bären besuchen gehen, sehe ich Emily wieder. Sie ist am Strand und dreht mit ihren dünnen Vorderbeinen Kiesel um. Fraser sagt, letzte Nacht habe er einen der Füchse überrascht, der versuchte, eine Champagnerflasche aufzubekommen, die zum Kühlen auf den Steinen lag.

Drei Uhr. Das Wasserflugzeug, das uns zurück nach Kodiak bringen sollte,

Der Karluk-See auf Kodiak. *Links: (oben)* Das größte fleischfressende Landtier der Erde, *(unten)* das frustrierteste.

Oben: Warten auf Butch.

hätte vor zwei Stunden kommen sollen. Wir haben gepackt und sind fertig zum Aufbruch.

Sechs Uhr. Es gibt kein Funkgerät, mit dem wir die Außenwelt rufen können. Die herrliche Einsamkeit von Camp Island beginnt ein wenig von ihrem Zauber zu verlieren. Scott kocht ein leckeres Essen aus Lachs und Heilbutt mit gehacktem Gemüse und Reis. Kent hört man von ferne sägen und hämmern, Basil glaubt, er zerhackt frühere Besucher. Als klar wird, daß uns heute niemand mehr abholen wird, packen wir wieder aus und richten uns für eine zweite Nacht ein, herrlich weit enfernt von heimtückischen Versuchungen wie fließendes Wasser, WCs und sauberer Wäsche.

Emily, der Fuchs, der fast eine Champagnerflasche aufbekommt.

9. TAG

Dienstag früh. Das Frühstück hat etwas von einer Henkersmahlzeit. Heute gibt es keine Omelettes von Scott, sondern eine realistische Einschätzung unserer Lage. Siebenmal sind in diesem Sommer bisher Besucher gestrandet. Das einzige Funkgerät, mit dem wir die Außenwelt rufen können, steht in der nahegelegenen Hütte der Park- und Wildaufsicht, aber die Tür ist abgeschlossen, und Scott hat keinen Schlüssel. Nur bei einer »lebensbedrohenden« Notlage will er die Tür eintreten. Unser Regisseur Roger ist nicht gerade glücklich. Düster blickt er auf seinen Drehplan. »Zählt auch eine jobbedrohende Notlage?«

Ansonsten hat eine gewisse Teilnahmslosigkeit eingesetzt. Vanessa (Rogers Assistentin) sitzt am Kieselstrand, wie eine Matrone in ein Moskitonetz gehüllt, und liest Homer für ihr Fernstudium. Basil hat seine Aufblaspuppe ausgepackt. (Sie ist eine Puppenversion der gepeinigten Figur aus Munchs Gemälde *Der Schrei*, und er hat vor, sie auf jeder Station unserer Reise zu fotografieren.) Nigel trottet um die Insel, Rosi dreht ein Video, und ich bin im Wald und sehe aus der pittoresken dreieckigen Bleistiftzeder-Toilette einen kahlköpfigen Adler über dem See seine Kreise ziehen.

Später: Es gibt doch ein Funkgerät, mit dem Scott Nachrichten empfangen kann, aber keine senden. Er konnte mitkriegen, daß Kodiak City Nebel erwartet. Das einzig Gute daran: Wenn keine Flugzeuge aus Kodiak starten können, kann unsere Maschine von der Küstenwache auch nicht abfliegen.

Die schlechte Nachricht: Der Wein ist alle.

10. TAG

Inzwischen sind wir hier seit fast zwei Tagen gestrandet. Das Wetter wird schlechter, Wolken und Regen hängen an den Bergen, und wir können kaum noch die Kammlinie der niedrigen Berge erkennen.

Verzweifelte Situationen ziehen verzweifelte Lösungen nach sich. Es besteht der Plan, daß wir versuchen sollten, von hier zum neunzehn Kilometer entfernten Ort Larsen Bay zu wandern. Scott schätzt, wir würden dabei Verletzungen und weitere Verzögerungen riskieren. Er sagt, das meiste Grasland sei Sumpf. Kent widerspricht. Er behauptet, den Weg schon mal gegangen zu sein, und es sei »wie ein Spaziergang im Park«. Es herrscht die verständliche Furcht, daß wir nicht nur unseren Flug mit der Küstenwache verpassen, wenn wir nichts tun, sondern auch unsere Drehpläne in Sibirien in Gefahr bringen, was wiederum unsere Pläne für Japan berührt und so weiter.

Der Streit wird durch das immer schlechtere Wetter entschieden, ebenso schlecht zum Laufen wie zum Fliegen. Als wir uns damit abfinden, die vierte Nacht auf der Insel zu verbringen, ertönt das Geräusch eines Dieselmotors, die Beaver nähert sich im Tiefflug von Norden.

Anscheinend hatte sich der Nebel in Kodiak kurz gelichtet, ein Nebel, der nach den Worten von Butch so tief hing, daß »wenn man eine Grube gegraben hätte, auch Nebel dringewesen wäre«. Der Wind weht heftig, und es soll starken Regen geben, also ist keine Zeit für lange Abschiedszeremonien. Meine Erleichterung wird getrübt, als ich die Füchse am Ufer sehe, die meine Abreise ebenso neugierig beobachten wie meine Ankunft.

Der Rückflug nach Kodiak ist zeitweise gefährlich. Wir purzeln zwischen verschiedenen Luftschichten hin und her und werden inmitten häßlicher schwarzer Wolken durchgeschüttelt, aber als wir endlich die letzten niedrigen Nebelbänke durchstoßen und unter uns einen Blick auf das graue Wasser des Hafens erhaschen, tritt Erleichterung an die Stelle der Furcht. Butch wird ein Nationalheld und die 33 Jahre alte Beaver das beste Flugzeug der Welt. Im Hotel kommt mir das kleine, schachtelartige Zimmer mit den übelriechenden Bodenfliesen wie das Paradies vor.

VON KODIAK NACH PETROPAWLOWSK

13. TAG

An Bord von Flug 203 von Anchorage nach Petropawlowsk – von der äußersten Grenze Amerikas zur äußersten Grenze Rußlands. Unsere Düsenmaschine wird von der auffallenden, folkloristischen Lackierung der Alaska Airlines geziert – am Leitwerk der riesige Kopf eines Eskimos, der mit wettergegerbten Zügen aus einer pelzbesetzten Kapuze lächelt, und am Rumpf Sprechblasen, die aus den Fenstern zu kommen scheinen, mit den Texten: »Super«, »Gut« und »Danke«. Wir haben Glück gehabt, Plätze zu bekommen. Es ist der letzte Flug der Saison.

Unsere Route über den Nordpazifik folgt in umgekehrter Richtung der 1741 von dem dänischen Entdecker Vitus Bering genommenen, als er im Dienst des Zaren herausfinden sollte, ob es zwischen Asien und Amerika eine Landbrücke gäbe. 1740 erreichte er die Halbinsel Kamtschatka und gründete Petropawlowsk, das er nach seinen Schiffen, der St. Peter und der St. Paul taufte. Ein Jahr später besegelte er einige der stürmischsten Gewässer der Welt und erreichte die zwei oder drei Kilometer vor der Küste Alaskas gelegene Insel Kayak, bevor ihn schlechtes Wetter zur Rückkehr zwang. Um zu beweisen, daß er auf dem anderen Kontinent gewesen sei, brachte er einen amerikanischen Blauhäher mit und eine Sorte Himbeeren, die in Asien nicht vorkommt. Im 20. Jahrhundert traten Mißtrauen und Geheimniskrämerei an die Stelle des Geistes der Entdecker und Eroberer.

Oben: Die Vulkane von Kamtschatka.

Rechts: Igor und ich vergleichen unsere Reiseschnappschüsse im Hubschrauber.

Nach dem II. Weltkrieg machten die Russen Kamtschatka zur militärischen Zone, und es blieb bis 1990 für Ausländer gesperrt. Nun dreht sich das Rad der Geschichte erneut, und zwar mit verwirrender Geschwindigkeit. Auf meinem Sitz liegt ein Exemplar einer Publikation namens *Russian Far East News Update*. Es wendet sich an ausländische Geschäftsleute und zeichnet das trübe Bild einer Wirtschaft, die verzweifelt auf Hilfe von außen hofft.

Der pazifische Raum reagiert: Die Australier wollen ein Stahlwerk mit 56 Millionen Dollar Schulden retten, die Kanadier bauen Häuser in Irkutsk, die Südkoreaner finanzieren ein Business-Center in Wladiwostok, und die Amerikaner hoffen, eine Kette von Luxusjagdhütten zum Lachsfischen zu eröffnen:

»Unglaublich, in diesen Flüssen ist seit Jahren nicht gefischt worden.«

All das bedrückt mich ein bißchen. Ich habe lange Zeit romantische Vorstellungen von der unendlichen, mitleidlosen Härte Sibiriens gepflegt.

Zwei Stunden nach dem Start überfliegen wir die Datumsgrenze, ohne jede Anstrengung wird der Samstags- zum Sonntagstee.

Kurze Zeit später sind wir über Sibirien. Eine strahlende, wolkenlose Sonne wird vom gleißenden Spiegel des Flusses Anodyr zurückgeworfen. Plateaus mit Hochebenen, vollkommen gerundete Krater, vulkanische Kegel, tiefe Schluchten, Gletscherkessel und die silbrigen Bänder von Flüssen, die sich durch breite, purpurrote Täler schlängeln. Als der lange Anflug auf Petropawlowsk beginnt, werden die Vulkane höher, breiter und regelmäßiger geformt. Ich habe das Gefühl, auf ein großes Geheimnis gestoßen zu sein. Unsere üblichen Bilder von erhabener Bergwelt – die Schweiz, die Rocky Mountains, der Himalaya oder der Fujijama – sind abgenutzt und bekannt, aber da diese

Schönheit in Rußland liegt, ist sie noch nicht für die Fotokalender und Frühstücksbrettchen dieser Welt entdeckt.

Ich kann die Ausläufer von Petropawlowsk sehen. Wir haben ein anderes Datum und eine andere Welt erreicht. Dies ist nicht die Welt der Autobahnen und Einkaufszentren, sondern der durchhängenden Stromkabel, der wenig befahrenen Asphaltstraßen und ärmlicher, maroder Gebäude. Wo der Stahl rosten kann, rostet er, und wo die Farbe abblättern kann, blättert sie ab. Die Flugzeuge, die den löchrigen Rand der Piste säumen, haben ungewohnte Farben und Formen. Die meisten sind eingemottet, die Triebwerke verhüllt und in ein paar Fällen ausgebaut. Der Transport am Boden besteht aus zwei klobigen Militärfahrzeugen, die sich zum Flugzeug wälzen und die korpulente, ein wenig theatralische Gestalt unseres russischen Gastgebers und Aufpassers Igor Nosov mitbringen.

Ich bin nicht völlig überrascht, als von vorne in der Maschine ein Kommando ertönt, das uns garantiert bei all unseren Mitreisenden beliebt macht: »Das BBC-Team bitte zuerst aussteigen!« Auch als Igor mich zu einem Empfangskomitee schleppt, bin ich nicht gänzlich überrascht. Dieses besteht aus einem Mann mit einer Videokamera und einem halben Dutzend gelangweilt dreinblickender Frauen in Landestracht, von denen eine einen großen Kuchen und eine andere einen großen Blumenstrauß hält. Wie ein General, der die Queen eskortiert, führt Igor mich an einer Reihe breitschultriger, leicht verwirrter Würdenträger entlang. Wir schütteln Hände und tauschen unverständliche Freundlichkeiten aus. Ich will mich gerade dem Kuchen widmen, als Igor mich energisch zu unserem Wagen führt.

»War das nicht etwas unhöflich?« frage ich. Igor schüttelt den Kopf. Das Empfangskomitee erwartete eine Handelsdelegation aus Alaska.

Igor treibt uns in einen alten, nach Diesel stinkenden Bus. An der Scheibe hängt ein englischer Kalender von 1987 mit drei Cockerspaniels, die schüchtern über einen Korbrand spähen.

Wir fahren zu Olgas Jagdhütte, was zwar romantisch klingt, aber sich in Wirklichkeit am Ende einer Schlackenstraße neben einer stillgelegten Fabrik in Yelizovo, einem Vorort von Petropawlowsk, befindet. Igor, der sich wegen uns anscheinend einen Herzanfall zuziehen will, beschwatzt, umschmeichelt und schilt verschiedene Mitglieder von Olgas Familie, bis ein herrliches Mahl vor uns steht. Er ist ganz versessen darauf, daß wir uns wohlfühlen, und während wir uns an rotem Kaviar, geräuchertem und pochiertem Lachs, Borschtsch mit saurer Sahne, Gurken- und Tomatensalat, moldavischem Wein, Moskovskaja und frisch gepflückten Himbeeren gütlich tun, ziehen abwechselnd Freude und tiefe Besorgnis über sein Gesicht wie Wolken an einem windigen Tag.

Ein stämmiger Amerikaner scheint die Jagdhütte ständig zu bewohnen, zusammen mit einer langbeinigen Dame, seiner Dolmetscherin. (Gekicher im Team.) Er bemüht sich sehr, uns behilflich zu sein. Heute abend findet in der Stadt ein Feuerwerk zum 250. Jahrestag der Gründung von Petropawlowsk statt. Als wir nach Details wie Zeit und Ort fragen, zuckt er die Schultern.

»Wir werden's schon finden.«

Irgendwie glaubt ihm keiner. Außerdem regnet es.

PETROPAWLOWSK

15. TAG

Ich erwache zum Geräusch muhender Kühe. Habe gut geschlafen, aber gefroren. Was sich seit meinem letzten Rußlandaufenthalt nicht geändert hat, ist die Größe der Bettdecken, die etwas breiter als der menschliche Körper sind, aber etwas schmaler als das Bett, so daß man mit um den Körper verschlungener Bettwäsche aufwacht wie eine schlecht gewickelte Mumie. Als ich hinausschaue, sehe ich, daß der Regen vorbei ist, das Wetter sieht beständig aus, und fahles Sonnenlicht fällt auf das feuchte, dicke Gras, auf dem friesische Kühe geruhsam wiederkäuen. Holzzäune verstärken die unerwartete Ähnlichkeit mit einer ländlichen Szene in England. Aber schließlich liegt Petropawlowsk auf demselben Breitengrad wie Stoke Poges.

Petropawlowsk. Ein Empfangskomitee, aber nicht für mich.

Zum Frühstück. Kaum habe ich den Kopf durch die Eßzimmertür gesteckt, treffe ich auf Igor, der mir einen Löffel frische Himbeeren in den Mund schiebt.
»Alte Tradition!« brüllt er. »Fang den Tag mit einer Himbeere an.«
Er freut sich über unser Gelächter, obwohl er wohl nicht versteht, warum wir so heftig lachen.

Er ist außerdem zufrieden mit dem Wetter, heute sollen wir den Kronotski-Nationalpark von anderthalb Millionen Hektar rund um Petropawlowsk besuchen, und man kommt nur per Hubschrauber hinein. Ich fahre mit Sergej Alexejew, dem Direktor des Schutzgebiets, zum Flugplatz. Er ist ein schlanker, gutaussehender Mann Ende Dreißig in Jeans, dicken Stiefeln mit Gummisohlen und einer hellgrünen Fleecejacke. Als wir in seinen Subaru mit Vierradantrieb steigen, setzt er eine Sonnenbrille auf. Er lenkt ihn meisterhaft um Schlaglöcher und streunende Hunde herum und bremst nur einmal scharf, um Zigaretten zu holen. Sein Wagen ist ein Gebrauchter aus Japan, sagt er. Ich frage ihn, ob es irgend jemanden gibt, der sie neu kauft. Sergej macht das Streichholz aus, zieht an seiner Zigarette und lächelt mich an, als hätte ich gefragt, ob er irgend jemanden kenne, der einen Picasso besitzt.

Bei der klobigen ME-8, einem zweimotorigen Hubschrauber, der im neuen Rußland von einer Privatfirma betrieben wird, warten schon einige andere. Neben dem Piloten gibt es einen Kopiloten, einen Ingenieur, den sechsjährigen Sohn des Piloten, eine Dame namens Swetlana, die unser Picknick bereiten wird, unseren Dolmetscher Konstantin und Igors Assistenten Sascha. Es wirkt wie ein Familienausflug.

Als wir an Bord sind, werden wir mit Ohrenklappen ausgestattet, wie man sie in Fabriken trägt, so daß der Motorenlärm gerade noch ein wenig unter der Taubheitsgrenze bleibt. Der Start ist mühsam, lang und plump, aber als wir erst in der Luft sind, ist es wunderbar. Wir fliegen an der Pazifikküste entlang nach Norden, wobei wir langsam über Fels und Geröll bis zur Schneelinie klettern, die um einen atemberaubenden Vulkan verläuft. Dampf zieht von der Spitze weg. Sergej erinnert mich daran, daß es innerhalb des Nationalparks fünfundzwanzig Vulkane gibt, von denen zwölf noch aktiv sind.

Oben: Kronotski-Nationalpark. Einer der 25 Vulkane.

Ganz rechts: Kronotski-Nationalpark. Der Velikan dampft pünktlich.

Wir überfliegen den Kraterrand, drinnen liegt ein türkisblauer See, umgeben von nackten, schwarzen Felswänden, die von der Wucht der Eruption eingekerbt sind. Seine Schönheit liegt in seiner einsamen Ruhe, die sich vor der Außenwelt völlig verbirgt.

Wir landen im viel breiteren Krater des Vulkans Uzon. Er ist lange genug inaktiv, daß sich eine heideähnliche Flora aus Pinien und Heidekraut ausbreiten konnte. Doch die Hitzeenergie blubbert immer noch in Form schwefeliger Dampfwolken an die Oberfläche, und das Gesträuch wird durch dunkelgraue Schlammflächen unterbrochen, aus denen es leise rülpst und gurgelt.

Im Augenblick haben wir diese seltsame, eiternde Landschaft ganz für uns allein, obwohl es deutliche Zeichen gibt, daß Bären in der Nähe sind. Sergej zeigt auf einen frischen Haufen.

»Hier«, ruft er uns, »sehen Sie das hier. Das ist... wie sagt man?«

»Scheiße«, schlägt Nigel hilfreich vor.

»Ja...« Sergej scheint einen wissenschaftlicheren Ausdruck zu suchen. »Ja, das ist ... äh ... Scheiße... ja.«

Er führt uns an einer Mondlandschaft aus gebleichtem, kochendheißen Sand vorbei. Ein großer Teil davon ist Treibsand, und wir hören einen Vortrag, wie gefährlich es ist, den Weg zu verlassen. Aber selbst im heißesten Teil dieses großen, blubbernden Kochtopfs gibt es Leben. Sergej zeigt mir eine durchscheinende, fast quallenartige Pflanze mit feinen weißen Tentakeln, die an Löchern wächst, aus denen das Wasser konstant mit einer Temperatur von 90° fließt. Es gibt sie nur auf Kamtschatka.

Ein spektakuläres thermisches Schauspiel gibt es im nahegelegenen Tal der Geysire, das als die weltgrößte Konzentration heißer Quellen nach dem Yellowstone-Nationalpark beschrieben wird. Während aber Yellowstone eine von Amerikas überlaufensten Touristenattraktionen ist, führen zu Kamtschatkas Geysiren keine Straßen, und die Einrichtungen für Besucher beschränken sich auf eine einzige wacklige Holzhütte und ein Netzwerk aus bretterbelegten Pfaden. Sergej ist nicht unglücklich darüber. Es liegt ihm viel daran, daß Pflanzen und Tiere Vorrang vor den Touristen erhalten.

Das Tal besteht aus einer Reihe enger Risse entlang einer Bruchlinie, aus denen kochendheißes Wasser aus nahegelegenen vulkanischen Systemen auf verschiedene Art und Weise austritt, vom eindrucksvollen bis zum ungeniert theatralischen. Nach dem großen Dampfkessel, den sie Velikan (den Riesen) nennen, kann man fast die Uhr stellen. Alle drei Stunden schießt er einen Strahl kochendes Wasser fast 30 Meter in die Luft. Sergej schaut auf die Uhr und führt mich bis ans Loch. Ich spähe zwölf Meter in die Erdkruste hinab. Ein bedrohliches bronchiales Keuchen steigt aus der Dunkelheit empor, als ob es der Erde nicht besonders gut ginge.

Ein Pfad führt am Fluß entlang zu einer Schlucht, deren eine Seite von Dutzenden horizontaler Geysire völlig durchlöchert ist. Manche spucken sauber über den Fluß, andere wild in alle Richtungen.

Sergej probiert den Lachseintopf.

Unser Tag im Kronotski-Nationalpark endet bei einer Holzfällerhütte – einem spitzgiebligen Blockhaus, wo wir Swetlanas nahrhaften Lachs-Eintopf aufessen und die Moskitos uns. Ein hübscher Fluß, der einer heißen Quelle entspringt, kämpft sich durch wilden Sellerie und Kerbel. Roger meint, es wäre schön, wenn man mich darin baden sehen würde.

Schließlich finden wir einen idyllisch gelegenen Teich mit dem Blockhaus im Hintergrund. Kaum habe ich mich ausgezogen, finde ich heraus, daß der Teich wenig mehr als eine Ansammlung von Schlamm, Steinen und anderen unbekannten schleimigen Dingen ist, über dem alle Insekten von Kamtschatka anscheinend gerade ihr Jahrestreffen abhalten. Daß das Wasser pißwarm ist, macht die Sache nicht besser. Trotz all der grünen Schönheit um mich herum werde ich mich an dieses Bad stets als den Whirlpool aus der Hölle erinnern.

16. TAG

Meine Decken sind so spärlich, daß ich sie durch ein paar eigene Sachen ergänzt habe, und ich erwache wie ein Fallschirmspringer mit dicken Socken, Trainingshose, Sweatshirt und Wollmütze. Igor schreit am Telefon jemanden an, und durch die dünne Wand höre ich eine Menge Gekicher, als der amerikanische Bauingenieur den kommenden Tag mit seiner »Dolmetscherin« bespricht. Im Bad tröpfelt ein dünnes Rinnsal aus dem Duschkopf, trocknet aber aus, bevor es mich erreicht. Draußen ist überall Wasser. Eine ältere Frau mit Einkaufstasche sucht auf dem Schlackenpfad ihren Weg zwischen vollgelaufenen Schlaglöchern. Sergej hatte gehofft, uns in die Berge mitzunehmen, um zu versuchen, die Evenks zu suchen, die fast ausschließlich von ihren Rentierherden leben, aber bei solchem Wetter startet kein Hubschrauber.

Ein frustrierender Tag des Wartens. Igor verbringt die meiste Zeit des Vormittags damit, mir ein angemessen trauriges russisches Lied mit dem Titel »Das Feld von Poliuschko« beizubringen, das nach seinen Worten die russische Seele sehr gut ausdrückt. Wir fahren nach Petropawlowsk, ich gehe im strömenden Regen die Küste entlang und sehe Frachtschiffe langsam die Bucht durchqueren. Ich bin nicht der einzige, der aufs Meer hinausschaut. Hinter mir steht eine zehn Meter hohe, 65 Tonnen schwere Statue Lenins, der seine Mütze in der Hand hält und entschlossen auf den Pazifik hinausblickt, während sein Umhang sich hinter ihm aufbläht. Es ist eine eindrucksvolle Statue, und ich habe mit Freude erfahren, daß die Bürger von Petropawlowsk trotz der Perestroika dagegengestimmt haben, sie zum Einschmelzen nach Südkorea schicken zu lassen. Wie viele russische Städte hat Petropawlowsk noch immer eine öffentliche Heißwasser-Versorgung. Sie verbindet große zentrale Wasserboiler mit Häusern und Wohnungen. Auf dem Rückweg zu Olga kommen wir an einem der Versorgungsrohre vorbei, das durchtrennt von einem Metallrahmen hängt. Heißes Wasser strömt nutzlos, aber reichlich auf die Straße. Wir alle bedauern, keine Seife und Handtücher dabeizuhaben.

17. TAG

Der Hubschrauber steht bereit, aber der Bus, der uns zum Hubschrauber bringen soll, ist nicht gekommen. Igor geht auf der Straße auf und ab und sieht aus wie Napoleon beim Rückzug aus Moskau. Ein oder zwei Stunden später trägt uns der Hubschrauber, wieder eine klobige ME-8 mit Benzintanks außen und innen, über Wälder von Weiden und Silberbirken hinweg zu hügeliger roter Tundra, wo die Nebelschwaden gefährlich tief hängen. Meine Erinnerungen an die Rentierjagd sind keine guten. In *Von Pol zu Pol* haben wir fast einen ganzen Tag mit der Suche nach ihnen vertan. Sergej sitzt mit gerunzelter Stirn am Fenster. Er macht regelmäßige Besuche im Cockpit, worauf der Hubschrauber jedesmal abrupt den Kurs ändert.

Plötzlich springt Sergej auf und gestikuliert. Er hat die Evenks gefunden. Na ja, jedenfalls einen Evenk. Eine einsame Figur unbestimmbaren Alters und Geschlechts schaut neugierig von einem Hügel herauf, als die ME-8 im Regen landet, der rasch zu Schnee wird. Sobald sie den Boden berührt, springt Sergej heraus. Man tauscht Camels aus und entzündet sie unter Schwierigkeiten im Wind. Dann heben wir wieder ab, diesmal mit unserem Evenk an Bord. Anscheinend ist eine sehr große Rentierherde in der Nähe.

Das Lager der Evenks. Der Brigadier (links) und seine Familie. Aber kein Rentier weit und breit.

Während wir uns in die Kurven legen und in ein weiteres Tal hinabstoßen, wird das Wetter schlechter. Eisiger Regen und Nebel werden dichter. Nun können wir Rentierspuren und die Reste eines Lagers erkennen, aber kein Zeichen von den Rentieren. »Die unsichtbare Herde« geht mir als möglicher Titel dieser Episode durch den Kopf. Dann, Wunder über Wunder, sehe ich zwei geweihtragende Tiere über eine Lichtung laufen und, vom Lärm des Hubschraubers offensichtlich verschreckt, fast sofort zwischen den Bäumen verschwinden.

Sergej gibt nicht so leicht auf und läßt den Hubschrauber eine weitere gefährliche Landung neben einem Lager versuchen, wo ein »Brigadier« genannter Mann lebt, der eine Herde von tausend Tieren sein eigen nennt. Um ihn herum sammeln sich die Familien vor den aus schwarzen Plastikplanen und Birkenrahmen bestehenden Zelten. Eine zwergenhafte, in viele Lagen von Kleidern eingepackte Frau mit eher mongolischem als russischem Gesicht bittet mich herein. Drinnen sind sechs oder sieben Hunde und ein oder zwei alte Nomaden um einen aus Autoteilen gebauten Ofen versammelt. Rauch steigt aus einem Auspufftopf auf und zieht durchs Zelt. Sie macht auf einem Rentierfell für mich Platz und gießt Tee für mich in einen von mehreren kleinen Emaillebechern.

Den restlichen Tag habe ich kein lebendes Rentier gesehen, aber ich kann behaupten, auf dem Fell eines jüngst verstorbenen gesessen zu haben.

MAGADAN

18. TAG

Ein strahlender, klarer Morgen in Magadan. Ich linse aus dem Fenster. Strahlendes Sonnenlicht beleuchtet die Risse an der Wand, die verblichenen Vorhänge, die gesprenkelte Farbe, die schäbige, unfertige Eintönigkeit der Betonblocks gegenüber. Eine halbe Meile weiter glitzert diese mitleidlose Helle auf dem Wasser der Nagajew-Bucht, wo der Pazifik den Namen Ochotskisches Meer trägt. Unter mir gehen Leute über schrottübersäte Höfe zur Arbeit. Sie bevorzugen Jacken aus Lederimitat und tragen Plastiktüten und ausgebeulte Reisetaschen. Trotz der Sonne sieht es draußen bitter kalt aus.

Das Ozean-Hotel in Magadan, wo wir gestern spätabends abgestiegen sind, ist das neueste Hotel in einer Stadt, die in den dreißiger Jahren von Zwangsarbeitern gebaut wurde. Sie wurde als Hafen für Silber, Gold und andere Edelmetalle angelegt, die in den ungastlichen Bergen der nahegelegenen Region Kolyma gefördert wurden. Von Magadan aus wurden die berüchtigsten aller Gulags verwaltet. Zwischen 1933 und 1953 wurden Millionen sogenannter ›Volksfeinde‹ (Schriftsteller, Künstler, Rechtsanwälte und jeder, auf den Stalins Verdacht fiel) in den eisfreien Monaten nach Magadan verschifft. Nach vorsichtigen Schätzungen starben dort drei Millionen Menschen.

Obwohl die Existenz der Lager von den Behörden stets geleugnet wurde, wird die Zahl der dort vom Staat Ermordeten inzwischen anerkannt. Es ist erst seit kurzem möglich, die Reste der Lager zu besuchen, deshalb fliegen wir auch heute wieder mit einem Hubschrauber, diesmal in Begleitung eines Bürgers von Magadan, Iwan Iljitsch Jakowlew. Er gehört zu jener kleinen Gruppe der Überlebenden des sibirischen Gulag.

Die Berge von Kolyma sind furchterregend und unzugänglich. Sie erheben sich in aufeinanderfolgenden Wellen nackter und zerbrochener Felsen, kaum mehr als versteinerte Asche- und Staubklumpen, die sich bis zum Horizont erstrecken. Ein Anblick endloser, feindseliger Anonymität. Ironischerweise sind diese düsteren Schutthalden voll von begehrenswerten Dingen – Gold, Silber, Diamanten – und besonders von dem unheimlichsten und gesuchtesten Metall des 20. Jahrhunderts: Uran.

Die Uranminen waren die schlimmsten. Die Arbeit war hart, die Nahrung abstoßend. Im Winter sank die Temperatur auf 50° Frost, dazu kam noch die Gefahr der Strahlenkrankheit.

Iwan bei der Rückkehr zum Gulag.

»Ich weiß, daß es da Uran gibt«, sagt Iwan Iljitsch, »weil nichts wächst.«

Wir nähern uns dem Lager Butugychag. Seit seiner Freilassung aus dem Gulag 1946 ist er nicht mehr dort gewesen. Wenn man sieht, wie er in eine Tasche faßt, ein sauber gefaltetes blaues Taschentuch hervorholt und sich die feuchten Augen abtupft, ist es schwer, sich den »jungen und gefährlichen Burschen« vorzustellen, den die Geheimpolizei in Moldowa festnahm. Er ist noch immer ein gutaussehender Mann mit breitem Gesicht. Er hat seinen linken Arm bei einem Lagerunfall verloren und geht langsam und steif. Gestern war sein 81. Geburtstag.

240 Kilometer nördlich von Magadan landen wir. Auf den Berghängen sind die Pfade und niedrigen Mauern der verlassenen Minenanlage zu sehen.

Die Überreste des Lagerfriedhofs sind immer noch sichtbar. Von Wind, Regen und Sonne gebleichte Holzpfähle stehen in unterbrochenen Reihen und bezeichnen behelfsmäßige Gräber.

Oben: Das Arbeitslager Butugychag. Der Friedhof auf dem Hügel.

Rechts: Die Reste des Lagers.

In vielen liegen Knochen zutage – einmal sogar ein Schädel –, aber das einzige Zeugnis ihrer Bewohner sind Marken aus Dosendeckeln, mit geprägter Nummer, an der Spitze jedes Pfahls. Massengräber. Ich fange an, die Pfähle zu zählen. Bei 300 gebe ich auf. Iwan bleibt bewegungslos stehen. Er tupft seine Augen wieder mit seinem sauber gefalteten blauen Taschentuch ab, dann winkt er mich zu sich.

Identifikationsmarke aus einem Dosendeckel.

Wir gehen den Hügel hinunter, um zu besichtigen, was vom Lager übriggeblieben ist. In einer Ecke liegt ein Haufen alter Stiefel aus Autoreifen, der 45 Sommer und Winter überstanden hat. Mauerwerk und auch das abgedeckte Haus des Kommandanten sind der Zerstörung entgangen.

»Er hatte heißes Wasser und einen Balkon, um die Aussicht zu genießen«, sagt Iwan.

Ironischerweise sind die Arrestzellen, das Gefängnis inmitten des Gefängnisses, am besten erhalten. Heute umwinden Dornensträucher dekorativ die Gitterstäbe, und dickes Gras wächst um die schwer beschlagenen Türen.

»Keiner ist je entkommen«, erzählt Iwan.

Ich versuche mir vorzustellen, wie es gewesen sein muß, hier zu sein und dreizehn Stunden am Tag Karren voller Geröll von den 300 Meter hohen Bergflanken hinabzubefördern, wobei die Essensration davon abhing, wieviel Radium man förderte, und man wußte, egal, welches triviale Vergehen einen hergebracht hatte – die Außenwelt würde es nie erfahren.

Iwan Iljitsch überlebte, weil er Klavier spielen und Dinge aus Holz machen konnte. Also erhielt er Privilegien – ein wenig mehr Salzfisch, einen Mantel im Winter. Am Ende des Tages, als wir sicher in seiner vollgestopften, von Dickens-, Balzac- und Shakespeareausgaben gesäumten Wohnung in Magadan sind, gibt es nur noch zwei Dinge, die er mir zeigen will. Das eine ist seine Entlassung aus dem Gulag, das andere eine Urkunde, die ihm für all seine harte Arbeit im Großen Vaterländischen Krieg dankt. Das ist wohl die letzte Überraschung. Unter denen, die ich hier getroffen habe, ist das Gefühl verbreitet, das Rußland nach Gorbatschow sei ebenso zerrüttet wie der kommunistische Staat, den es abgelöst hat. Schon jetzt existiert eine starke Nostalgie nach den Tagen von Knappheit und Warteschlangen, die mit Gleichheit und einem Gefühl gemeinsamer Ziele assoziiert werden. Alles hat jetzt seinen Preis – Bildung, Wohnung, Benzin –, und zwar einen Preis, den sich die meisten Russen nicht leisten können. Also floriert der Schwarzmarkt, und die Gerissenen, Aggressiven und Skrupellosen sind die neue Oberkaste. Im Ozean-Hotel können wir einen Blick auf sie werfen.

Als das Abendessen halb vorbei ist, dringen Geräusche aus der Küche, die an *Fawltys Hotel* erinnern. Zerbrochenes Geschirr, erhobene Stimmen. Dann kommt eine Kellnerin rückwärts aus der Schwingtür, gefolgt von einem korpulenten, torkelnden Schwergewicht in hellblauen Jeans und Jeansjacke. Er grapscht nach ihr und nach einer Wodkaflasche. Er verpaßt beides und läßt einen Haufen anderer Flaschen am Boden zerschellen. Die Kellnerin muß alles aufräumen, während er seine Aggression der Kapelle zuwendet, einer traurigen kleinen Combo, die sorgfältig und vorsichtig spielt, als befürchte sie jeden Augenblick, einen elektrischen Schlag von ihrer Anlage zu bekommen. Der Schläger lehnt sich an die Bühne und starrt drohend zu ihnen hinauf. Er läßt lautstark einen fahren. Dann springt er mit erstaunlicher Gewandtheit auf die Bühne, rennt einen Verstärker mit dem Kopf ein, stößt das Schlagzeug zur Seite und verfolgt die Kapelle hinter die Bühne. Man hört Schreie und Schläge, die im entfernten Krachen einer Glasscheibe kulminieren. Niemand vom Personal hat einen Finger gerührt, um ihn zu bändigen.

Am nächsten Morgen komme ich herunter und sehe, daß ein Teil der Rezeption mit Brettern vernagelt ist und eine neue Scheibe in die Eingangstür eingesetzt wird.

Ich erfahre, daß der Mann, der den Schaden angerichtet hat, wohlbekannt war. Sie sagen, er käme oft her, um Schutzgeld für die örtliche Mafia zu kassieren.

VON MAGADAN NACH WLADIWOSTOK

19. TAG

Wieder ein sonniger Tag, und ich mache mich auf die Suche nach einem Probka Dlai Vanni – einem Badewannenstöpsel. Gibt es so was in Rußland? Meine Dolmetscherin Anastasia versichert es mir, aber sie macht mir nicht viel Hoffnung, in Magadan einen zu finden.

Magadan macht einen abgelegenen Eindruck, und zwar zu Recht. Obwohl 30% des russischen Goldes und eine ziemliche Menge seines Erdöls hier lagern, sind die Kosten zur Entwicklung der Infrastruktur unter diesen harten, unwirtlichen Bedingungen atemberaubend. Es gibt keine Bahnverbindung mit dem Rest des Kontinents, Flugreisen sind teurer, als sie es in den Tagen der Sowjetunion je waren, und die nächste größere Stadt auf der Straße nach Norden ist das über 1100 Kilometer entfernte Jakutsk.

Aber als ich die Straßen entlanggehe, selbst in einer so reizlosen Stadt wie Magadan, kann ich sehen, daß sich einige Dinge in Rußland zum Besseren gewendet haben. Es gibt weniger Männer in Uniform, weniger augenfällige Bespitzelung, mehr Stände und Straßenhändler, mehr Lebensmittel in den Geschäften. Jelzin hat vor zwei Jahren das Weihnachtsfest wieder eingeführt, und der KGB ist in Föderaler Sicherheitsdienst umbenannt.

Aber einen Badewannenstöpsel finde ich immer noch nicht. Nicht einmal im größten Kaufhaus der Stadt – dem Kaufhaus ›Alles für Heim und Leben‹, wo Karosserieteile von Autos neben Porzellan verkauft werden und es Tampons in der Schreibwarenabteilung gibt.

Als ich mich später am Flugplatz von Anastasia mit den kohlschwarzen Augen und der Stupsnase verabschiede, empfinde ich einen Augenblick lang jene Gefühlsbewegung, die zu jedem russischen Lebewohl gehört. Höflich korrigiert sie mich in puncto Wannenstöpsel. Russen finden es eklig, wenn man in seinem eigenen schmutzigen Badewasser sitzt. Ich will sie noch fragen, warum sie dann überhaupt ein Wort für ›Badewannenstöpsel‹ haben, aber es ist zu spät. Das Flugzeug hebt ab, um uns »geradewegs nach Süden« zu tragen, wie Roger so gern sagt.

Über der Amurmündung, wo der Fluß eine Meile breit ist, saust Schnee am Fenster vorbei, und beim Landeanflug über das ausgedehnte sumpfige Delta auf Nikolajewskna-Amure, wo wir auftanken, ist die Sicht so schlecht, daß ich fürchte, wir würden nie wieder starten.

Der kleine Flugplatz wird von eingemotteten Maschinen gesäumt. Im Schneegestöber erkenne ich zehn Antonow-Doppeldecker, außerdem zwanzig kleine Düsenmaschinen und Hubschrauber mit Aeroflotinsignien – von denen einige für weniger als 10 000 Dollar pro Stück zu verkaufen sind. Der Pilot erzählt uns, die meisten russischen Flugzeuge seien veraltet. Die Yak-40, in der wir heute fliegen, verbraucht eine Menge Sprit und hat keinen Computer.

»Das ist unser Computer«, sagt er und hält einen Rechenschieber hoch.

Nach fünfstündigem Flug von Magadan sind wir über Wladiwostok, dem südlichsten Zipfel Westrußlands. Wir befinden uns 4800 Kilometer südlich von Little Diomede und sind nur 56 Kilometer von der chinesischen Grenze entfernt.

WLADIWOSTOK

20. TAG

Das Wlad-Inn ist ein niedriges Fertigbaugebäude am Stadtrand, an dem nichts Russisches irgendwelcher Art ist. Es ist ein Joint-venture-Projekt der Regierung mit den Kanadiern. Gestern abend wurde in der Bar hauptsächlich englisch geredet, als Amerikaner vom Peace Corps sich mit Londoner Buchhaltern mischten. Einer der Geschäftsleute stürzte sich auf mich und konnte seinen Enthusiasmus über das Leben in Wladiwostok kaum bezähmen.

»Die Stadt wird boomen«, sagte er, »ganz bestimmt. Und die Frauen sind die besten der Welt. Wenn man Mädchen sucht, ist man hier richtig...«

Draußen auf dem Hotelparkplatz stehen Taxis. Ich merke, wie ich mich nach Magadan zurücksehne.

Dann entdecke ich den verwunschenen Garten, nicht ganz durch Zufall. Ich hörte ganz in der Nähe das Geräusch von Zügen und erfuhr, daß die letzten Kilometer der Transsibirischen Eisenbahn nah am Hotel vorbeilaufen. Der Weg zur Strecke führt durch die stillen Anlagen eines alten Militärsanatoriums. Das Hauptgebäude ist ein großes, kunstvolles neoklassisches Bauwerk, von dem zwei Treppen im Bogen zwischen dicken Gipsbalustraden hinabführen. Auf dem Dach des Gebäudes thronen drei männliche Statuen, die von verschiedenen Sportarten ausruhen. Einer lehnt sich zurück, ruht träge auf dem rechten Arm und läßt einen gipsernen Tennisschläger über die Brüstung hängen. Ein anderer liegt mit übergeschlagenem Bein da und hält einen Fußball im Arm (was gar nicht so einfach ist). Zwischen ihnen erhebt sich eine heroische Gestalt in Badehose, die im Augenblick des Abtrocknens verewigt ist.

Ein Zug rumpelt vorbei, gezogen von zwei alten, mit Hammer und Sichel geschmückten Dieselloks, die grünen Waggons von Fenstern mit Netzvorhängen unterbrochen. Ein Zug aus dem 10 500 Kilometer und sechseinhalb Tage entfernten Moskau.

Ich wandere zu einem kleinen, von Birken und Weiden umstandenen Bahnhof. Er heißt Sanitornaja (Sanatorium). Ich setze mich auf eine der senfgelben Holzbänke, und warte auf den 10-Uhr-30-Zug nach Wladiwostok.

Die Seeseite von Wladiwostok und ein Blick auf die Pazifikflotte.

Der Regionalzug, die Elektritschka, fährt entlang der Bucht in die Stadt. Der überschwengliche Hauptbahnhof ist eine Synthese der Alpen und des Kreml mit Stuck über den spitzgiebligen Fenstern, Zwiebeltürmen, Säulen und verschnörkelten Balkonen, gotischen Köpfen an Regenrinnen und bemalten Holztäfelungen; das Ganze ist vor kurzem von einer italienischen Filmgesellschaft restauriert worden. Außerdem ist da noch die Lenin-Statue. Sie zeigt ihn in zur Tat drängender Pose. Sein ausgestreckter rechter Arm bietet drei Meter Platz für die Tauben. Lenin hat die Stadt nie besucht und nur einmal erwähnt. »Wladiwostok ist weit entfernt, aber es gehört uns«, waren seine unsterblichen Worte.

Man sieht solide Ziegelbauten der Jahrhundertwende, die auch in Leicester oder Derby stehen könnten, dazu eine Kirche im gotischen Stil mit hohem

Gipserne Sonnenanbeter auf dem Dach des Sanatoriums.

Kirchturm, welche die atheistische Sowjetära als Militärmuseum überstand. Es gibt reizvolle Straßen, wo die Häuser hölzerne Balkone tragen, und auf den Kämmen der bewaldeten Hügel, um welche die Stadt herumgebaut ist, stehen großartige Wohnhäuser mit gewölbten Dächern, Kuppeln und reichgeschmückten Giebeln.

All das zeigt, daß es hier in zaristischer Zeit, als Wladiwostok – die Herrscherin des Ostens – gegründet wurde, eine Menge Geld gab. Ich habe das Gefühl, es könnte wieder so werden. Japan ist 1200 Kilometer entfernt, China sehr viel weniger. Es gibt eine Bahnverbindung mit Europa und einen hervorragenden Naturhafen. Wenn Rußland anfangen sollte, sich zum Pazifik zu orientieren, könnte Wladiwostok sein Hongkong werden. Zweifellos gibt es viele Anzeichen, daß der Pazifik sich Rußland zuwendet. Der Sponsor von Wladiwostoks Fußballteam ist die australische Biermarke Castlemaine.

21. TAG

Ein freier Tag in Wladiwostok. Ich hatte gehofft, ihn mit dem Lernen des russischen Lieds »Das Feld von Poliuschko« zu verbringen, das Igor mir beigebracht hat und das ich morgen mit dem Chor der Pazifikflotte singen soll. Anatolij, der Chorleiter, der den schwarzen Schnurrbart und das liebenswürdige Lächeln eines Bandleaders der dreißiger Jahre besitzt, hat einen Ausflug vorgeschlagen. Er hat einen Hubschrauber angeheuert, um uns auf die Insel Russkij draußen in der Bucht zu fliegen, und ein paar Kollegen aus dem Chor mitgebracht. Die Insel wird von einer gewaltigen Geschützbatterie beherrscht, die Zar Nikolaus II. 1913 zum Schutz seiner Pazifikflotte bauen ließ. Jede Kanone wiegt 50 Tonnen und ruht 15 Meter tief in der Erde. Die ganze Anlage ist hervorragend erhalten, und wir klettern hinab in die kühlen Räume unter der Erde, wo die 1100 Pfund-Geschosse gestapelt waren. Nach dem ernsthaften Teil beginnt die Party. Akkordeons, Wodka und eine Videokamera werden hervorgeholt, und ein spontaner Gesangsvortrag von Anatolij und seinen Kollegen führt zu Tänzen und allgemeinem Feiern im Schatten der zaristischen Kanonenrohre.

Vielleicht erklärt dies die schizophrene Haltung gegenüber der russischen Pazifikflotte. Es war einmal eine der größten, wenn nicht die größte Seestreitmacht der Welt. Ihr Heimathafen Wladiwostok wurde so eifersüchtig gehütet, daß die Stadt bis 1992 Sperrgebiet für Ausländer war. Heute, nur drei Jahre später, dürfen wir über kleine Buchten und Meeresarme voller auf Grund gelaufener und rostender Kriegsschiffe fliegen und sie sogar fotografieren. Der Hubschrauberpilot macht keinen Versuch, uns die Sicht auf das halb überflutete Deck einer Fregatte zu verwehren, deren drehbare Geschütztürme noch aus dem Wasser ragen, oder auf ein U-Boot, das seitlich auf dem Strand liegt, während andere im türkisblauen Wasser mit dem Kiel nach oben schwimmen.

Der idyllische Fleckenteppich von Wasserstraßen um die Inseln herum ist ein einziger riesiger Schiffsfriedhof.

22. TAG

Ein Tag bei den Überresten der Pazifikflotte. Der Stellvertretende Befehlshaber, Vize-Admiral Chirkow, lädt mich an Bord der Admiralsbarkasse ›Taifun‹ ein. Sie ist klein, abgenutzt und hat einen bescheidenen Empfangsraum, wo hellorange Stuhlbezüge mit gelben Vorhängen ums Überleben kämpfen.

Draußen in der Bucht zeigt der Vize-Admiral mir eines seiner neuesten Kriegsschiffe, ein 7300 Tonnen Anti-U-Boot-Schiff voller Radaranlagen, Funkmasten und Raketenwerfern. Es wurde 1985 im Baltikum gebaut, und der pazifische Teil Rußlands ist vom europäischen so weit entfernt, daß es ums Kap der Guten Hoffnung nach Wladiwostok fuhr.

Ein freier Tag. Tanz auf der Insel Russkij.

Vize-Admiral Chirkow betont, im Pazifik habe sich eine Menge geändert. Kollektive Sicherheit hat den Kalten Krieg abgelöst. Erst kürzlich haben sie an gemeinsamen Manövern mit der amerikanischen und der chinesischen Flotte teilgenommen. Während ich immer noch die gestrigen Bilder verrottender und verlassener Kriegsschiffe vor mir sehe, frage ich, warum hier, im Heimathafen der Flotte, so wenige Schiffe zu sehen sind. Ich bekomme eine diplomatische Antwort.

»Die Flotte ist jetzt viel kleiner, das stimmt. Aber sie ist viel besser ausgerüstet.« Er ist ein liebenswerter Mann, der die Marineakademie der Stadt absolviert hat und einer der jüngsten sowjetischen U-Boot-Kapitäne wurde. Er fuhr mit Atom-U-Booten in der Nordsee. Ich spüre einen Stich von Heimweh und frage, ob er je in England gewesen sei.

Er lächelt, fast entschuldigend.

»Nein, aber ich habe Schottland gesehen – durchs Periskop.«

Meine Stunde der Schande oder des Triumphs mit dem Chor der Pazifikflotte läßt sich nun nicht länger aufschieben.

Nach dem Lunch begebe ich mich zu einem einschüchternd großen Theater, auf dessen weitläufiger Bühne ein Bühnenbild mit diversen maritimen Requisiten – Strickleitern, Flaggen und Netzen – vor gemalten Wolken aufgebaut ist.

Die Kapelle spielt sich warm, und der größte Teil des Chors ist bereits im traditionellen Matrosenkostüm. Ich bin erst halb angezogen, als ein kleiner, muskulöser Mann mit lockigem blonden Haar auf mich losspringt und anfängt, mich zu schminken. Ich bekomme eine breitkremplige weiße Matrosenmütze in die Hand gedrückt und los geht's – zum Glück stehe ich in der hinteren Reihe.

Woran ich bei meinen Proben nicht gedacht hatte, ist, daß sie nicht nur singen, sie wiegen sich auch hin und her. Ich blicke die Reihe meiner Mitmatrosen entlang, und da stehen sie, jedes gerougete Kinn so stolz vorgereckt wie Churchills, jeder scharlachrote Mund voller Kampfesmut. Der Chor der Pazifikflotte ist ganz groß im Summen. Mit dem Hin-und Herwiegen zusammen hat es eine hypnotische Wirkung. Eine sehr russische Stimmung von unbezähmbar starken Seelenregungen teilt sich mit, ehe noch ein Wort gesungen ist.

Als das Lied langsam und unaufhaltsam lauter wird, fühle ich mich einen Moment lang eins mit der Pazifikflotte, eins mit Rußland und all seiner machtvollen Sehnsucht. »Das Feld von Poliuschko« ist keine aggressive Hymne, nicht einmal ein Marschlied. Kein Feind wird genannt und verhöhnt. Es ist ein Lied über Solidarität, Stolz und Kameradschaft. Der Text von 1934 verliert vielleicht in der Übersetzung ein wenig:

»Mädchen! Wischt eure Tränen fort... und laßt das Lied lauter erschallen ... die Helden der Roten Armee ziehen durch das Feld« – und so weiter – aber als Anatolij seinen Taktstock zum letzten Mal zum Himmel hebt und der Klang des mächtigen letzten Refrains in der Luft hängt, fühle ich mich bereit, die Revolution wieder von vorne zu beginnen.

Eine neue Karriere? Das Ensemble der Pazifikflotte macht sich bereit zum Hin- und Herwiegen.

VON WLADIWOSTOK NACH TOYAMA

23. TAG

Wir quälen uns in einem uralten zerbeulten Lada zum Flughafen von Wladiwostok. Eine Vorwärtsbewegung ist Glücksache. Die meisten kommen mit dem Bus zum Flugplatz, aber es gibt genug neue Kaugummi kauende, Goldkettchen tragende Russen – mit fiesem Lächeln und langbeinigen Frauen auf dem Beifahrersitz, die in voller Fahrt auf den Parkplatz fahren, während aus ihren japanischen Geländewagen Musik dröhnt. Es ist meilenweit entfernt von dem Kuchen und den Blumen bei unserer Ankunft in Magadan. Selbst Igor ist stiller geworden, als wir weiter nach Süden kamen. Vielleicht hat er das Gefühl, seine geschäftige Bonhomie sei im weltläufigen Wladiwostok fehl am Platz.

Beim Start sehen wir andere Anzeichen des sich rapide wandelnden Rußlands – neue Fluglinien mit den Namen privater Gesellschaften, die aus dem zerstörten Monopol der Aeroflot hervorgegangen sind – Domodedobo, Orient Air und die unglücklich getaufte Kras Air.

Eine Stunde und 35 Minuten später ist unsere Tupolew 134 im Landeanflug auf den Flughafen Toyama an der Nordküste von Japans größter Insel Honshu. Die Landschaft ist ein Flickenteppich der Effizienz. Jeder Quadratzentimeter unter mir scheint ausgenutzt zu sein, entweder durch gepflegte Felder, sorgsam plazierte Häuser oder Hi-Tech-Fabriken zwischen präzise markierten Straßen. Basil lehnt sich zu mir herüber: »Willkommen im Spielzeugland.« Der Zollbereich ist makellos und leer, wie ein Operationssaal, der seinen ersten Patienten erwartet. Toyama ist ein Provinz-

Rechts: Auf der Fähre nach Sado.

flugplatz, wo man nicht oft mit englischen Filmteams zu tun hat, besonders, wenn sie aus Sibirien kommen. Mein Gepäck wird höflich und gründlich durchsucht. Ich muß die Wirkung jeder Pille in meinem Waschbeutel mimisch vorführen. Nach einer besonders bildhaften Darstellung der Gründe, warum man Immodium nimmt, werde ich höflich, aber entschieden durchgewinkt.

Damit kommen wir von Rußland nach Japan, aus einem Land, wo alles schwierig ist, in eines, wo alles leicht ist; wo es an jeder Ecke eine Maschine gibt, die heiße und kalte Getränke oder heiße und kalte Speisen 24 Stunden am Tag und 365 Tage im Jahr bereithält; wo im Fenster der Restaurants nicht nur Speisekarten hängen, sondern auch makellose Acrylmodelle jedes Gerichts stehen; wo das Verpacken eine fixe Idee ist, es aber kaum Müll gibt. Eine freie, wohlhabende, kultivierte Gesellschaft, in der nach einer aktuellen Umfrage 87 Prozent der Menschen aussehen wollen wie jeder andere.

Im Hotel mache ich den Fehler, einen besonders abstoßenden Cocktail mit dem Namen »In 80 Tagen um die Welt« zu bestellen, und lege mich mit einem schweren Kulturschock ins Bett.

VON NIIGATA ZUR INSEL SADO

26. TAG

Ich warte darauf, an Bord der Fähre zur Insel Sado zu gehen, der Heimat der weltberühmten Kodo-Trommler.

Der Anblick eines T-Shirts mit der Aufschrift ›D.O.N.U.T.S. – Driver Orientated New Ultimate Tyre Science‹ erfreut mich, als ich an Bord gehe.

Nach zwei Stunden auf See nähern wir uns Sado, einer kleinen, schmetterlingsförmigen Insel, die vor der Nordwestküste flattert und von den japanischen Kaisern früher als Verbannungsort benutzt wurde, wie Sibirien von den Zaren. Das Wetter ist trübe, warm und dunstig. Der Taifun »Ryan« nähert sich Japan. Allerdings scheint das niemanden zu beunruhigen; es ist der vierzehnte Taifun der Saison.

Wir fahren über die mit Reisfeldern gesprenkelte Insel, welche ihrerseits mit gebückten Frauen gesprenkelt sind, die ihre Strohhüte mit Kopftüchern festgebunden haben, zu einer Pension nahe der Schule für Kodo-Trommler.

Ich fühle mich in Japan groß und schwerfällig, besonders hier in der Provinz, wo die Unterkunft gar nicht auf ausländische Touristen zugeschnitten ist. In der Pension Nagakura muß ich den Kopf einziehen, und wenn ich vor meinem Badezimmerspiegel stehe, sehe ich meinen Hals ganz hervorragend.

Die Besitzer sind reizend und lesen uns jeden Wunsch von den Augen ab. Nachdem sie uns das Abendessen serviert haben, lassen sie uns im Speiseraum eine ihrer Laserdisks ansehen. Wir beenden unseren ersten Tag auf Sado damit, Höhepunkte aus Queen-Konzerten zu gucken.

Ein übler Schock wartet noch auf mich. Da ich gehört hatte, daß die Kodo-Schüler jeden Tag einen Dauerlauf als Teil ihrer Ausbildung absolvieren, habe ich gefragt, ob ich mitmachen dürfe, um etwas dringend notwendige Bewegung zu bekommen. Sie haben gerade im Hotel angerufen, um zu sagen, daß sie über meine Teilnahme hocherfreut sind. Der Lauf beginnt um fünf Uhr früh. Pünktlich.

SADO

27. TAG

Der Wecker klingelt um vier Uhr fünfzehn. Ich stoße mir den Kopf an der Badezimmertür. Als ich in Turnhose und Turnschuhe steige, muntert mich einzig der Gedanke flüchtig auf, daß es wohl der früheste Dauerlauf meines bisherigen Lebens ist. Wir schleichen auf Zehenspitzen aus der Pension Nagakura und stellen fest, daß es in Japan noch sehr dunkel ist.

Die elf Schüler, acht Männer und drei Frauen, sehen verschlafener aus als ich, und sie sind die letzten fünf Monate täglich vor fünf Uhr aufgestanden, außer sonntags.

Es ist nicht leicht, bei Kodo aufgenommen zu werden – was sowohl »Herzschlag« bedeutet – wie beim Rhythmus des kindlichen Herzschlags im Mutterbauch – als auch »Kinder der Trommel«. Wenn sie erst einmal aufgenommen sind, müssen sich die Schüler ein Jahr lang gemeinsam einer spartanischen, streng geregelten Lebensweise unterwerfen – kein Tabak, Alkohol, Radio oder Fernsehen – und fünf bis sechs Stunden täglich trommeln üben. Während Sayo, eine 24 Jahre alte Japanerin aus Tokyo, die früher Englisch unterrichtete, mir dies erzählt, fällt mir ein verstaubter Fernseher in der Ecke auf.

Strafe vor Sonnenaufgang. Dauerlauf mit den Schülern von Sado.

»Ja, Fernseher haben wir schon«, berichtigt sich Sayo, »aber keine Antennen, also können wir nur Videos gucken.«

»Was für Videos?«

»Oh, Trommelvideos.«

All dies enthält ein starkes Element von Tradition und Ritual. Obwohl Kodo vor noch nicht 25 Jahren gegründet wurde, orientiert es sich an einem vorindustriellen, ländlichen Japan, in dem die Größe eines Dorfes davon bestimmt war, wie weit der Klang der Taiko-Trommel trug.

Der Lauf ist ganz erträglich. Während wir die Straße entlangstapfen, steigt eine flache, warme, feuchte Dämmerung auf, angekündigt von einem leichten, aber nicht erfrischenden Nieselregen. Das Tempo ist stetig, aber höflich. Niemand scheint den Gast beleidigen zu wollen, indem man ihn abhängt – jedenfalls nicht schon auf den ersten Kilometern.

Das Frühstück wird vom Zusammenschlagen zweier Trommelstöcke angekündigt. Wir gehen im Gänsemarsch hinein und setzen uns um einen langen Tisch auf den Boden. Ich finde den Lotossitz ziemlich schmerzhaft, das Frühstück wird eine anspruchsvollere athletische Leistung für mich als der Lauf.

Anscheinend teilt sich Japan in Menschen auf, die fermentierten Bohnenkäse lieben und die ihn verabscheuen. Ich schließe mich letzterer

Die Kodo-Schüler beim Unterricht.

Fraktion an. Das darauffolgende rohe Ei ist Nektar und Ambrosia. Schwierig daran, das Ei auch wirklich mit Stäbchen zu essen.

Um neun Uhr beginnt die erste Unterrichtsstunde. In einem schmucklosen Raum mit Gipswänden sitzen die Schüler aufrecht auf dem Boden und beginnen die Trommeln in einem Rhythmus zu schlagen, den eine Flöte und ein kleiner Gong vorgeben. Ein älterer Kodo-Trommler geht zwischen ihnen herum, lockert ihre Handgelenke und korrigiert ihre Schulterhaltung. Die Schüler wechseln von Trommel zu Trommel, variieren das Tempo und die Haltung dabei, sie spielen kraftvoll und ohne Unterbrechung 45 Minuten lang. Als sie aufhören, ist die Wirkung überwältigend. Wenn es so etwas wie ohrenbetäubende Stille gibt, das ist sie. Nach kurzer Pause spielen sie noch einmal. Am Schluß ist Sayo schweißüberströmt, lacht aber über meine Besorgnis.

»An einem guten Tag merke ich es gar nicht, die Energie kommt direkt von hier«, sagt sie und deutet auf ihren Bauch. »Es kommt durch meine Brust, die Schulter, den Arm und zum Schluß geht es in mein Trommeln. Die Trommeln werden der Klang meines Herzwehs.« Ich glaube, sie meinte Herzschlag, aber es ist ein hübscher Versprecher.

O-daiko, die größte Kodo-Trommel.

Nur ein oder zwei Schüler werden nach einem Jahr für gut genug befunden, sich der Elite im einige Kilometer entfernten Kodo-Dorf anzuschließen. Hier ist die Lebensweise komfortabler. Unter den sichtbaren Zeichen des Erfolgs sind Tourneelaster mit der Aufschrift »Kodo, European Tour 9« und die Anwesenheit ausländischer Musiker im Dorf, die von den Meistern lernen wollen. Einer ist der Engländer Chris Slade, Schlagzeuger der Band AC/DC. Er zeigt mir seine schwieligen, blutigen Hände und grinst. »Das ist es wert.« Ich frage ihn, warum. »Na ja, es ist nicht bloß das Trommeln. Es ist der ganze Lebensstil, diese japanische Kiste. Einheit von Geist und Körper.«

Zuvorkommend präsentiert man mir die Riesentrommel O-daiko, die 1000 Pfund wiegt, und nur auf einem schweren, schwarzen Gerüst bewegt werden kann. Nur zwei Männer auf der Welt können sie richtig spielen. Einer von ihnen, Eichi Saito, zeigt mir die Kodo-Haltung und reicht mir die Stöcke. Der Klang ist gewaltig. Saito kann diese riesige Trommel fünfzehn Minuten ohne Pause spielen. Da mir die nötige Einheit von Geist und Körper fehlt, gebe ich nach fünfzehn Sekunden auf.

Einstellungstest für die Präsentation japanischer Küche. Erster Versuch.

Als ich im Red Pear House im Dorf Ogi an der Südküste ankomme, freue ich mich auf die Gastfreundschaft eines traditionellen japanischen Gasthauses. Aber japanische Gastfreundschaft muß man sich erarbeiten, wie das Kodo-Trommeln. Am Eingang werde ich von Mama-san begrüßt, einer energisch aussehenden kleinen Dame, die mit Holzschuhen 1 Meter 56 und ohne 1,48 mißt. Wir tauschen Verbeugungen aus, und sie führt mich zu einem Schieferboden, wo ich die Schuhe ausziehe. Wasser wird auf den Schiefer gegossen, um meine Fußabdrücke wegzuspülen. Dann steige ich auf den niedrigen gestreiften Holzboden, wo ein Paar Pantoffeln auf mich warten. Als ich hineinsteige, sind sie etwa halb so groß wie mein Fuß. Auf dem Weg nach oben bewundere ich den japanischen Geschmack. Überall gut verarbeitetes Holz (Hinoki, eine Wacholderart), schönes Porzellan und überraschenderweise eine Chagall-Reproduktion. Mama-san, die angeblich kein Englisch spricht, empfängt meine Komplimente mit einer Reihe von Glucksern und weiteren Verbeugungen. An der Schwelle meines Zimmers muß ich die Pantoffeln ausziehen, die ich gerade angezogen habe. Eine Schiebetür enthüllt ein niedriges Zimmer mit Tatami-Matten. Ein schwarzes Lacktischchen, etwa eine Schenkelbreite über dem Boden, und ein Stuhl sind die einzige Einrichtung.

Gebadet wird in den Gemeinschaftsräumen im Erdgeschoß, wenn ich sie benutzen will, muß ich zuerst eine Yukata anlegen – ein Baumwollgewand. Mit dem Gefühl, ein übelriechender Riese zu sein, ziehe ich die heißen und klebrigen Sachen aus, lege die Yukata an und gehe nach unten. Ich vergesse meine Pantoffeln, als ich zurückgehe, um sie zu holen, treffe ich Mama-san auf der Treppe. Sie schüttelt verzweifelt den Kopf und beginnt am Gürtel meines Gewandes herumzuzerren. Der sogenannte Obi muß wie bei einem Samurai vorne gebunden werden. Ihn auf der Hüfte zu binden gilt als äußerst weibisch. Nachdem sie mich in Ordnung gebracht hat, führt Mama-san mich nach unten, und einen peinlichen Moment lang glaube ich, sie will mich ins Bad begleiten. Aber sie beschränkt sich auf ein leises mißbilligendes Zungenschnalzen, als ich hineingehe, ohne meine Treppenpantoffeln gegen die Badepantoffeln auszutauschen, und schließt die Schiebetür aus Reispapier hinter mir. Zu meiner Überraschung sehe ich auf der einen Seite ein mittelalterliches japanisches Bad und auf der anderen eine Toilette des 21. Jahrhunderts. Im Vergleich zu Mama-sans Installation wirkt die Kontrollzentrale der NASA geradezu vorsintflutlich. Beim Hinsetzen erwärmt sich der Sitz automatisch. Acht verschiedene »Duschdüsen« senden Wasserstrahlen unterschiedlicher Stärke über das allgemeine hintere Gebiet, acht verschiedene »Bidetdüsen« richten den Strahl auf speziellere Ziele, und schließlich runden vier »Trockendüsen« das Ganze ab, von einer sanften, warmen Brise bis zur Mistralstärke.

Nachdem ich die Toilettenpantoffeln gegen Badepantoffeln getauscht habe, begebe ich mich in den Waschbereich. Zuerst seife ich mich ein, dann hocke ich mich auf einen dreibeinigen Schemel und spüle mich mit einer kleinen Schüssel und einem Wassereimer ab. Erst als das letzte bißchen Seife von meinem Körper verbannt ist, darf ich den Holzdeckel von der Badewanne entfernen und in das sehr heiße, sehr klare Wasser des O-furo eintauchen.

Danach bleibt nur noch die Zeremonie des Abendessens im Schneidersitz. Es besteht aus Meeresfrüchten mit Knoblauch, Brassen-, Thunfisch- und Tintenfisch-Sashimi, Seetang, gekochtem Gemüse mit Bohnenkäse, Abalone-Steak in Sojasoße, gebratener Seebrasse mit Limonen (mit künstlerisch hochgebogenem Schwanz und Kopf serviert), Thunfischmagen, eingelegtem Reis und Bohnenpaste.

Mama-san serviert all dies in makellosem Stil, fast als sei es ein religiöses Ritual. Ich freue mich so, den Krug mit heißem Sake zu sehen, daß ich den fürchterlichen Fauxpas begehe, selbst danach zu greifen. Der Sake fliegt durch die Luft, und ich bin voller Verwirrung und Reiswein. Japanische Etikette ist, daß sich der Gast unter keinen Umständen je selbst den Sake eingießt.

Nach alldem kann ich kaum noch die Treppe hinaufschlurfen, aber ich erreiche glücklich mein Zimmer, schiebe die Balkontür auf und erfrische mich mit tiefen Atemzügen an der schwülen Nachtluft. Geräuschlos schlüpft Mama-sans Tochter hinter mir herein, um den Futon und das Bohnensackkissen für die Nacht auszulegen – und um mich zu erinnern, daß ich die Treppenpantoffeln wirklich nicht im Schlafzimmer tragen sollte.

VON SADO NACH MAKI

28. TAG

Nach einem farblich makellosen Frühstück aus grünem Tee, gelbem Rettich, roter Birne, strohbraunen Süßkartoffelscheiben und Sahnetofu verlassen wir Mama-sans Ryokan und wundern uns, so ausgesuchte Eleganz in einem zerbrechlich wirkenden Haus in einer unauffälligen Straße in einer gesichtslosen Stadt am Meer in einer der ärmsten Gegenden Japans zu finden. Ironischerweise macht die Britishness des japanischen Charakters, seine insulare Zurückhaltung, ihn viel undurchschaubarer als die rauhe Offenheit Alaskas oder die manische Aufrichtigkeit der Russen.

Der Taifun ›Ryan‹ hat Tokyo getroffen, aber Sado nur einen leichten Klaps gegeben, und so fahren wir rechtzeitig und sicher mit der Fähre zurück nach Honshu. Im Kulturzentrum erwischen wir das Kodo-Ensemble, das Endergebnis des ganzen strengen Trainings, das wir gestern gesehen haben.

Die Vorführung kontrollierter Kraft, die Gewandtheit und das Maß an Sportlichkeit und Agilität sind atemberaubend. Kunststücke von Gruppenstärke und Ausdauer wechseln mit ruhigen, fast wehmütigen Soli, und die ganze Vorstellung, die fast zwei Stunden dauert, ist mit karger Schönheit inszeniert. Der Star ist Yoshi Kazu und sein Solo eine unübertreffliche Demonstration der Kodo-Technik. Er beginnt täuschend sanft auf der gewaltigen O-daiko und lockt fast nur leicht klopfend einen Rhythmus hervor, dann steigert er nach und nach die Intensität. Ein weißer Scheinwerfer hebt jede Sehne hervor, während sein Körper die Anstrengung erhöht. Er steigert das Tempo über das scheinbar Menschenmögliche hinaus und läßt die Schläge mit wildem, unwiderstehlichem, zwingendem Rhythmus auf das Trommelfell hageln. Dann springt er vom Podest auf den Boden und trommelt mit einer Geschwindigkeit weiter, der das Auge kaum zu folgen vermag, bevor er langsam und kontrolliert Tempo und Lautstärke bis zu dem kaum wahrnehmbaren Grad des Anfangs zurücknimmt. Es ist ein grandioses Schauspiel von Stärke und Energie. Und nächste Woche wird er 48.

VON SANJO NACH KUROHIME

30. TAG

Übernachtung in Sanjo, einer weiteren Stadt auf den Reisebenen von Niigata. All diese Städte scheinen sich zu ähneln und sind bemerkenswert häßlich, wenn man die Bedeutung ästhetischer Fragen in der japanischen Kultur bedenkt. Man

鼓童
鼓童
鼓童

hat ständig ein Gefühl von Platzangst. Die Häuser sind klein und eng, die Straßen haben keinen Gehweg, selbst die Architektur eines äthiopischen Armenviertels ist einfallsreicher.

Dann erscheint dieser öde Ort plötzlich in anderem Licht. In der englischsprachigen ›Japan Times‹ lese ich: »Sheffield Uniteds verbesserte Form setzte sich mit einem 2:1-Sieg bei Huddersfield fort.« Auf einen Schlag bekommt der Tag ein anderes Gesicht. Alles verwinkelte ist nun kurios und jede enge Straße unverfälscht. Die Zugfahrt, die uns langsam, aber sicher aus der Ebene in die Berge führt, wird ein unvergleichlicher Genuß. Reisfelder werden von Reisterrassen abgelöst, deren noch nicht so weit fortgeschrittene Pflanzen ein tiefes, goldenes Grün zeigen. Die Steigungen werden steiler, die Schluchten tiefer und dunkelgrüne Koniferenwälder nehmen den Zug auf. Endlich frische Luft und Platz. Und es kommt noch besser. Unser Gasthaus im Ferienort Kurohime ist das geräumigste Wohngebäude, das ich in Japan bisher gesehen habe, mit hohen Aufenthaltsräumen, die bis zu den Dachbalken offen sind, breiten Fenstern und einer weiten Aussicht auf die Berge. Die Speisekarte ist eine clevere Mischung aus westlicher und japanischer Küche, die zeigt, daß Sukiyaki und Kartoffelbrei harmonisch koexistieren können. Und als Krönung eines Tages, an dem wir von ganz unten nach ganz oben gekommen sind, bietet uns der Besitzer Eiji Nakahara einen zwanzig Jahre alten Macallan-Whisky als Betthupferl an.

KUROHIME

31. TAG

Eine der bekanntesten Persönlichkeiten Japans lebt in Kurohime. Er ist zerzaust, wettergegerbt, hat ein rötliches Gesicht, zählt 55 Jahre und ist Waliser. C. W. Nicol – zärtlich C. W. genannt. Er hat für den kanadischen Umweltschutzdienst gearbeitet, war der erste Wildhüter im äthiopischen Simian National Park und ist zur Zeit Vize-Direktor des Nature Conservation College in Tokyo und Ehrenmitglied des Ainu-Stammes, der ältesten Bevölkerungs-gruppe Japans. Er hat einen schwarzen Gürtel im Judo und den 7. Dan in Karate. In Japan hat er bereits über 70 Bücher veröffentlicht, darunter Bestseller-Romane, Kinderbücher und Bücher über Umweltschutz. Er hat seine eigene Fernsehsendung, hat eine CD mit seinen Liedern aufgenommen und ist eine Autorität für alles, von Whisky bis zu Shiitake-Pilzen. Er hat Eisbären geschossen und beherrscht die uralte japanische Kunst des Stockfechtens. Vor 33 Jahren kam er her, um Kampfsportarten zu studieren. Ich frage ihn, was ihn zum Bleiben bewogen habe.

»Es war ein Land mit unberührten Wäldern, wo es sogar in der Nähe einer großen Stadt wilde Bären, Wildschweine und wilde Rehe gibt, eine so reiche Natur und eine so pulsierende Kultur.«

Der Inbegriff des Kodo. Yoshi Kazu beim Konzert.

Das ist so anders als alles bisher Gesehene, daß ich ihn bitte, mir zu zeigen, was ich versäumt habe. Das erste, was mir an den »unberührten Wäldern« auf-

Oben: Im Hochland von Honshu. Ein Ruhebaum.

Oben rechts: Mit C. W. in einer Zedernallee.

fällt, sind nicht sehr vielversprechende große Narben, wo Bäume gefällt wurden, um Platz für Betonviadukte zu machen. C. W. erklärt, dies sei die Infrastruktur für die Winterspiele 1998 im nahegelegenen Nagano. Überraschenderweise sind 67 Prozent Japans noch Wald, und eine Stunde von den Baggern entfernt zeigt er mir vierhundertjährige Eichen und Roßkastanien.

Diese bewaldeten Berge, die sich bis auf 2500 Meter erheben, gehören zu den ältesten besiedelten Gebieten Japans, wo seit über 10 000 Jahren Menschen leben. Geheimbünden haben sie als Zufluchtsstätte gedient, so den Ninjas, Meistermördern, die sich stets neue und einfallsreiche Methoden ausdachten. Eine davon war ein gewöhnlicher Gartenbesen mit einem in tödliches Eisenhutgift getauchten Stachel, der zwischen den Borsten saß. Der als Diener verkleidete Ninja fegte Laub, bis sein Opfer vorbeiging, dann erhob er den Besen und gab ihm einen tödlichen Streich in den Hintern.

C. W. liebt Geschichten wie diese und all die reichen Legenden von örtlichen Göttern und bedauert die Verstädterung und das Verschwinden des japanischen Volkswissens. Ich frage ihn, ob die Japaner religiös seien.

»Sie sind glückliche Agnostiker. Sie sind sehr tolerant... sie heiraten christlich oder shintoistisch und lassen sich buddhistisch beerdigen.«

TOGAKSHI

32. TAG

C. W. und ich essen im Dorf Togakshi zu Mittag, wo bis zum Boden reichende spitze Reetdächer den fünf Monaten Schnee Trotz bieten sollen und eine 800 Jahre alte und 120 Meter hohe Zeder sich über den Kupferfirsten der Dächer erhebt. Früher war es das Mekka der Bergreligion. Heute ist es voller Anhänger der Tourismusreligion, worunter seine unzugängliche Schönheit gelitten hat. Wir setzen uns in einem traditionellen Restaurant zum Essen, das sich auf hausgemachte Buchweizennudeln spezialisiert. C. W. bringt mir bei, wie man sie richtig ißt.

»Nicht dran knabbern... schlürfen! Vergiß, daß du dafür als Kind eins drauf gekriegt hast, jetzt kannst du's tun und trotzdem höflich sein.«

Wenn man schlürfen soll, kann man's nicht.

Zum Runterspülen bestellt C. W. Doboruku, der wie Reismilch aussieht. Doboruku ist weißer Sake, der traditionell nur zu Hause hergestellt wird. Er warnt mich vor dem Gebräu, da die Hefe im Magen noch eine Stunde nach dem Trinken weitergärt. Er leert sein Glas auf einen Zug und bestellt noch ein zweites. In seiner *Geschichte Japans für Reisende* bemerkt Richard Tames, daß Japans Eigenart unter den hochentwickelten Ländern seine Homogenität sei. 99 Prozent aller Japaner sind in Japan geboren und leben noch immer dort. Keine rassische oder religiöse Minderheit umfaßt mehr als ein Prozent der Bevölkerung (dagegen gibt es sechzehn Prozent Nichtweiße in Amerika und vier Prozent der Engländer sind Moslems). Japanisch wird nur in Japan gesprochen. Viele Japaner haben sich tief im Innersten noch immer nicht an das gewöhnt, was sie als den Verlust ihrer Einzigartigkeit ansehen, der auf das Erscheinen eines amerikanischen Kriegsschiffs in der Bucht von Tokyo 1853 folgte, als zwei Jahrhunderte selbstauferlegter Isolation endeten. All das macht C. W. zu einem wirklich seltenen Exemplar, einem ins japanische Leben integrierten Außenseiter.

C. W. Nicol auf dem Naturlehrpfad.

Er gibt zu, das sei nicht leicht. Die Japaner sind selbstbezogen und wachsam gegenüber dem ›Gajin‹ – dem Fremden.

Sehr passend scheint mir, daß einer der letzten Eindrücke bei meinem Besuch in den Bergen ein Vers des örtlichen Haiku-Dichters Issa sein soll, der in englischer Übersetzung den Bahnhof von Kurohime schmückt:

»Der Weg der Ameise, reicht er nicht bis zu jenem umwölkten Gipfel?« Ich stelle fest, daß die Übersetzung von C. W. Nicol stammt.

34. TAG

Der Hachiko-Platz in Tokio. Hachiko war der Hund eines Professors an der Universität, der seinen Herrn jeden Tag am Zug zu erwarten pflegte, wenn dieser von der Arbeit kam. Als sein Herr bei der Arbeit gestorben war, kam Hachiko die nächsten sieben Jahre dennoch täglich zum selben Ort. Aus Bewunderung ließen die Tokioter ihm an der Stelle ein Denkmal setzen. Ich bezweifle, ob ein Hund heutzutage jemanden in der Menge erkennen könnte, die aus der Station Shibuya strömt. Über den Köpfen der Menge zählt eine Uhr die Tage bis zum Beginn der Winterspiele in Nagano, noch 860.

Ich bin unterwegs, um mich mit Mayumi Nobetsu zu treffen, einem Mädchen aus Tokio, mit dem ich seit zwanzig Jahren korrespondiere, ohne sie je getroffen zu haben. Sie schrieb mir zuerst 1974, als Monty Python auf den japanischen Bildschirmen erschien. Handschrift und Orthographie ihres ersten Briefs waren makellos, die Grammatik kühn: »Ich bin vierzehn Jahre alt japanisches Mädchen.« Sie schrieb mir weiter, sandte mir Liebeserklärungen und wertvolle Informationen über die unberechenbare Affäre zwischen Monty Python und dem japanischen Publikum. Nun ist sie dreißig und Managerin eines Hotels.

Unser Rendezvous findet in einem Freiluftcafé zwischen den Wolkenkratzern im Zentrum von Tokio statt. Es stellt sich heraus, daß es nur einen Tisch mit einer unbegleiteten Dame gibt, einer auffallenden, ganz in schwarz gekleideten Frau, die mit ihrem sorgfältig geschnittenen Pony wie ein exotischer Stummfilmstar wirkt. Das ist das »vierzehn Jahre alt japanische Mädchen« zwanzig Jahre später. Ich habe die nagende Sorge, sie könnte den falschen Python erwartet haben, aber sie öffnet ein Medaillon an ihrer Halskette, und darin ist mein Bild als einunddreißigjähriger Sir Galahad im *Heiligen Gral*. Wir planen, daß sie mir die Stadt zeigt. Beim Abschied lächelt Mayumi mich gedankenvoll an.

»Ich kann immer noch nicht glauben, daß Sie hier sind und wie ein gewöhnlicher Mensch reden.«

35. TAG

Eine erhöhte, sechsspurige Stadtautobahn führt vor meinem Hotel vorbei. Die Betonwände, auf denen diese mächtige Konstruktion ruht, sind mit riesigen Landschaftsfotos dekoriert.

Tokio ist ein riesiger, rasender Ballungsraum, wo sich alles bewegt, vom Verkehr abgesehen. In jedes der hohen Gebäude sind Dutzende Geschäfte gezwängt: Friseure, Massagesalons, Whirlpools, Restaurants, Nachtclubs, Fitnessclubs, Stripclubs und Buchläden. Der Ort, zu dem Mayumi mich führt, ist eine Ausnahme – ein einstöckiges Gebäude an einer Straßenecke. Ein Restaurant namens Dojo Nabe, das seit über 180 Jahren von dem unerhörten und redseligen Mr. Watanabe geführt wird, dem achten der Watanabes, die das Lokal durch Erdbeben, Bomben und Feuer hindurch geführt haben. Er eilt geschäftig heraus, um uns im traditionellen Yukata-Gewand zu begrüßen. In gutem Englisch vergleicht er sein Restaurant mit einem Pub. Es ist ein Ort für Arme wie für Reiche. Drinnen ist es zweifellos unprätentiös. Ich habe mich schon daran gewöhnt, in Restaurants ohne Stühle zu essen, aber dies ist das erste, das auch keine Tische hat. Mayumi und ich sitzen mit gekreuzten Beinen auf Bambusmatten, vor uns auf dem Boden steht ein Holzbord.

Oben: Treffen mit Mayumi.

Rechts: Vor dem Dojo Nabe.

Ein an der Tür kauernder Mann, der zu beten scheint, ist ein Angestellter, der drei Häufchen Salz auf die Straße streut. Dieser kleine Trick stammt aus der Zeit, als die Leute mit ihren Kühen in die Stadt kamen. Wenn die Kühe Salz fanden, blieben sie stehen, um es aufzulecken, so daß ihre Besitzer Zeit hatten, sich das Restaurant anzusehen. Mr. Watanabe macht gern mal einen Witz. Besonders entzückt ist er von seinem Slogan »Wer hier ißt, stirbt nicht«.

»Denn wenn Sie tot sind, können Sie ja nicht hier essen, verstehen Sie?«

Was hungrige Japaner seit fast zwei Jahrhunderten zu diesem Restaurant geführt hat, ist ein Schmerle genannter, zwanzig Zentimeter langer, dünner Süßwasserfisch. Er hat zwei Eigenschaften, die von den Japanern hochgeschätzt werden: Er fördert die Verdauung und die Manneskraft. Dies wird vielleicht auf Kosten des Fisches erreicht, denn die Schmerlen werden lebendig in hölzerne Wannen mit Sake getaucht. Während die Schmerle den Sauerstoff aus dem Wasser saugt, nimmt sie gleichzeitig den Alkohol auf. Oder mit den Worten von Mr. Watanabe: »Viele Fische werden von außen mariniert. Nur in Dojo werden sie von innen mariniert.«

Enges Tokio. Ein Bürogebäude, kaum breiter als ein Fahrrad.

Später machen wir einen Spaziergang durch ein unauffälliges Arbeiterviertel namens Akusa. Die Straßen sind voll von Wettbüros und Wettern, die das japanische Gegenstück des ›Sporting Chronicle‹ studieren. Mayumi mag die Gegend nicht. Sie zeigt mir die Yakuze, japanische Mafiosi mit Schnurrbärten und kurzgeschorenem Haar, die an den Mauern lehnen, die Augen umherschweifen lassen und das Geschehen beaufsichtigen. Aber gleich beginnt ein Pferderennen, und spontan schlage ich vor, eine Wette abzugeben. Mayumi übersetzt die Namen der Pferde. Eines heißt Super Licence, was gut zu einem BBC-Projekt paßt. Wir setzen 1000 Yen (ungefähr sieben Pfund) beim 3-Uhr-40-Rennen in Osaka. Das alte Paar darf unser Geld nicht selbst annehmen und schickt uns in ein nahegelegenes Gebäude, wo in einem Raum, der so lang ist wie eine Bahnhofshalle, Wetten angenommen und Gewinne ausbezahlt werden. Eine gewaltige Zahl Eckensteher steht in Zigarettenrauch eingehüllt herum und erhebt die Köpfe zu einer langen Reihe von Monitoren. Als wir nach vorne aufrücken, stellt sich heraus, daß unsere Karte aus Versehen als 10 000-Yen-Wette markiert ist. Nichts zu machen. Wir müssen zahlen. Zurück auf die Straße, wo wir das Rennen über ein Transistorradio verfolgen. Es ist schwer zu verstehen, aber aufregend, ein Angriff von Nr. 7 hat Erfolg. Wir durchforsten die Wettzeitung, dann hüpft Mayumi in die Luft. Nr. 7 ist Super Licence. Wir hasten in das rauchgeschwängerte Gewühl zurück: Die Quote war 12:1. Wir haben 126 000 Yen oder 845 Pfund und 63 Pence gewonnen.

Abgang Mayumis, die die Straße entlanghopst.

Durch den starken Yen reichen 845 Pfund gerade, um mit dem ganzen Team in einem anständigen Tokioter Restaurant essen zu gehen. Das Restaurant liegt in einem Viertel namens Ebisu. Mayumi erzählt mir, Ebisu sei der Name des japanischen Gottes des Reichtums.

36. TAG

Jeden Sonntag wird der Yoyogi-Park für den Verkehr gesperrt, und wer eine Gitarre oder ein Schlagzeug hat oder nur ein Tonband, auf dem ein anderer Gitarre und Schlagzeug spielt, darf sich an der Straße aufbauen, die zum Olympiastadion von 1964 führt. Das Ergebnis sind anderthalb Kilometer Krach. 60 oder 70 Bands spielen gleichzeitig und erzeugen gemeinsam eine gewaltige, dissonante Kakophonie, die der rücksichtsvollen Ordnungsliebe der Japaner in der Öffentlichkeit völlig widerspricht.

Der Schlüssel zu dieser untypischen Darbietung ist die Verkleidung. Die meisten der Hunderten von Musikern tun so, als seien sie jemand anderes. Viele von ihnen – viel zu jung, um sich zu erinnern, daß in diesem Park früher die Kasernen der amerikanischen Truppen standen, die ihr Land bis in die frühen fünfziger Jahre besetzt hielten – kleiden sich wie die amerikanischen Heroen der Generation ihrer Eltern – Marlon Brando, Bill Haley, Buddy Holly und natürlich Elvis. Entenpopo-Frisuren und Sonnenbrillen sind massenhaft zu sehen, und auf schwarzen Lederjacken stehen Namen wie ›Tokyo Rockabilly Club‹. Es gibt Jungen in spitzen Schuhen und Mädchen in Söckchen und weiten Röcken, die zu viel zu lauter Musik von Del Shannon und Billy Fury Jive tanzen. Es gibt auch Rein-karnationen der Beatles und der Sex Pistols. Ein japanischer Bob Dylan kämpft mit »Subterranean Homesick Blues«, während gleich daneben ein japanischer Rob Roy mit scharlachrot gefärbtem Haar zu donnernder Heavy- Metal-Begleitung herumhüpft. Es sieht wild aus, ist aber in Wirklichkeit seltsam gesittet. Die Anarchie im Yoyogi-Park ist ebenso kontrolliert wie jeder andere Aspekt des japanischen Lebens. Es ist eine erlaubte Art, sich in einem Land in den Vordergrund zu spielen, wo das sonst nicht gern gesehen wird. Auf der Suche nach einem Ort, wo wir uns von diesem Bombardement erholen können, verschlägt es Basil und mich in ein unauffälliges Restaurant in der Nähe der Station Shibuya. Es stellt sich als Tokios einziges Walrestaurant heraus, und obwohl das Fleisch sich streng auf die Arten beschränkt, die sie legal fangen dürfen, ist mir bei einigen der Köstlichkeiten nicht ganz wohl. »Walzunge in Sojasoße«, »Besondere Stücke vom Wal« und »Oberkieferknochen in Sake aufgelöst« sind nichts für Kleinmütige. Ich bestelle einen ›Greenpeace-Salat‹. Wir beenden den Tag im Hot 6 Rocket Club in Roppongi, wo Reggae gespielt wird. Falls Japan eine eigene Popmusik hat, habe ich sie bis jetzt nicht gefunden.

Sonntag in Tokio. Verehrung der Vergangenheit.

37. TAG

Ich verlasse Tokio mit dem Hikari-Superzug Richtung Südwesten, der auf einer Hochgeschwindigkeitsstrecke fährt, rasend schnell, ohne daß man das wahrnimmt. Wir fahren am perfekt geformten Wahrzeichen des Fujijama vorbei, der durch die Luftverschmutzung nur zu erahnen ist. Die Japaner mögen zwar bei Erkältung Atemmasken tragen, um keine Bakterien zu verstreuen, aber es scheint ihnen nichts auszumachen, wenn Schornsteine in die Gegend qualmen.

Der Tempel von Buttsuji.

Wir steigen in Fukuyama aus und reisen aufs Land, wo sich schönere Gebäude verteilen, als wir während der ganzen 650 Kilometer seit Tokio gesehen haben. Die schönsten von allen sind die Gebäude des Zen-Tempels von Buttsuji, wo wir übernachten wollen.

In dem sorgfältig angeordneten Park, wo jeder Kiesel seinen Platz hat (und das ist keine Übertreibung, denn für den Zen-Buddhismus ist ein Kiesel so wichtig wie ein Berg), nähert man sich dem Tempel über eine Holzbrücke, die über einen steinigen Fluß führt. Innerhalb der Anlage stehen einige solide Holzbauten, deren breite verzierte Dächer mit schweren, glasierten, grauen Ziegeln gedeckt sind. Drinnen sind kühle, karg möblierte Gänge. Es ist streng und zeitlos, obwohl ich das verräterische Leuchten von Computermonitoren hinter einer Schiebetür aus Reispapier gesehen habe.

Der Zen-Buddhismus beschäftigt sich mit Leben, Sein und Werden. Er sucht Erkenntnis, indem er den Menschen zum Zentrum seiner ursprünglichen Erfahrung zurückbringt. Das erfahre ich von Almon, einem Novizen aus Holland. Beim Betreten des Zendo – der Meditationshalle, die dunkel und alt ist und nach Holz riecht, muß ich ein schwarzes Gewand tragen und barfüßig sein. Selbst ein Übernachtungsgast muß sich vielen Ritualen unterziehen. Ich muß die rechte Hand zur Faust ballen und sie mit der linken bedecken.

Ich überrasche mich nicht nur damit, eine bequeme Stellung zu finden, sondern auch dadurch, die Wohltat des Halbdunkels, des tiefen, regelmäßigen

Atmens und der Ruhe sofort zu spüren. Die Geräusche von Insekten, Vögeln und einem nahen Fluß werden klar und laut, aber nicht störend, und eine beruhigende, den Geist reinigende Stille sinkt auf mich hernieder. Gerade als ich in einen selig erhöhten Bewußtseinszustand gleite, höre ich einen scharfen Knall, als werde etwas geschlagen. Ich hebe vorsichtig ein Augenlid und sehe, daß tatsächlich etwas geschlagen wird. Es ist der Mann neben mir.

Vielleicht ganz gut, daß mir niemand vom Keisaku erzählt hat – dem Warnstock. Er wird mit vollem Einverständnis des Teilnehmers angewandt und soll ihn – also auch mich – davon abhalten, während der Meditation einzuschlafen.

Im Zendo. Palin spürt den Warnstock.

Mit unendlicher Sorgfalt arrangiert der Shika – der Obermönch – meinen Körper; die Arme werden gekreuzt, die Hände auf die Schultern gelegt, der Kopf nach vorn gebeugt. Unglaublich sanft sucht er einen Fleck auf meinem Rücken, dann läßt er den Stock gerade und kräftig niedersausen. Bevor ich etwas spüren kann, gibt er mir einen weiteren leichten Klaps, dann drei mächtige Streiche, die ein Brennen wie am Tag nach einer Prügelstrafe in der Schule hinterlassen. Inzwischen habe ich völlig vergessen, beim Ausatmen bis zehn zu zählen, und will gerade ein gutes altes angelsächsisches Wort brüllen, als ich merke, daß mein Peiniger vor mir steht und mir den Stock mit einer tiefen Verbeugung überreicht. Ich erwidere die Verbeugung.

Er scheint mich zu mögen, denn nach zwanzig Minuten kommt er wieder und fängt von vorne an.

VON FUKUYAMA NACH HIROSHIMA

38. TAG

Morgens, Viertel vor vier. Ein Mönch mit einem Weckgong geht leise durch den Gang vor dem Gemeinschaftsraum, in dem wir geschlafen haben. Um halb fünf begleite ich ihn zurück in die Meditationshalle. Nach einer halben Stunde Kontemplation stehen sie plötzlich ohne Warnung auf und huschen lautlos aus dem Saal. Bis ich in meine Sandalen gekommen bin, sind alle weg. Zum Glück bin ich schnell genug draußen, um zu sehen, wie ein Stoffzipfel um eine Ecke verschwindet, ich setze ihnen nach. In der Nacht hat es geregnet, und manche Steine sind so glitschig, daß ich fast das Gleichgewicht verliere. Das Herumpesen hinter ihnen her um die Tempelgebäude wie ein Keystone-Mönch, wobei ich nach Ahornzweigen greife und gleichzeitig lautlos zu bleiben versuche, führt zu einem völlig zenfremden Lachanfall.

Das Frühstück ist ebenso frugal wie die Unterkunft. Der warme, feuchte, geschmacklose Reis wird durch die Beigabe von eingelegten Pflaumen, Rettich und grünem Tee angereichert. Kein schlechter Anfang, wenn man es vermeiden will, gleich die Hocktoilette zu benutzen. Almon erklärt, daß die Mönche ihre Köpfe alle fünf Tage rasieren und daß die große Tempelglocke einmal im Jahr hundertachtmal geschlagen wird, weil es für die Buddhisten 108 menschliche Verblendungen gibt.

Almon würde gern mehr sagen, fühlt sich aber befangen. Sanft beharrt er darauf, daß Weisheit nach der Zen-Tradition erst dann kommt, wenn Stille eintritt.

Diese Worte fallen mir etwa eine Stunde später wieder ein, als ich den Abt interviewe, und meine Frage nach der Bedeutung von Frieden und Abgeschiedenheit vom Lärm eines Flugzeugs zugedeckt wird. Der Abt ist ein beeindruckender Mann: weise, gesetzt und von sanftem Spott. Er sieht jung aus, aber unser Tontechniker Fraser sagt ein wenig düster, er könne auch 68 und eine wundervolle Reklame für eine gesunde Lebensweise sein.

»Ich bin nur eine Nacht hier, was kann ich dann lernen?« ist meine Frage.

Er lächelt. »Das ist eine Frage, die Sie sich selbst stellen sollten«, sagt er offensichtlich belustigt. Ich muß mir eingestehen, daß Zen-Buddhismus und Fernseh-Interviews einfach nicht zusammenpassen.

Die Mönche reihen sich auf, um uns beim Abschied zu winken. Während die Älteren gelassen lächeln, schaut Almon ernst drein. Er ist dünn, und sein rasierter Schädel sieht unter der weißen Haut fast blau aus. Ich spüre, daß es mir leid tut, ihn hier zu lassen, aber als unser Bus hupt, auf Touren kommt und in die weite Welt hinausfährt, frage ich mich nach Art des Zen, wer der Gefangene ist, er oder ich?

Eine Stunde später nähern wir uns im Hochgeschwindigkeitszug Hiroshima. Obwohl es eine vollständig neu erbaute, gesichtslose Großstadt ist, die eher in die Zukunft schaut als zurück zum Krieg, ist die Symbolkraft des Ortes verstörend und unübersehbar.

Wir besichtigen die berühmten Orte, wie das Stahlskelett der Kuppel der Messehalle, deren Mauern die Explosion vom 6. August 1945 überstanden. Im dortigen Friedensmuseum schneiden die Kinder von heute Horrorgrimassen vor den Wachsfiguren der Kinder von damals mit ihren brennenden Haaren und geschmolzener Haut, die von den Armen herunterhängt. Die jüngere Generation scheint sich nicht mehr daran erinnern zu wollen. Sie interessieren sich auf abstrakte Weise dafür, aber was bedeutet es heute für sie? Niederlage und Zerstörung? Kaum. Heute steht ein Bericht in der ›Japan Times‹, nach dem neun der zehn weltgrößten Banken inzwischen in Japan sitzen. Wut und Ressentiment auf die Amerikaner? Kaum. Genau gegenüber der Friedenskuppel befindet sich ein Baseball-Stadion. Amerikanische Filmstars blicken von den Plakaten herab – Arnold Schwarzenegger macht Reklame für Suppennudeln, Madonna für Klimaanlagen, Jodie Foster für Mitsubishi-Autos, Michael J. Fox für Dosentee. Japan wurde in den sieben Jahren nach dem Krieg von den Amerikanern wiederaufgebaut, und man erinnert sich eher an den Wiederaufbau als an die Zerstörung.

HIROSHIMA

39. TAG

Was mich betrifft, so werde ich mich an nichts anderes im Zusammenhang mit dieser Stadt erinnern als an die Bombe. Die Tatsache, daß ich in einem Hotelbett im Zentrum von Hiroshima liege, regt meine Phantasie lebhaft und unangenehm an. Wäre ich vor fünfzig Jahren und zwei Monaten genau an diesem Ort gewesen und nicht durch einen Garten in Sheffield gekrabbelt, so wäre ich von der größten menschengemachten Explosion aller Zeiten aus dem Schlaf gerissen worden. Eine Sekunde nach der Detonation hätte ein Feuerball von 500 Metern Durchmesser 300 Meter über mir den Himmel erfüllt. Nur Sekundenbruchteile später hätte ich zu den 70 000 Menschen gehört, die von der sich mit Lichtgeschwindigkeit ausbreitenden Druckwelle zerrissen und von der Hitze verbrannt worden wären, die im Zentrum der Explosion 4000° erreichte. Vor fünfzig Jahren wäre von mir nur ein Häufchen Asche übriggeblieben.

Mittags lassen wir Hiroshima hinter uns, aber nicht den Schatten der Vergangenheit. Flug 5035 der Japan Airlines verbindet Hiroshima mit dem weniger als 350 Kilometer entfernten Nagasaki. ›Fat Man‹, eine Bombe mit der Kraft von 22 000 Tonnen TNT, wurde drei Tage nach der Zerstörung Hiroshimas durch ›Little Boy‹ (15 000 Tonnen) auf Nagasaki abgeworfen. Diese beiden Bomben töteten und verkrüppelten eine halbe Million Menschen. Aber der erste Blick auf Nagasaki räumt ein wenig von der komplexen Negativität, der unbehaglichen Mischung aus Mitgefühl und Mitschuld fort, von der ich anscheinend nicht loskomme. Eine japanische Stadt, die nicht aussieht wie die anderen. Nagasaki ist eine grüne Stadt zwischen felsigen Halbinseln und bewaldeten Bergketten. Ich sehe die ersten Palmen am Pazifik.

Von der Bombe verschont. Die Messehalle von Hiroshima.

41. TAG

Nagasaki ist kleiner, als es scheint. Weniger als eine halbe Million Menschen leben zwischen den gefalteten Hügeln, die in den langen flachen Fjord des Hafens auslaufen. Dieser geschützte Ankerplatz empfing 1571 die ersten europäischen Händler in Japan. Es waren Portugiesen, denen erlaubt wurde, einen Stützpunkt für Handel und Missionierung zu eröffnen. Die Missionare waren erfolgreicher, als ihnen gut tat, und eine Reaktion setzte ein. Missionierte japanische Christen wurden gekreuzigt, und die Shoguns (Kriegsherren) zogen sich in die zweihundertjährige Periode internationaler Isolierung zurück. Nur Nagasaki hielt die Tür zum Handel mit dem Ausland einen Spaltbreit offen und genehmigte eine kleine holländische Handelsstation im Hafen, und es war auch Nagasaki, das sich 1859 dem Westen öffnete und europäische Unternehmer, die den Nutzen der Industriellen Revolution verbreiten wollten, ermutigte, die Stadt als Stützpunkt zu wählen. Ein Schotte namens Thomas Glover, dessen Bungalow im europäischen Stil jetzt eine beliebte Sehenswürdigkeit ist, führte Japan ganz allein ins industrielle Zeitalter. Er führte Eisenbahnen ein, legte das erste Telefonkabel, eröffnete die erste Kohlenmine, gründete die Kirin-Brauerei und 1868 die erste moderne Werft. Neun Jahre später verkaufte er diese an eine kleine, von ihm mitbegründete Firma. Ihr Name war Mitsubishi. Heute beherrschen Mitsubishis Werften den Hafen, und fast zwanzig Prozent der Arbeitnehmer arbeiten bei Mitsubishi Heavy Engineering.

Einsamer britischer Teilnehmer beim Okunchi-Fest in Nagasaki.

All das schafft eine Stadt von eigenem Charakter, die stolz auf ihre Geschichte ist und sie jedes Jahr beim Okunchi-Fest nachstellt. Heute ist der erste von drei Festtagen, mir ist die hohe, noch nie dagewesene Ehre erwiesen worden, als Ausländer eine Rolle zu übernehmen.

Ich soll Fahnenträger auf dem Schatzhaus-Schiff sein, Mrs. Takashi kleidet mich in einen mattweißen Kimono mit kastanienbraunem und schwarzem Besatz. Ich trage ein rotweißes, geknotetes Kopftuch und weiße Stoffschuhe mit gelben Bändern und zwei Öffnungen für die Zehen. Wir machen uns auf die Suche nach dem Schatzhaus. Es stellt sich als einer von mehreren geschmückten Festwagen, sogenannten Mikoshi, heraus, von denen jeder ein Stadtviertel repräsentiert. Zwanzig junge Männer sind ernannt worden, ihn durch die Straßen zu ziehen – was gar nicht so einfach ist, da noch zwanzig Schulkinder mit an Bord sind.

Ich reihe mich hinter den Ältesten ein, die komplizierte Kostüme aus schwarzen Kimonos und schwarzen Bowlerhüten tragen. Wenn Sie sich Ian Paisley als Geisha verkleidet vorstellen können, haben Sie das Bild ungefähr vor Augen.

Als wir den Suwajinja-Schrein erreichen, wird unser Schatzschiff unter großem Jubel in die Arena geschleppt. In der Menge sind auch ein paar Touristen. Sie müssen wohl Engländer sein, denn einer erblickt mich in meinem Kimono und rotweißen Kopfputz und erstarrt so sehr vor Staunen, wie ich es wohl noch nie gesehen habe. Nach der rituellen Übergabe unseres Festwagens an die Shinto-Priester singen und tanzen die Kinder und führen ein kurzes Stück auf. Dann treten wir alle zurück und lassen die frenetische Vorstellung beginnen. Diese besteht darin, den vollbeladenen Wagen so schnell wie möglich kreuz und quer durch die Arena zu ziehen. Er wird erst in die eine Richtung gezogen, dann in die andere, bis an den Rand einer steilen Steintreppe gejagt, ruckartig gestoppt, dann wieder zurückgezogen. Zähne werden zusammengebissen, Augen gerollt und Schweißperlen fliegen sichtbar durch die Luft. Der Wagen bewegt sich, solange das Publikum jubelt, und je öfter er hin und her fährt, desto erfolgreicher gilt er. Noch eine Gefahr ist das halbe Dutzend Fernsehteams. Ich kriege einen Schwinger von einer Videokamera, Mr. Takashi stürzt in die Arena, um seine Fahne wiederzuholen, die sich in einem Kamerakabel verfangen hat und wie eine Sense durch die Menge mäht.

Das Okunchi-Fest
Unten: Das Ziehen des Festwagens.

Unten rechts: Schulmädchen mit Schlagwerk warten auf ihre fünfzehn Minuten Ruhm.

HUIS TEN BOSCH

43. TAG

Eine Stunde nördlich von Nagasaki machen wir auf unserem Weg zum Hafen Hakata und der Fähre nach Korea einen Abstecher zu einem Ort namens Huis Ten Bosch. Es ist die Apotheose des japanischen Talents für Imitation und Nachschöpfung. Hier ist jedoch nicht nur ein Auto kopiert worden, sondern ein ganzer holländischer Hafen des 17. Jahrhunderts, einschließlich königlichem Palast, Zollhaus, Rathaus, Kirchen, Plätzen, Läden und Kanälen.

Kulturbesuch aus Europa. Die holländische Fahrradkapelle in Huis Ten Bosch.

Es ist die Idee von Yoshikuni Kamichika, der die lange historische Verbindung zwischen den holländischen Händlern und Nagasaki feiern wollte, indem er die Nagasaki Holland Village Co. Ltd. gründete, um holländische Stadtplanung mit japanischer Technik zu verbinden. Zweieinhalb Milliarden Dollar hat man in das Projekt gesteckt. 400 000 Bäume und 300 000 Blumen sind eingeführt worden, eine Entsalzungsanlage und ein selbstreinigendes Kanalsystem. Es gibt keine Autos, keinen Dreck und nach sieben Uhr abends fast keine Menschen.

Ich wandere als einer von vier Millionen Besuchern im Jahr herum und wundere mich eine Weile, wie gründlich das alles geplant ist. Die architektonischen Details sind präzise und gut hergestellt. Man sieht auch ein paar echte Holländer, die vor allem mit typischen Gebräuchen beschäftigt sind, wie die Käseträger und die Fahrradkapelle. Die Fahrradkapelle allein ist schon das Eintrittsgeld wert. Eine Frau zu sehen, die eine große weiße Haube, ein Dirndl, schwarze Strümpfe und Holzschuhe trägt, Fahrrad fährt und dabei auf der Posaune »Bohemian Rhapsody« spielt, hat etwas fast überirdisch Surreales.

Das Problem besteht darin, daß so etwas in Huis Ten Bosch völlig normal ist. Jeder der hier lebt, spielt eine Rolle. Es ist ein weitläufiges, herrlich angelegtes, ganz und gar umweltfreundliches Disneyland. Die Windmühlen brauchen keinen Wind, die Ziegel sind nur vor die Fassaden gesetzt, die Straßensänger singen nicht wirklich (sie mimen es bloß), die Lakaien, die mit Perücken und Schnallenschuhen durch die Straßen gehen, tragen Funkgeräte. Das minutiös reproduzierte Schnitzwerk am Glockenturm der Kathedrale von Utrecht verbirgt einen großen Lautsprecher, aus dem von Zeit zu Zeit der Klang echter Glocken erschallt. Es ist kulturelles Karaoke, ein Land der Phantasie, in dem jeder lächelt, bis die Tore geschlossen werden. Ich erfahre, daß Michael Jackson schon zweimal hier gewesen sei, was mich nicht wundert.

HAKATA

45. TAG

An unserem letzten Tag in Japan betonen ein paar Zeitungsberichte die Risiken des Lebens an den Küsten des Pazifik. In zwei der Länder auf unserer Reiseroute haben Erdbeben der Stärke siebeneinhalb auf der Richter-Skala stattgefunden. Eines in Mexiko hat 59 Menschen getötet, eines in Indonesien über 100. Hier in Japan geht es eher um menschliche Schwächen – der japanische Justizminister ist zurückgetreten, nachdem er Geld von einer religiösen Gruppe angenommen hatte. Ich erfahre, daß gegenseitige Gefälligkeiten Teil des japanischen Geschäftslebens sind, Geschenke werden großzügig gegeben und stets erwidert. Aber die Grenze zwischen Geschenk und Bestechung ist schon immer verwischt gewesen.

Der Fährterminal von Hakata ist mit seinen polierten Marmorschaltern, Granitböden und schimmernd verchromten Fahrstühlen ebenso geleckt, effizient und gesichtslos wie der Flughafen von Toyoama, wo wir angekommen sind. Die Passagiere sind hauptsächlich Koreaner. Während wir darauf warten, an Bord zu gehen, bringen sie kleine, ermutigende Zeichen von Exzentrizität in diese glänzende Öde. Einer aus einer Gruppe von Mönchen trägt eine Kreissäge aus Stroh, ein anderer eine bestickte russische Pelzkappe. Ein langhaariger Vamp von einer Frau reist mit ihnen. Sie streiten sich, freundschaftlich aber öffentlich – ein höchst unjapanisches Verhalten. Die Frau neben mir raucht eine Zigarette, hat ein nylonbestrumpftes Bein auf die Bank neben sich gelegt und umfaßt es mit dem Arm, eine Uneleganz, die nach den drei letzten Wochen schockierend wirkt. Und die Sprache klingt sehr verschieden, der Akzent ist schwerer und gutturaler. Koreanisch ist eine zentralasiatische Sprache, die mehr mit Ungarisch und Finnisch zu tun hat als mit irgend etwas Orientalischem.

VON HAKATA NACH PUSAN

46. TAG

Alles stockdunkel. Ich werde von einem donnernden Rumpeln geweckt, als würde das Schiff ausgeweidet. Es ist das Fallen des Ankers, was bedeutet, daß wir 225 Kilometer nach Pusan durch die Straße von Korea zurückgelegt haben.

Dämmerung: Unsere Fähre, die ›Camellia‹, liegt vor der felsigen, gewellten Küste Südkoreas in einer Schlange von Schiffen, die darauf warten, durch den blaßbraunen Smog-Schleier vorzustoßen, der die zweitgrößte Stadt des Landes fast verhüllt. Mehrere Passagiere trimmen sich auf Deck. Ich gehe meine Reisedokumente auf die besorgte Art durch, die auf eine baldige Einreise- und Zollkontrolle deutet, und kreuze Kästchen an, die erklären, daß ich keine »Schußwaffen, Messer, Schießpulver, Drogen, psychotrope Substanzen oder andere Gegenstände« mitführe, »welche die staatliche Ordnung, die öffentliche Sicherheit oder die Moral bedrohen«.

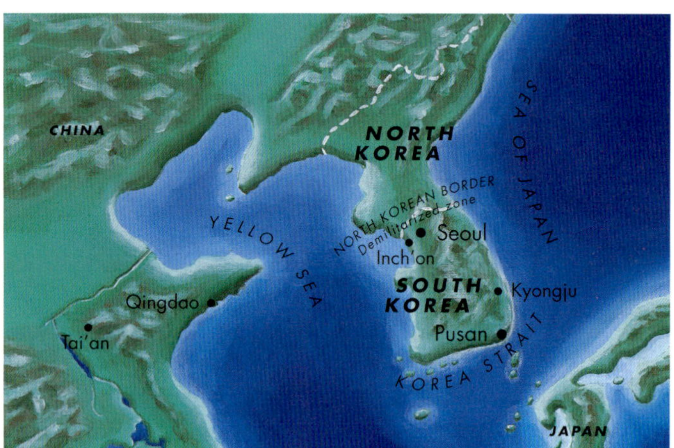

Mit einem traurigen Dröhnen des Signalhorns legt unser Schiff langsam an. Es ist erst halb acht, aber Südkorea ist schon an der Arbeit. Kräne drehen sich, Beton fließt in ein gewaltiges Projekt zur Landgewinnung. Auf den Autobahnen staut sich der Morgenverkehr und eine machtvolle Gruppe von Wolkenkratzern trägt vertraute Namen – Daewoo, Samsung, Hyundai, Goldstar und Ssongyang – die Chaebols (Großkonzerne in Familienbesitz), durch die Koreas Wachstumsrate die seines Erzrivalen Japan überholt hat.

Auf der Nachtfähre Japan-Korea. Erster Blick auf die südkoreanische Küste.

Japan und Korea sind vollkommen verschieden. Von 1910 bis 1945 war Korea von den Japanern besetzt, die alles daran setzten, die koreanische Sprache und Kultur zu unterdrücken. Der bittere Groll wird nun in eine wirtschaftliche Konkurrenz umgesetzt (japanische Autos, Filme und Musik sind in Korea verboten) und in den manischen Drang, das Land internationalen Standards anzupassen. (Letzte Woche hat die Regierung beschlossen, Koreas Toiletten von der gebückten auf die westliche Haltung umzustellen.)

Am Busbahnhof von Pusan verkauft ein Mann Ginsengwurzeln, andere schauen mir über die Schulter, als ich das in mein Tagebuch schreibe. Die Neugier ist unverhüllt. Die Frauen kauen Kaugummi und senken nicht den Blick. Ein Trumm von einem Mann bemerkt die Kamera, stellt sich davor, spannt den Bizeps und verkündet zur Freude der Zuschauer: »In Korea nennt man mich Terminator.«

Ein untersetzter Mann in Schlaghosen und engem, zugeknöpftem Jackett schiebt ihn zur Seite. »Wenn er Terminator, ich King-Kong!« Er schlägt sich auf den mickrigen Brustkasten, wartet auf das Gelächter und verschwindet.

Was Japan und Korea teilen und worin der Grund ihres Erfolges liegt, ist ein Gefühl von nationaler Bestimmung, das jeden individuellen Ehrgeiz übersteigt. Privatsphäre, Ferien und Freizeit werden als Luxus angesehen, der stets dem nationalen Fortschritt geopfert werden kann.

Der Bus setzt uns in Kyongju ab. In meinem Hotel wird die Sauberkeit ins Extrem getrieben. Ein riesiges Gemeinschaftsbad bietet alles. Es gibt Duschen für eine kleine Armee, Becken mit heißem, mit warmem und mit kaltem Wasser, das einen Wasserfall simuliert, Whirlpools, einen nach Ginseng duftenden Dampfraum und zwei Saunas.

Voller Wohlbefinden und sauberer, als ich es seit dem Tag meiner Geburt je gewesen bin, widme ich mich später dem reichlichen Abendessen. Der Hauptgang aus frittiertem Fisch wird von Eicheln mit Sesamkörnern, Knoblauch, Lychees, Broccoli, Tofubrei mit Zwiebeln, Zucchini, roten und grünen

Paprika und natürlich der koreanischen Spezialität Kimchi begleitet. Diese Köstlichkeit kombiniert eine gaumenfolternde Mischung aus Kohl, Knoblauch, rotem Paprika, Ingwer, Rettich, Zwiebeln und Chilipulver, dann wird das Ganze mariniert, so daß etwas herauskommt, was manche das abstoßendste Nationalgericht der Welt nennen. Ich sehe nicht voraus, daß Kimchi-Riegel MacDonald's Konkurrenz machen werden, aber es ist zu eigenwillig, um es nach nur einer Probe zu verwerfen. Ich werde darüber nachdenken, während ich nach Luft schnappe.

Nach den unvermeidlichen Vergleichen mit Japan reden wir über den Stand der Dinge zwischen Nord- und Südkorea. Shin-Na, eine clevere und witzige koreanische Journalistin, die uns herumführt, erzählt einen Witz, der die nationalen Stereotypen zusammenfaßt.

Er spielt in einem Restaurant.

»Entschuldigung«, sagt der Kellner, »Rindfleisch ist alle.«

Der Nordkoreaner antwortet: »Was heißt ›Rindfleisch‹?«

Der Japaner: »Was heißt ›alle‹?«

Und der Südkoreaner: »Was heißt ›Entschuldigung‹?«

KYONGJU

47. TAG

Besichtigungstag in Kyongju, das eine so reichhaltige Konzentration von Kulturgütern enthält, daß die UNESCO es zu den zehn bedeutendsten Stätten des Welterbes zählt. Der erste Halt ist ein bescheidenes Gegenstück zu den ägyptischen Pyramiden namens Tumuli Park und besteht aus zwanzig niedrigen, elegant gerundeten Grabhügeln, die wie Blasen aus der Erde aufsteigen. Man hat in ihnen einen ganzen Schatz an Zeugnissen des Shilla-Reichs gefunden, das tausend Jahre lang das südliche Korea beherrschte. Die Schätze aus den Gräbern sind im nahegelegenen Nationalmuseum ausgestellt, wo auch eine im Jahre 770 gegossene, zwanzig Tonnen schwere Glocke zu sehen ist, die angeblich den Körper eines jungen Mädchens birgt, das während des Gusses geopfert wurde. Das Museum ist voller Schulklassen. Die Jungen rennen herum, reißen Zitronen von den Bäumen, schubsen einander und bringen sich vor den erzürnten Museumswärtern in Sicherheit. Die Mädchen, von denen die meisten Brillen mit ovalen Goldrahmen und das koreanische Gegenstück zu Doc-Martens-Schuhen zu tragen scheinen, zeigen unverhohlene Neugier. Ausländische Touristen sind

Südkoreanische Schulkinder lernen im Pulguksa-Tempel ihre Kultur kennen.

Beim Schulausflug in Pulguksa.

hier anscheinend selten, und jeder Blick in ihre Richtung ruft teils augenrollendes Flirten, teils lautes Gelächter hervor.

Das Herzstück dieses großen kulturellen Komplexes ist der Pulguksa-Tempel – historische Stätte und Sehenswürdigkeit Nr. 1. Er wurde im Jahre 528 begonnen, und seine Ausmaße und Verzierungen sind ein weiteres Beispiel für den hohen Stand der Handwerkskunst bei den Shilla, der natürlich durch die reichlich vorhandene Sklavenarbeit befördert wurde. Der Tempel überstand tausend Jahre, bevor er von den japanischen Invasoren zerstört wurde, und seine minutiöse Restaurierung ist sehr neu, sehr teuer und ein Zeichen des wachsenden Stolzes auf alles Koreanische. Wir fahren in die Hügel hinauf, um ein paar Aufnahmen der charakteristischen durchhängenden Ziegeldächer zu machen. Inzwischen beginne ich Tempelmüdigkeit zu entwickeln, eine Art kulturellen Krampf, durch den sich mein Gehirn gegen jede weitere Information sperrt, wie aufschlußreich auch immer. An der Straße stehen niedrige Tische, wo alte Koreaner mit rotbraunen, tief zerfurchten Gesichtern einen Imbiß verkaufen. Hier gibt es eine weitere kulinarische Premiere für mich – knusprige Grashüpfer, in Zucker und Sojasoße angebraten, was keineswegs so unangenehm schmeckt, wie es klingt. Basil hält sich an getrockneten Tintenfisch.

SEOUL

48. TAG

Mein dritter Tag im Einsiedlerreich (wie Korea im 19. Jahrhundert genannt wurde, als es sich wie Japan vor den immer drängenderen ausländischen Händlern abzuschließen suchte). Im 12 800 Kilometer entfernten London wird meine Frau an ihrem 53. Geburtstag gerade aufwachen. Ich würde sie gerne anrufen, aber im Moment stecke ich in einer Demonstration in Seoul fest. Eine Menge zorniger Leute um mich herum heben die Fäuste und skandieren etwas. Fotografen laufen vor uns her, viele von ihnen schleifen kleine Leichtmetalleitern mit, die sie ab und zu aufstellen, um von oben Bilder von der Menge zu machen. Während sie das tun, sehe ich einen jungen Mann direkt hinter mir sein Gesicht hinter einem Plakat verbergen. Flugblätter mit schrecklichen Bildern verstümmelter Gesichter und Körper werden an die Menge verteilt. Das Schreien und Skandieren ist eindringlich. Autofahrer, die befürchten, in dem Marsch steckenzubleiben, versuchen auf der zentralen Kreuzung gefährliche Wendemanöver. In einer Seitenstraße sehe ich geparkte Busse mit grünweißem Drahtgitter vor den Fenstern. Drinnen sitzen die Bereitschaftspolizisten und warten.

Oben: Seoul wächst und wächst. Fast die Hälfte aller Südkoreaner lebt hier.

Oben rechts: Mit Shin-Na bei einer Protestkundgebung.

Rechts: Die Demonstration setzt sich in Marsch.

Der Zorn der Demonstranten richtet sich gegen Vorschläge, die Anklage gegen zwei Generäle fallenzulassen, die sie für eine blutige Unterdrückung der Opposition 1981 verantwortlich machen, bei der etwa 200 Studenten getötet wurden. Shin-Na marschiert neben mir und beobachtet das Verhalten der Polizei. Einheiten zur Verstärkung treffen ein, die in ihren königsblauen Hemden, marineblauen Hosen, Krawatten und spitzen weißen Mützen recht adrett aussehen. Ich erfahre von Shin-Na, daß es Verkehrspolizisten sind. Obwohl ich, ohne es zu wollen, vom Beobachter zum Teilnehmer geworden bin, fühle ich mich unter den Marschierern sicher. Dies ist die beste Art, die Stadt kennenzulernen, durch Straßen, die von der Polizei zuvorkommend abgesperrt sind, und mit 3000 Leuten, die verhindern, daß man sich verläuft.

VON SEOUL ZUR NORDKOREANISCHEN GRENZE

50. TAG

In Seoul befinden wir uns etwa 80 Kilometer südlich unseres ersten ernsthaften Hindernisses bei der Umrundung des Pazifik. Es heißt Nordkorea und ist nicht an Besuchern interessiert, egal wie nett man bittet. Der weltweite Glasnost hat den Schutzpanzer einer der letzten übriggebliebenen kommunistischen Diktaturen kaum angekratzt, und wir kommen nicht näher heran als bis zur Demilitarisierten Zone, die beide Länder seit Ende des Koreakrieges 1953 trennt. Die einzige Möglichkeit, in die DMZ zu kommen, ist eine der strikt überwachten Tagestouren, die jeden Morgen von Seoul abfahren.

Unser Reisebus ist mit Japanern, Amerikanern und Europäern gefüllt. Als er losfährt, sind ein paar Japaner bereits eingeschlafen, und das Gemurmel aufgeregter europäischer Stimmen wird rasch von unseren beiden Begleitern erstickt, die uns einen Vortrag halten, bis wir die Grenze erreichen. Zunächst die Regeln. Wir betreten ein Gebiet, in dem die weltweit größte Zahl kampfbereiter Truppen konzentriert ist, also keine Hot pants, Stretchhosen, kurzen Hosen oder Zehensandalen, keine Kinder unter zehn Jahren und keine alkoholischen Getränke.

Dann gibt uns Joy, die englischsprachige Begleiterin, ein paar Informationen über ihr Land. Ich erfahre, daß die koreanische Halbinsel einem Hasen ähnelt und innerhalb von 5000 Jahren 970 Mal fremde Truppen einmarschierten. Der gegenwärtige Konflikt begann 1945, als die letzten Invasoren, Amerikaner und Russen, die vorigen Besatzer, die Japaner, verdrängten und Korea die Teilung in den kommunistischen Norden und den kapitalistischen Süden aufzwangen. Noch immer sind 37 000 Amerikaner in Südkorea stationiert, während der Norden ein stehendes Heer von über einer Million Soldaten unterhält. Die Teilung wurde 1953 so schnell durchgeführt, daß Millionen von Familien getrennt wurden, mit wenig Aussicht, einander wiederzusehen.

»Unser größter Wunsch ist die Vereinigung. Wir träumen von der Vereinigung, wir streben sie von ganzem Herzen und mit ganzer Kraft an.« Während das ins Japanische übersetzt wird, lehnt sich ein massiger Amerikaner zu mir herüber.

»Waren Sie schon mal hier?«

Ich schüttle den Kopf.

»Wird Ihnen gefallen. Wird Ihnen bestimmt gefallen.«

Die Eisenbahnstrecke, die früher von Pusan nach Peking führte, endet jetzt auf einem Feld mit einer Hühnerfarm. Das letzte Gebäude ist das Antikommunistische Museum, ein Bau, der einem gerade gelandeten Raumschiff ähnelt.

An der Freiheitsbrücke (benannt nach den 13 000 nordkoreanischen Kriegsgefangenen, die 1953 nach Kriegsende freiwillig im Süden blieben) ist für die Südkoreaner Endstation, sofern sie nicht der UN-Truppe angehören. Der Rest von uns geht zwischen Maschendrahtzäunen und Stacheldraht weiter.

Unsere Ausweise werden von kurzgeschorenen GIs überprüft. Wir befinden uns auf einem der am stärksten befestigten Gebiete der Welt: ein vier Kilometer breiter, 243 Kilometer langer Streifen von Minen, Panzersperren und Barrikaden, umschlossen von einem doppelt verketteten Zaun, der die koreanische Halbinsel von Küste zu Küste durchschneidet.

Die Südkoreaner legen großen Wert darauf, daß es hier ein Bauerndorf gibt. Sie nennen es Dorf des Großen Erfolges. Die Bewohner werden Tag und Nacht bewacht, nach Einbruch der Dunkelheit müssen alle in ihren Häusern sein und die Türen verriegeln. Zum Ausgleich für diese Propagandaübung zahlen sie keine Steuern. Sein nordkoreanisches Gegenstück, genannt Dorf des Paradieses, wird von Beobachtern für eine Täuschung gehalten, deren Gebäude nur aus potemkinschen Fassaden bestehen.

Ein weiteres Symbol ist die Schlacht um die Fahnenmasten. Sobald eine Seite einen neuen Fahnenmast aufrichtet, stellt die andere einen noch höheren auf. Im Augenblick liegt Nordkorea in Führung. Sein Fahnenmast ist 175 Meter hoch und trägt eine Fahne, die sechs Zentner wiegt.

Die schwerbewaffnete Landschaft ist sanft und hübsch, mit großen, weitgehend unberührten Erlen-, Buchen- und Birkenwäldern. Zu beiden Seiten der Straße wächst ein dicker Blumenteppich. Ich erfahre, daß es ein Paradies für Vögel ist, die den Nutzen daraus ziehen, in einem offiziellen Niemandsland zu leben.

Bevor wir die eigentliche Grenze sehen können, hält der Bus in Camp Bonifas an, wo wir ein weiteres Mal über die DMZ, ihre Geschichte und die Bedrohung, die Nordkorea für die freie Welt darstellt, informiert werden. Ich wandere hinter dem Andenkenshop einen kurzen grünen Abhang herunter. Vor mir ist Stacheldraht und ein Wachturm, aber dort, wo ich stehe, ist etwas, das wie ein Golfplatz mit einem einzigen, von Kunstrasen umgebenen Loch aussieht. Dieses Fleckchen Grün soll in ›Sports Illustrated‹ als »gefährlichster Golfplatz der Welt« beschrieben worden sein. Ich sitze eine Weile unter einer ausladenden Eiche und sehe einem Schwarm Enten zu, der lautstark kreischend über die Grenze nach Norden fliegt. Dann nehme ich ein anderes Geräusch wahr. Es kommt tief aus den vor mir liegenden Wäldern, und ein Wechsel der Windrichtung treibt es deutlicher zu mir. Es ist das Geräusch von Marschmusik, die über die Grenze gepumpt wird. Eine nordkoreanische Vera Lynn singt ein patriotisches Lied, in dem sie die kapitalistischen Lakaien und imperialistischen Marionetten des Südens auffordert, ihre Ketten abzuwerfen und sich der Revolution anzuschließen. Es ist das einzige Geräusch, das den Frieden stört.

Endlich fährt unser Bus weiter zur Grenze. Ein junger schwarzer GI mit dem Dienstrang ›Specialist‹ hat unsere bisherigen Begleiter ersetzt. Stil und auch Inhalt seines Vortrags sind strikt militärisch und lassen keinen Raum für Emotionen oder Ausschmückungen. Er wirkt wie ein Polizist, der vor Gericht ein Protokoll verliest.

»Das ist Tor 28. Das Grasland auf dieser Seite von Kontrollpunkt 4 war Schauplatz des Axtmord-Vorfalls von 1976« (bei dem amerikanische Soldaten, die routinemäßig Äste kappten, in eine Auseinandersetzung gerieten, in deren Verlauf ein Nordkoreaner eine Axt ergriff und zwei Amerikaner erschlug).

Am Kontrollpunkt 3 können wir zum ersten und letzten Mal einen Blick auf das einzige Land werfen, das wir nicht durchqueren dürfen. Nebelverhangene Berge rahmen den Hintergrund ein, und am mächtigen Fahnenmast hängt der rote Stern Nordkoreas. Wir dürfen nur eine Minute bleiben. Unser Begleiter zeigt uns den nordkoreanischen Wachtposten auf dem Hügel gegenüber: »Höchstwahrscheinlich werden Sie genau beobachtet. Bitte machen Sie hier keine plötzlichen Arm- oder Handbewegungen.«

Die von beiden Seiten kunstvoll aufgebaute Spannung wird von einer Abteilung südkoreanischer Elitesoldaten aufrechterhalten, die bei unserem Betreten des Konferenzraums eine Taekwondo-Kampfhaltung einnehmen.

Im Inneren der langen, niedrigen Hütte steht ein großer, mit grünem Tuch bezogener Tisch, die eine Hälfte in Südkorea, die andere im Norden. An ihm finden seit 40 Jahren die längsten Friedensgespräche der Welt statt. Wir dürfen um das kommunistische Ende herumgehen, so daß wir sagen können, wir seien in Nordkorea gewesen.

Als wir abends an einer weiteren Straße der Freiheit vorbei nach Seoul zurückgefahren werden, ist klar, daß unsere südkoreanischen und amerikanischen Gastgeber jede mögliche Vorsichtsmaßnahme ergriffen haben, um auf uns aufzupassen und uns keine eigenen Schlüsse ziehen zu lassen.

SEOUL

51. TAG

Unter der Überschrift »Bewaffneter Agent erschossen« berichtet die Spätausgabe des ›Korea Herald‹, ein Mitglied einer Gruppe nordkoreanischer Eindringlinge sei zwei Kilometer südlich der Brücke der Freiheit getötet worden. An seinem heute früh um Viertel nach sieben gefundenen Körper befanden sich Handgranaten, ein M-16 Sturmgewehr, Pistolen, Munition, Schwimmflossen und ein Fernglas. Es ist der erste derartige Vorfall seit vier Jahren, treibt der Zeitung aber vor Empörung den Schaum vor den Mund. Sie verbindet die Meldung mit einer Beschreibung des Lebens im Norden, die von einem vor einer Woche übergelaufenen Obersten der nordkoreanischen Armee stammt. »Die Nordkoreaner haben ihren eigenen Gulag errichtet, den schlimmsten seiner Art in allen repressiven, totalitären Gesellschaften.«

Vom Gipfel des Insam Hill, der Straßenbahnendstation, werfe ich einen letzten Blick auf das ›freie‹ Korea. Unter mir verbreiten sich Seouls neue Hochhäuser über die Landschaft wie eine stetig vorrückende Armee. Nachdem sie die kleineren Hügel erobert haben, sammeln sie sich in dichteren Reihen am Fuß der steileren, schwerer zugänglichen Klippen, bis sie gestärkt durch Grundstücksnachfrage und neue Technologie den nächsten Berg stürmen können. Und so weiter, und so weiter. Seoul wird anscheinend niemals ausgewachsen sein.

Angesichts dieses gefräßigen Schauspiels von Macht und Industrie hat Nordkorea wohl nicht den Hauch einer Chance.

VON INCH'ON NACH TSINGTAO

52. TAG

Ein feuchter, verhangener, grauer Tag am Kai von Inch'on. Der Abfertigungsplatz für die Fähre zum chinesischen Hafen Tsingtao steht voller Autos. Bis zur letzten Minute wird gehandelt, bevor die Fahrzeuge bis unters Dach mit allem von Strickwaren bis Pharmaprodukten und Chivas Regal vollgestopft werden. Später zähle ich vom Deck unserer abfahrenden Fähre ›New Golden Bridge‹ aus fünfzig oder sechzig Schiffe an einem Dock, wo Tausende neuer Autos aufgereiht sind. Hinter ihnen drehen und senken sich ständig Kräne bei der Sisyphusaufgabe, die Berge von Getreide, Kohle und Beton zu bewältigen. Dies ist Handel, den man in England seit dem viktorianischen Zeitalter nicht mehr gesehen hat.

Die schiere Energie und das Ausmaß des Ganzen verschlägt einem den Atem. Wer produziert das alles, wer kauft in solchen Mengen? Dann fällt mir ein, daß ich auf dem Weg nach China bin, einem Gebiet von fünfzehneinhalb Millionen Quadratkilometern, das Grenzen zu vierzehn Staaten und einen Markt von 1,2 Milliarden Menschen hat, sowie eine Wirtschaft, die in den letzten fünfzehn Jahren um durchschnittlich zehn Prozent pro Jahr gewachsen ist. An diesem trüben, wenig versprechenden Tag durchfahren wir zwei große Schleusen an der Mündung des Hafens Inch'on und machen uns auf den Weg durchs Gelbe Meer zu einem Land, das sich anschickt, die Supermacht des asiatischen Pazifik zu werden. Das gefürchtetste und am wenigsten verstandene Land der Welt.

TSINGTAO

53. TAG

Auf den ersten Blick sieht China wie Deutschland aus. Wohnblocks der Jahrhundertwende mit roten Dächern ziehen sich die steilen Hügeln hinauf. Über ihnen thronen zwei unmißverständlich nordische Kirchen, die eine mit hohen, schlanken Glockentürmen, die andere mit einem Uhrenturm mit Kupferkuppel. Ich schaue noch einmal hin, und nun ist es Frankreich, mit wohlbeschnittenen Platanenalleen und soliden bürgerlichen Villen mit Meerblick, die sich zum weißen Strand, Felsteichen und einer Hafenmauer hinabziehen. Entlang der Küste sieht es wie Manhattan aus, mit Wolkenkratzern, die sich aus dem Unterholz der Kräne erheben.

Bayern am Gelben Meer. Das Gästehaus ›Willkommen‹ in Tsingtao.

Die eklektische Silhouette, die hier dem Morgennebel entsteigt, ist die Stadt Tsingtao, ›die grüne Insel‹. Früher war es ein kleines chinesisches Fischerdorf, das gegen Ende des letzten Jahrhunderts die Aufmerksamkeit deutscher Missionare anzog. Händler und Soldaten folgten, und Tsingtao wurde rasch Teil des den Deutschen übereigneten Gebiets.

Die am Ort lebenden Chinesen konnten nur zusehen, während ein Marinedepot, Kohlebunker, Häuser, Hotels, Kirchen, eine Brauerei und eine Eisenbahn ein Bayern am Gelben Meer schufen. 1914 wurde es von den Japanern übernommen, die es nach dem I. Weltkrieg wieder verloren und 1938 erneut besetzten, aber bis in die achtziger Jahre blieb es wenig mehr als ein Erholungsort am Meer.

Wir werden mißtrauisch von den Behörden beobachtet. Soldaten halten uns an Bord fest, wo wir ausführliche Fragebögen ausfüllen müssen, die wissen wollen, ob wir »biologische Präparate, Blutkonserven oder gebrauchte Kleidung« einführen, und ob irgendeiner von uns zur Zeit an »Husten, Halsentzündung, Erbrechen, Blutungen oder geschwollenen Lymphdrüsen« leidet. Ich verschweige eine Stelle mit beginnendem Fußpilz und betrete schließlich chinesischen Boden. Die zuvorkommenden Träger stellen sich als der Manager und der Gärtner unseres Hotels heraus.

Das Gästehaus ›Willkommen‹ sieht ungefähr so chinesisch aus wie Windsor Castle. Es wurde 1903 als Residenz des Gouverneurs erbaut und ist ein großer, verrückter, zusammengestoppelter Kasten im wildgewordenen deutsch-romantischen Stil, teils Schloß, teils römische Villa, teils Pfefferkuchenhaus.

Heute abend findet ein Bankett zu unseren Ehren statt. Das Bankett ist ein gewichtiger Teil jeder Geschäftsbeziehung. Sofern man nicht eine Menge in Gesellschaft von anderen Männern trinken kann, die ebenfalls eine Menge trinken, ist man nicht wirklich vertrauenswürdig.

Unser Gastgeber ist Stellvertretender Leiter des örtlichen Amts für Auswärtige Beziehungen, das sich um Gäste aus Übersee kümmert, damit sie alles bekommen, was sie wollen, mit Ausnahme dessen, was sie nicht bekommen sollen. Er ist ein kultivierter Mann mit sanfter Stimme, der fünf Jahre Geophysik am Imperial College in London studiert hat. Die antichinesische Haltung der englischen Medien bedrückt ihn. Die Proteste scheinen sich besonders auf eine kürzlich auf Channel 4 gesendete Dokumentation über chinesische Waisenkinder mit dem Titel *Das Totenhaus* zu beziehen. Es ist schwer zu verstehen, wie eine einzige Sendung solchen Schaden anrichten kann. Ich betone, daß wir in England auch ständig unsere eigene Regierung kritisieren, aber das bricht das Eis nicht. Es gibt doch soviel Gutes in China, sagt er, warum soll man das Schlechte suchen?

Dann beginnen die Trinksprüche, und alle Differenzen lösen sich in einer gehirnerweichenden Mischung aus Maotai – einem fünfundfünfzigprozentigen Schnaps aus Sorghum und Weizen –, chinesischem Chardonnay und Tsingtao-Bier auf. Die Trinksprüche sind so zahlreich und freundschaftlich, daß ich die Seeschnecken und knusprig gebratenen Seidenraupen, die ich zwischendurch in den Mund stecke, kaum bemerke.

54. TAG

Eine Gruppe junger Frauen in schwarzen Jacken, Hosen und hochhackigen Schuhen fegt den Rasen mit Reisigbesen. An ihrer Haltung bei dieser weitgehend sinnlosen Arbeit ist etwas Unterwürfiges, es überrascht mich nicht, daß mein Reiseführer China in bezug auf die Arbeitsbedingungen von Frauen auf Rang 132 einordnet.

Ich habe nicht gut geschlafen. Es war nicht so sehr der Maotai als das Wissen, daß ein paar der skrupellosesten Männer der Welt unter diesem Dach geschlafen haben. Das Gästehaus ›Willkommen‹ war eines der bedeutendsten Ferienheime für Diktatoren. Mao Tse-tung verbrachte einen Monat in dem Zimmer unter mir. Er lebte von Pillen gegen Schlaflosigkeit und Verstopfung. Ich schwöre, ich habe ihn letzte Nacht hin und her wandern gehört. Eine Plakette vor dem Nebenzimmer erinnert an die Besuche von Lin Piao, dem Autor der Worte des Vorsitzenden Mao, und mit ihm gemeinsam Anstifter der Gewalttaten der Kulturrevolution, während Ho-Tschi-Minh aus Vietnam, Prinz Sihanouk aus Kambodscha, Maos Außenminister Tschu-Enlai und zwei Generalsekretäre der KP Albaniens in meinem Zimmer an die Decke starrten. Allerdings nicht gleichzeitig.

Der chinesische Chardonnay gestern abend hat einen solchen Eindruck gemacht, daß wir das Hua-Dung-Weingut besuchen wollen, wo er herkommt.

Oben: Badezimmer im Gästehaus ›Willkommen‹. Wurden hier Revolutionen geplant?

Rechts: Nach dem Lunch im Weingut Hua Dung.

Das erfordert eine einstündige Fahrt in die Kalkhügel am Fuß der Laoshan-Berge, an deren Hängen ein langes, niedriges weißes Gebäude steht, mehr Kloster als Chateau, wo Michael Parry, ein in Hongkong lebender Engländer, 1985 mit der Weinproduktion begann. Seitdem hat sich der Ausstoß jedes Jahr um dreißig Prozent gesteigert, und obwohl Parry selbst pleite ging und mit 43 Jahren starb, wurde die Firma von Hiram Walker als Teil eines Joint-ventures mit den Chinesen übernommen, und dieses Jahr wird sie 20 000 Hektoliter produzieren. Wu Lizhu, der gegenwärtige Manager, ist 31, klein, liebenswert und intelligent. Seine beiden größten Konkurrenten auf dem wachsenden chinesischen Markt sind Dynasty-Weißwein und Große-Mauer-Rotwein, aber er hat das Gefühl, einer anderen Gewichtsklasse anzugehören. Bei einer kurzen Weinprobe macht er mich auf das Pfirsicharoma des Chardonnay und die Andeutung von Ananas bei dem zarten, strohfarbenen Riesling aufmerksam.

Am Ende des Nachmittags steigen wir zu Parrys Grab auf dem Hügel. Unter uns steigt Rauch aus Ziegeleien auf, und Kinderdrachen zerren im böigen Wind an der Schnur. Manche Leute, wie der jetzige Manager des Weinbergs, sehen in Parry einen Heiligen, andere einen ehrgeizigen Opportunisten, der eine Versicherung um eine Million erleichterte, aber die weit entfernte Kette von Männern, die mit Hacken und Äxten neue Terrassen für die Weinreben roden, zeigt, daß ehrgeiziger Opportunismus im neuen China belohnt wird.

55. TAG

Der hübscheste Teil des Strandes von Tsingtao heißt Badestrand Nr. 6. Trotz des kalten Herbstmorgens sind ein paar Wagemutige bereit, sich in den Pazifik zu stürzen. Sie gehen mit Angabe und angespannten Muskeln ins Wasser, wie bei einer Wahl zum Mr. Universum. Es gibt Strandfotografen, die Kunden auf ihre Pfauenthrone locken wollen, und Händler mit Korallenstücken und billigen Halsketten, die wegen der Kälte mit den Füßen stampfen. Es ist beruhigend zu wissen, daß die Chinesen sich am Meer ebenso unwohl fühlen können wie die Briten.

Auf dem Gehweg einer Straße über dem Strand steht eine Reihe von Männern in weißen Jacken, die rote Kreuze hochhalten und neben Dingen stehen, die wie tragbare Operationstische aussehen. Ich sehe mich um, ob es einen schrecklichen Unfall gegeben hat, werde aber beruhigt, die Männer seien Masseure, die auf Kundschaft warten. Passanten legen sich ohne Umschweife auf die Liegen, ohne auch nur die Jacken auszuziehen. Ich tue dasselbe und merke rasch, warum man nichts auszuziehen braucht. Alle Masseure sind blind und haben so kräftige Finger, daß sie einen auch durch eine Rüstung hindurch finden würden. Sie haben eine Technik, die geballten Fäuste so schnell rotieren zu lassen, daß die Haut brennt. Hinterher gehe ich mit einem Gefühl recht erträglicher Leichtigkeit des Seins fort. Ich bin sicher, daß es mir beim nächsten Bankett hilft, diesmal zu Ehren eines Diplomaten der japanischen Botschaft, der mit wenig ansteckendem Enthusiasmus trinkt.

VON TSINGTAO NACH TAI'AN

56. TAG

Heute verlassen wir Tsingtao und fahren weiter nach Süden. Statt der Küste mit ihrer bekannten und voraussehbaren Kette von Wirtschaftswunderstädten zu folgen, haben wir beschlossen, im Inland mit Booten auf dem Jangtsekiang ins Herz Chinas zu fahren, zur vietnamesischen Grenze. Jede Reise in China ist voller Komplikationen. Wir haben unsere eigenen Begleiter (die eine von der Filmgesellschaft in Peking, der andere ein freier Fotograf), aber wir müssen auch von mindestens einem örtlichen Beamten begleitet sein. Hier in Tsingtao war es Mr. Li. Er kommt, uns zu verabschieden, sein Gesicht ist rot und verschwollen. Allein gestern mußte er an vier Banketten teilnehmen.

Köche, Gärtner und Zimmermädchen helfen uns beim Verladen. Alle betrachten neidisch einen taubenblauen Mercedes 320, der vor dem Eingang des Hotels geparkt ist. Er trägt tibetanische Nummernschilder.

Die reizvolle alte Stadt, die ich zuerst von der Fähre aus Inch'on aus sah, macht monotonen und anscheinend endlosen Industrievorstädten Platz. Die meisten Fabriken sind neu und ein Teil des pazifischen Wirtschaftswunders. Meere von Treibhausplanen erstrecken sich zu beiden Seiten der Jinan-Schnellstraße, einer geraden, erhöhten und fast leeren Mautstrecke, die scheinbar komplett aus Europa importiert worden ist. Warum sonst sollten Restaurants durch gekreuzte Messer und Gabeln in einem Land angezeigt werden, wo alle mit Stäbchen essen?

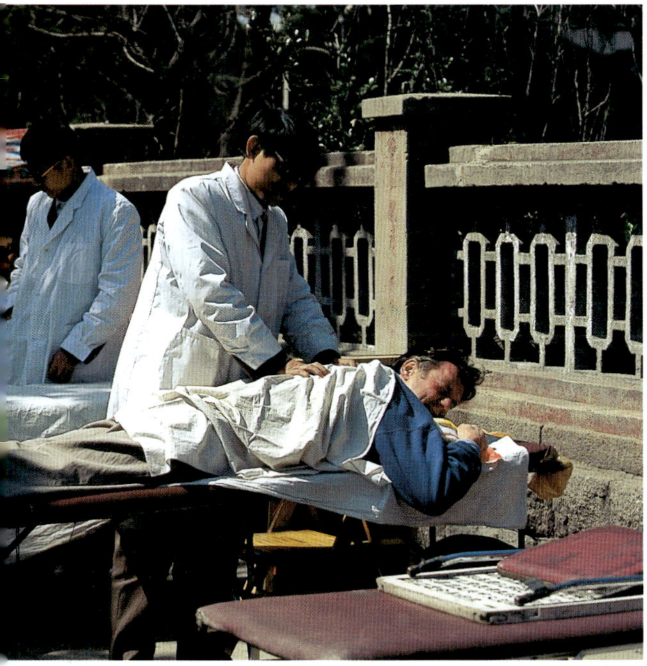

Straßenmassage in Tsingtao.

Wir halten an einer nicht allzuviel versprechenden Raststätte, finden aber heraus, daß ein »kleiner Lunch« aus achtzehn verschiedenen Gerichten (und Stäbchen) besteht. Die Chinesen tolerieren vielleicht eine unschöne Umgebung, aber kein schlechtes Essen. Wir essen Leber, Schweinsfüße, Karpfen, rohe Languste, Frühlingszwiebeln und Pilze, Hase in Aspik, Krabben, Eier, Fisch in Lotosblattsoße und Reispudding. Nicht unerwartet nicke ich bei der Weiterfahrt ein, und als ich aufwache bemerke ich, daß Susan, eine unserer chinesischen Begleiter, mein Exemplar von Jung Changs *Wilde Schwäne* liest, das mir vom Schoß gerutscht ist. Sie sagt, so ein Buch würde in China nicht gedruckt werden.

In Jinan machen wir eine scharfe Linkskurve an den breiten Bänken des Gelben Flusses und fahren in die niedrigen und leblosen Berge. Noch zu Maos Zeit wurden sie völlig gerodet, inzwischen wird ihnen auch der Fels genommen. Aus Steinbrüchen erklingen von allen Seiten Explosionen, wie ein Artilleriebombardement. Die helle Küstensonne ist zu einem ungesunden, orangen Fleck geworden, der den wächsernen Nebel der Luftverschmutzung kaum durchdringt. Das Fahren beginnt gefährlich zu werden. Es gibt wenige Privatwagen, und die röhrenden, überladenen Lastwagen betrachten die Straße kaum als etwas anderes als ein Förderband, auf dem sie hin und her fahren können, wie sie wollen. Wir kommen gerade noch zum Stehen, bevor wir mit einem Zug aus hohen, geschwärzten Waggons kollidieren, der die Straße kreuzt, wo weder Lichter noch Schranken funktionieren.

Um sechs kommen wir in Tai'an an, dem Geburtsort von Maos Ehefrau Chiang Ching, der Anführerin der berüchtigten Viererbande, die nach Maos Tod die Exzesse der Kulturrevolution weiter steigerte. Für die Chinesen ist Mao im Vergleich zu seiner Frau ein Engel, und die meisten seiner skrupellosen Taten werden bequemerweise ihrem Einfluß zugeschrieben.

Hier erwartet uns eine neue Mannschaft von Begleitern. Beide heißen Mr. Wang. Sie bewirten uns königlich in einem Privatzimmer des Hotels, dessen Tisch von einer Flamingoskulptur beherrscht wird, die vollständig aus Rettichen geschnitzt ist. Das Personal in Nationaltracht erklärt die ausführlichen, klangvollen Namen der Gerichte. Fisch und Klöße wird zum Beispiel ›Der perlenfressende Drache‹. Einer der Mr. Wangs bringt einen Toast auf uns alle aus. Er ist überglücklich, uns in seiner altehrwürdigen Stadt begrüßen zu können. Der Bahnhof ist extra für uns gesäubert worden, und er hofft, wir werden Zeit haben, den heiligen Berg von Taishan zu besteigen. Er beruhigt mich, daß bis zum Gipfel Stufen führen. Erst am nächsten Tag erfahre ich, daß es 6293 Stufen sind.

57. TAG

Tai'an ist der Schauplatz einer Menge chinesischer Geschichte, und verschiedene religiöse und philosophische Strömungen treffen hier zusammen. Der Taishan-Berg, der wichtigste von Chinas fünf heiligen Bergen, ist eine Stunde Fahrzeit entfernt, und Konfuzius, dessen Disziplin und den Respekt vor Autoritäten betonende Philosophie noch immer Einfluß besitzt, wurde vor über 2500 Jahren im 130 Kilometer entfernten Qufu geboren.

All dies mag erklären, warum morgens um halb sieben über die Lautsprecher im Speisesaal der »Walkürenritt« ertönt. Wo immer ein paar ausländische Touristen auftauchen könnten, begleitet sie westliche statt chinesische Musik. Ich könnte darauf verzichten. Es ist nicht leicht, ein hartgekochtes Ei zum »Walkürenritt« zu essen.

Besteigung des Taishan-Berges. Nur noch 2000 Stufen.

Obwohl wir um acht Uhr am Fuß des Ehrwürdigen Berges ankommen, ist bereits ein stetes Rinnsal von Pilgern auf dem Weg nach oben. Es heißt, wenn man den Berg besteigen kann, wird man 100 Jahre alt. Eine seltsame Mischung von Möchtegernhundertjährigen schiebt sich an mir vorbei. Gruppen von Schulkindern, geschmeidige und knochige alte Damen, Frauen mit hochhackigen Schuhen, Frischverheiratete und Paare, die alte Verwandte praktisch hinauf und wieder hinunter schleppen. Das Ziel ihrer Anstrengungen ist das Südliche Tor des Himmels, ein großer roter Bogen mit zwei Querstreben. Er steht oben auf einem steilen Felsenkamm und wird ab und zu zwischen den ziehenden Wolken sichtbar.

Auf halber Höhe, am Mittleren Tor des Himmels, stehen reihenweise Andenkenläden, von denen die meisten Mützen und Spazierstöcke für etwa ein Pfund verkaufen. Außerdem gibt es hier eine Seilbahnstation für die, denen es nicht so wichtig ist, ob sie 100 werden.

Nach 5000 Stufen sind wir von Schnee umgeben. Die einzigen Menschen, die nicht regelmäßig stehenbleiben, um Rast zu machen, sind die sehnigen, krummbeinigen Träger, die ständig mit enormen Lasten von Ziegeln, Zement, Dachziegeln oder Lebensmitteln emporsteigen, welche sie an einem Joch auf den Schultern tragen. Sie gehen zweimal am Tag hinauf und bekommen jedesmal dreißig Yuan, genug für drei Biere.

Der Blick vom Nantiamen-Tor, dem Südlichen Tor des Himmels, eröffnet sich nach einem mehr als zweistündigen Aufstieg und ist von der Befriedigung begleitet, dort unten noch immer einen ameisenhaften Strom von Gestalten das blaßweiße Band der Stufen emporklettern zu sehen. Den Mittelpunkt des

Paradieses erreicht, wer die 150 Sprossen der Sturmleiter zum Tor des Himmels durch den Bogen der Unsterblichkeit und zum Tempel der Prinzessin der Azurnen Wolken erklimmt. Heute gibt es keine azurnen Wolken, nur einen trüben weißen Nebel. Die Mönche tragen Armeejacken und reiben sich die Hände, und die Pilger knien nach der langen Reise an den blutroten Toren des Tempels, werfen ein Münzopfer in etwas, was wie ein englischer Briefkasten aussieht, verbeugen sich dreimal vor der Prinzessin, heben ihre Räucherstangen und gehen recht leichtfüßig wieder hinaus.

Als wir den Rückweg von einem der am höchsten verehrten Orte Chinas antreten, schwebt ein Klang über dem Geschnatter der Touristen: »Moon River«, gespielt von Richard Clayderman.

Wir verlassen Tai'an abends im Nachtzug nach Shanghai. Der Bahnhof ist pieksauber. Der Bahnsteig ist leer bis auf eine deutsche Touristengruppe, eine Handvoll chinesischer Geschäftsleute, uns und unsere fünfzig Gepäckstücke. Als der Zug angekündigt wird, öffnet sich die Tür des Wartesaals, ein Rechteck aus Licht fällt auf den Bahnsteig, und eine lange schweigende Reihe von Gestalten wird vom Zugpersonal an ihre Stelle auf dem Bahnsteig eskortiert. Es sind die Passagiere der billigen Klasse.

Der Unterschied zwischen ihnen und uns in der teuren Klasse ist, daß wir in den Genuß eigener Lampen, eines doppelten Vorhangs und von Reklame in den Gängen kommen. Es gibt sogar an der Toilettentür eine Reklame. Sie preist ein Produkt namens ›Love‹ an, eine Anti-Hämorrhoiden-Creme.

VON TAI'AN NACH SHANGHAI

58. TAG

Beim Aufwachen erhasche ich den ersten flüchtigen Blick auf den Jangtsekiang. Der drittlängste Fluß der Welt, nach dem Nil und dem Amazonas, obwohl die Unterschiede nur ein paar hundert Kilometer ausmachen. An dieser Stelle ist er so gewaltig, wie man ihn sich ausmalt, und die Brücke, über die wir ein Stück nördlich von Nanking rumpeln, ist eine der technischen Meisterleistungen des kommunistischen China. Vor 1968 gab es keine direkte Bahnverbindung zwischen Peking und Shanghai, den wichtigsten Städten Chinas.

Es gab jedoch ein System von Wasserstraßen, das sie seit dem 13. Jahrhundert verband, als die Herrscher der Yuan-Dynastie ein System kleinerer Kanäle und Flüsse verbanden, welches bis ins 5. Jahrhundert v. Chr. zurückging. Es wird der Kaiserkanal genannt, und wenn ich den Netzvorhang sehe, kann ich es kurz von meinem Platz im Speisewagen aus sehen, bevor es sich im grünen, nebligen Feuchtgebiet des Jangtse-Deltas auflöst. Diese friedliche und schöne Landschaft mit eleganten Pagoden und Flotillen weißer Enten auf den überfluteten Feldern ist bald vom Fortschritt verschlungen. Stromleitungen, Fabriken, Montagehallen saugen uns nach Shanghai hinein.

Zuletzt war ich hier vor sieben Jahren auf den Spuren von Phileas Fogg. Damals war es eine Stadt von beängstigender Größe, die aus allen Nähten platzte. Seitdem sind die alten Nähte geplatzt und die neuen knirschen schon. Das Bautempo ist gnadenlos. Auf Straßen, auf denen einmal die gewaltsame Geburt des chinesischen Kommunismus stattfand, kann man einen Anzug bei Harvey Nichol, ein Jackett bei Ralph Lauren und ein Paar Schuhe bei Charles Jourdan kaufen. Die Straßen, auf denen Maos Pläne für eine Kulturrevolution zuerst verkündet wurden, sind nun ebenso gnadenlos in der Hand von Ladenketten wie irgendein amerikanisches Einkaufszentrum. Haagen-Daz und Kentucky Fried Chicken kämpfen mit Mickey-Maus-Läden und Hollywood

Verkehrskontrolle in Shanghai.

Wonder. Die hiesigen Mädchen scheuen sich nicht länger vor der Mode. Sie radeln in schwarzen Miniröcken und italienischen Designerpullis mit einer selbstbewußten, fast pariserischen Arroganz vorbei.

Wirtschaftlicher Liberalismus sollte nicht mit politischer Öffnung verwechselt werden. Für das Wochenende hatten wir Interviews mit drei Chinesen geplant, die vom Boom in Shanghai profitiert haben. Unsere beiden Shanghai-Begleiter sind gar nicht glücklich. Sie haben nichts dagegen, daß wir hinausgehen und ihre Stadt filmen, aber sehr wohl, daß wir mit den Menschen reden. Sie lassen sich nicht erweichen. Diese Ämter für Auswärtige Beziehungen strecken ihre Tentakel über ganz China aus. Wenn wir versuchen, in Shanghai mit Leuten zu reden, mit denen wir nicht reden sollen, wird uns das Leben auf dem weiteren Weg nach Vietnam sehr schwer gemacht. Wenn wir andererseits beleidigt abreisen und unsere Reise über Taiwan und Hongkong fortsetzen, vergeben wir die Chance auf einen seltenen Blick ins Innere Chinas.

Also kapitulieren wir und willigen ein, die Interviews abzusagen. Obwohl morgen ein freier Tag ohne Zeitplan ist, ist es ein Tiefpunkt der Reise, den nur die fast komische Reaktion der Shanghaier Apparatschiks ein wenig aufheitert. Was heißt »freier Tag«? Wo werden wir hingehen? Um welche Zeit? Basil ist der Meinung, diese Behinderung habe kein politisches Motiv. Höchstwahrscheinlich wollen die Leute aus Shanghai etwas von dem Geld, das wir den Leuten aus Peking zahlen. Und er ist Chinese, also muß er es wissen. Das einzig Gute an der ganzen Sache ist, daß der Strom von Banketten versiegt ist.

SHANGHAI

59. TAG

Der Regen, der letzte Nacht in Strömen fiel, hat aufgehört, der Himmel ist klar, und ein Mann in der Hotelhalle beäugt mich mißtrauisch, als ich das Hotel verlasse. Gleich daneben liegt der neostalinistische Klotz des Ausstellungszentrums. Schon um diese Zeit drängen die Massen zur Internationalen Funk- und Fernsehausstellung, zur Internationalen Textilmaschinenausstellung und zur Internationalen Stoff-, Bekleidungs-, Accessoire- und Materialausstellung. Nichts davon interessiert mich so sehr wie die Ausstellung »Die künftige Entwicklung des Jangtse-Gebiets«, die auf einer großen Tafel angekündigt ist, von der ein Pfeil zu einer kleinen Seitentür führt. Ich drücke die Klinke, aber es ist abgeschlossen. Später werde ich es noch mal versuchen. Ich schlendere durch die lebhaften, reizvollen Straßen der alten französischen Kolonie, wo ziegelgedeckte Dächer aus den zwanziger Jahren, hölzerne Balkone, Türmchen, Schornsteinkappen, Hintergebäude und Gärten als Anachronismus zwischen den Wänden der Wolkenkratzer überleben. Ein englischsprechender Grundstücksmakler sagt mir, eine Zweizimmerwohnung in diesem Teil Shanghais koste im Monat rund 3000 Dollar Miete.

Ich gehe weiter zum Bund, der großen Uferstraße. Die nüchternen Steingebäude der Kolonialzeit beherrschen das Bild noch immer, aber die kleinen Ziegelwohnhäuser und Lagerhallen auf der anderen Seite des Flusses Huangpu sind abgerissen worden, um Platz für die Neue Wirtschaftszone Pudong zu schaffen. Ein ungeschlachter rosa Fernsehturm, der an eine gigantische Sonde für die inneren Organe erinnert, beherrscht ein wucherndes Baugebiet, aus dem viele andere kapitalistische Tempel emporwachsen.

Zweimal werde ich auf meinem Spaziergang von Chinesen angesprochen, die ihr Englisch üben möchten. Ein sehr eifriger Mann, der sich als Angestellter einer Buchhandlung vorstellt, begleitet mich fast eine halbe Stunde und wiederholt die Vornamen meiner Kinder langsam und andächtig, bis er zufrieden ist. Um mich nach dem Gewimmel auf den Straßen zu entspannen, gehe ich zurück ins Hotel zu einer Massage. Aber sogar hier gibt es kein Entkommen. Es ist weiß Gott nicht einfach, auf Fragen wie »Manchester wichtiges Textilzentrum. Ja ... Nein?« eine vernünftige Antwort zu geben, wenn man mit dem Kopf nach unten auf einem Massagetisch breitgeklopft wird.

Der Bund, Shanghais alte Uferstraße mit der neuen, besucherfreundlichen Promenade.

60. TAG

Als ich wieder über das Gelände des Ausstellungszentrums gehe, sehe ich die Tür zur Ausstellung über die künftige Entwicklung des Jangtse-Gebiets offenstehen. Als ich eintrete, treten ein paar Uniformierte drohend vor. Ich mime ein bißchen gereizt Besichtigen, Lernen, Herumgehen und so weiter. Sie schütteln die Köpfe. Das macht mich noch gereizter und entschlossener, alles zu sehen, was mit der Entwicklung des Jangtse-Gebiets zu tun hat.

Blicke werden getauscht, und schließlich wird meine Hartnäckigkeit belohnt. Ich werde zu einer Kasse geschickt, zücke einen fünfzig Yuan-Schein und bekomme eine Eintrittskarte und 45 Yuan Wechselgeld. Ich gehe ins dunkle Innere, wobei ich aufgebracht etwas über die chinesische Bürokratie murmele. Nach dem Gang durch einen langen Korridor komme ich auf einer Tanzfläche heraus. Hunderte von Augenpaaren wenden sich aus einem Meer dichtbesetzter, verrauchter Tische zu mir. Eine kleine Kapelle wartet darauf loszulegen. Der Kapellmeister dreht sich um und schaut zu mir.

Als ich zurück im Hotel bin, sieht Basil sich den chinesischen Text auf meiner Eintrittskarte an. Dort steht: »Tanzsaal der Freundschaft. Tanztee.«

61. TAG

Um sieben Uhr früh wird heute auf der Nanjing Road getanzt. Dreißig oder vierzig Paare tanzen auf dem Gehweg Walzer zu einer alten Vera-Lynn-Aufnahme. Es geht ganz selbstverständlich und nüchtern zu, als würden Leute auf der ganzen Welt so etwas auf dem Weg zur Arbeit tun. Sie nehmen außerdem an, in meinem Fall irrtümlich, jeder Engländer könne tanzen wie Fred Astaire, und rasch bin ich auf dem Gehweg beschäftigt und reihe mich in die sich langsam und rhythmisch bewegende Menge ein, während Fahrräder und Autos an uns vorbeiströmen. Meine Partnerin ist eine attraktive chinesische Dame mit schläfrigem Lächeln. Nach dem Tanz gratuliert man mir zu meiner höchst unzureichenden Leistung. Ein sehr alter und lebhafter Mann in weißen Handschuhen zwinkert mir zu und sagt auf englisch: »Sie sind chinesischer Romeo.« Dann deutet er auf meine Partnerin. »Und sie ist Ihre Julia.«

AUF DEM JANGTSEKIANG – VON YICHANG NACH WUSHAN

63. TAG

Morgens um halb acht. Von meinem Hotelfenster im Ping-Hu-Hotel in Yichang genieße ich den Blick auf die urbane Öde – eine charakterlose Stadt aus langweiligen, schmutzigen Blöcken, von keinem Farbfleck, keinem Grün und nichts Menschengemachtem unterbrochen, das man schön oder erhebend finden könnte.

»Willkommen bei den Drei Schluchten« steht auf einer staubigen rotgelben Betontafel auf der anderen Straßenseite. Hier soll der Mittelpunkt eines der größten Bauvorhaben der Geschichte sein. Die Arbeit am Drei-Schluchten-Staudamm begann 1993 und wird nicht vor dem Jahr 2009 abgeschlossen. Der dabei entstehende Stausee wird der größte der Welt und 640 Kilometer lang sein. Es war der größte Wunsch des Vorsitzenden Mao, nun, zwanzig Jahre nach seinem Tod, scheint er wahr zu werden. Der mächtige Jangtse wird zum Ping-Hu werden – zum Friedlichen See.

Alles, was Ping-Hu im Augenblick für uns bedeutet, ist ein dreckiges Hotel mit freundlichem Personal. Die Unterhaltung beim Frühstück wendet sich Haarfragen zu. Ich habe lange schwarze Haare auf meinem Kopfkissen gefunden, Steve, unser Assistenzkameramann, Schamhaare im Waschbecken.

Gestern haben wir über 950 Kilometer mit dem Flugzeug und dem Bus von Shanghai nach Yichang zurückgelegt, so daß wir uns heute auf das geruhsamere Tempo und die schönere Aussicht freuen, als wir an Bord der ›Oriental Star Number 1‹ gehen, eines breiten Jangtse-Flußschiffes von der Form eines großen grünen Eierkürbisses. Es hat vier Unterkunftsklassen von Doppelkabinen bis zu offenen Decks. Das letzte Tau wird zwei Minuten nach der offiziellen Abfahrtszeit eingeholt, und mit einem sonoren Tuten fährt die ›Oriental Star‹ auf den Strom hinaus. Tutend verschaffen wir uns Platz zwischen öligen Schleppern, Sampans, Kohlefrachtern, Dschunken und kleinen örtlichen Zweideckerfähren und fahren auf eine höhlenartige Schleuse zu. Die Schleusentore sind über dreißig Meter hoch. Am Fuß dieser schwarzen, schleimigen Wände gefangen, fühle ich mich ein wenig unbehaglich. Radfahrer und Fußgänger strömen weit über uns auf dem Rand der Schleusentore vorüber. Wenn das Drei-Schluchten-Projekt vollendet ist, wird es fünf Schleusen dieser Größe geben. Nach drei Stunden auf dem Fluß erreichen wir das Dorf Sandouping, den Standort des Drei-Schluchten-Damms. Trotz heftiger Debatten, ob genug Geld für seinen Bau da sei (die Kosten werden zur Zeit auf zwanzig Milliarden Dollar geschätzt), hat man eine elegante, etwa einen Kilometer lange Hängebrücke über den Fluß gebaut, um die beiden Bauplätze zu verbinden, Felsen sind weggesprengt worden und das Geröll für das Fundament der einmal

200 Meter hohen und zwei Kilometer langen Staumauer verwendet worden. Man hat Brücken über kleinere Zuflüsse und neue Straßen an die Berghänge gebaut, um den Lastwagenverkehr zu bewältigen. Zementsilos ragen in den Himmel, Förderbänder laufen zu Kähnen hinab, ganze Siedlungen sind an den Ufern gebaut worden, um die 18 000 Arbeiter unterzubringen.

Als wir von der Baustelle flußaufwärts fahren, gelangen wir in die unverfälschteste pastorale Landschaft, die ich in China bisher gesehen habe. Ein Panorama traditioneller Anbaumethoden – Täler mit Terrassen, die sich in die Berge hinaufziehen und deren Konturen an Steinmauern und gewundenen Pfaden erkennbar sind. Dörfer mit weiß gekalkten Steinhäuschen liegen versteckt zwischen Bäumen oder an sandigen Ufern. Schon bald wird all dies unter den Wassern des Stausees verschwunden sein.

In der Schleuse von Gezhou, wo der Jangtse dreißig Meter klettert.

Strudel, Wirbel und Stromschnellen zwingen die ›Oriental Star‹ zu einem langen, zeitraubenden Zickzackkurs gegen den Strom. Eines der Argumente für den Drei-Schluchten-Damm ist, daß er das Fließen des Wassers langsamer und die Navigation einfacher machen wird. Laut seinen Befürwortern wird er auch die regelmäßigen mörderischen Überschwemmungen des Jangtse verhindern und Tausende von Megawatt an Elektrizität erzeugen. Um vier Uhr fünfzehn unterbrechen wir zum ersten Mal die Fahrt in Badong am Südufer. Es ist auf steilen Hängen erbaut, hat einen weiten Blick über den Fluß und wird an einer Seite von einem eindrucksvollen Bauwerk beherrscht. Der Potala-Palast stellt sich als Kraftwerk heraus und die Uferbänke darunter als Kohlehalden. Alle Kohle, die nicht vom Kraftwerk verbraucht wird, läßt man auf offenen Rinnen den Berg hinunterrutschen und lädt sie in Lastkähne. Der Staub von unbedeckten Kohlehalden ist über die Stadt geweht worden, und die Wohnblocks, sind grau und schmutzig. Sehr viel höher stehen brandneue Wohnungen, frisch, sauber und funkelnd. Sie werden natürlich über dem Stausee liegen. Weiter geht es durch die Wu-Xia, die 25 Meilen lange und von zwölf Felsgipfeln flankierte Hexenschlucht. Falken schweben über den Rändern der Schlucht. Der Fluß hat alle Grüntöne verloren und ist nun von einem ungestüm dahinfließenden Schlammgrün. Der Kapitän beobachtet ihn sorgfältig. Er ist die Flußerfahrung selbst – ein älterer Mann mit kurzgeschorenem grauen Haar, wachen Augen und einem kompakten, überaus ernsten Gesicht, das sich bei jedem Lächeln wie eine Clownsmaske verändert.

Ganz oben: Das Drei-Schluchten-Dammprojekt.

Oben: Was der Stausee überschwemmen wird.

Als es dämmrig wird, werden die Wände der Schlucht höher und schwindelerregend steil – drohend aufragende Felssäulen, unten schwarz, oben vom Sonnenuntergang orange gefärbt.

Die Hexen-Schlucht ist der Eingang nach Sezuan, der größten und am stärksten bevölkerten von Chinas 21 Provinzen. Sie besteht aus einer fruchtbaren, von Bergen eingeschlossenen östlichen Ebene, ist etwas größer als Frankreich und hat 100 Millionen Einwohner. Jahrhundertelang waren die Schluchten des Jangtse ihre einzige Verbindung zur Außenwelt. Die östlichste Stadt von Sezuan ist Wushan, das wir um acht Uhr abends erreichen.

Die Träger auf der Landungsbrücke prügeln sich um die schwersten Gepäckstücke, und enorme Lasten werden an Stangen quer über die Schultern gehängt und eine steile Steintreppe vom Fluß zur Straße hinaufgetragen. Dann werden wir im hupenden Hotelbus durch schmale, dunkle, verwinkelte Straßen transportiert und alles, was uns in den Weg kommt – Autos, Fahrräder, dreirädrige Motorräder, Männer, Frauen und Kinder -, beiseite gefegt.

Wushan gehört zum kleinstädtischen China. Ausländische Touristen auf Schluchten-Tour verbringen die Nacht auf ihren Kreuzfahrtschiffen, und das hinter einem ungepflegten Hof an der Hauptstraße gelegene Hotel ist nicht gerade ein Palast. Wir beschließen, daß die Zimmer nach ein, zwei Bieren vielleicht hübscher aussehen, und der Mann, der uns die Boote für morgen besorgt, bietet uns seine Hilfe an. Er will nichts davon hören, uns allein losziehen zu lassen.

»Ich komme mit. Wushan ist eine gefährliche Stadt.«

Die baumbestandene Hauptstraße wirkt etwa so gefährlich wie Disneyland, aber er geht wie ein chinesischer Robert Mitchum vor uns her, das Jackett lose über der Schulter und auf einem Streichholz kauend. Nachdem wir an ein

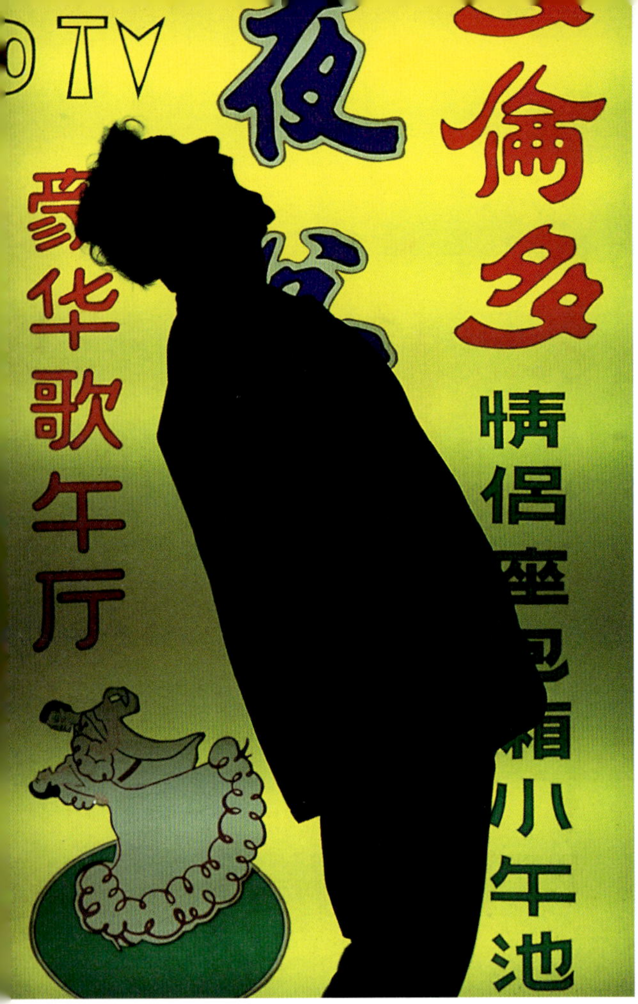

Nachtleben in Wushan.

oder zwei netten Lokalen vorbeigegangen sind, wird uns klar, daß er unter »ein Bier trinken gehen« mehr versteht als bloß ein Bier trinken gehen. Wir verlassen die Hauptstraße und biegen ein kurzes Stück in eine Seitenstraße ein, wo er etwas mit einer Frau mittleren Alters bespricht, die wiederholt abschätzige Blicke in unsere Richtung wirft, bevor sie auf eine Tür deutet. Wir steigen drei Stockwerke empor, vorbei an trübe beleuchteten Zimmern. Man führt uns in einen bedrückenden Empfangsraum mit Ledersofas und bringt uns einen Teller Kekse. Erst als die Damen hereinkommen, fällt der Groschen. Hastiger allgemeiner Aufbruch. Ehrenwort.

Im Unterschied zu den meisten kleinen Provinzstädten wird Wushan im Lauf der Nacht immer lauter. Um Mitternacht lege ich meinen Martin-Amis-Roman beiseite und ziehe die Decke über den Kopf. Die dissonante Geräuschkulisse aus Karaoke, Busmotoren, Knallfröschen, betrunkenen Streitgesprächen, Schiffssirenen und dem scharfen, häßlichen »iiik!« der Hupen von Fahrradrikschas ist wie ein Hohn auf das ›Bitte nicht stören!‹-Schild, das ich vor die Tür gehängt habe. (Erst am Morgen fällt mir auf, daß dort in Wirklichkeit ›Bitte nicht stönen!‹ steht.)

WUSHAN

64. TAG

Unser Begleiter zu den Drei Kleinen Schluchten des Danning, der in den Jangtse mündet, wird Mr. Huo sein, der darauf besteht, daß ich ihn Victor nenne. Er ist schlank und adrett und trägt eine leicht getönte Brille mit sehr großem Gestell. Nach dem, was wir über Stromschnellen und die niedrige Temperatur in dunklen Schluchten gehört haben, sehen wir aus, als wollten wir eine Nordpolexpedition unternehmen. Victor hat einen dünnen, bräunlichen Sweater an und trägt eine Handgelenktasche.

Wir fahren an der Kohleverladestelle vorbei zum Flußufer. Unter einem verblichenen Wandbild mit dem englischen Text ›Willkommen liebe Freunde. Möge die Schönheit Wushans einen tiefen Eindruck hinterlassen‹, verlädt ein endloser Zug geschwärzter, krummbeiniger Arbeiter mit Eimern und Jochstangen über den Schultern Kohle von windgepeitschten Halden. Dies ist das alte China, wo Maschinen selten und teuer sind, während menschliche Arbeitskraft reichlich vorhanden und billig ist.

Rechts: Mit Victor auf dem Danning.

Sobald wir aber auf den sauberen, jadegrünen Wassern des Danning sind, wo zwischen imposanten Steilwänden eine gewaltige Stille herrscht, ist die Schönheit der Landschaft atemberaubend, und da der Wasserspiegel um 190 Meter steigen wird, wenn der Damm erst gebaut ist, wird sie nicht mehr lange zu sehen sein.

Wir fahren in einem zerbrechlichen Sampan, was die Dramatik der Szenerie erhöht, und Victor zeigt mir die Gräber in den Felswänden und die

Oben: Haarewaschen und Kopfhautmassage, bei den Friseuren von Wushan.

Rechts: Wushan. Die Uferbebauung mit einer neugebauten Fähre.

Löcher, aus denen während der Han-Dynastie, zur Zeit Christi, die Stützen eines Steges hervorragten, der 96 Kilometer weit entlang der Schlucht verlief. Er beantwortet auch meine Fragen über die chinesische Vorliebe, Landschaftsdetails mit Tieren zu vergleichen. Einmal gratuliert er mir, weil mir ein kleiner Vorsprung aufgefallen ist, der vage an einen Hund erinnert.

»Gut«, sagt er. »Gute Phantasie.«

Sein Englisch ist recht flüssig, aber er spricht mit einem rollenden amerikanischen Akzent, der zu Mißverständnissen führen kann. Drachen klingt zum Beispiel wie Rachen, und ich brauche eine Weile, bevor mir klar wird, was ›Rachentor-Schlucht‹ bedeutet.

65. TAG

Die am Tag weniger als nachts lärmende Hauptstraße von Wushan ist immer noch recht bemerkenswert. Die Mehrzahl der Geschäfte sind Friseurläden, und jeder hat seine Wände mit den obligatorischen westlichen Glamourpostern geschmückt. Die Fotomodelle, meist muskulöse amerikanische Männer mit schwellenden Muskeln und Frauen, deren Brüste enge Blusen zum Zerreißen spannen, blicken auf die kleinen Menschen von Wushan hinab, die wie die Überlebenden eines Krieges langsam volle Brikettkarren oder volle Bambuskörbe mit Kartoffeln oder Feuerholz vorbeiziehen.

Ein Mann fegt sorgfältig den Rinnstein mit einem Besen aus Bambusstielen und macht ab und zu eine Pause, um vor sich hinzuspucken. Die Restaurants servieren lokale Spezialitäten wie Schweinebauch und Stierpenis.

Schwer zu glauben, daß in sieben Jahren die Wasser des Jangtse über die Kohlenhalden und die Treppen steigen, sich durch die Straßen ergießen und langsam, aber sicher jeden Friseurladen, jedes Restaurant und jedes Bordell verschlingen werden. Vielleicht ist die Hinnahme dieses Schicksals der Grund für die manische Lebhaftigkeit von Wushan, einem der ungemütlichsten Orte, die ich je gesehen habe, aber auch einer, den ich ungern verlasse.

AUF DEM JANGTSE

66. TAG

›Macht Wanxian bis zum Jahr 2000 zu einer Großstadt mit fünf Millionen Einwohnern.‹ Diese riesige Tafel, die zur Frühstückszeit auf unserer Steuerbordseite erscheint, ist von verwegenem Optimismus. Zwei Drittel von Wanxian, einschließlich 900 seiner Fabriken, werden in den Fluten des Drei-Schluchten-Damms versinken. Was für eine Großstadt hier im Jahr 2000 auch immer stehen wird, es wird nicht die sein, die wir heute sehen. Was vielleicht gar nicht schlecht ist. Vom Fluß aus wirkt sie grauenhaft. Unzählige Schornsteine und Fabrikschlote pusten Rauch in allen Schattierungen von tiefschwarz bis rostbraun in einen Himmel, der bereits von niedrigen, eitergelben Wolken verhangen ist. Eine Müllkippe schwelt am Ufer. Weißer Schaum von einer flußaufwärts gelegenen Papierfabrik treibt am Boot vorbei, zu dick, um sich aufzulösen, und nicht schwer genug, um zu sinken.

Dies sind die Höllenschlote des Jangtse, und nur mit einer Pause, um Passagiere an Land zu setzen und neue aufzunehmen, fahren wir weiter und vermehren den dichten, trüben Nebel um unsere eigene Portion Dieselrauch. Ich vermisse wirklich den Anblick eines Sonnenauf- oder -untergangs, eines nächtlichen Sterns oder auch nur eines weißen Wölkchens – irgend etwas, das die entmutigende Farblosigkeit unterbrechen könnte.

Die Schluchten liegen jetzt hinter uns, und der Fluß macht eine scharfe Biegung nach Süden. Wir sind noch fast genau 24 Stunden von unserem Ziel Tschungking entfernt. All das und noch mehr erfahren wir von der Ansagerin des Schiffes, einer hübschen Dreiundzwanzigjährigen mit dunkler Ponyfrisur, kleinem Mund und vollen Lippen, die den Posten bei einem Wettbewerb gewonnen hat. Sie wäre lieber Schauspielerin geworden, ist aber zufrieden. Vor der oberen Türhälfte ihrer ordentlichen kleinen Kabine auf dem Oberdeck hängt ein Vorhang, wie bei einer Fotokabine. Wenn sie nicht übers Mikrophon spricht, sitzt sie hinter dem zugezogenen Vorhang und strickt.

Pittoresker Nebel hüllt stille Terrassen und Dörfer ein. Bei Shibaozhai passieren wir eine elfstöckige Pagode, die in den schwarzgefleckten Kalkstein des Westufers gebaut ist. Ihre blutroten Mauern und blauweiß geschmückten Dächer sind ein seltener Farbfleck in der Landschaft.

Chinesische Passagiere hängen über die Reeling, in den Händen Thermosflaschen mit grünem Tee, die wie Hanteln aussehen. In den umliegenden Feldern versucht das Getreide, durch die Rußschicht ans Licht zu kommen. Aber schlechte Luft und häßliche Gebäude bedeuten noch nicht schlechtes Essen. In Zhong Xian gibt es den besten Bohnenkäse von Sezuan. Während unsere Fähre anlegt, hebt auf der Mole ein rasendes Kaufen und Verkaufen an. Bei der Abfahrt werden noch letzte Einkäufe von Bohnenkäse über das Wasser an Bord geworfen.

TSCHUNGKING

67. TAG

Unsanft geweckt. Als erstes ein flüchtiges Wahrnehmen der allgegenwärtigen Musikkulisse des Schiffs. Eine chinesische Olivia Newton-John dringt durch die Wand. Was mich jedoch zu Boden wirft, ist eine Serie donnernder Explosionen. Mir fällt der Film *Kanonenboot am Jangtsekiang* ein. Ist hinter unserem Rücken ein Krieg ausgebrochen? Rauch steigt am Ufer auf. Darauf folgt das Geräusch von rutschendem Gestein und die Erleichterung, daß es bloß die Chinesen sind, die mal wieder Berge sprengen. Die Leute vom Steinbruch müssen gewartet haben, bis wir vorbeifuhren. Was werden sie sich amüsiert haben. Als wir uns Tschungking, der ausgedehntesten Stadt Chinas mit wenigstens fünfzehn Millionen Einwohnern nähern, wird der Verkehr auf dem Fluß großstädtisch. Eine nicht abreißende Kette von Luftkissenbooten, Tragflügelbooten und Schiffen mit Namen wie ›Fantasy Fairyland‹ oder ›China Dream‹ fahren hinauf nach Norden.

Langsam schieben wir uns näher an die großen, grauen Stadtmauern heran, die düster, aber zweifellos eindrucksvoll zu einem Mini-Manhattan auf dem

Links und oben: Auf den Straßen von Tschungking.

Kamm eines Vorgebirges emporwachsen, das am Zusammenfluß von Jangtse und Jialing Jiang entstanden ist. Obwohl wir den Jangtse hier verlassen, fließt er noch 4000 Kilometer weiter bis nach Tibet. Um zehn Uhr fünfzehn legen wir an. Unsere Ausrüstung wird von einer Prozession aus zwölf agilen Trägern an Land gebracht. Links und rechts von uns spielen sich fast biblische Szenen ab, als Passagiere von den anderen Fähren über den schwarzen Schlamm und die Treppen hinauf zu den Stadttoren strömen. Bis in die dreißiger Jahre, als Tschungking Wasserleitungen bekam, mußte alles Wasser in Eimern diese Stufen emporgetragen werden. Eine Armee von 20 000 Kulis war ständig treppauf, treppab unterwegs.

Neben der modernen Großstadt gibt es noch immer stille Straßen und Gassen mit zweistöckigen, ockerfarbenen Häusern voller Flicken und blätternder Farbe. Sie haben schon schlimmere Zeiten überstanden. Zwischen 1939 und 1941, als Tschiang-Kaishek und seine antikommunistische Kuomintang Nationalarmee hier ihr Hauptquartier hatten, wurde die Stadt von den Japanern mit grausamer Ausdauer bombardiert.

In Tschungking auf Herz, Magen und Leber geprüft.

Obwohl man viele Anzeichen von Armut sieht – barfüßige Straßenhändler mit Lasten auf den Schultern, ein Meer von Baracken an den unteren Hängen der Felsen -, gibt es auch eine gewisse großstädtische Zuversicht. Zum ersten Mal seit Shanghai gibt es wieder Handys und Verkehrsstaus. Ich sitze mit Miss Liu beim Lunch, einer Einheimischen von 23 Jahren, die im letzten Jahr ihr Englischstudium an der Universität Tschungking abgeschlossen hat. Wir essen an einer Straße, wo das Fleisch garantiert frisch ist, weil es rings um uns herum aufgehängt ist. Das Essen ist gut gewürzt – das gedünstete Schweinefleisch ist mit Chilischoten gemischt, und das Gemüse glänzt vor Knoblauch und Ingwer. Das sei typisch für die Sezuan-Küche, sagt Miss Liu, obwohl sie glaubt, daß die jungen Chinesen weniger gewürztes Essen bevorzugen. Sie gibt düster zu, daß ein Kentucky Fried Chicken in Tschungking eröffnet hat. Weiter geht ihre Kritik an China aber nicht. Sie äußert ehrliche Begeisterung für die »Öffnungspolitik« der Regierung, das Wirtschaftswachstum und das Bewußtsein für Umweltprobleme. Obwohl sie behauptet, BBC zu hören, ist England für sie noch immer das Land von Regen und Nebel, Dickens und Shakespeare und Gentlemen mit makellosen Manieren. In einer Hinsicht hat sie aber völlig recht.

»Ich habe einen Eindruck gewonnen, daß die Engländer sehr präserviert sind«, sagt sie feierlich.

Die Einwohner von Tschungking sind dagegen sehr viel weniger präserviert als ihre Landsleute in Shanghai und Peking. Es gibt hier viel direktere und freundlichere Reaktionen auf meine Neugier. Ich habe eine lange, persönliche, auf beiden Seiten unverständliche Aussprache mit einem Jungen, der mir für drei Yuan die Schuhe putzt, und mein flüchtiges Interesse an einem Stand mit

Schweinskopf zum Mitnehmen wird von der Händlerin herzlich mit der Einladung beantwortet, von Magen, Herz und Leber zu kosten.

Ich fange an, die Chinesen weniger argwöhnisch zu betrachten und weniger geheimnisvoll zu finden. Ich hoffe, dies beruht auf Gegenseitigkeit.

VON TSCHUNGKING NACH GUIYANG

69. TAG

Ein Wolkenkratzer wie der Turm von Babel schießt neben dem Hotel in die Höhe. Die ganze Nacht scheinen Lichter, Kräne drehen sich und winzige Figuren arbeiten auf dem Betongipfel. Ich mag keine Ohrstöpsel und nehme keine Schlaftabletten, also muß ich mich an den Lärm gewöhnen. Das einzige Geräusch, das mich stets einlullt, ist das Meer, und ich beginne den Pazifik zu vermissen. Er muß jetzt ungefähr 2400 Kilometer entfernt sein.

Unser Weg aus China heraus führt mit dem Zug nach Vietnam, aber wir haben widersprüchliche Berichte gehört, ob es eine Bahnverbindung gibt. Um die Grenze zu erreichen, müssen wir die beiden wenig besuchten Provinzen Guizhou und Guangxi durchqueren. Wenn und falls wir die Grenze erreichen, warnt mich mein Reiseführer vor zehn Minuten Fußweg nach Vietnam und »einigen der unfreundlichsten Grenzposten, die Sie wohl je getroffen haben«.

Diese bedrückenden Nachtgedanken werden von der Morgendämmerung und der praktischen Tätigkeit des Packens, Verladens und Weiterfahrens beendet. Unser heutiger Fahrer trägt weiße Handschuhe und ist daran gewöhnt, Vize-Premiers und andere Prominente zu fahren. Statt einer Sirene hat er vorn am Wagen einen Lautsprecher, durch den er jeden beschimpfen kann, der ihm in die Quere kommt. Das ist äußerst wirkungsvoll, und wir sind eine halbe Stunde zu früh am Bahnhof von Tschungking (der sich der größten Marlboro-Reklame jenseits des Times Square rühmt), um den Zug nach Guiyang zu nehmen. Unter der gewaltigen Last von Kisten, Säcken, Brettern und Taubündeln keuchend, sehen wir aus wie die Pioniere einer Invasionsarmee.

Eine Stunde außerhalb von Tschungking werfen wir einen letzten Blick auf den Jangtsekiang, der auf beiden Ufern von Schwerindustrie eingeschlossen ist. Ich muß sagen, daß er an dieser Stelle recht trübsinnig wirkt. Man sieht sein unergründliches Silbergrau breit, friedlich und träge hinter Stahl- und Betonanlagen dahinfließen, aus denen Gott weiß was für Unrat hineingepumpt wird.

Wir dagegen klettern langsam in eine fruchtbare, schwindelerregende, subtropische Landschaft aus Reisterrassen, die von eleganten lehmroten Wänden gehalten werden, dazwischen liegen Bambushaine und Bananenplantagen. Ab und zu erhebt sich natürlich eine Bauxitmine oder ein Aluminiumschmelzwerk und erinnert uns deutlich daran, daß nach Mao Tse-tungs katastrophaler Agrarrevolution Deng Xiaoping der Industrie Vorrang vor allem Lebenden gab.

Ein anderes Motiv für staatliche Investitionen in diesen früher vernachlässigten Hügeln und Tälern ist die gute alte nationale Sicherheit. Hier an Chinas Südgrenzen zerbröckelt die Homogenität der Han-Chinesen, die 93

Prozent der chinesischen Bevölkerung ausmachen, zu einer Vielzahl ethnischer Gruppen, deren Loyalität zur Zentralregierung nicht selbstverständlich ist. Den Tibetern hat man vielleicht die Peitsche gezeigt, aber die hiesigen Minderheiten haben etwas Zuckerbrot bekommen. In den sechziger Jahren wurde die elektrifizierte Bahnstrecke gebaut, und in die örtliche Kohleförderung wird stark investiert. 1982 wurden zum ersten Mal Ausländer hereingelassen.

Nach einem langsamen Anstieg, der mit einer Reihe von Tunneln endet, erreichen wir eine weite Hochebene aus Kalkstein, auf der sich ein Teppich aus Weizen- und Rapsfeldern erstreckt, oftmals ein Ersatz für das früher hier angebaute Opium. Hohe Felsen durchstoßen die flache Ebene. Die menschengemachte Landschaft hat ein traditionelles Aussehen – Heuballen, auf denen Wäsche zum Trocknen ausgebreitet ist, steinerne Begrenzungsmauern und ab und zu ein Bauernhaus mit Fachwerk. Die größte Freude an dieser langen, langsamen Fahrt ist jedoch, daß wir nach zweieinhalb Wochen in China wieder einen Sonnenuntergang sehen. Nicht den bisherigen trüben, blaßgrauen Ersatz, sondern rot und golden mit allem Drum und Dran.

GUIYANG

70. TAG

Seit dem Beginn der »Öffnung« hat sich manches verändert. Unser einunddreißigstöckiges Hotel, ein Joint-venture-Projekt zwischen China und Singapur, ist eines der Resultate. Es ist aufwendig geplant, aber die Details sind grauenhaft. Die Außenwand ist mit dünnen Bändern aus winzigen weißen Kacheln bedeckt, alle von Hand angebracht, wie das Innere einer öffentlichen Toilette. Die Zimmer sehen aus, als hätten Kickboxer-Teams darin gewohnt. »Der Gast ist Gott« steht in der Hotelbroschüre, was solange beruhigend klingt, bis man sich erinnert, daß China ein offiziell atheistisches Land ist.

Eine angenehmere Folge der »Öffnung« ist die Anwesenheit von Priscilla Wan als unsere Reiseführerin. Ihr chinesischer Name ist Sheng Wan. Sie hat an der Universität Peking Englisch studiert, und ihr Lieblingsbuch ist *Wuthering Heights*. Priscilla kommt mit einem halben Dutzend anderer Begleiter – Berater vom Minderheiten-Ministerium und die anscheinend unverzichtbaren Leute vom Amt für Auswärtige Beziehungen. In einem überfüllten, stickigen, kleinen Bus fahren wir in die Bergdörfer östlich von Guiyang, wo das Volk der Miao lebt. Sie zählen fünf Millionen, was in anderen Ländern eine ansehnliche Zahl wäre, in China aber nur 0,2 Prozent der Gesamtbevölkerung ausmacht. Nach ein oder zwei Stunden geht die schmale Schotterstraße in einen Feldweg über, der sich in Haarnadelkurven hin und her windet, um die herum jedes Fleckchen Land bebaut wird. Die Mischung aus feuchtem, ziehendem Nebel, grünem Gras und Steinmauern erinnert mich eher an Wales oder den Westen von Irland. An Tagen wie diesem verliert die Arbeit der Bauern an pittoreskem Reiz. Man sieht in den gefurchten Gesichtern, was es heißt, mit nackten Beinen im kalten Schlamm zu waten, um Reis zu pflanzen.

Im ersten Dorf der Miao werden wir auf traditionelle Art willkommen geheißen, was dem Minderheiten-Ministerium und dem Amt für Auswärtige Beziehungen wichtiger zu sein scheint als den Miao, wenn man nach den Gesichtern der Teilnehmer urteilt. (Kein Wunder, daß sie sich nicht mehr auskennen. Mao-Tse-tung versuchte über Jahre hinweg, alle traditionelle Kultur abzuschaffen, jetzt kann die Regierung gar nicht genug davon kriegen.) Ein Dutzend junger Mädchen mit hochgesteckten Haaren, in denen rosa, grüne, gelbe und weiße Tücher stecken, stehen zu unserem Empfang aufgereiht. Unter dieser festlichen Tracht erspäht man blaue Trainingshosen und Turnschuhe. Die jungen Männer in ihrer Begleitung haben einige Schwierigkeiten, dunkelblaue Turbane zu wickeln. Zwei Dorfälteste tragen schwarze Baumwollgewänder mit Tüchern und Schärpen um Kopf und Taille. Beide haben schmale, spitze Gesichter, und als einer von ihnen den Rauch einer Zigarette einzieht und das Gesicht verzieht, wird ein einzelner großer Zahn in der Mitte des Oberkiefers sichtbar.

Im Land der Miao. Schlechte Erde, makellose Kultivierung.

Dann treten die Mädchen vor und bieten Priscilla und mir ein Büffelhorn mit Reiswein dar.

Als ich danach greife, ruft Priscilla aus: »Nicht anfassen, nicht das Horn anfassen!«

Zu spät.

»Ich hab's angefaßt, was bedeutet das?«

»Das bedeutet, Sie wollen trinken. Jetzt müssen Sie alles austrinken.«

Ich schütte es runter. Es schmeckt schal und ziemlich stark. Die Mädchen schauen mäßig gelangweilt zu. Ich habe das Gefühl, den Einheimischen sei dieses Spielchen nicht ganz unbekannt.

»Die kennen das schon, nicht?«

Priscilla schilt mich ein wenig.

»Es soll die Gastfreundschaft der Miao zeigen«, erklärt sie. »Es soll ihren Respekt für nahrhafte Gäste ausdrücken.«

Eine angenehme Wärme wandert von meiner Kehle nach oben.

»Nahrhaft ist wohl das richtige Wort.«

Nach dem Wein wird getanzt, und man fordert mich zum Mitmachen auf. Nach einem Horn Reiswein ist es nicht so peinlich, wie solche Momente sonst meist sind, wenn schwerfüßige Ausländer ohne Rhythmusgefühl sich gezwungen fühlen, an komplizierten Volkstänzen teilzunehmen.

Alt und Jung bereiten eine traditionelle Miao-Begrüßung vor.

Das Dorf mit seinen Scheunen aus Holzrahmen und Bambuswänden und dem über den gebogenen Ziegeldächern der Hütten aufsteigenden Rauch sieht aus, als stamme es aus Bergmans Film *Das Siebente Siegel*. Es gibt ein modernes Schulgebäude aus Ziegeln im klobigen sozialistischen Stil, aus dem Kinder mit Trainingsanzügen der ›Nationalen Minoritätenschule Shan-ping‹ strömen und ihren Heimweg über die Reisfelder antreten. Auf der Fahrt erfahre ich von den Hochzeitssitten der Miao. Paare können einwöchige Probeehen eingehen, an deren Ende sie zusammenbleiben oder nicht. Wird die Frau aber schwanger, muß der Mann sie heiraten. Da das Kind während einer früheren Runde dieses ehelichen Bäumchen-wechsle-dich gezeugt worden sein kann, erbt bei den Miao das zweite Kind, nicht das erste.

Der Markt findet im Windschatten eines großen Felsens statt, auf dem die Reste einer vor 600 Jahren gebauten Miao-Burg stehen. Kinder werden in hellen, bestickten Körben getragen, die sich die Frauen auf den Rücken gebunden haben. Viele scheinen eine Krankheit zu haben, bei der sich ein Auge fast völlig zu schließen scheint. Entlang eines Gebäudes sind dreißig oder vierzig Bambuskäfige mit Singvögeln aufgereiht. Vor ihnen gehen Männer auf und ab, hocken sich ab und zu hin und lauschen aufmerksam der Qualität des Gesanges. Ein anderer Teil ist ganz und gar rohem Fleisch vorbehalten, wovon große Stücke herumliegen, die von den Käufern in die Hand genommen und umgedreht werden, als untersuchten sie wertvolle Bücher. Selbstgemachte Pfeifen werden geraucht, und wenn man nach dem Anblick einiger flacher, ausdrucksloser Gesichter und den plötzlichen explosiven Streitigkeiten urteilt, wird viel Bier und Wein getrunken. Als wir gehen, fährt eine Frau mit einem Schwein auf dem Gepäckträger an einem Mann vorbei, aus dessen Hosentasche ein Stück rohes, unverpacktes Fleisch hervorschaut.

Wie immer sind die, die sich gegen die Not behaupten, viel interessanter als jene, die im Komfort leben. Als ich abends um halb elf im Hotelzimmer bin, klingelt das Telefon. Nachdem ich ein paar Mal »Hallo« gesagt habe, spricht eine weiche, hauchige Stimme.

Auf dem Markt.

»Möchten Sie Fräulein?«

»Nein… « Ich fühle mich dumm, weil ich nicht schneller kapiert habe, worum es geht. »Nein, danke.«

Es wird aufgelegt, und Sekunden später höre ich den Apparat im Nebenzimmer klingeln.

71. TAG

Shimeng ist ein anderes Miao-Dorf am Rand eines Plateaus, das von einem Flickenteppich grüner und goldener Reisanbauterrassen umgeben ist. Auf beiden Seiten wird die feuchte Erde mit einem Holzpflug umgegraben, der aus einem einzigen gebogenen Schaft mit einem Griff am einen Ende und einer Pflugschar am anderen besteht und am Joch eines Wasserbüffels befestigt ist. Es ist eine langsame Angelegenheit, nur so schnell wie das Tier selbst, das weitertrampelt, die großen Augen geradeaus gerichtet, und manchmal müde zur Seite blickt. Ich beobachte, wie ein alter Mann seinem Tier durch eine Folge scharfer Zischlaute und lauter Grunzer Anweisungen gibt. Es scheint zu funktionieren.

Die Dorfbewohner stürzen heraus, viele von ihnen haben noch halbleere Essensschalen in der Hand und lassen vor Erstaunen die Kinnlade hängen. Die Frauen lachen, die Männer runzeln die Stirn. Eine Familie läßt uns in ihre Hütte eintreten. Sie sitzen auf dem gestampften Lehmboden um einen Tisch herum. Neben ihnen glüht Holzkohle in einem Ziegelherd. Auf dem Tisch stehen Schüsseln mit Rindfleisch, Chilischoten und Sonnenblumenkernen. Im rechts abgehenden Raum sind Bettstellen und eine Glühlampe zu sehen, im links abgehenden Raum ein Wasserbüffel.

Wir sind die ersten Menschen aus dem Westen, die sie je gesehen haben. Ich bitte Priscilla, sie zu fragen, was ihnen an uns am meisten auffällt. Sie lacht beim Übersetzen vor Verlegenheit.

»Wie sagt man… große Nasen?«

Als wir uns im Dorf umsehen, sehe ich, daß auch Shimeng vom Fortschritt erreicht worden ist. Seit neun Jahren gibt es Elektrizität. Es gibt ein paar Lampen, ein Radio. Es ist nur eine Frage der Zeit, bis das Fernsehen kommt und dann eine Straße, Autos, Motorräder und die weite Welt.

Ich weiß, es ist selbstsüchtig, aber wenn die Libellen über den Teichen schwirren, Schwalben und Mauersegler über den Terrassen steigen und fallen und kein Geräusch lauter als eine menschliche Stimme ist, wäre es mir lieber, Shimeng würde sich gar nicht verändern. Dieses Gefühl wird durch das, was ich auf dem Rückweg nach Guiyang sehe, nur verstärkt – den allgegenwärtigen Dreck, die alles bedeckende Verschmutzung durch neue, ungehemmte Industrien, die sichtbare Nichtachtung grundsätzlicher menschlicher Bedürfnisse. Alles das, was man auch auf Fotos des viktorianischen Manchester, Glasgow, Birmingham oder des Londoner East Ends sehen kann.

Den Einwohnern von Guiyang scheint es nichts auszumachen. Sie machen weiter – emsig, zielbewußt und beschäftigt, und ihr Optimismus und ihre Bestimmtheit sind ebenso greifbar wie die stinkende Luft, die sie atmen. Trotz des Durcheinanders, in dem sie leben, zeigen ihre Gesichter wenig Zweifel oder Unbehagen. Einige sind verletzt oder verzweifelt, aber der Rest hegt einen Glauben an sich selbst, den Glauben, daß der Strom der Geschichte in ihre Richtung fließt. Wahrscheinlich haben sie recht. China steht an der Schwelle eines Erfolges, wie seit 1000 Jahren nicht mehr. Kaum etwas kann es daran hindern, noch zu Lebzeiten der Priscillas und Miss Lius wenn nicht das mächtigste Land der Erde, dann wenigstens erster unter gleichen zu werden. Der Unterschied zwischen Maos Zeit und der Gegenwart ist, daß die Chinesen jetzt in die Welt hinausschauen und dort eine Rolle spielen wollen. Die Hauptmeldung der Zehn-Uhr-Nachrichten sind die Besuche des finnischen Ministerpräsidenten und des französischen Ex-Präsidenten Giscard d'Estaing.

Wie auf Stichwort klingelt mein Telefon.

»Entschuldigung, bitte, Sir. Brauchen Sie eine Miss?«

VON GUIYANG NACH NANNING

72. TAG

Ich liege wach, lausche dem Regen und denke an die kommenden Tage. Eine zwanzigstündige Zugfahrt nach Nanning im Süden, dann ein Grenzübertritt nach Vietnam. Grenzen stellen bei einer Reise wie dieser einen besonderen Streß dar. Kein Land der Welt heißt Filmteams mit offenen Armen willkommen, aber hier sieht es besonders knifflig aus. Nichts für Schwache und Verwundete.

Es ist Viertel nach acht am Morgen.

Ich drehe mich um und versuche noch eine halbe Stunde zu schlafen.

Das Telefon klingelt.

»Möchten Sie Miss?«

Auf dem Weg zum Bahnhof kommen wir an einer zehn Meter großen Statue des Vorsitzenden Mao vorbei, der ersten, die ich in China gesehen habe. Ich erfahre, daß sie keinesfalls mehr angebetet wird.

Südlich von Guiyang fährt unser Zug durch eine fast mediterrane Bergwelt. Pinien und sandiges Heideland. Die Dämmerung ist hier schnell vorüber, und als ich mit John Lee, unserem Shanghaier Organisator, der auf dieser Etappe unserer Reise ein fester Turm gewesen ist, in den Speisewagen gehe, ist es schon dunkel.

John gießt mir ein örtliches Wanshi-Bier ein. »In China ist das Essen sehr

»Früher oder später wird die Revolution ausbrechen, die dann unvermeidlich den Sieg davontragen wird.« Mit Mao und seinen Gedanken in Guiyang.

wichtig, besonders für die Bauern. Wenn sie gut essen können, heißt das, sie haben ein wirklich gutes Leben. Ich glaube, so denken sie.«

John, der besonders gern Magen ißt, gibt zu, daß die Chinesen fast alles essen, wenn es ordentlich gekocht ist.

»Auch Ratten?«

Er nickt entschieden.

»O ja, Bergratten. Eine Delikatesse.«

Als ich frage, wie Bergratte zubereitet wird, muß er die anderen Gäste konsultieren. Die Mehrheit scheint der Meinung zu sein, daß geschmorte Ratte am besten ist.

Ich spreche mit John darüber, was ich in China gesehen habe, und über mein Gefühl einer machtvollen nationalen Erneuerung. Er warnt vor dem Eindruck, die Gesellschaft habe sich allzusehr gewandelt. Auslandreisen sind noch immer das Privileg einer winzigen Minderheit, und die alte kommunistische »Organisation« besteht immer noch und ist die Grundlage des sozialen Aufbaus. Jeder in China muß einer gesellschaftlichen Organisation angehören und ihr regelmäßig Bericht erstatten.

Als wir schlafen gehen, werden wir in mörderischem Tempo um scharfe Kurven geschleudert, bis wir plötzlich mit knirschenden Bremsen zum Stehen kommen. Nicht gerade eine friedvolle Nacht, wie wir so von Guizhou über die Berge in die Provinz Guangxi geschaukelt werden.

NANNING

73. TAG

Halb acht am Morgen. Wir halten vor dem funktionellen grün-gelben Vordach des Bahnhofs von Liuzhou, der größten Industriestadt von Guangxi. Kein bemerkenswerter Ort. Basil erzählt, das beste Stäbchen- und Sargholz in ganz China käme von hier.

Nach Liuzhou erreichen wir die Karst genannte rauhe Kalksteinlandschaft. Gipfel jeder Form und Größe unterscheiden sich nur durch die Plötzlichkeit, mit der sie aus dem Boden wachsen. Wir fahren an Oleanderbüschen, Kaktuswänden und Bettwäsche vorbei, die im Sonnenschein lüftet. Häuser aus roten Lehmziegeln haben den grauen Stein abgelöst. Wir sind endgültig aus den Bergen heraus, die bei der Abfahrt aus Yichang vor elf Tagen begannen. Zum Glück sind wir auch aus der Kohlegegend heraus. Der Unterschied ist deutlich und ermutigend. Die Luft ist klarer, heller und wärmer. Das Tempo des Lebens scheint gemächlicher zu sein. Fahrräder lehnen an hohen, welkenden Eukalyptusbäumen, und ihre Besitzer schlafen daneben.

Im Bahnhof von Nanning steht eine völlig intakte 2-10-0-Dampflok, komplett mit Rauchdeflektor. Sie sieht aus, als sei sie aus Alteisen. Die Zugführer glauben, ich sei wahnsinnig, weil ich sie so anstarre. Offensichtlich gibt es keine Lokomotivenfans in China. Mit sichtlicher Befriedigung erzählen sie mir, die letzten dieser Dampfloks würden spätestens 1998 ins Museum kommen. Dann verläßt das Ungetüm mit einem wüsten Öffnen der Ventile und Ausstoß von weißem Rauch den Bahnhof und schnauft in die Ferne davon. Die Bahnverbindung nach Hanoi ist unterbrochen. Die Regionalzüge zur Grenzstadt Pingxiang verkehren nur zweimal die Woche, und der nächste fährt in drei Tagen. Wir versuchen eine andere Beförderungsart zu organisieren.

Nanning ist eine angenehme, luftige, grüne Stadt mit Parks und Alleen. Ich mache draußen einen Spaziergang, und die Rezeptionistin, die gerade Dienstschluß hat, fragt, ob sie mich begleiten darf, um Englisch zu üben. Sie ist neunzehn und sehr ernsthaft.

»Das Fahrrad«, fragt sie mit vor Konzentration angespannter Stirn. »Glauben Sie, daß es sicher ist?«

Sie sagt, der Job sei schlecht bezahlt, aber sie bleibe, weil sie dort Gelegenheit habe, Englisch zu sprechen. Wir gehen hinter dem Hotel durch den Weißen-Drachen-Park. Er ist pieksauber und gepflegt, in der Mitte gibt es einen See und einen Pavillon. Auf dem Rückweg geht sie in einen Blumenladen und verbringt lange damit, eine einzelne rote Rose auszusuchen.

»Für meinen Freund«, sagt sie, besteigt ihr Rad mit einem raschen, unerwartet strahlenden Lächeln und ist fort.

VON NANNING NACH HANOI

74. TAG

Um die Grenze mit dem Bus zu erreichen und Zeit genug für alle Formalitäten zu haben, rät man uns, früh loszufahren. Ich wache um fünf auf und packe meine Sachen. So ein Mist, daß wir an den hübschesten Orten immer die wenigste Zeit verbringen. Das warme, luftige und fröhliche Nanning zieht vorbei, und wir rollen stetig und unspektakulär durch Täler voller Nadelwald und über buschbedeckte Hügel nach Südwesten. Die Straße ist gerade und leer. Erst 1979 rollten hier Truppen und Panzer entlang, als die Chinesen aus Verärgerung über die vietnamesische Invasion ihres Verbündeten Kambodscha siebzehn Tage lang Krieg führten, bevor sie sich zurückzogen.

Letzte Bilder von China. Ein spätes Frühstück in einem kerzenerleuchteten Restaurant, vor dem eine Schildkröte gehäutet wird. Trotz eines Stromausfalls bekommen wir Omelett, Kürbisblätter, Taro und Süßkartoffeln. In der Grenzstadt Pinxiang erinnert ein riesiges ›Ein Kind‹-Plakat an die staatlich verordnete Geburtenkontrolle.

Die Grenze verläuft acht Kilometer von Pinxiang entfernt an einer Stelle namens ›Paß der Freundschaft‹. Die Straße bricht zwischen dichtbewaldeten Hügeln und steilen Klippen hindurch und endet auf einem heruntergekommenen Platz. An einer Ecke steht eine hübsche, leerstehende, creme und weiß farbene Residenz mit eleganten schmiedeeisernen Balkonen und Säulenfassade, ein Relikt der Epoche, in der dies der nördliche Grenzposten Französisch-Indochinas war. Auf der anderen Seite steht ein dreistöckiger Steinklotz, so klobig wie sein Gegenüber elegant. Hinter dem Torbogen liegt ein Parkplatz mit schweren Lastwagen. Dahinter liegt Vietnam.

Die letzten Riten der chinesischen Bürokratie finden in etwas statt, das wie ein beschlagnahmter Kuhstall aussieht. In Verschlägen, die durch Betonwände getrennt sind, sitzen drei Beamte von Zoll, Einreisebehörde und Quarantäne in schwarzen Uniformen und Epauletten hinter ihren Schaltern. Von Zäunen, Stacheldraht oder dem üblichen Drum und Dran militärischer Überwachung ist nichts zu sehen.

Der Schlagbaum geht hoch, und wir gehen den matschigen Weg nach Vietnam entlang. Erst jetzt bemerken wir ein großes, neues, kreisrundes Gebäude aus Beton und Glas, das zwischen den Bäumen gebaut wird. Ersatz für

Das Freundschaftstor, der Weg von China nach Vietnam.

den Kuhstall. Bis zum letzten sieht man Zeichen der chinesischen Erneuerung. Über den ›Paß der Freundschaft‹ weht ein kalter Wind. Die Einrichtungen am vietnamesischen Grenzposten Da Nang sind einfach. Die Treppe und die Außenwand sind von einer rebellischen deutschen Reisegruppe besetzt, die offensichtlich schon eine ganze Weile hier ist. Die kleine Miss Ha, unsere vietnamesische Begleiterin, wartet den langsamen Fortgang der rätselhaften Zoll- und Einreiseformalitäten mit undurchdringlicher Ruhe ab.

Auf der Straße nach Hanoi, die zwischen scharfen, unregelmäßigen Kalksteinfelsen verläuft, welche der Landschaft das Aussehen einer Werkstatt geben, wo neue Bergformen ausprobiert werden, geht es ebenso langsam. Wenn man bedenkt, daß die Chinesen sich erst vor sechzehn Jahren hier hindurchkämpften und die Amerikaner acht Jahre zuvor alles bombardierten, sieht die Landschaft bemerkenswert unversehrt aus. Die rotweißen Kilometersteine der Franzosen sind noch immer intakt, die steinigen Felder werden sorgfältig von Männern mit olivgrünen Tropenhelmen und winzigen alten Frauen mit spitzen Kulihüten, die ich in China erwartet, aber nirgends gesehen habe, bestellt.

Nach einer Stunde auf einer holprigen, gewundenen Straße durch die Berge kommen wir auf eine holprige, gerade Straße, die durch die fruchtbare Ebene des Deltas des Roten Flusses führt. Überall sind Menschen. Die Menge drängt sich in beide Richtungen wie ein Flüchtlingsstrom im Film. Nur wenige haben Autos, die meisten gehen zu Fuß oder fahren Räder und Motorräder.

Leben in Hanoi. *Oben:* Stadtrundfahrt auf Mr. Thans Cyclo.

Oben rechts: Frisches Gemüse zu verkaufen.

Alle paar Meilen, meist an einer sanften Steigung, stehen neben der Straße Denkmäler für die Armee des Vietcong, der die Franzosen und Amerikaner besiegte. Nichts Grandioses oder Militaristisches, oft nicht mehr als ein weiß gestrichener Obelisk. Die Kastenbrücken über den Roten Fluß zeigen immer noch die Flicken und Reparaturen nach den amerikanischen Bombardements.

Um sechs Uhr abends sind wir im Zentrum von Hanoi – zwölf Stunden nach der Abfahrt in Nanning. Zwei Stunden später sitze ich in einem Cyclo, so etwas wie einem Rollstuhl, der vorne an einem Fahrradrahmen angebracht ist. Mein Fahrer, der hinten in die Pedale tritt, fährt mich gemächlich durch die schwach erleuchteten Straßen zu dem hochgelobten Dachrestaurant ›N6‹. Dachrestaurant ist wörtlich zu nehmen – man ißt auf dem Dach neben Rohren und Schornsteinen.

Als ich zu Fuß ins Hotel zurückgehe, wundere ich mich über die nächtliche Aktivität. Läden und Werkstätten sind von einer einzigen Glühlampe erleuchtet. Es gibt kein Neon, keine grellbeleuchteten Reklametafeln, keine Autoschlangen. Eine Großstadt mit menschlichen Dimensionen – geschäftig, aber nicht erdrückend. Ich ertappe mich bei der Frage, wie es so verschieden von China sein kann, und dem Fehler, die Länder des asiatischen Pazifik als eine homogene »östliche« Masse zu betrachten. Vietnam unterscheidet sich so sehr von China wie Südkorea von Japan. Es hat seine eigene alte Kultur, seine Sprache, sein Alphabet und einen eigenen, sofort einnehmenden Stil.

Müde, aber unfähig, diese schummrigen, gemütlichen Straßen zu verlassen, trinken Basil und ich ein letztes Bier in einem kleinen Thai-Restaurant beim Hotel. Der Besitzer ist freundlich.

»Mögen Sie thailändisches Essen?« fragt er.

»Ja, sehr.«

Er schaut in die Nacht hinaus und seufzt.

»Ja«, sagt er, »eines Tages werde ich auch nach Thailand fahren.«

Unten: Das Thang Long Wasserpuppentheater. Die Puppenspieler verbeugen sich.

Unten rechts: Schauspieler, Musiker und Eröffnungsparade.

HANOI

76. TAG

Das charakteristische Geräusch des Verkehrs in Hanoi ist das Schellen der Fahrradklingeln und das Quäken der Motorrollerhupen. Es ist eine dissonante Geräuschkulisse, aber auf erträgliche Weise dissonant, wie auf einem Bauernhof.

Aber Vietnam öffnet sich, ebenso wie Rußland und China. Hier wird der Vorgang Doi-Moi genannt – »Erneuerung« oder »neues Denken«. Marktwirtschaft hat die kommunistische Planwirtschaft ersetzt. Ausländische Investitionen werden ermuntert. Vietnamesische Beamte müssen eine Fremdsprache lernen. Beim Spaziergang in die Stadt komme ich an den Früchten dieser Politik vorbei. Ein Vier-Sterne-Hotel namens ›The Standard‹ wird in Zusammenarbeit mit Singapureanern und Malaysiern errichtet, und eine südkoreanische Firma baut auf dem Gelände des alten französischen Gefängnisses, des Maison Centrale. Während des Vietnamkriegs war dies das Hauptgefangenenlager und die Verhörzentrale für amerikanische Kriegsgefangene und spöttisch als ›Hanoi Hilton‹ bekannt. Viele wurden hier gefoltert. Nun erheben sich hinter den alten Gefängnismauern Kräne und Beton, und es könnte tatsächlich wieder das ›Hanoi Hilton‹ werden.

Während die großen Baufirmen in Hanoi ihre monumentalen Pläne verwirklichen wollen, bleibt die Stadt trotzig klein und niedrig. 95 Jahre Kolonialherrschaft haben die annehmbare Imitation einer warmen französischen Provinzstadt geschaffen, mit schattigen Hauptstraßen voller zwei- und dreistöckiger Häuser mit Stuckfassaden, schmiedeeisernen Balkonen, Ziegeldächern und hohen grünen Holzläden. An der Straße werden Baguettes verkauft, entlang der breiten Gehwege sind Fahrräder abgestellt, und Cyclos weichen kleinen alten Frauen aus, die Körbe an Stangen über den Schultern tragen. Ich gehe an einer mit Jacken behängten Hauswand entlang, vor der ein hohlwangiger alter Mann und ein Junge lustlos einen Haufen Kleidungsstücke bewachen. Ein Passant bleibt stehen, zieht eine Jacke unter dem Haufen hervor und probiert sie an. Sie ist hoffnungslos zerknittert und zu klein, aber der Mann und der Junge nicken beifällig, wie Herrenausstatter von Welt.

In Hanoi braucht man kein Taxi zu rufen, man wird gerufen. Ständig.

Ich falle immer wieder drauf rein und fahre herum, als träfe mich gleich ein Karateschlag. Als ich mir also ein Cyclo aussuche, nehme ich einen Fahrer, der sich nicht im geringsten für mich zu interessieren scheint. Ich erfahre, daß er Than heißt, ein älterer Mann mit Ho-Chi-Minh-Bart, kaputten Zähnen und einem Augenfehler. Bevor er aufsteigt, nimmt er einen langen gurgelnden Zug aus einer Bambuspfeife, steckt sie danach unter den Sitz, steigt in den Sattel und atmet den Rauch dabei langsam und geübt aus.

Mit Than besuche ich den öden Triumphplatz, wo die Überreste von Onkel Ho, dem Vater des modernen Vietnam und Architekten des Sieges über die Amerikaner, in einem abschreckenden Säulenmausoleum aus schwarzem Granit und Marmor ruhen. Es ist aus vielerlei Gründen ein deprimierender Ort. Zunächst mal sollte er gar nicht hier liegen. Ho Chi Minh ordnete an, er solle verbrannt und seine Asche übers Land verstreut werden.

›Ho Chi Minh Wird In Unserem Leben Ewig Leben‹ verkündet ein rotgoldenes Banner neben dem Grab.

Heute spielt sich nicht viel Leben um dieses ungeheure Monument ab, außer zwei Jungen auf Fahrrädern, die Drehungen auf dem Hinterrad üben, und einer Frau mittleren Alters, die Motorrollerfahren lernt.

Neben einem See im Stadtzentrum liegt ein Theater, wo das international bekannte Thang Long Wasserpuppentheater auftritt. Die Handlung beruht auf der traditionellen Landwirtschaft Vietnams und besonders der zentralen Bedeutung des Bewässerns der Reisfelder, um eine erfolgreiche Ernte zu garantieren. Die »Bühne« ist ein sieben mal vier Meter großes Wasserbecken, und die Puppen, die von Bauern bis zu Vögeln, Tieren, zeremoniellen Barken und legendären Drachen reichen, werden alle an langen, unter Wasser liegenden Metallstangen von unsichtbaren Puppenspielern bewegt. Das Wasserpuppentheater erinnert mich mehr als einmal an den schwindelerregenden Wandel in

Asien. Vor 23 Jahren ließen die Amerikaner Bomben auf diese Stadt regnen. Jetzt wird ein Stück, das den Widerstand der siegreichen Bauern feiert, von AT&T, einer der größten US-Firmen, gesponsort.

77. TAG

Es gibt wirklich Cricket in Hanoi. Eine Liga aus in Hanoi lebenden Ausländern spielt auf einem Sportplatz der vietnamesischen Luftwaffe. Unglücklicherweise ist es ein Fußballplatz. Bei unserer Ankunft ist ein Spiel zwischen einem russischen Team und einer vietnamesischen Militärmannschaft im Gange. Jeder einzelne Vietnamese ist durchschnittlich zwanzig Zentimeter kleiner als sein russischer Gegenspieler, und sie liegen mit einem Tor in Führung.

Nach dem Fußball soll das Cricket beginnen. England tritt gegen eine gemeinsame Mannschaft aus Indien und Sri Lanka an, von der die meisten bereits da sind, sich den Ball zuwerfen und angeschnittene Würfe üben. Das englische Team ist etwas in Unordnung, der Kapitän ist noch nicht da.

»Und er bringt das Spielfeld mit«, sagt ein unruhiger Kollege.

Endlich erscheint Martin, der Mannschaftskapitän, und holt einen Kasten Bier und eine aufgerollte, 22 Meter lange Strohmatte aus dem Kofferraum. Die Matte wird am Mittelkreis auf den Boden genagelt und der Knick mit weißem Aerosolspray gekennzeichnet. Ihr früheres Spielfeld lag unter einer Brücke, und immer, wenn der Fluß über die Ufer trat, mußte es zeitweise verlegt werden. Einer erinnert sich mit zärtlicher Wehmut.

»Überall lagen Scheißhaufen.«

Ich unterhalte mich mit ein paar Spielern. Peter, ein neunundzwanzigjähriger Architekt, hat sein eigenes Büro in Hanoi. Im letzten Jahr hat er bemerkenswerte Veränderungen erlebt. Früher gab es sehr wenige Läden, das bißchen, was verkauft wurde, kam aus Körben am Straßenrand. Auf den Hauptstraßen sah man Büffelkarren. Nun redet alles über Hanois erste Straßenampel.

Oben: Der englische Kapitän trifft mit dem Spielfeld ein.

Unten: Das vietnamesische Militär tritt auf den Plan, um uns am Filmen zu hindern.

Ein Kanadier, der Telekommunikationsgeräte verkauft, wundert sich über die Nachfrage.

»Sie wollen alles, was wir haben. Wie Kinder im Bonbonladen.«

Worüber sich jeder beklagt, sind die Infrastruktur und die Bürokratie. Der örtliche BBC-Chef, der mühselig vietnamesisch lernt – »da kann man jedes Wort auf fünf verschiedene Arten aussprechen« –, bemerkt, daß trotz Doi-Moi kaum Abweichung geduldet wird. Wie die chinesische Regierung meint auch die vietnamesische, sie könne wirtschaftlich expandieren und zugleich politisch weiterhin das Sagen haben.

Wie auf Stichwort erscheint ein militärischer Beobachter und beäugt uns mißtrauisch. Er hat ein breites Bauerngesicht, und seine Uniform schlabbert an ihm herum. Das indische Team, mit passenden Kappen und ganz in weiß, betritt das Spielfeld, gefolgt von den beiden englischen Eröffnungsspielern, der eine in Shorts, der andere in marineblauer Trainingshose.

Nach dem ersten Over besteht der Beobachter darauf, daß wir das Filmen einstellen, da dies ein Gelände von militärischer Bedeutung sei. Die Spieler regen sich auf, und Handys werden gezückt, als sie versuchen, alle einflußreichen Persönlichkeiten anzurufen, die uns vielleicht helfen könnten. Einmal klingelt ein Telefon auf dem Platz. Ein Spieler im Außenfeld fischt es aus der Tasche, hört zu und wirft es dann unserem Regisseur zu.

»Für dich.«

Das Filmen hört auf, aber das Spiel läuft weiter, als auf dem Weg neben dem Spielfeld Soldaten erscheinen. Die Hälfte sind Frauen mit schwarzen Zöpfen, die unter spitzen Mützen herunterhängen. In der letzten Reihe marschieren zwei Soldaten Hand in Hand.

Weder dies noch den britischen Überraschungssieg über den indischen Subkontinent dürfen wir auf Film festhalten.

78. TAG

Tag des Lehrers in Hanoi. Um ihre Dankbarkeit und ihren Respekt zu zeigen, bringen die Kinder ihren Lehrern Geschenke mit oder kochen etwas für sie. Feiern und Vorführungen finden statt. Ich besuche den Englischlehrer Mr. Hung in der Abteilung für Fachenglisch am Auslandsinstitut Hanoi. Es ist unmöglich, sein Alter am Gesicht zu erkennen. Seine Haut ist glatt und faltenlos, und doch weiß ich, daß er im Vietnamkrieg gekämpft hat. Er spricht ruhig, aber klar und mit Autorität. Gegen die Amerikaner ist er nicht nachtragend.

»Lassen wir Vergangenes vergangen sein«, sagt er. »Wir haben nichts gegen das amerikanische Volk, nur gegen seine damaligen Führer.«

Wenn man die Verluste bedenkt – 444 000 getötete Vietnamesen, 58 000 Amerikaner –, ist dieser Geist der Versöhnung bemerkenswert.

Am meisten fühlt Mr. Hung sich von Rußland und China verraten.

»Von 1975 bis 1986 waren sie unsere Vorbilder.«

Als er aber 1979 in London und Paris studierte, stieß er auf Bücher wie George Orwells *Farm der Tiere*, die ihn das Verhalten von Helden wie Stalin und Mao überdenken ließen.

Sein junger und angespannter Kollege Mr. Fang zeigt mir stolz die Englischbibliothek – Georgette Heyer und Jane Austen, Exemplare des ›New Yorker‹, des ›Scientific American‹ und Sprachtonbänder mit Titeln wie ›Englisch für die Sekretärin‹, ›Englisch für Internationale Bankgeschäfte‹, ›Schottisches Englisch‹ und sogar ›Französisches Englisch‹.

Am Abend verlassen wir Hanoi mit dem Vereinigungs-Expreß nach Saigon entlang der 1500 Meilen langen vietnamesischen Pazifikküste, die sich wie

Hanoi.
Oben: Nachmittag im Park.

Rechts: Abends auf der Hauptstrecke nach Saigon.

Ganz rechts: Englischunterricht.

ein Seepferdchen vom Delta des Roten Flusses zur Mekonmündung kräuselt. Es ist eine Zweitagesreise mit einem Durchschnittstempo von vierzig Kilometern pro Stunde. Sogar vierzig Kilometer scheinen noch optimistisch. Die Bahnlinie mag bei ihrer Eröffnung nach dem Krieg 1976 ein großes Symbol für Frieden und Einheit gewesen sein, aber sie sieht nicht aus, als wäre seitdem ein Penny (oder richtiger, ein Dong) hineingesteckt worden. Die Lokomotive windet sich durch dichtbevölkerte Wohnviertel, ihr zyklopischer Scheinwerfer beleuchtet Menschenströme auf den Schienen vor uns – alte Frauen, Mütter mit Babys, Fahrräder, Motorroller, Männer mit Aktenschränken auf dem Kopf, Kinder, die wie Akrobaten auf den Schienen balancieren. Die Sirene tutet. Die Menge teilt sich instinktiv, geschickt und in allerletzter Minute.

Gegen Mitternacht erreichen wir die Küste bei Hoang Xa, und dort kann ich in der Dunkelheit den ersten Schimmer des Pazifik ausmachen, seit wir vor über drei Wochen Tsingtao verließen. Als ich schlafen gehe, warnt mich eine Zugwache davor, mit dem Kopf zum Fenster zu schlafen. Miss Ha übersetzt.

»Er sagt, Sie müssen vorsichtig sein, wenn der Zug nachts stehenbleibt. Vielleicht versucht jemand einzusteigen.«

»Kann ich das Fenster verriegeln?«

»Das Fenster ist verriegelt«, erklärt Miss Ha und beruhigt mich einen kurzen Moment lang, »aber vielleicht versucht es jemand einzuschlagen.«

79. TAG

Der Bahnhof von Dong Hoi während eines Wolkenbruchs. Kleine durchnäßte Kinder betteln an den Zugfenstern mit süßem Lächeln und strecken die hohlen Handflächen aus, bis sich kleine Teiche darin bilden. Mütterliche Frauen in grauen Anzügen und nicht dazu passenden weißen Rüschenschürzen kommen mit dem Frühstück vorbei. Es besteht aus einer wurmartigen Sammlung trokkener Nudeln, die in eine Schale geklatscht werden. Als ich frage, ob es auch etwas anderes gibt, schauen sie mich mitleidig an und gehen weiter.

Ich versuche, die kalten, klebrigen Nudeln herunterzukriegen, als die Damen in Grau unter lautem Protest wieder erscheinen, mir die Schale entreißen und eine Portion heiße Brühe darübergießen, wobei sie sanft kichern, wie man es täte, wenn jemand versuchte, seine Weetabix ohne Milch zu essen.

Von meinem Fenster aus sehe ich eine graugrüne, ausgewaschene Welt von Reisfeldern und Palmen. Weiße Lichtflecken werden auf dem Grau sichtbar, als ein Schwarm Silberreiher aufsteigt und fortfliegt. Ein Friedhof bietet einen kurzen Farbfleck, leuchtend blaue und grüne Farbe blättert von den Grabsteinen ab. Im Nebenabteil ist ein lebhaftes Kartenspiel im Gange. Ich zähle neun Leute, die sich um einen hochkant gestellten Koffer drängen. Daneben gibt ein Mann mit einer Tastatur einer lebhaften Dame in rosaschwarzem Trainingsanzug Musikunterricht.

65 Kilometer südlich von Dong Hoi ist der Regen aufs Meer hinaus gezogen, und die Sonne bricht durch, als wir langsam über den Fluß Ben Hai rollen, besser bekannt als ›Siebzehnter Breitengrad‹. Von 1954 bis 1976 verlief hier die Grenze zwischen Nord- und Südvietnam.

Vor dreißig Jahren überzog Präsident Johnsons ›Rolling Thunder‹-Bomberoffensive diese sanfte, waldige Gegend. Manche der Krater sind immer noch zu sehen, obwohl die meisten aufgefüllt worden sind, damit sie keine stehenden Brutstätten für Malariamoskitos werden. Auch Entlaubungsmittel wie Agent Orange haben ihre Wirkung hinterlassen, aber die verbrannten und vergifteten Bäume sind durch andere ersetzt worden, meist durch schnell wachsenden Eukalyptus. Von beiden Seiten gelegte Minen werden noch immer entdeckt.

Für jemanden in meinem Alter bleibt der Vietnamkrieg eine Quelle grausiger Faszination. Zehn Jahre oder länger kamen Bilder äußerster Grausamkeit aus diesem grünen und freundlichen Land. Heute hat die Natur die meisten Narben bedeckt, und als ich sie zum ersten Mal mit eigenen Augen sehe, wirkt die Landschaft so unschuldig wie ein Baby.

Mittags kommen wir in Ga Hue an. (»Ga«, ›Bahnhof‹ ist eine phonetische Vietnamisierung des französischen ›Gare‹.) Nicht viel weist darauf hin, daß wir uns in der früheren Hauptstadt des vietnamesischen Kaiserreichs befinden. Ein häßlicher Betongürtel ist um den bröckelnden rosa Putz des alten französischen Bahnhofsgebäudes gelegt worden. Auf einem staubigen Vorplatz stehen weiße Metalltische unter einem Paar dünner Akazien.

Wir verlassen hier den Zug und fahren mit dem Boot den Song Huong – den Duftenden Fluß – bis zur berühmten Thien-Mu-Pagode hinauf. Ihre Popularität als Sehenswürdigkeit zeigt sich an der Zahl der zur Verfügung stehenden Transportmittel: Katamarane, deren Bug mit grell bemalten Metalldrachen verziert ist, und hüpfende Sampans mit halbkreisförmigen Rattandächern, fächerförmigem Bug und Außenbordmotoren an langen Stangen, die geschickt mit dem Fuß oder sogar mit der Leistengegend gesteuert werden. Als wir flußaufwärts tuckern, sehe ich eine Frau, die sich über eine Bootswand beugt und die Haare wäscht. Zum Ausspülen benutzt sie einen amerikanischen Armeehelm.

Hue. Ein Badezimmer am Duftenden Fluß. Die Schüssel ist ein amerikanischer Helm.

Hinter der Pagode liegt ein kleines Kloster auf dem Hügel. Von hier aus machte sich ein Mönch namens Thich Quang Duc im Juni 1963 auf den Weg nach Saigon und wurde zum Gegenstand eines des berühmtesten Fotos des Jahrhunderts, als er sich aus Protest gegen Präsident Diems Behandlung der Buddhisten auf der Straße selbst verbrannte.

Sein Auto, eine viertürige hellblaue Austin-Limousine mit dem Kennzeichen DBA 599, die im Hintergrund des Bildes zu sehen ist, wird jetzt in einer Ecke des Klosters ausgestellt. Farbe, Ausführung, Modell und möglicherweise auch das Baujahr stimmen mit dem Wagen überein, in dem mein Vater jeden Tag zur Arbeit fuhr.

Als wir zurück in Hue sind, bieten die Cyclo-Fahrer vor dem Hotel uns ›Dancing‹, ›Bumbum‹ und ›Achtzehnjährige Mädchen‹ an.

80. TAG

Wir haben erst ein Drittel des Weges hinter uns. Die Reise um die Welt war ein Witz dagegen. Was unser Tempo so bremst, ist die Menge und die Qualität dessen, was es zu sehen gibt. Heute ist es die verbotenene Purpurne Stadt in Hue, ein gewaltiger Palast- und Verwaltungskomplex, den Gia Long, der erste vietnamesische Kaiser, vor fast 200 Jahren bauen und von einer zehneinhalb Kilometer langen Mauer umschließen ließ. Sie wurde in der Nähe eines Flusses – eines »Lichtstroms« – errichtet, um böse Einflüsse abzuwehren. Ihre drei Bezirke sind alle nach Süden ausgerichtet, da der Süden die beste Richtung für einen Herrscher ist, um sein Volk zu regieren. Drei Kilometer entfernt liegt ein kleiner Berg, unabdingbar zum »Schutz vor bösen Geistern«. Die glückbringende Anordnung der Gebäude spielt im Fernen Osten eine wichtige Rolle. Ein mit den Einflüssen der Erde auf das Schicksal Erfahrener wird bei fast jedem Bau zu Rate gezogen, ob Wohnhaus oder futuristischer Büroblock.

Oben: Die Verbotene Purpurne Stadt, Residenz der vietnamesischen Kaiser.

Meine Führerin Miss Huong, die einen Ao-Dai trägt, die elegante Nationaltracht aus einem langen Überkleid mit zwei Schößen und einer eng anliegenden Hose, erinnert mich daran, daß die Nguyen-Dynastie, die diese Anlage erbauen ließ, Vietnam von 1802 bis 1954 regierte. Noch immer gibt es einen vietnamesischen Kaiser – er lebt in Paris.

Wir kommen schließlich zum heiligen Dritten Bezirk. Miss Huong sagt, er sei von den Amerikanern bombardiert worden, deshalb ist er jetzt fast leer. Ich habe sie gefragt, ob der Vietcong sich hier versteckte, weil er annahm, die Amerikaner würden die Anlage nicht bombardieren, aber sie weiß es nicht. Ich fragte auch nach den Berichten, wonach der Vietcong an Intellektuellen Greueltaten begangen habe. Nein, auch davon weiß sie nichts.

In einer Bar komme ich mit einem Amerikaner ins Gespräch, der im Krieg kämpfte, gefangengenommen und gefoltert wurde. Zweimal stellten sie ihn vor ein Erschießungskommando, das dann absichtlich vorbeischoß. Er gehörte zu einer besonderen Aufklärungsabteilung; ich fragte ihn, ob er als einfacher GI

Unten: Miss Huong, meine Führerin durch die Verbotene Stadt.

leichter davongekommen wäre. Er schüttelt heftig den Kopf. »Wenn ich ein einfacher GI gewesen wäre, wäre ich tot.«

Nach dem Krieg ging seine Ehe kaputt, weil er nicht über das Geschehene reden konnte. Inzwischen ist er wieder verheiratet und kommt nach Vietnam zurück, um mit den Schrecken, die ihn noch immer verfolgen, fertigzuwerden. Morgen geht er mit ein paar anderen Veteranen am China Beach surfen.

82. TAG

Es regnet aus einem niedrigen, flachen Himmel, schon seit 36 Stunden. Ein glänzend grüner Eisvogel starrt aufmerksam ins klare Wasser. Ein Dorf von Sampans liegt draußen auf dem Fluß vor Anker, und die schlanken Boote wirken im monochromen Morgenlicht wie Treibholz.

Am Bahnhof von Hue kommen Cyclo-Passagiere wie Babys in bunte, wasserdichte Plastikplanen eingepackt an. Kinder suchen unter einer der Arkaden Schutz und wetteifern, wer seine Sandale auf dem Fliesenboden am weitesten schlittern lassen kann.

Als wir im Vereinigungs-Expreß langsam weiter nach Süden in Richtung Da Nang fahren, verstehe ich, warum das Wasserpuppenspiel in Vietnam eine so hohe Kunstform ist. Die ganze Landschaft scheint wegschwimmen zu wollen. Kurze träge Flüsse werden eins mit vollgesogenen Feldern. Kanäle verbinden sich mit spontan entstandenen Bächen und Teichen, die ihrerseits von Strömen gespeist werden, die lustig über Lehmdämme schwellen. Auf meine Gedärme scheint das Ganze anregend zu wirken, und ich muß mich der chinesischen Klopapierfolter unterziehen: Hong-He Sanitärpapier, das einzige Toilettenpapier, das auch zum Abschmirgeln geeignet ist.

In der Gegend von Da Nang verändert sich die Landschaft dramatisch. Unsere eingleisige Strecke windet sich durch Tunnel und über Brücken, die steile Schluchten überspannen, bis zum Hai-Van-Paß empor, fast 1800 Meter über dem Meeresspiegel. Wasserfälle und reißende Ströme haben die trägen Flüsse der Ebene abgelöst. Weit unter uns verwandelt sich die flache, mattsilbern glänzende Oberfläche des südchinesischen Meeres in heftige Brecher.

Der Bahnhof von Hue. Ein erster Vorgeschmack des Monsuns.

83. TAG

Das Bach-Dang-Hotel in Da Nang. Nebenan liegt ein Nachtclub, wo es erst richtig losgeht, wenn man gerade eingeschlafen ist. Was mich wachhält, ist nicht so sehr die Musik als das Knattern der Motorroller und die lauten Stimmen von Leuten, die sich trotz der Motorroller verständigen wollen. Als der Lärm sich kurz vor Sonnenaufgang legt, tuckern die lautesten Fischerboote der Welt den Han hinab aufs Meer – und machen die Kais für donnernde Lastwagen zum Entladen frei.

In der Natur haben die Vietnamesen eine sehr starke Vorstellung von Ordnung. Ein paar Kilometer südlich von Da Nang liegen die Marmorberge, die scharf und steil aus den umliegenden flachen und überfluteten Feldern auftauchen.

»Sie sind jetzt auf dem Wasser«, sagt Miss Tanh, eine muntere sechzehnjährige Fremdenführerin, die einen der Gipfel mit mir besteigt. »Dort oben ist

Der Vereinigungs-Expreß überquert den Hai-Van-Paß zwischen Hue und Da Nang.

der Pfad zum Himmel.« Sie zeigt auf einen nahegelegenen struppigen, mit Büschen bewachsenen Hügel, bietet aber nicht an, mich zu begleiten.

Der Blick vom Pfad zum Himmel ist die Anstrengung fast wert. Im Norden brechen sich die Wellen auf dem goldenen Sand von China Beach, wo die amerikanischen Soldaten während des Krieges für R & R (Ruhe und Regeneration) hinkamen. Näher bei uns sehen wir die verlassene, geschwärzte Masse ihres Arsenals in Da Nang mit noch intakten Hangars: die langen Reihen von Schutzboxen, wo Hunderte von Hubschraubern verborgen waren, nun leer und überwachsen.

Wenn die gewaltige US-Basis die westliche Art der Kriegführung verkörpert, so ist die nahe Höhle von Van Thong ein vollkommenes Beispiel für die Guerillataktik. Der Weg geht durch eine gut versteckte Felsspalte und einen stockdunklen Tunnel. Er führt in eine große, dreißig Meter hohe Kammer unter der Erde, in die ein einziger Lichtstrahl durch ein Loch im Dach fällt, das laut Miss Tanh von einer amerikanischen Bombe verursacht wurde. Ein Paar kniender, greifähnlicher Wesen steht am Fuß der Stufen Wache. Am jenseitigen Ende der Höhle sitzt in einem dämmrigen, von Kerzenschein erleuchteten Alkoven ein goldener Buddha, dessen Gesichtszüge auf unheimliche Weise

denen Grace Kellys ähneln. Der Tempel wurde vom Vietcong als Armeehospital benutzt, und eine Plakette an der Wand erinnert an den Abschuß von neunzehn amerikanischen Maschinen durch die Frauen-Maschinengewehrbrigade.

Später reisen wir die Küste hinunter nach Hoi An. Bevor der Fluß Han verschlammte, war es einer der wichtigsten Häfen Vietnams und spiegelt wie die mittelalterlichen englischen Wollstädte einen vergangenen, durch Handel entstandenen Wohlstand.

Ich mache einen Spaziergang an der Meerseite und gehe durch die Hauptstraße zurück, wobei ich einen Ort auf mich wirken lasse, der offiziell ›844 Bauwerke von historischer Bedeutung‹ besitzt, und komme an verwitterten Holzwänden, Galerien mit elegant geschnitzten Balustraden und erleuchteten Innenräumen mit dunklen Holzbalken vorbei, aus denen der Duft von Räucherstäbchen sanft in die Abendluft zieht. Ich überquere eine hübsche überdachte Brücke aus rosa verputztem Stein, die von den japanischen Händlern vor über 400 Jahren als Verbindung zum chinesischen Viertel auf der anderen Seite des Stroms erbaut wurde. Draußen auf dem Fluß ballen sich die stark gebogenen Rümpfe der hölzernen Fischerboote, auf denen sich gemalte schwarze und weiße Augen oben am Bug fast treffen. Dies ist ein kleines Juwel von einer Stadt, eine Erinnerung, daß Vietnams lange Pazifikküste ihm eine perfekte Lage für den Handel gibt.

SAIGON

84. TAG

Mit dem Morgenflug nach Saigon. Nach dem Ende des Krieges wurde die Stadt in Ho-Chi-Minh-Stadt umbenannt, aber die meisten Einwohner nennen sie immer noch Saigon. Da es kürzer ist und ich den Klang des Namens mag, werde ich das auch tun. Zum Lunch sitze ich auf dem Dach des Rex-Hotels, einem anderen Sinnbild des Krieges. Hier versammelten sich die Journalisten täglich, um sich von der US-Armee informieren zu lassen. Die Dachterrasse ist ein Wunderland. Sie verbindet Garten, Speisesaal, Bar, Swimmingpool, Zoo und Vogelhaus, alles mit zwanghaftem, eklektischem Überschwang dekoriert wie ein vollgestopfter Trödelladen oder ein Familienspeicher. Flaggen hängen zu beiden Seiten einer beleuchteten, sich drehenden Krone vom Vordach hinab. Auf alles, von den Tellern, Tassen und Untertassen bis zur Karotte in meinem Salat, ist der Name des Hotels eingeprägt. Am exzentrischsten sind die zu Rehen beschnittenen Zierbäume, aber ich werde verläßlich informiert, Zierbäume seien in Vietnam sehr beliebt, ebenso wie die Bergrehe.

Ich bin hier, um mich mit John Brinsden zu treffen, einem Bankier, der seit 34 Jahren in Asien lebt. Neben unserem Tisch ein großer, zusammengekauerter, krähenähnlicher Singvogel, der schrille Schreie ausstößt, als wolle er den Kellner rufen, und ein anderer, dessen Stange elektrisch geladen zu sein scheint, so beharrlich flattert er.

Oben: Allein am Pazifik, aber ein Händler ist nicht weit. China Beach bei Da Nang.

Oben rechts: Das Zentrum von Saigon. Das Rathaus – eine Erinnerung an die französische Herrschaft.

Rechts: Saigoner Chic.

John, der Tiger-Bier trinkt, um den Kater vom gestrigen St.-Andrews-Ball zu vertreiben, ist zuversichtlich, daß Vietnam nach Singapur, Taiwan und Korea zur zweiten Welle der asiatischen Wirtschaftswunderstaaten gehören wird. »In anderen Teilen Asiens findet man ein angeborenes Mißtrauen gegenüber Ausländern und ausländischen Ideen. In Vietnam scheint es so was nicht zu geben.«

Als John 1988 hierher kam, gab es in Vietnam erst fünf Banken, alle französisch, inzwischen sind es siebzig. Auf jeden Fall ist Saigon mit seinen Handys und italienischen Cafés flott und lebendig und sehr viel kosmopolitischer als Hanoi. Hier gibt es mehr Motorroller als Fahrräder, und es gibt nichts in der gesetzten Hauptstadt im Norden, was an den Chay Rong Rong heranreicht – die abendliche »Große Rundfahrt« auf dem Nguyen-Hue-Boulevard, bei der Tausende von jungen Männern die Innenstadt auf Mopeds umrunden. Eine Stunde lang wird das Zentrum zu einem ohrenbetäubenden Strudel von Jugendlichen auf zwei Rädern.

Nicht nur dazu dienen Motorroller in Saigon. Bei der Rückkehr von einem Essen in der Dong-Khoi-Straße (der früheren Rue Catenat, wo der Held von Graham Greenes *Der stille Amerikaner* lebte), machen uns Prostituierte, die auf Mopeds neben uns herfahren, Angebote und bieten »Massage« oder »Bumbum«. Sie akzeptieren kein ›No Sex please – we're British‹, und als sie keinen Erfolg haben, hievt eine von ihnen ihr Moped den Bordstein hinauf und folgt uns auf dem Gehweg.

VON SAIGON NACH TAY NINH

85. TAG

Wir machen uns von Saigon aus auf den Weg nach Norden und fahren auf der Suche nach einer Weltreligion, die es nur in Vietnam gibt, zur Stadt Tay Ninh an der kambodschanischen Grenze. Die Religion heißt Caodaismus, und ihre Geheimnisse wurden 1921 einem kleinen Kolonialbeamten namens Ngo Van Chieu bei einer Séance enthüllt. Durch Ngo Van Chieu machte Gott seinen »dritten Bund mit der Menschheit« bekannt, der sich als Fusion der bestehenden Religionen herausstellte – Katholizismus, Buddhismus, Konfuzianismus und Taoismus. Diese eklektische ökumenische Gruppierung beruhte auf direkter psychischer Verständigung mit großen Gestalten der

Farbenfrohe Religion. Gottesdienst in der caodistischen Kathedrale.

Die caodistische Kathedrale in Tay Ninh.

Weltgeschichte, und zuzeiten hatte man Kontakt mit Descartes, Johanna von Orléans, Lenin und sogar Shakespeare aufgenommen (obwohl man von Shakespeare seit 1935 nichts mehr gehört hat).

Der regelmäßigste Korrespondent war Victor Hugo, der für seine Bereitwilligkeit mit der Ernennung zum geistigen Haupt der Auslandsmissionen (die bis jetzt erst im 65 Kilometer entfernten Kambodscha bestehen) geehrt wurde.

In Tay Ninh floriert die jüngste aller Weltreligionen, und die rot und weiß eingefaßten ockerfarbenen Mauern der caodaistischen Kathedrale, die von reichgezierten Türmen überragt werden, erheben sich auf einer weiten und leeren Fläche von der Größe des Roten Platzes.

Die allgemeine Form der Kathedrale ist ein offener westlicher Stil, aber da endet die Ähnlichkeit auch schon. Der Fußboden hat neun verschiedene Niveaus, die die neun Stufen zum Himmel darstellen, und aus ihm wachsen von unförmigen, grell bemalten grünen und orangen Drachen umwundene Säulen empor. Das Maßwerk zeigt wilde und phantastische Blumenmotive, als würden große Kohlstengel um die Fenster herumwachsen. Die bemalte Kuppel am Ende des Raumes soll den gestirnten Himmel darstellen, und darunter befindet sich ein riesiger Globus, auf den ein einzelnes Auge in einem Dreieck gemalt ist, das Symbol des Caodaismus.

Die Zeremonie ist sehr entspannt, die Stimmung freundlich und kontemplativ, die Musik präzise, sanft und recht suggestiv. Frauen treten durch eine Tür ein und Männer durch eine andere, und alle sitzen mit gekreuzten Beinen und ätherischem Gesichtsausdruck auf dem gefliesten Boden und singen leise. Über ihnen schlüpfen Vögel ins Gebäude und wieder hinaus.

Draußen lungern Gruppen von zehnjährigen Händlern herum, die sich nicht abweisen lassen.

»Wie heißt du?«

»Michael.«

»Oh, ein schöner Name.«

»Du sehr attraktiv.«

»Danke.«

Auf dem Rückweg nach Saigon halten wir bei den Tunneln von Cu-Chi, einem System von Gängen und Kammern, die während der Guerillakriege gegen die französischen und später gegen die amerikanischen und südvietnamesichen Truppen in die harte rote Erde gegraben wurden.

Oben: Schwimmender Markt auf dem Mekong bei Cao Be.

Oben rechts: Im Mekong Delta. Wie auch sonst in Asien wird der Reis von den Frauen gepflanzt.

Trotz der Nähe der feindlichen Stützpunkte, der Entlaubung der schützenden Wälder durch Dioxin und des Flächenbombardements der B-52-Maschinen wurden sie in 45 Jahren Krieg nie zerstört. Ich krieche durch die Tunnel und sehe Hospitäler, Befehlszentralen und die Küchen mit ihrer speziellen Lüftung, die den Rauch drei Kilometer weiter führte, bevor er nach draußen gelassen wurde.

In dem Untergrundsystem konnten sich 5000 Menschen bis zu zwei Wochen lang aufhalten. Mein Reiseführer Le Di Phuoc hat schon hohen amerikanischen Generälen die Tunnel gezeigt. Ich frage ihn, wie sie reagiert hätten. »Nun«, sagt er mit dem Anflug eines Lächelns, »sie verstehen, warum sie verloren haben.«

VON SAIGON NACH MY THO

87. TAG

Ich habe auf dem Land noch nie so viele Menschen gesehen wie auf diesem Weg nach Süden. Nicht schwer zu glauben, daß dieses schmale Land die zwölftgrößte Einwohnerzahl der Welt hat. Auf den Reisfeldern arbeiten lange Reihen gebückter Frauen, die Löcher aufhacken.

In einer Kleinstadt wie Cao Be leben ebenso viele Menschen auf dem Wasser wie auf dem Land. Ich mische mich unter die Käufer auf dem schwimmenden Markt. Hausfrauen paddeln ihre Einbäume auf der Suche nach den günstigsten Angeboten von Boot zu Boot. Auf einem Boot bietet man uns ein Paar Schlangen an, zwei Boa Constrictor für je hundert Dollar. Ich muß ihnen leider sagen, daß es zu spät ist, meine Sachen sind schon gepackt. Es ist der bis dahin heißeste Tag der Reise. Der Fluß scheint eine unentrinnbare lethargische Feuchtigkeit auszudünsten, während die Sonne emporsteigt. Ich bin nicht überrascht, als ich erfahre, daß Noël Coward *Mad Dogs and Englishmen* auf einer Reise durch Vietnam komponiert hat.

In My Tho nehmen wir einen frühen Lunch zu uns, während wir auf die Mekong-Fähre warten. Die Karte im staatlichen Restaurant verheißt Köstlichkeiten wie Aal, Frosch, Schlange (gehackt), Schildkröte, Kalmar und »Zerrissen Huhn in Kleine Stücke«.

Flußfähren sind ein Schnittpunkt des Lebens. Es ist, als stände man an einer Straßenecke, die plötzlich abfährt. Ich überquere den Mekong mit vier Lastern, einem Mercedes-Leichenwagen, in dem ein hübscher gelber Kasten steht, Motorradfahrern mit andersherum aufgesetzten »Lakers«- und »Raiders«-Baseballkappen, einem Bus mit einem buddhistischen Schrein auf dem Armaturenbrett und einem Jungen in Guinness-T-Shirt, der auf der Gepäckablage schläft, einer Gruppe schwatzender Frauen in schwarzen Hosen und Strohhüten und einer alten Frau.

Der Fluß ist breit, braun und träge. Wie der Jangtse entspringt er 4000 Kilometer entfernt in Tibet. Auf dem Höhepunkt der jährlichen Überflutung führt er über 25 000 Kubikmeter Erde pro Sekunde mit und vergrößert Vietnam durch Krümel von Tibet, Klumpen von China und Burma, Erdschollen von Laos und große Brocken von Kambodscha.

Im Mekong Delta. »Meine Tasche ist größer als deine.«

VON SAIGON NACH MANILA

88. TAG

Ich trinke mit dem Team gerade in einer Bar, als Sir Winston Churchill hereinkommt. Er ist ein bißchen angesäuselt. Er geht auf Lady Churchill und ihre Freunde zu, und ihr halbherziges »Hallo Winston« zeigt, daß sie sich für das, was er zu sagen hat, nicht interessieren. Ich sehe es nicht gern, wenn ein großer Mann so behandelt wird, auch wenn er ein paar Glas zuviel gehabt hat, also lade ich ihn zum Dinner ein. Er nimmt an. Ich will ihn gerade etwas furchtbar Wichtiges fragen, als unser Essen in einem Kinderwagen gebracht wird.

Muß ich nach Vietnam fahren, um von Churchill zu träumen? Ich liege im Hotelzimmer, fühle mich nicht besonders und denke an den Anfang von *Apocalypse Now*, wo Martin Sheen in Saigon durchdreht.

Vielleicht ist es nur eine Nebenwirkung: Weit entfernt vom Ausgangspunkt und sehr weit weg vom Ziel. Bei Little Diomede war der Pazifik 80 Kilometer breit. Von Saigon sind es 16 000 Kilometer bis zum anderen Ufer. Bei unserem Reisetempo könnte es noch sechs Monate dauern, bis wir wieder in der Beringstraße sind.

Nach Manila fliegt man von Saigon aus zwei Stunden und zehn Minuten nach Nordosten. Wie viele Inseln vor der asiatischen Küste, von Alaska an südwärts, waren die Philippinen vor nicht langer Zeit durch eine Landbrücke mit dem Festland verbunden. Erst vor 5000 Jahren versank sie in dem, was jetzt das Südchinesische Meer ist. Ich erwarte ein paar Gemeinsamkeiten mit Vietnam, finde aber nur totale Unterschiede. Der berühmte Ausspruch über die philippinische Geschichte:

Stau in Manila.

»300 Jahre im Kloster und 50 Jahre in Hollywood« erklärt die meisten. Die Spanier setzten sich 1565 auf den Inseln fest. Die Amerikaner kauften sie 1898. Die Filipinos mußten bis 1946 auf die Selbständigkeit warten. Kultur, Traditionen und soziales Verhalten spiegeln Europa und Amerika, nicht den Osten.

Der große, einschüchternde Strom von Fahrrädern und Mopeds in Vietnam wächst sich in Manila zum voll ausgebildeten Stillstand im späten 20. Jahrhundert aus. Verkehrslenkung ist ständiges Gesprächsthema. Morgen tritt ein ›Ungerade/Gerade‹-Schema in Kraft. (Autos mit ungeraden Zahlen dürfen nur montags, mittwochs und freitags fahren, die mit geraden Zahlen an den anderen Tagen.) Unterdessen warten wir in einem kilometerlangen Stau auf dem Roxas Boulevard, während die Air-condition mit Erdbeeraroma uns vor der klebrigen Luftfeuchtigkeit von 86 Prozent schützt, und tragen unseren Teil zur Luftverschmutzung in einer Zehn-Millionen-Stadt bei, in der 44 Prozent der Einwohner offiziell ohne festen Wohnsitz sind.

Dennoch hat die Stadt eine lebhafte Atmosphäre. Es geht auf Weihnachten zu. Im Radio laufen amerikanische Weihnachtslieder. Künstliche, mit Gold- oder Silberfolie geschmückte Weihnachtsbäume werden am Straßenrand verkauft, und überall um uns herum im Stau stehen die glänzenden Chromkarossen einer besonderen philippinischen Form des öffentlichen Nahverkehrs – die

Jeepneys. Als die Amerikaner am Ende des II. Weltkriegs die Philippinen von den Japanern zurückeroberten und zu einem gewaltigen Waffendepot machten, kauften aufgeweckte Einheimische ausrangierte US-Jeeps und bauten sie in kleine Busse mit allen Arten von tödlichen Anbauten um, die mit Aufklebern, Abziehbildern und vielfarbigen Streifen bedeckt waren und Namen trugen, die vom Einfachen (»Jackie« oder »Fatima«) bis zum sentimental Religiösen reichten (»Mutter der Ewigen Hilfe« und »Geschenk Gottes«). 50 Jahre später fahren die Jeepneys trotz Bussen mit Air-condition, Taxis und sogar einer Schwebebahn immer noch. Man braucht nicht lange im Land zu sein, um zu merken, daß sich im Jeepney der Charakter der Filipinos spiegelt: gefühlsbetont, überschäumend und lebensfroh, liebenswert und unvorsichtig. Wir fahren hinter einem Lastwagen mit der Aufschrift »Careful Movers« her, dessen Hintertür beim Beschleunigen auffliegt.

Manila.
Ein Jeepney wird ausgerüstet.

Auf einem künstlich gewonnenen Landstreifen an der gekrümmten Küstenlinie liegt eine Reihe ungeheurer Betonpavillons, die Ferdinand und Imelda Marcos in den siebziger Jahren errichten ließen, um die Herrschaft der Präsidentenfamilie zu glorifizieren, die das bettelarme Land regierte. Die Gebäude galten als so extravagant, daß ein Papst sich bei seinem Besuch weigerte, in einem davon zu wohnen. Unter dem Fundament des einen liegen Arbeiter, die beim Zusammenbruch ihres Gerüstes begraben wurden. Es gibt Gerüchte, daß die Arbeit weiterging und Beton über die Leichen gegossen wurde. Später überwinde ich den Verkehrsabgrund des Roxas Boulevard und laufe zum Metropolitan Museum of Art, wohl die einzige Kunstgalerie der Welt mit einem Schild in der Eingangshalle: Schußwaffen Bitte Hier Abgeben.

Den Rest des Tages verbringe ich mit Schlafen, Essen (»Lechon«, »Spanferkel«, scheint die einzige Spezialität der philippinischen Küche zu sein) und damit, einen dicken Kulturschock zu verdauen.

VON MANILA NACH BANAUE

89. TAG

Heute morgen spricht Aliastair Cooke im BBC über die christlichen Symbole der Dollarnote, einschließlich des Auges Gottes. Ich hole einen Dollarschein heraus. Ganz klar, da ist das große Siegel und das Auge an der Spitze der Pyramide. Ich habe es schon mal gesehen. Es ist das Auge in einem Dreieck in der Caodaistischen Kathedrale in Vietnam.

Das Ausmaß des amerikanischen Einflusses ist auf den Philippinen nicht zu übersehen. Die Obstindustrie ist in amerikanischer Hand, erst kürzlich haben sie die beiden großen Militärstützpunkte Clark Air Base und Subic Bay aufgegeben, und jeder anständige Filipinomusiker muß passabel *West Virginia* spielen können. Die zerklüfteten Kämme der Halbinsel Bataan und von Corregidor Island vor der Bucht von Manila erinnern daran, was es die Amerikaner gekostet hat, ihre Präsenz auf diesen Inseln zu erhalten. Diese Orte waren im II. Weltkrieg Schauplatz einiger der härtesten Schlachten, die Amerika je zu kämpfen hatte.

Heute morgen können wir sie deutlich vom Hubschrauber aus sehen, der uns nach Norden zu den 1500 Jahre alten Reisterrassen von Banaue trägt, die immerhin das »Achte Weltwunder« genannt worden sind.

Oben: Wo Manila endet und die Reisfelder beginnen.

Oben rechts: Aussichtsterrasse ohne Aussicht. Mit den Ifugao vor dem Achten Weltwunder.

Wir fliegen über die Bucht und dann über das Binnenland, wo die Stadt plötzlich endet und die weiten grünen Felder und goldbraunen Anbauebenen von Zentral-Luzon beginnen. Rauch steigt von brennenden Reishalmen auf, Flüsse winden sich träge durch Dörfer, die von dicken, grünen Bäumen eingeschlossen sind. Unser Hubschrauber wird von der spiegelnden Oberfläche der Reisfelder reflektiert. Luis, der Pilot, ein archetypisch adretter Hispanoamerikaner mit Schnurrbart, folgt dem Flußlauf des breiten Magat eine Stunde lang oder länger. Die Berge beginnen uns zu umschließen. Das Wetter wird schlechter, und Luis fliegt hin und her und zurück bei dem Versuch, eine Öffnung in der Wolkenwand zu finden. Mir kommt der Verdacht, er sei nicht ganz sicher, wo sich das Achte Weltwunder befindet. Nach einiger Beratung erklärt Luis die Situation. Wir sind in 900 Metern Höhe. Die Wolkendecke liegt 200 Meter über uns. Das Achte Weltwunder ist noch 350 Meter höher. Er kann nicht in die Wolken fliegen, aber er wird uns unten im Tal in einer Stadt namens Lagawe absetzen, wo wir vielleicht ein anderes Transportmittel finden. Nun wird Luis zum Action Man. Energisch landet er den Hubschrauber auf der einzigen Stelle, wo Platz dafür ist, zufällig dem Schulsportplatz, wo gerade ein

Die Wolken lichten sich. Ein faszinierender Blick auf die 2000 Jahre alten Reisterrassen von Banaue.

Spiel im Gange ist. Ohne sich um die auseinanderstiebenden Fußballer zu kümmern, setzt Luis uns ab und winkt dabei noch einen vorbeifahrenden Jeepney her.

Rodolfo, der stämmige Fahrer mit burmesisch-indischem Aussehen kann das plötzlich vom Himmel gefallene Glück kaum fassen. Er packt uns alle in sein briefkastenrotes Gefährt mit abgefahrenen Reifen und dem Aufkleber ›Gott sei gedankt‹ an der Windschutzscheibe und heult um Haarnadelkurven den Hügel hinauf und in die Wolken hinein. Die Straße wird schlechter. Es hat hier heftig geregnet, und große Erdschollen sind vom Hügel auf die Straße gespült worden. Rodolfo rast weiter bergauf und weicht dabei Ziegen, kleinen, langhaarigen, schwarzen Schweinen und Erdrutschen aus. Als die Oberfläche der Straße zu einem See aus heimtückischem, rutschigem Schlamm wird, machen wir Versuche, ihn zu bremsen, aber er hält nicht, bevor er uns stolz an dem Punkt absetzen kann, wo man den allerbesten Blick über die Reisterrassen von Banaue hat. Die Sache hat nur einen Haken. Wir sehen absolut nichts. Die Wolken sind so dicht, daß die ältesten Reisterrassen der Welt genausogut der

Fußballplatz von Leyton Orient sein könnten. Angehörige des Ifugao-Stammes, deren Vorfahren für das landwirtschaftliche Kunststück verantwortlich waren, beginnen mit dem, was offensichtlich ihr Touristenprogramm ist. Ein magerer alter Mann mit dünnen Beinen in besticktem roten Gewand, der einen Speer hält und eine Pfeife raucht, und eine Frau in Federkopfschmuck warten vor der Wolke darauf, fotografiert zu werden. Irgendwo beginnt eine Flöte zu spielen. Ein Händler entfernt die Planen von Reihen geschnitzter Holzschalen, Statuen der Mutter Gottes, Tieren und Rosenkränzen. Dann bricht für einen kurzen und spannenden Moment die Wolkendecke auf und enthüllt ein atemberaubendes Amphitheater aus abgestuften Terrassen. Felder, die seit der Römerzeit bebaut werden, ziehen sich 350 Meter die Berge hinauf und werden von einem Mauer- und Terrassensystem gespeist, welches das Regenwasser in dreißig oder vierzig kontrollierten Wasserfällen kanalisiert, bevor es weit unten in den karamelbraunen Fluß läuft. Nigel hat kaum Zeit, auf den Auslöser zu drücken, bevor die große weiße Wolke das Achte und zugleich versteckteste Weltwunder wieder verbirgt.

90. TAG

Das Reneca-Hotel in Baguio, der selbsternannten »Sommerhauptstadt der Philippinen«, hat sehr laute Nachbarn. Hunde bellen fast die ganze Nacht hindurch, aber gegen sechs Uhr, als ich endlich einschlafe, wacht ein sprechender Vogel auf. Nachdem er eine Menge auf spanisch gemurmelt hat, stößt er eine Reihe durchdringender Pfiffe aus. Baguio ist ein philippinischer Erholungsort in den Hügeln.

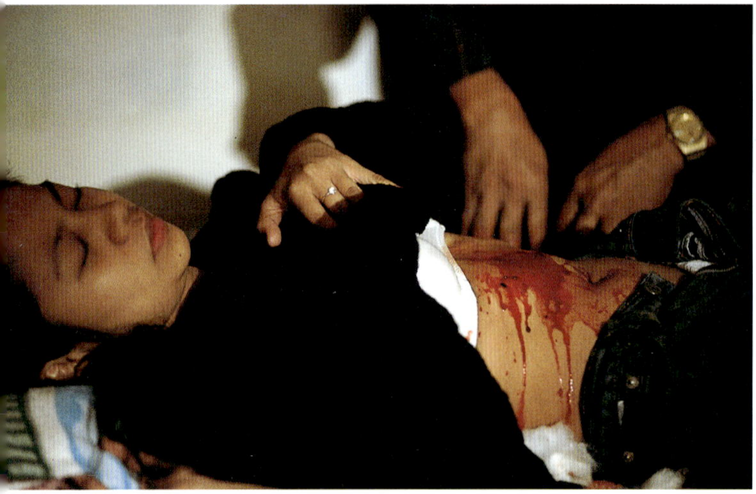

Übersinnliche Chirurgie. Reverend Segundo beim Aderlaß.

Hier in 1700 Metern Höhe scheint die Aufdringlichkeit Manilas gedämpft und von der Ordnungsliebe einer amerikanischen Kleinstadt abgelöst worden zu sein. Eisenholzbäume und einheimische Drei-Nadel-Pinien umgeben gepflegte Parks und Picknickplätze, die von Weihnachtssternen leuchten. Das Gras ist grün und gesund, die Wegweiser sind von Mac Donald's gestiftet. Die Stadt wurde von dem Amerikaner Daniel Burnham anscheinend gratis entworfen, und ein riesiger Park ist nach ihm benannt. Nicht alles in Baguio ist jedoch alltäglich, und an diesem frischen sonnigen Vormittag finde ich mich neben einem Laden mit dem wundervollen Namen Macadangdang's Grocery Store in der Lourdes Grotto Road 114 ein, um einer chirurgischen Operation beizuwohnen, die ohne Skalpell, Drogen oder Betäubung durchgeführt wird. Übersinnliche Chirurgie.

Der Chirurg heißt etwas irritierend Reverend José Segundo. Ein kleiner Mann, vom Stamm der Inguin, sein Gesicht ist eher asiatisch als spanisch. Er trägt graue Flanellhosen und eine schwarze Weste über einem dunklen gestreiften Hemd. Er reicht mir eine weiche, warme Hand. Zum Glück seine eigene.

Er stammt aus einer armen Familie aus dieser Hügelgegend. Im Alter von vierzehn Jahren, so erzählt er mir ganz sachlich, erschien eine Wolke und eine Stimme verkündete daraus, daß er die Macht des Heilens besitze. Seitdem hat er internationale Berühmtheit erlangt und ist in rationalistischen Bollwerken wie der Schweiz und Deutschland sehr populär.

Ich frage ihn, ob es bei Operationen im eigenen Hinterzimmer, direkt neben der Toilette, kein Infektionsrisiko gebe. Er schüttelt entschieden den Kopf und verweist auf den Erfolg eines brasilianischen Heilers, den man »Rostiges Messer« nannte.

»Weil er ein rostiges Messer benutzte?«

»Ja... ein Küchenmesser.«

»Und die Leute haben sich nicht infiziert?«

»Nein... die Leute spüren die Macht. Bei mir ist es genauso, ich wasche mir nicht die Hände. Die Wunde wird nicht infiziert, wegen der Macht in mir.«

Ich frage, ob er eine medizinische Ausbildung hat. Er schüttelt den Kopf.

»Nein.«

»Haben Sie je medizinische Bücher gelesen?«

»Nein.«

Wir betreten ein nach Schwamm riechendes Zimmer. An den schmuddeligen Wände ein Kruzifix und ein Rosenkranz, davor steht eine Untersuchungsliege mit Plastikmatratze und zwei Handtüchern. Segundo rollt sich die Ärmel hoch und winkt seinen Assistenten Rudy, in rosa Hose und blaurosa kariertem Hemd herüber. Die beiden sehen aus, als seien sie zum Pokern hier.

Sie wollen einen weißen Jungen namens Gustav operieren, der nach einem Film über die philippinischen Heiler aus Ungarn gekommen ist, um Heilung für seine hartnäckige rheumatische Arthritis zu suchen. Nun hat er seinen Traum verwirklicht und liegt in Unterhosen mit dem Bauch nach unten in einem schäbigen Zimmer in Baguio.

»Wird es eine blutige Operation?« fragt unser Regisseur hoffnungsvoll.

»Ich weiß nicht«, sagt der Reverend, »das steht nicht in meiner Macht.«

Segundo schließt die Augen und spricht ein Gebet. Dann taucht er die Finger in das Wasser der grünen Schale, die Rudy ihm hinhält, und fängt an, fest auf dem erkrankten Teil von Gustavs Bein zu reiben. Wir hören ein Reißen, als hätte sich das Fleisch unter dem Druck geteilt, und wäßriges Blut fließt von Gustavs Schenkel herab. Er wiederholt die Prozedur beim anderen Bein, dann ist die Operation rasch vorüber, und Rudy trägt die blutgetränkte Watte weg. Später sehe ich ihn damit durch die Diele schlurfen und hinter einer Tür mit der Aufschrift ›Ruheraum‹ verschwinden.

Gustav zieht sich nonchalant an, als sei ihm bloß ein Knopf angenäht worden. Er sagt, er fühle sich gut, wird aber erst in zwei oder drei Wochen wissen, ob die »Operation« erfolgreich war. Segundo hat sich inzwischen die Hände gewaschen und ist bereit, sich wieder unseren Fragen zu widmen.

»Ich habe nur eine Frage«, sage ich. »Benutzen Sie Blutkapseln?«

Segundo wischt eine solche Idee beiseite.

»Ohne das dritte Auge sehen Sie nicht, was ich sehe«, erwidert er. »Was Sie mit Ihren zwei Augen sehen, ist gar nichts.«

Für meine zwei logischen, westlich-rationalistischen Augen ist nichts, was ich in der Lourdes Grotto Road 114 gesehen habe, besonders überzeugend. Das Reißen klang verdächtig wie ein Ploppen, das Blut sah nicht echt aus, und es gab kein Anzeichen einer Heilung. Aber Aberglaube und Magie sind aus unserer Kultur so sehr entfernt worden, daß wir nicht länger wissen, was wir damit anfangen sollen. In gewisser Weise hat Reverend Segundo recht. Um Geschichte, Traditionen und Macht der eingeborenen, prähispanischen Bergstämme, von denen er abstammt, und vieler ähnlicher Gesellschaften zu verstehen, brauchen wir einen offenen Geist – oder ein drittes Auge.

Ambrosio Pelingen, der in der nahegelegenen Mystical Rose Street 28 arbeitet, ist ein ganz anderer Typ als José Segundo. Mit seiner ruhigeren, weniger pompösen Art und seinem guten Englisch erinnert er mich an einen liberalen Schuldirektor. Heute führt er seine übersinnliche Chirurgie für die ärmsten seiner Patienten umsonst durch und hat nichts dagegen, daß ich, die Kamera und das Mikrophon ihn so nah wie möglich beobachten. Aus zwanzig Zentimeter Entfernung sehe ich seine Finger das Fleisch bearbeiten, bis ohne ein wahrnehmbares Geräusch dunkles »Blut« (von sehr viel überzeugenderer Farbe und Konsistenz als bei Reverend Segundo) durch die Haut austritt und er aus der Wunde ein kleines dunkles Stück Gewebe zu ziehen scheint, das er »Gift« nennt. Es gibt jedoch keine Wunde und keinen Schnitt. Obwohl Pelingen die besseren Requisiten und eine Art akademische Autorität hat, wirken beide Männer eher wie Magier als wie Chirurgen. Ihren Patienten scheint das nichts auszumachen.

Wir verlassen die Stadt am frühen Nachmittag, und unser Bus windet sich um lange, steile Haarnadelkurven herum in eine enge Schlucht. Alle Wege führen nach Manila, aber schrecklich langsam. Der Grund unserer heutigen Verzögerung ist derselbe wie der für den schlechten englischen Sommer von 1992 – der Mount Pinatubo. Als dieser Vulkan im Juni 1991 ausbrach, war es eine der größten Explosionen des Jahrhunderts. Sie schleuderte Asche und Schlamm vierzig Kilometer hoch in die Luft, hoch und dick genug, um das Wolkenband zu erreichen, das die Erde umrundet, und das Wetter auf der ganzen Welt zu beeinflussen.

Bei Einbruch der Nacht fährt unser Bus zwölf oder fünfzehn Kilometer östlich des Pinatubo vorbei. Auf beiden Seiten sind die Felder unter Asche wie unter schwerem Winterschnee begraben. Wir überqueren einen breiten Fluß, der wie unsere Straße fast an dem harten, grauen Schlamm erstickt, der noch immer den Vulkan herunterrinnt und Häuser und Dörfer begräbt. Das Wasser quält sich weiter, aber die Ufer sind fünf bis sechs Meter hoch mit Asche und Schlamm bedeckt, die im aufgehenden Mondlicht von geisterhaftem Grau sind. Als die Wagen langsam nach Süden fahren, bellt uns ein hinkender Hund an.

SAMAL

94. TAG

Wir erholen uns auf der Feriensiedlung Pearl Farm auf der Insel Mindanao, nachdem wir dem Lärm und Schmutz des 965 Kilometer nordwestlich gelegenen Manila mit Flugzeug und Schiff entkommen sind. Die Anstrengungen Südostasiens sind zum Klang von »Winter Wonderland« und anderer Weihnachtslieder an der palmenbewachsenen Küste von Samal gelindert worden, einer von über 7000 Inseln, aus denen der philippinische Archipel besteht.

Der heutige Tag war eine Art Meilenstein für das Team. Nigel hat sich in Davao einen Zahn ziehen lassen, und ich habe die kombinierten Freuden von

Sporttauchen und Unterwasserfotografie kennengelernt. Ich hatte nur einen Tag Zeit zum Tauchenlernen. (Ich wollte nicht verraten, daß ich 1970 einen Vormittag mit Unterwasserdreharbeiten ohne jedes Vorwissen verbracht habe.)

Oben: Denk wie ein Fisch. Palin gibt Notsignale.

Oben rechts: Fischerboot an der Küste von Samal.

Das war im Schwimmbad von Ealing, und ich spielte einen Mann in einem Monty-Python-Sketch, dessen Haus an aufsteigender Feuchtigkeit litt.) Heute lerne ich dank der geduldigen Unterweisung meines Lehrers Louie Barrios noch vor dem Lunch alles über negativen und neutralen Auftrieb, Stickstoffnarkose, Embolien, Ohrendruck und eustachische Röhren. Als ich ins klare, jadegrüne Wasser des Pazifiks tauche, weiß ich alle möglichen nützlichen Dinge: daß Gegenstände 25 Prozent näher und 25 Prozent größer erscheinen, daß Schall sich schneller und in alle Richtungen ausdehnt, daß Blut eher grün als rot erscheint, daß auf die Taucherbrille geschmierte Zahnpasta das Beschlagen verhindert und daß ein wackelndes Handzeichen bedeutet, man sei in Not. Letzteres rettet meine Haut, als ich voller Zuversicht ungefähr fünfzehn Meter tief getaucht bin und plötzlich merke, daß ich nur noch immer kürzer Luft holen kann. Ein Handwackeln ruft Louie an meine Seite. Er sieht, daß mein Sauerstoff gefährlich zur Neige geht, schließt meine Schläuche an seine eigene Flasche an und bringt mich an die Oberfläche. Im Lauf des Nachmittags kapiere ich plötzlich, wie es geht, verliere meine Schwerfälligkeit und fange an, mich wie ein Fisch zu bewegen.

Als ich abends im Bett liege, mein Kopf von den Margaritas und dem australischen Weißwein benebelt, mit denen wir gefeiert haben, bricht ein tropischer Sturm aus und schleudert Regenpfeile auf das Reetdach. Vielleicht ist es ein Zeichen, daß die Erholung vorbei und es Zeit zur Weiterreise ist.

96. TAG

Ein herrlicher Morgen. Der Wolkenbruch hat die Luft erfrischt und die Wolken zerstreut. Als wir nach Davao fahren, ist das Wasser eine Mischung aus blassem Grün und tiefem Blau. Natürlich ist nichts so unschuldig, wie es scheint, eines der Probleme dieser idyllischen Bucht ist das Fischen mit Dynamit. Es tötet nicht nur die Fische, sondern zerstört auch die Korallen.

Wir laden unsere Taschen in einen Jeepney um, der uns nach General Santos bringen soll, wo wir eine Fähre nach Zamboanga und von dort nach Borneo zu erreichen hoffen. Ich schaue im Hotel rein, um eine Zeitung zu kaufen, und lese auf eines fetten Mannes T-Shirt: ›Nackt Bin Ich Viel Schöner‹.

Die Hauptmeldung der ›Herald Tribune‹: Der Präsident von Südkorea hat sich dem Druck zur Wiedereröffnung eines Verfahrens gegen zwei Generäle gebeugt. Ein Sieg für alle Marschierer, in deren Protest ich vor anderthalb Monaten in Seoul geraten war.

Jerry ist unser Fahrer. Er hat ein Radio am Fahrersitz befestigt, was heißt, er kann nicht aufrecht am Lenkrad sitzen. Dies scheint ihn sowenig zu stören wie die Tatsache, daß keine der Kontrollampen funktioniert. Vielleicht hat er durch das ›dritte Auge‹ eine Intuition, wann der Sprit ausgeht, denn er biegt ruhig bei einer Tankstelle ein und füllt einen Tank auf, beängstigenderweise direkt unter seinen Füßen.

Bei Sirawan wird der Carlos-P.-Garcia-Highway zur Carlos-P.-Garcia-Schotterpiste, die uns durch das üppige, tropische Wuchern von Kokosnuß- und Bananenplantagen schaukelt. Diese Gegend besitzt nur Fisch und Kopra und ist der ärmste Teil der Philippinen.

Wir halten zum Lunch an dem kleinen Küstenrestaurant ›Dolly's Seafoods‹. Ein seltsamer Ort. Roger Whittakers »Danny Boy« schallt durchs Lokal, und kleine Mädchen gehen zwischen den Tischen herum und verscheuchen die Fliegen mit flaumigen weißen Nylonquasten. Zu den Spezialitäten gehören frischer Tintenfisch, Garnelen, Thunfisch und die geduldige Aufmerksamkeit der Besitzerin Dolly Hale, einer fröhlichen Filipina, die mit einem Mann aus Oklahoma verheiratet ist.

Weiter geht es durch die Maisfelder des T'boli-Stamms – eine Miniaturlandschaft von Hügel und Tälern, bis wir die Ausläufer von General Santos erreichen, vorbei am ›Bestattungsinstitut der Unbefleckten Empfängnis‹.

Abends. Die Kais von General Santos sind heiß, unwirtlich und hektisch. Als die Abfahrtszeit näherrückt, werden die letzten Container rasch von einer Flotte hupender Gabelstapler an Bord gebracht. Der Gestank von heißem Benzin und menschlichem Schweiß mischt sich mit dem Geruch von Kuhdung aus Viehcontainern, die aus Darwin in Australien nach Japan und Korea sollen.

Bei der Abfahrt passieren wir einen Frachter aus Manila, die ›Lorcon Luzon‹. Die Mannschaft spielt Basketball neben einer Wand von Containern, aus denen das hohe Quieken von Schweinen aufsteigt, die für die Lechon-

Restaurants der Hauptstadt bestimmt sind. Sie machen diesen schrecklichen Ort noch infernalischer.

VON GENERAL SANTOS NACH ZAMBOANGA

97. TAG

An Bord der ›Princess of the Pacific‹. Eine wenig ereignisreiche Reise auf spiegelglatter See. Der Sonnenaufgang wird nicht von einem, sondern von hundert Hähnen begrüßt, die uns jeder in seinem eigenen Karton begleiten.

Vor Zamboanga. Kinder wollen nach Münzen tauchen.

Als wir Zamboanga anlaufen, kommen wir an der Insel Basilan vorbei, über die sich mein Handbuch äußert: »Im Interesse Ihrer Sicherheit sollten Sie es sich zweimal überlegen, ob Sie Basilan besuchen.«

An der Reeling unterhalte ich mich mit einem philippinischen Versicherungsvertreter. Er nickt in Richtung der verschwommenen Küste Zamoangas. »Das war früher der schlimmste Hafen der Philippinen«, bemerkt er mit der Genugtuung dessen, der hier nicht von Bord geht.

Wieso ist Zamoanga, das im Nagel-Guide als Stadt von »Blumen, Früchten, Freunden, Frauen und Glauben« bezeichnet wird, so umstritten? Mein Freund sagt, die Antwort liege in dem Wort »Glauben«. Von den 68 Millionen Filipinos sind 3 Millionen (4,5 Prozent) Moslems. In Zamoanga sind es 27 Prozent Moslems. Hier im äußersten Südwesten des Landes haben sie stets für eine gewisse Autonomie und Religionsfreiheit gekämpft. In den letzten 25 Jahren hat sich dieser Kampf verschärft, und 25 000 Menschen sind dabei umgekommen. Unterdessen hat die Gegend stagniert. Die Fischerei war so unterentwickelt, daß man sagte, in Zamboanga »sterben die Fische an Altersschwäche«. Eine Schnellstraße wurde angeblich siebenmal vollendet, aber jedesmal wurden nur Gelder bewilligt, die in den Taschen korrupter Beamter verschwanden. Nun sucht die Zentralregierung, die das Wirtschaftswunder des pazifischen Raums nicht verpassen will, nach einer Lösung. Handelsverbindungen mit Indonesien und Malaysia könnten in Gefahr sein, wenn die Gewalt weitergeht. Ein Kompromiß liegt in der Luft. Präsident Ramos hat sogar vorgeschlagen, den Halbmond in die philippinische Flagge aufzunehmen.

Das Haar in der Suppe ist eine radikale und gewalttätige Fundamentalistengruppe, auf deren Anführer Abu Baker Janjalani anderthalb Millionen Pesos ausgesetzt sind. Seine Basis liegt auf Basilan.

Wir dampfen auf einer Welle von Warnungen, aber ohne offensichtliche Anzeichen von Unheil in Zamoanga ein. Eine Flotille schmaler Fischerboote folgt der Fähre in den Hafen. In ihnen sitzen Inselbewohner – mein Freund nennt sie »Wasserzigeuner«. Ihre Kinder rufen, man solle Münzen ins Wasser werfen, tauchen hinterher und schnappen sie, bevor sie den Grund berühren, wobei sie so viele wie möglich in den Mund stopfen. Mit zehn Jahren sind viele schon wegen des Wasserdrucks taub geworden. Menschenmassen, Lärm und fast unerträgliche Hitze. Naja, schließlich ist bald Weihnachten.

ZAMBOANGA

98. TAG

Neugierig auf die Herkunft all der Hähne auf unserem Schiff besuche ich zum ersten Mal eine Hahnenfarm. Nördlich von Zamoanga züchtet Boy Primalion einige der gesuchtesten Kampfhähne, was ihm in einem Land, wo der Hahnenkampf als Unterhaltung gleich nach Basketball kommt, einiges Ansehen verleiht.

Primalions Farm liegt am Ende einer langen, holprigen Steigung. Ein Weg aus rotem Lehm führt aus dem lockeren Dschungel auf grüne und freundliche Hügel, an deren Gipfeln die Wolken zuerst hängenbleiben. Diese Hügel erschallen vom Lärm von zweieinhalbtausend Hähnen und sind mit ordentlichen, A-förmigen Holzkästen bedeckt. In jedem ist ein angeleinter Hahn, der drei Meter vom Nachbarn entfernt gehalten wird; wären sie näher zusammen, würden sie aufeinander losgehen. Vor ihren Hütten gackern, picken, nicken, stolzieren, putzen und plustern sie sich – eine Armee stolzer Eigenheimbesitzer. Der Nachteil dieses Luxuslebens ist der, daß sie es bald gegen den Ring und die Möglichkeit, zu Tode gehackt zu werden, eintauschen müssen.

Ich unterhalte mich mit Boy Primalions Sohn, einem höflichen Mann mit weichen, fleischigen Gesichtszügen. Sein Vater gründete die Farm vor 22 Jahren, und heute ist sie mit über 2500 Vögeln »eine der größten Farmen auf der ganzen Welt«, wie er stolz sagt.

Ich frage, wie man einen siegreichen Kampfhahn züchtet. »Ganz einfach. Sie kriegen frische Bergluft, Kohlehydrate, Eiweiß, um ihre Muskeln zu entwickeln.«

So werden Wettkämpfer jeder Art produziert. Die Trophäen im Gästehaus der Familie sind so großartig und monumental wie Lonsdale-Gürtel.

99. TAG

Sonntag in Zamoanga. Ein stickiger Tag, bei dem man das Gefühl hat, einem sei schlecht. Die ganze Nacht rasselt und schaudert meine Air-condition wie ein Sterbender. Boy Primalion hat uns eingeladen, seine Hähne heute in der Galleria de Zamboanga in Aktion zu sehen. Zwei Damen verkaufen Eintrittskarten für etwas, das als Fünf-Hähne-Wettbewerb angekündigt ist, das bedeutet, jeder Besitzer kann fünf Hähne starten lassen. Insgesamt ist ein Preisgeld von 450 Millionen Pesos (über zehn Millionen Pfund) ausgesetzt.

Die Galerie ist eine Holzkonstruktion, die sich drei Stockwerke hoch um eine sandbedeckte Arena von der Größe eines Boxrings erhebt. (Warum heißt ein Boxring eigentlich Ring, wenn er immer quadratisch ist?) Drinnen herrscht ein unglaublicher Lärm, so daß ich zuerst meine, ein Kampf sei im Gange. In Wirklichkeit ist es das viel lebhaftere Geschäft des Wettens vor dem Kampf.

Boy Primalions Kampfhahnfarm bei Zamoanga.

Um die Höhe der Wette festzulegen, benutzt man Zeichensprache, und nichts wird je aufgeschrieben.

Der Kampf selbst ist fast eine Anti-Klimax. Jeder Vogel hat eine zehn Zentimeter lange Klinge am linken Bein, und dies ist es, was die Verletzungen verursacht, wenn die Hähne aufeinander losgehen. Ein weißer Hahn, der allgemein als der stärkste und aggressivste gilt, kämpft in der ersten Runde gegen einen braunen. Beim Aufeinanderstoßen fliegen die Federn, und als der weiße Hahn aus dem Getümmel auftaucht, sind seine Federn blutbefleckt. Das Blut stammt jedoch von dem braunen Hahn, der unsicher schwankt, während sein Gegner ihn wieder in den Hals hackt. Der braune Hahn kippt um. Die Hähne werden von den Betreuern hochgehoben und Schnabel an Schnabel gehalten. Wenn beide noch zuhacken, geht der Kampf weiter, tut es nur einer, ist der

Miss La Bella Pacifica wird gekrönt.

Kampf vorbei. Er hat kaum länger als zwanzig Sekunden gedauert. Ein kurzes Schreien und Jubeln der Menge, dann geht es zum Geschäft. Die Wetten werden ausbezahlt – verkrumpelte Geldbündel fliegen durchs Publikum -, und die Hähne werden nach hinten getragen, wo ein Tierarzt sie entweder zusammennäht oder als reif für den Kochtopf erklärt.

Plötzlich erhebt sich ein zischendes, rasselndes Geräusch, das selbst das Geschrei der nächsten Wettrunde übertönt, und die Zuschauer in den obersten Reihen des seitlich offenen Stadions eilen nach vorn, während über uns ein mächtiger tropischer Sturm losbricht.

So einen Regen habe ich noch nie erlebt. Das sind keine Tropfen oder Güsse mehr. Es ist, als sei dreißig Meter über uns ein Damm gebrochen. Ich verlasse die Arena und gehe in den äußeren Bereich. Niagarafälle rauschen vom Wellblechdach herunter, aber das Leben geht weiter, als sei nichts geschehen. Speisen und Getränke werden serviert (am Ring ist Rauchen und Trinken verboten), und Männer warten geduldig mit ihren Hähnen unter dem Arm, während sich Blitz und Donner, das Geschrei der Wettenden und das Krähen der 200 kampflustigen Kandidaten zu einer großen Kakophonie mischen. Als Boy Primalion mir erzählte, den Hähnen auf seiner Farm würden Tonbandaufnahmen von Kämpfen vorgespielt, um sie an den Lärm des Rings zu gewöhnen, habe ich zuerst gelacht, aber jetzt verstehe ich den Grund.

So etwas kann nur auf den Philippinen passieren: ein paar Stunden nach dem Hahnenkampf finde ich mich als Preisrichter eines Schönheitswettbewerbs in Vista del Mar am Meer wieder, in einer vom Sturm am Nachmittag deutlich frischeren und kühleren Luft.

Die Kandidatinnen für die Krone der Miss La Bella Pacifica müssen »mindestens« im Oberschulalter sein, einen »unbescholtenen Ruf, körperliche Schönheit, Talent und Intelligenz« besitzen. Und vermutlich weiblich sein. Ich freue mich auf einen angenehmen und entspannenden Abend, merke aber, daß ich drei Stunden lang so hart arbeiten muß, wie seit meinen Abschlußprüfungen in Oxford nicht mehr. Wir suchen nicht nur Miss La Bella P., sondern auch Miss Badeanzug, Miss Abendkleid, Miss Ethnic (in traditionellem Gewand), Miss Tourismus und Miss Fotogen.

All die Punktwertungen addieren wird eine anstrengende Aufgabe im Kopfrechnen. Aber jedenfalls habe ich die Siegerin geküßt. Einmal.

100. TAG

Hundert Tage auf Reisen. Eigentlich sollte ich feiern. Aber was? Den furchtbar langen Weg, der noch vor uns liegt. Ironischerweise fällt dieser Meilenstein (wenn es einer ist) mit einem der gelegentlichen Strudel auf unserer Reise zusammen, wenn alles, was wir zu tun scheinen, darin besteht, in immer kleineren Kreisen herumzufliegen. Der Grund für unseren verlängerten Aufenthalt auf Zamoanga liegt darin, daß die Sulu-See zwischen hier und Borneo bis vor kurzem für ausländische Reisende gesperrt war. Gavin Young spricht in *Dampfer nach China* von den »heimtückischen Wassern« zwischen Zambo und Sandakan auf der »piratenverseuchten Sulu-See«.

Wir haben den größten Teil des Tages in Rio Hondo, einem Moslemdorf, verbracht. Rio Hondo ist anstrengend, zäh und gastfreundlich. Ein Netzwerk von Brücken und Stegen ohne Geländer führt wie ein Spinnennetz durch das Labyrinth improvisierter Holzhäuser, in denen 10 000 Menschen leben. Sie haben kein anderes Abwassersystem als die Strömung zum Pazifik, aber sie haben Billardsalons, Schneider, Halalfleischer, Schulen und eine behelfsmäßige Moschee mit grünen Blechwänden und silberner Blechkuppel, eines der seltsamsten Bauwerke, die ich bis jetzt auf dieser Reise gesehen habe. Obwohl in jedem der wackligen Häusern vielleicht zehn oder fünfzehn Menschen wohnen, die Stege gefährlich und die Holzplanken löchrig und gesplittert sind, gibt es hier dennoch ein Gefühl des Stolzes. Des Stolzes, aus sehr wenig das meiste zu machen.

101. TAG

Basil wundert sich über sein Horoskop in der ›Zamboanga Times‹. »Seien Sie hochtrabend«, heißt es. Basil meint, das würde er schon sein wollen, wenn er wüßte, was es bedeutet. Auf den Schiffahrtsseiten finden wir eine bessere Nachricht, eine Firma namens Aleson Lines betreibt eine Fährlinie nach Borneo.

Rio Hondo, das Moslemdorf auf Zamboanga.

102. TAG

Auf dem Weg zum Reedereibüro, wegen der Borneo-Fähre, sehen wir ein buntes Straßenleben: Übersinnliche Zahnärzte, die für je fünfzig Pesos Zähne ziehen, und Firmen mit Namen, die man nicht erfinden könnte, wie ›Detektivbüro Golden Buddha‹ und ›Stromstoß-Elektrogeräte‹.

Die Aleson-Schiffahrtslinie ist in der Veteran's Avenue. Um ins Hauptbüro zu kommen, muß man einen Hof überqueren und über einen schlafenden Hund steigen.

Felicio N. Tan, allgemein Nonoy genannt, ist ein gewinnender Mann mittleren Alters mit glatter, olivfarbener Haut und einem Kopf voll krauser Haare. Mutter, Tante, Söhne und Töchter wohnen und arbeiten alle hier.

Nonoys Problem besteht darin, daß es auf der Fähre, die die Strecke normalerweise fährt, einen Maschinenbrand gegeben hat und sie erst in zwei Wochen repariert sein wird. Er hat noch ein Schiff, die nach seiner Tochter getaufte ›Danica Joy‹, das kleiner und langsamer ist, aber morgen oder übermorgen oder ganz bestimmt überübermorgen auslaufen wird.

Über Piraten brauchen wir uns jedenfalls keine Sorgen zu machen.

»Kein Pirat hat je eine Fähre auf der Sulu-See betreten«, beruhigt er mich.

Das besänftigt mich, bis er hinzufügt: »Hätten sie gar nicht machen können. Wir haben Sicherheitskräfte.«

»Männer mit Waffen?« frage ich.

»Na ja, nicht direkt Waffen«, schmunzelt er, »aber sie haben Stöcke.«

Wir haben keine Wahl. Wir kaufen Fahrkarten für… bald.

104. TAG

Heute vormittag soll die ›Danica Joy‹ aus Zamoanga auslaufen. Nonoy steht am Kai, raucht Kette und ist unruhiger und viel weniger onkelhaft als beim letzten Mal. Als ich mir das Schiff ansehe, auf dem wir die »heimtückische« See zwischen hier und Borneo überqueren sollen, verstehe ich seine Unruhe. Die ›Danica Joy‹ ist eine plumpe, 130 Meter lange Roll-on-Roll-off-Fähre, ist immer noch am Kai vertäut und schwankt schon wie ein Betrunkener. Nonoy weiß, und er weiß, daß wir wissen, daß sie ein Ersatz für das größere Schiff ist, das diese Strecke normalerweise fährt, und daß sie nicht hochseetüchtig ist. Wie wir alle hofft und betet er, daß sie es schafft. Auf jeden Fall herrscht eine besondere Stimmung. Menschenmassen, Lärm, Geschrei und Hupen erzeugen eine Atmosphäre gutgelaunter Aufregung, als sei dies das erste Schiff, das je aus Zamboanga auslaufen solle.

Schließlich sind alle, die an Bord gehören, an Bord, die grüne Faltgangway ist eingezogen, und wir drehen hart nach Steuerbord und fahren vorbei an der

Die ›Danica Joy‹ am Kai, davor ein skeptischer Passagier.

Sisal am Kai von Zamboanga.

wundervoll benannten ›Magnolia Grandiflora‹ hinaus, einer Fähre, die noch rostiger und elender aussieht als unsere.

Ich suche mir eine Koje auf dem oberen Großraumdeck. Ein paar Leute rollen sich schon zum Schlafen zusammen, andere liegen da und gucken unglaublich brutale Kung-Fu-Filme auf dem Bordvideo. Ein Mann namens Bert füttert seine Preishähne mit einem Yuccaöl-Konzentrat aus einer Plastikflasche. Er vertraut mir an, mit Hahnensperma sei das wirklich große Geld zu machen.

Ich wandere zur Brücke. Der Kapitän »ruht sich aus«. Der Steuermann trommelt zum Takt einer Queen-Kassette auf das Steuerrad, und der Erste Offizier, ein freundlicher, fülliger Mann, holt eine Karte und zeigt mir die Route, die parallel zum Sulu-Archipel nach Südwesten verläuft.

Sie fragen mich, was ich mache. So bescheiden wie möglich sage ich, ich sei Schriftsteller. Sie scheinen vage beeindruckt zu sein. Einer von ihnen deutet auf das Buch in meiner Hand, Robert Paynes *Die weißen Radschas von Sarawak*.

»Sie haben geschrieben?«

Ich schüttle den Kopf.

»Was Sie schreiben?«

»Äh ... also ...«

Zu spät. Sie haben das Interesse verloren.

»Sie mir geben Ihr Buch, ja? Sie schreiben Namen rein.«

Es ist ganz egal, was ich sage. Ich habe keins von meinen Büchern dabei. Ich habe Rob Newmans *Abhängigkeitstag*, also signiere ich das, gebe es ihm, und er scheint sich sehr zu freuen.

Der Erste Offizier erklärt, warum die Danica Joy nicht das richtige Schiff für so eine Reise ist. Sie wurde für Fahrten zwischen den japanischen Inseln gebaut, hat einen flachen Kiel und weniger als vier Meter Tiefgang.

»So was ist nichts für hohe See.«

Lieber würde ich mich mit Bert über Hahnensperma unterhalten.

Die Nacht bricht herein, und das Schiff beginnt angestrengt hin und her zu rollen. Die Toiletten sind nichts für Zimperliche. Selbst wenn man darauf sitzenbleiben könnte, gibt es kein Klopapier. Unverschließbare Türen schlagen hin und her, und die Spülung hat nicht mehr Wirkung als ein Schweißtropfen. Manche entscheiden sich für die Abkürzung und pinkeln in die Duschen.

Ich weiß nicht, wann ich aufwache oder ob ich geschlafen habe, spüre aber eine extreme, unvorhersehbare Bewegung. Am Anfang ist es körperlich recht aufregend, wie eine endlose Achterbahn, aber je wacher ich werde und je deutlicher ich mich an die Warnungen des Ersten Offiziers erinnere, desto überzeugter werde ich, daß mein letztes Stündchen geschlagen hat. Der Sturm brüllt, und während die ›Danica Joy‹ von der nächsten Welle abprallt, richte ich mich mühevoll im Bett auf, um nachzusehen, wie viele Leute außer mir beten. Alles was ich sehe, ist aber eine Frau in einem makellosen, dunkelblauen Sari in der unteren Koje auf der anderen Seite des Gangs, die eine Goldkette am Handgelenk trägt und mit so völliger Ruhe schläft, daß ich mir plötzlich sehr dämlich vorkomme. Und mich komischerweise sicherer fühle.

SANDAKAN (SABAH)

105. TAG

Der Sturm hat seine Wut ausgetobt und sich in ein tiefhängendes, graues Schmollen zurückgezogen. Wir sind 480 Kilometer nördlich des Äquators, machen 10,7 Knoten pro Stunde, und ich bin früh auf, um den ersten Blick auf die Küste von Borneo, der drittgrößten Insel der Erde, zu werfen.

Obwohl die Sicht schlecht ist, weiß ich, daß wir uns in Küstennähe befinden, weil das Meer schmutzig cremefarben ist und organischer Abfall darauf schwimmt – Blätter, Äste, manchmal ganze Baumstämme.

Auf der Brücke hat ein schlanker junger Malaysier das Steuer übernommen. Der Kapitän, ein älterer Mann, steht mürrisch mit aus dem Unterhemd quellendem Bauch da und beobachtet eine vor uns liegende verregnete Insel wie ein unzufriedener General. Bei näherer Betrachtung entpuppt sich die Insel als ein riesiger, langsam fahrender Holzfrachter mit dreißig oder vierzig Lagen übereinandergeschichteter Stämme, der von zwei Schleppern quer vor uns vorbeigezogen wird.

Plötzlich erscheinen an Steuerbord hoch, steil und naß die orangen und violetten Sandsteinklippen von Sabah – vormals die Britische Kronkolonie Nord-Borneo, davor Eigentum der British North Borneo Chartered Company, davor Eigentum ihrer Bewohner.

Die ersten Gebäude kommen in Sicht. Das silbergraue Minarett und die Kuppel einer durch und durch modernen Moschee beherrschen die nördliche

Landspitze, ein chinesischer Tempel steht auf dem Höhenkamm hinter der Stadt, und an der Küste liegt eine lange Reihe von Hausbooten.

Wir werden von Philip Yong, einem gebildeten, in Sarawak geborenen und aufgewachsenen Chinesen Anfang vierzig, abgeholt, der unser Reiseführer im malaysischen Teil Borneos sein wird. Von ihm erfahre ich, daß dieser ununterbrochene Regen etwas ganz Normales ist. Der Staat Sabah liegt vielleicht südlich des Taifungürtels, aber nicht weit genug im Norden, um dem Monsun auszuweichen. Borneo im Monsun klingt exotisch, aber die Straßen von Sandakan könnten auch in Surrey liegen. Überall erhöhte Bordsteine, ordentliche Straßenmarkierungen, gemähter Straßenrand, Rasen, Rabatten und öffentliche Uhren.

Verglichen mit den Härten der ›Danica Joy‹ ist das Renaissance-Hotel ein Palast. Nach einem heißen Bad und einem gründlichen Abschrubben stehe ich am Fenster und bewundere die aufragende Schönheit des Regenwalds. Hohe, elegante Bäume mit nackter, kalkiger Borke erheben sich aus einem dicken, undurchdringlichen Unterholz. Wirklich ein Smaragdwald.

Ich schlafe zum Klang des auf den Balkon tropfenden Regens ein.

106. TAG

Ich wache zum Klang des auf den Balkon tropfenden Regens auf. Im chic gekachelten Coffeeshop servieren die Kellner das Frühstück und legen zwischendurch geschickt Lappen zurecht, um Tropfen von der undichten Decke aufzufangen.

Aus irgendeinem Grund unterhalten Philip und ich uns über die widerlichsten Sachen, die wir je gegessen haben. Er ist der Meinung, daß jede Kultur einen »Testgeschmack« habe, eine bei den Einheimischen beliebte, für Außenseiter abstoßende Speise. In seinem Teil der Welt, Südostasien, ist das die Durian, eine wegen ihrer Süße und cremigen Konsistenz sehr beliebte Frucht mit ekligem Gestank.

»Und in England?« frage ich.

Philip zögert keinen Augenblick.

»Käse!«

Zu jeder Diskussion über Borneo, seit es 1963 zur Hälfte Teil der Malaysischen Föderation (jetzt einfach Malaysia) wurde, gehört das hochsensible Thema der Abholzung. Die Produkte des üppigen Regenwalds sind hochbegehrt, und in den letzten dreißig Jahren wurden ausländischen Firmen großzügige Ausfuhrlizenzen erteilt, um Rohmaterial für die expandierenden Wirtschaften des pazifischen Rands zu beschaffen, vor allem für Japan. Umweltschützer sagen, es sei viel zu viel abgeholzt worden, die Regierung beteuert, die Rodung sei akzeptabel und kontrolliert, und die Geschäftsleute warten darauf, soviel wie möglich zum bestmöglichen Preis zu schnappen. Sandakan rühmte sich früher der größten Konzentration von Millionären auf der Welt, fast alle chinesische Holzhändler.

An diesem Vormittag fahren wir an ihren riesigen, protzigen Villen vorbei, um einen seltenen Sieg der Umweltschützer zu besichtigen. 25 Kilometer vor

Das Orang-Utan-Rehabilitationszentrum Sepilok (Sandakan).

der Stadt liegen 10 000 Hektar Flachlandregenwald und 2500 Hektar Mangrovenwald, die 1984 ein Dschungelreservat wurden. Es enthält 220 Vogelarten, 450 verschiedene Baumarten, 90 verschiedene Säugetiere und ein außergewöhnliches Projekt mit dem Namen Orang-Utan-Rehabilitationszentrum Sepilok.

Der heftige Regen hat die meisten Pfade in den Wald überschwemmt, und man hat uns Gummistiefel gegeben, sowie den Rat, Shorts zu tragen. Das war nicht besonders schlau. Das Wasser steht nun höher als die Laufbretter, und rasch steigt warmes, schlammiges Wasser bis zum Rand meiner Stiefel und fängt an, hineinzulaufen. Unterdessen warnt uns unsere Führerin Sylvia, daß Schlangen und Skorpione in dieser Jahreszeit manchmal an die Oberfläche kommen. Meine Stiefel sind voll Wasser, und meine nackten Knie machen einen schrecklich verletzlichen Eindruck. Um alles noch schlimmer zu machen, folgt uns eine in Overalls verpackte, knochentrockene japanische Reisegruppe.

Tropfend kommen wir zu einer Holzplattform unter einem hohen, weichborkigen Belian oder Eisenholzbaum. Es sind elegante, langsam wachsende Bäume, die eines der widerstandsfähigsten Hölzer der Welt liefern und das einzige, das als termitenresistent bekannt ist.

Während wir uns auf unseren Plattformen versammeln, um die Fütterung der Orangs um 9 Uhr 30 zu erwarten, tritt eine Kunstpause ein. Man hat uns geraten, keine rote Kleidung oder Schmuck zu tragen, wovon sie angezogen werden, und da der Orang-Utan sehr anfällig gegen menschliche Krankheiten ist, sind Besucher, die niesen und deren Nase läuft, schon aussortiert worden.

Es ist schon gegen zehn, als die großen ausgebreiteten Blätter sich über uns zu bewegen beginnen und die ersten Orangs erscheinen. »Offensichtlich mögen sie den Regen nicht«, sagt Sylvia und schaut auf die Uhr.
Ein kleiner, fünf Jahre alter Orang-Utan nähert sich langsam den Milch-

schüsseln und Bananenhaufen auf der Futterplattform am Fuß des Baums. Er sieht wie ein 95 Jahre altes Baby aus, unregelmäßig behaart und schockierend dünn.
Andere, deren Fell die Farbe und Textur von Kokosnußschalen hat, folgen ihm. Die meisten ignorieren die dreißigköpfige Besuchergruppe, bis auf ein Weibchen namens Alice, das laut Sylvia Handtaschen mag.

Auf meine Bemerkung zu Sylvia, sie wirkten müde und ein bißchen traurig, wie Krankenhauspatienten, antwortet sie, daß sie genau das seien. »Wir haben erst Erfolg, wenn die Orang-Utans nicht wiederkommen.«

KUCHING (SARAWAK)

108. TAG

Ein strahlender Morgen. Die erste Regenpause seit unserer Ankunft in Borneo. Was eigentlich ironisch ist, wo wir doch in Kuching, der Hauptstadt des malaysischen Staates Sarawak, sind, wo mehr Regen in einem Monat fällt als in London im ganzen Jahr. Und dieser Monat ist jetzt.

Kuching ist eine kleine, reizvolle, blühende Stadt, die zum großen Teil unter dem weitgehend wohltätigen Despotismus der Familie Brooke angelegt wurde – der Weißen Radschas, die aus Bath kamen, um ein Viertel von Borneo zu regieren.

Im Museum hängt eine Tafel mit der Überschrift ›Eine Chronologie Sarawaks‹. Sie führt 1000 wichtige Ereignisse zwischen 1292 und 1981 auf. Nur 22 davon fanden vor dem 24. September 1841 statt, als »Radscha Muda Hassim die Regierung Sarawaks an James Brooke übergibt«.

Die Initialen J. B. sind seltsam passend, denn Brooke war eine Art viktorianischer James Bond: gutaussehend, wohlhabend und sehr englisch. Er war außerdem zielstrebig und erfolgreich, und nachdem er Recht und Ordnung an den piratenverseuchten Küsten und im unwirtlichen Inneren Sarawaks wiederhergestellt hatte, vererbte er seinem Neffen Charles einen stabilen, effizienten und halbwegs toleranten Staat. Dieser regierte ihn 50 Jahre lang vom Ende des Krimkriegs bis zum Ende des I. Weltkriegs, wobei keines dieser Ereignisse die Verwaltung seines Lehens irgendwie störte.

Obwohl Sarawak inzwischen ein fester Teil Malaysias ist, fällt unsere Ankunft mit einer dreitägigen Regatta zusammen, die dem Flußufer mit seinen sonnenbeschienenen, weißen Zelten und gestreiften Markisen ein entschieden »brookesches« Aussehen verleiht. Es ist keine Ruder-, sondern eine Paddelregatta, mehr im Stil von Dayak-Piraten als von Henley-on-Thames, und in jedem Langboot sitzen bis zu dreißig rudernde Männer und Frauen. Es ist voll und laut, die Mannschaften sind bunt gekleidet, und ihre Anhänger feuern sie von Booten aus an. Ich gehe in die Stadt, wo ein paar ansehnliche Kolonialbauten stehen, sowie eine bescheidene Büste des zweiten Radschas Charles Brooke – mit seinem langen Haar, hohen Kragen und selbstsicheren Schnurrbart ein Muster an viktorianischer Respektabilität.

Die Jalal India, die traditionelle Straße der indischen Händler, ist für mich der lebhafteste Ort in Kuching. Eine Blindenkapelle, die Hits von Jim Reeves spielt, windet sich durch die Masse der Käufer, Händler und anderen Straßenunterhalter. Die größte Menge drängt sich um einen wild dreinschauenden, agilen Mann mit verfilztem Haar und blutigen Striemen auf der Brust, der bis auf seine zerrissenen Jeans nackt ist. Er verkauft seine Wunderpillen, und um ihre Wirkung zu zeigen, zerdrückt er Anti-Moskito-Tuben in einem Halbliterbecher und trinkt den Inhalt aus.

Während die Zuschauer noch immer vor Staunen keuchen, greift er hinunter, öffnet einen kleinen Koffer und enthüllt einen zusammengerollten Python. Er greift nach der Schlange, öffnet seinen Hosenbund und stopft sie zum Schrecken und zur Gaudi seiner Zuschauer mit dem Kopf voran hinein. Dann wartet er geübt den richtigen Moment ab, rotiert lüstern mit dem Bauch und läßt die Python sich langsam aus der Hose erheben. Köpfe werden geschüttelt,

In Kuching (Sarawak)
Oben: Denkmal des zweiten weißen Radschas.

Rechts: In der Jalal India.

Frauen wenden sich ab, und sein Publikum verdoppelt sich. Abends führt Philip uns zum Essen ins River Café, einem restaurierten Eisenpavillon in einem kleinen Garten kurz hinter der Uferpromenade. Wir essen Laksa, eine örtliche Spezialität aus Krabben mit Currysoße und Nudeln. Der Regen hört lange genug auf, damit ein gewaltiges Feuerwerk stattfinden kann, das fast eine Stunde dauert.

Diese Feier fällt mit dem 21. Geburtstag meiner Tochter zusammen, sowie der Nachricht, daß Malaysias erster Satellit erfolgreich von den Amerikanern ins All geschossen worden ist. Außerdem erwartet Steves Frau jeden Moment ein Baby. Sternenregen erfüllt den warmen Nachthimmel. Wäre das Leben ein Film, dann würde sein Baby genau jetzt geboren werden.

VON KUCHING NACH NANGA SUMPA

109. TAG

Der Wecker läutet um sechs. Ich bleibe eine Weile liegen und lausche dem Regen, den ich die ganze Nacht hindurch stärker und schwächer werden gehört habe. Inzwischen ist daraus ein pausenloser Wolkenbruch geworden.

Der Regen war sicher mein Freund, denn er setzte einer Karaoke-Party direkt unter meinem Fenster ein vorzeitiges Ende. In zwei Stunden werden wir in diesem Guß draußen sein, Kuching verlassen und flußaufwärts ins Landesinnere fahren. Ins Land der Kopfjäger.

Halb drei nachmittags am Batan-Ai-Stausee 280 Kilometer südöstlich von Kuching, nahe der Grenze zur indonesischen Hälfte Borneos. Die Regen-

Der furchtlose Entdecker stößt mit Denis und dem Kamerastativ ins Landesinnere vor.

wolken hängen wie ein windgepeitschter, grauer Schleier über der Küste. Wo wir sind, ist der Himmel strahlend blau, und die mit Palmöl- und Pfefferplantagen bedeckten Hänge erstrecken sich hellgrün über die flachen Hügel.

Wir sind am Rand des weiten, unwirtlichen Landesinneren Borneos. Im Süden liegen Hunderte Meilen von Sumpf, im Norden und Osten dichtbewaldete Berge. Wenn man nicht die Dschungelpfade und die schwierigen, unvorhersehbaren Flüsse kennt, gibt es keinen Landweg ins Innere – keine Straßen oder Eisenbahnen, nur die Holzfällerpfade, auf denen niemand außer den Holzfällern willkommen ist.

Von jetzt an sind wir in der Hand der eingeborenen Stämme, in unserem Fall der Iban (früher Dayaks), die ein Drittel der Bevölkerung Sarawaks aus-

machen und noch immer zum größten Teil gemeinschaftlich in Langhäusern leben. Wir werden an einem Anlegeplatz von Denis abgeholt, einem stämmigen älteren Mann mit strahlendem Lächeln, Sonnenbrille und einem luftwaffenblauen Hut, den er ständig zu tragen scheint. Er wird von einem flinken, intelligenten jungen Mann namens Emong Tinsang begleitet. Sie werden uns über die Flüsse in den Dschungel bis kurz vor der Grenze von Kalimantan bringen.

Ich klettere in eine Prau – ein niedriges, schmales und fast sieben Meter langes Holzkanu, mein Fahrer Andat wirft den Außenbordmotor an und jagt uns über die Oberfläche des Stausees. Als wir ins Flußsystem eindringen, wird das Vorankommen schwieriger. Das Wasser wird zu einem metallischen Grün, das die Dichte des Regenwaldes spiegelt. Lianen hängen ins Wasser, die Spuren von Wildschweinen sind am schlammigen Ufer zu sehen, und Wurzeln quellen wie Eingeweide aus dem Dschungel hervor. Riesenzikaden klingen, als gingen kleine Sirenen los.

Vierzig Kilometer im Landesinneren erreichen wir die Siedlung Nanga Sumpa. Der Fluß ist hier so flach, daß unsere Bootsleute hinaussteigen und schieben müssen. Auf diese unelegante Art erreichen wir einen schmalen Flußlauf, von dessen schlammigen Ufern uns Gruppen von kleinen Kindern beobachten. Wir sind hier so weit vom Rest der Welt entfernt, daß ich Emong scherzhaft frage, wann denn das letzte Filmteam hiergewesen sei.

»Am 14. November«, sagt er ohne Zögern, »aber die haben sich nur für die Schweine interessiert.«

Er führt uns zum Langhaus, unter dem schwarze Schweine mit dünnem Fell faul in Schlammlöchern herumliegen und sich ohne Zweifel von der Anstrengung erholen, einen Dokumentarfilm zu drehen.

Das hundert Meter lange Langhaus steht vier Meter über dem Boden auf einer Holzplattform und besteht ansonsten aus Bambus, Palmrinde und ab und zu einem Stück Wellblech. Darunter befindet sich ein dunkler, nasser Wald aus Holzpfählen, zwischen denen Hühner, Enten und Hunde picken und herumschnüffeln und an denen die wacheren der schwarzen Schweine ihre rauhen, behaarten Flanken kratzen. Die Iban sind Nomaden, und das Gebäude steht schon zwölf Jahre, was es für sie zu einer Art historischem Monument macht.

Wir erklimmen einen wackligen eingekerbten Stamm, der als Treppe zur Vordertür des Langhauses dient. Auf der anderen Seite der Veranda liegen die Türen und Bretterwände der abgeteilten Privatquartiere. Dies ist ein Langhaus mit 28 Türen, d.h. es leben 28 Familien darin, etwa 196 Menschen. Das Haus ist von Kerzenlicht erhellt, obwohl sich im Zentrum des Gemeinschaftsbereichs zwei höchst prestigereiche Neonröhren befinden, unter denen Versammlungen stattfinden. An den Wänden hängen Kalender, Zeitungsausschnitte, verblichene Starfotos, Fischernetze, Körbe, ein Merkblatt über Malaria, ein Kopfschmuck aus Fasanenfedern, gewebte Matten und Decken und ein sonnengebleichtes Farbbild von Dr. Mahatir, dem Premierminister Malysias. Obwohl man den Eindruck eines gemeinschaftlichen Lebensstils erhält, erfahre ich, daß Geld und Nahrung nicht geteilt werden, Geschenke allerdings schon.

Links: Iban-Kinder in der Nähe des Langhauses von Nanga Sumpa.

Denis ruft die anwesenden Männer zusammen, und wir alle hocken uns im Kreis auf den Boden. Tuak, der örtliche Reiswein, wird aus großen alten Messingkesseln ausgeschenkt. Wir stellen uns vor. Ich werde gebeten zu erklären, warum wir hier sind, was angesichts dessen, daß wir mit gekreuzten Beinen in einem Langhaus im tiefsten Borneo sitzen, eine durchaus passende existentielle Frage ist.

NANGA SUMPA (SARAWAK)

110. TAG

Beim Entzünden der Morgenfeuer raucht es inner- und außerhalb des Langhauses. Ich höre etwas, das wie Radionachrichten klingt: Wir sind vielleicht am Ende der besiedelten Welt, aber nicht außerhalb von ihr.

Denis hat versprochen, uns heute so weit flußaufwärts zu bringen, wie es geht. Wir sind hier im Land der wilden Orchideen, und in der Blütezeit im März kommen Sammler aus aller Welt hierher. Es ist auch das Land der Blutegel, und wir bekommen den Rat, uns zu bedecken, wenn wir in den Wald hineingehen. Es gibt zwei Arten von Egeln. Der schwarze Egel geht an die Fußknöchel, der braune an die Geschlechtsteile. Den schwarzen spürt man wahrscheinlich nicht gleich, aber wenn der braune sich an einen hängt, merkt man das vermutlich sofort und auch alle anderen in Geschreiweite.

Die langen niedrigen Kanus werden von einer Mischung aus Muskelkraft und Maschine gesteuert. Vorne prüft der Mann mit dem Paddel ständig die Tiefe und gibt dem Mann am Heck Zeichen, wann der Außenbordmotor benutzt werden kann. Einmal Vollgas bringt uns vielleicht durch eine Stromschnelle, dann muß der Motor angehoben werden, damit die Schraube nicht beschädigt wird, und der Paddler muß uns allein durch seine Kraft von den Felsen abstoßen und ins tiefe Wasser schieben. Ab und zu müssen beide hinausspringen und schieben, während ich sitzenbleibe und mich fühle wie die Königin von Saba.

Zwischen diesen anstrengenden Stromschnellen liegen klare Teiche von großer Schönheit, wo die Sonne ab und zu durch die Bäume kommt und die dunkle, flaschengrüne Farbe des Wassers zu einem milchigen Jadeton verwandelt. Hier treffen wir Jungen beim Fischen, die hineinwaten, ein Netz mit Gewichten auswerfen und dann hinterherspringen, wobei sie manchmal Fische mit bloßen Händen herausziehen. Das Eindämmen dieser Flüsse war für die eingeborenen Fischer nicht gut. Die Artenvielfalt ist zurückgegangen, da der künstlich eingeführte Tilapia viele andere Arten verdrängt hat. Andere Fische können in dem durch die langsamere Strömung und die Erosion der gerodeten Hänge immer trüberen Wasser nicht überleben.

Heute freuen sich unsere Bootsmänner aber, einen seltenen Semas – den Nationalfisch von Sarawak – gefangen zu haben, und mittags ziehen wir die Boote auf den steinigen Strand, ein Feuer wird entzündet und der Fisch mit Reis und frischem Sambal gegessen, einer scharfen Würze aus Zwiebeln, Knoblauch, Pfeffer, Limonen, getrockneten Krabben, Chilischoten, Sojasoße und anderen Köstlichkeiten, die in einem klobigen Granitmörser zusammengerührt werden. Große, leuchtend bunte Schmetterlinge – kaffeebraun, veilchengelb, malachitgrün – flattern dort umher, wo die Sonne hinfällt.

Viele der älteren Männer haben Tätowierungen. Denis erzählt, die Tätowierungen würden aus alter Tradition nur außerhalb der Langhäuser gemacht und seien deshalb das Zeichen eines weitgereisten Mannes, der die Welt gesehen hat. »Auch ein gutes Zeichen für Frauen«, versichert er grinsend.

Nach dem Essen fahren wir an dem letzten Haus am Fluß vorbei und weiter ins Niemandsland. Wir kommen an einen Wasserfall, der sich aus dem Dschungel ergießt, halten an, ziehen uns aus und baden. Habe die Egel ganz vergessen und sie mich zum Glück auch.

Ein Dschungelwasserfall an der Grenze von Sarawak und Kalimantan.

Sieben Uhr. Wir sind zurück im Langhaus. Die Iban sitzen gesellig herum, beschäftigt mit Schwatzen und Kochen. Die Weltreisenden sind still und erschöpft. Steve führt Tagebuch, Fraser tippt am Laptop, ich schreibe in mein Notizbuch. Die Ironie einer langen, gefilmten Reise wie dieser liegt darin, daß wir alle soviel Anstrengung und Kraft hineinstecken müssen, um das Gesehene festzuhalten, daß wir nie genug sehen. Ich möchte meine Zeit an diesem interessanten und entlegenen Ort ganz ausschöpfen, und doch weiß mein Körper, ich habe noch zwei Drittel vor mir. Emong will mich unbedingt den Hügel hinter dem Langhaus hinaufführen – ich sehe ihn auf dem Balkon unter bedeutungsvollem Seufzen hin und her laufen -, und obwohl ich sicher bin, daß es eine unvergeßliche, höchstwahrscheinlich angenehme Erfahrung wäre, habe ich einfach kein Quentchen Kraft mehr übrig.

Eine Stunde später. Komme gerade von einem lehrreichen, angenehmen, unvergeßlichen Spaziergang mit Emong zurück. Er hat mir Pflanzen und Bäume im Wald gezeigt, und wie fast jedes menschliche Bedürfnis befriedigt werden kann, wenn man weiß, wonach man suchen muß. Da gibt es eine Siebenkerzenblume, Blätter, die Scherpilzflechte kurieren oder gemahlen eingenommen die Nieren reinigen; den Ilbepi-Baum, der eine Emulsion produziert, für die sich gerade eine deutsche Kosmetikfirma interessiert, und den Pendok, von dem ein dünner Streifen Rinde ein Gewicht von 110 Pfund tragen kann. Oben auf dem Hügel kommen wir zu einem kleinen Begräbnisplatz. Mehrere Heinekenflaschen, eine Coladose und ein paar staubige Marmeladengläser liegen um die zerfallenden Gräber herum. Als ich Emong frage, warum ein so heiliger Ort nicht besser gepflegt wird, erzählt er, die Iban glauben, ein gut gepflegter Friedhof bedeute, man sei froh, daß die Leute, die dort liegen, tot seien. Nach einem Abendessen aus gebratener Ente, Rindercurry, Tapiokablättern, Dschungelfarn und Bambussprossen gibt es höchst

Grillen am Fluß. Der Gast macht sich nützlich.

beunruhigende Neuigkeiten. Anscheinend kommt James Masing, der Tourismusminister von Sarawak und Ehrengast beim morgigen Festmahl, von einer Konferenz, die ausgerechnet in Nepal stattfindet, direkt hierher und schafft es vielleicht nicht rechtzeitig. In diesem Fall bin ich der Ehrengast, was sehr nett klingt, bis auf die Tatsache, daß nach Iban-Sitte ein Festmahl erst beginnen kann, nachdem der Ehrengast ein Schwein geschlachtet hat.

Ich falle in einen leichten, ungesunden Schlaf und träume aus irgend einem Grund von einem Sainsbury-Supermarkt.

NANGA SUMPA (SARAWAK)

111. TAG

Ein lauter Schlag erschüttert das Dach unseres Gästehauses. Dann noch einer, näher an meinem Kopf und dann ein dritter direkt darüber. Es ist wie ein Bombardement, bei dem keine Bombe explodiert. Ich befreie mich aus dem Moskitonetz und spähe vorsichtig hinaus. Nebel hängt niedrig über dem Wald und verstärkt jedes Geräusch. Denis ist schon auf und von einem weiteren Knall unbeeindruckt.

»Krieg?«

Denis sieht mich mitleidig an, schüttelt den Kopf und nickt in Richtung des glänzenden grünen Blattwerks über dem Gästehaus.

»Mangos.« Er grinst.

Ich bin gerade wieder beruhigt, als das Geräusch eines abgewürgten Außenbordmotors vom Ufer emporsteigt.

»Ist Mr. Masing da?« frage ich erwartungsvoll.

Denis hebt den Hut, kratzt sich die Stirn und schüttelt den Kopf.

»Fischer«, sagt er, »großer Tag.« Kaum hat dieses Geräusch geendet, als ein unheimliches, fauchendes Gebrüll aus den Tiefen des Dschungels ertönt, das in einem schrillen, wütenden Jaulen, einem Krach und dann Stille kulminiert. »Kettensäge«, sagt Denis. »Sagopalmen. Für das Fest. Großer Tag.«

Von jenseits der Brücke kommt ein Chor verängstigter, trompetender Schreie.

»Schweine?« frage ich und fange an, die Sache zu durchschauen. »Für das Fest?«

Denis nickt fröhlich.

»Stimmt.«

»Großer Tag!« sagen wir im Chor.

Als ich fertig bin, sind schon zwei oder drei Schweine getötet und in Stücke zerlegt und werden von einem halben Dutzend Iban in Shorts und T-Shirt, die schon eine Flasche Palmwein intus haben, sorgfältig auf ein Holzfeuer gelegt. Sobald die Stücke leicht angekohlt sind, werden sie zum Wasser getragen, vom restlichen Fell befreit und dann zum Feuer zurückgebracht. Gleichzeitig wird klebriger Reis in Bambusgefäßen gekocht. Hoffnungsvoll streichen Hunde umher.

Im Langhaus werden geflochtene Palmblätter um die zentralen Pfeiler gewunden und Flaggen an die Dachbalken gehängt. Häuptling Along fühlt sich

Austausch von Kopfjägerwitzen mit dem Häuptling des Langhauses und einem anderen Ältesten.

gut genug, um mit uns zu sprechen. Er hat eine kleine ausgemergelte Gestalt, der die Haut schlaff an den Armen herabhängt, welche wie Rücken, Hals und Kehle über und über tätowiert sind. Sein Gesicht ist energisch und wach, sein Kopf voll starken grauen Haars. Emong dolmetscht für mich, während der alte

Oben: Begrüßungsrobe für den Minister.

Oben rechts: Die berühmten Schweine und die Treppe zum Langhaus von Nanga Sumpa.

Mann die Magenoperation beschreibt, der er sich gerade unterzogen hat, wobei er stolz das Hemd auszieht, den Verband abmacht und mir die Wunde zeigt.

Badan und Along sind alt genug, um sich noch an die Zeit zu erinnern, als die Kopfjagd einen festen Teil des Lebens der Iban ausmachte. Die Köpfe wurden geräuchert, und es gab ein Fest. Heute lehnt der Häuptling es jedoch ab. »Es war sinnlos. Nicht gut. Es sollte nur zeigen, daß man stärker war als der andere.« Er schaut nicht zurück, er ist der Meinung, heute seien die meisten Dinge besser. »Generation heute ist gut. Wir treffen nicht nur Iban. Wir treffen weiße Leute und essen zusammen, spielen zusammen, reden zusammen. Kein Kämpfen mehr. Das ist gut.«

Bevor wir zusammen spielen (und ich habe gehört, die Iban seien für ihre Feste berühmt), müssen wir den rituellen Beginn des Festes beachten, und als ich gerade überlege, auf welcher Hose man das Blut am wenigsten sieht, wird die Ankunft James Masings angekündigt.

Alle freuen sich, daß er kommt, und ich am meisten. Er ist der erste Iban, der in einem Land Minister wurde, dessen Politik von Moslems und dessen Wirtschaft von Chinesen beherrscht wird. Er sieht mit seiner Begleitung aus Lokalpolitikern und Polizei sowieso viel mehr wie ein Ehrengast aus. Seine Tochter Karen und seine Frau Marcia in einem ›I Love Kathmandu‹-T-Shirt sind auch dabei. Masing ist ein eher kleiner, kräftig gebauter Mann mit den Schultern eines Boxers und dunklem, wachsamem, fast südamerikanischem Gesicht. Er trägt eine Baseballkappe und begrüßt jeden mit anscheinend persönlichem Interesse.

Nachdem er die in den karamelfarbenen Uferlehm gegrabenen Stufen erklommen hat, wird er von Tänzerinnen in einem Kopfschmuck mit Silberglöckchen, silbergeschmückten Röcken und glitzernden quastenbesetzten Oberteilen, unter denen Hochleistungs-BHs hervorschimmern, begrüßt. Während das Opferschwein mit zusammengebundenen Beinen und dem Kopf nach unten an einer Stange hängend herausgebracht wird, ertönen Trommeln und Gongs. Als es auf den Boden gelegt wird, rollt es die Augen, als wisse es, was nun komme, und wolle es nur noch hinter sich bringen.

Nachdem eine Schale mit Tuak rituell geteilt und herumgereicht worden ist, wird Masing ein Speer gereicht. Manche Politiker müssen Babys küssen, aber wenn man auf Borneo wiedergewählt werden will, sind ein paar Schlachterkenntnisse ganz nützlich. Mit bewundernswerter Ruhe setzt er einen Fuß auf den Kopf des Schweins und stößt ihm rasch den Speer in die Kehle.

Dann gehen die Damen in silbernem Kopfschmuck und den robusten BHs vor ihm her zur Eingangsplanke des Langhauses, wo ein weißer Hahn zur Abwehr böser Geister über seinem Kopf geschwenkt wird – obwohl ich annehme, daß ihm im Moment der Jetlag mehr zu schaffen macht.

Obwohl er erst letzte Nacht wieder in Sarawak eingetroffen ist, scheint Masing für jeden Zeit zu haben. Ich spreche mit ihm im Gästehaus vor dem Beginn der abendlichen Festivitäten. Er verteidigt den Bau des Batang-Ai-Staudamms und sagt, bevor der Wasserpegel angehoben wurde, sei ein Ort wie dieser fast unzugänglich gewesen. (Für ihn ist das natürlich etwas Schlechtes.) Was Premier Mahatirs viel propagiertes Ziel eines entwickelten (d.h. vollständig industrialisierten) Malaysias bis zum Jahr 2020 angeht, ist er vorsichtiger. Er glaubt nicht, daß die Iban in einer solchen Gesellschaft eine große Rolle spielen wollen.

Sie sind nach seinen Worten ein egalitäres Volk. Ein Iban-Häuptling übt seine Macht nur mit allgemeiner Zustimmung aus. Ebensowenig wollen sie ihre animistische Religion aufgeben, trotz großer Anstrengungen, sie zu Moslems oder Christen zu machen. »Sie sind pragmatisch«, sagt Masing. »Sie warten ab, was ein Gott für sie tut, und nehmen, was sie wollen.«

Der Höhepunkt des Abends ist ein Gruppentrommeln. Lange, dünne, mit Rehfellen bespannte Trommeln aus Rinde werden schnell, hart und immer wilder mit der flachen Hand geschlagen, bis einer der Gruppe aus dem Takt kommt. Darauf muß er einen Becher Tuak trinken, was seine Chancen in der nächsten Runde nicht gerade verbessert.

Das letzte, woran ich mich erinnere, während der Tuak seine Wirkung tut, ist, daß irgend jemand die Gastfreundschaft der Iban als Wettkampf beschrieben hat. Der Gastgeber muß viel mehr zu essen und zu trinken anbieten als nötig, und die Gäste müssen so viel wie möglich davon konsumieren, ohne unter den Tisch zu fallen.

Nach dem, was ich um mich herum sehe, als ich meine Schuhe finde, die Planke hinunter und direkt über die Brücke ins Gästehaus wanke, scheint der Gastgeber diesmal mühelos gewonnen zu haben.

KUCHING

112. TAG

Am frühen Morgen brechen wir mit einer Flotille kleiner Kanus auf und fahren auf dem Fluß südwestlich nach Kuching zurück. Wir lassen ein paar Hühner zurück, die am Ufer die Reste des Festessens aufpicken.

Plötzlich sind wir wieder zwischen Schulen, Fischfarmen und Gummiplantagen, und der Bus wartet am Damm darauf, uns immer weiter zu fahren.

Im Hotel in Kuching erwarten uns zwei Faxe aus unserem Londoner Büro. Eins für mich und eins für Steve. Steve kann es kaum erwarten, nach oben zu kommen. Sein Baby kann jeden Moment geboren werden. Ich erwarte keine Babys – das ist schon lange her –, ich mache mir unbewußt Sorgen um meine drei Kinder, obwohl sie besser auf sich aufpassen können als ich.

Ich rufe also mit etwas Beklommenheit an, spreche mit meiner Frau und erfahre, daß sie ein Meningiom hat, einen gutartigen Gehirntumor. Wir müssen Wochen, wenn nicht Monate am Telefon verbracht haben, seit wir uns vor über dreißig Jahren kennenlernten, aber an ein solches Gespräch kann ich mich nicht erinnern. Helen ist wunderbar, sie gibt mir eine klare, unaufgeregte Erklärung, was passiert ist, und bringt mich während des fünfzigminütigen Gesprächs von meiner Fast-Panik zu bloßer Erschütterung.

Sie hat schlimme Kopfschmerzen gehabt und dabei das Gefühl im linken Arm verloren. Auf Ermunterung von Familie und Freunden hat sie sich einer Gehirntomographie unterzogen, die eine große, gutartige Wucherung ergeben hat, außerhalb des Gehirns, aber innerhalb des Schädels. Der Neurochirurg sagt, die Entfernung sei eine Routineoperation ohne Risiko, sie soll in vier Tagen operiert werden.

Meine erste Reaktion ist, die Reise abzubrechen und nach Hause zu fliegen, aber je länger wir reden, desto mehr überzeugt mich Helen, daß die Zeit, als sie mich wirklich dahaben wollte, die letzten Nächte waren, als ich im Langhaus nicht erreichbar war und sie die schlimmsten Kopfschmerzen ihres ganzen Lebens durchlitt. Nachdem das vorüber ist, fühlt sie sich viel besser. Sie bekommt Medikamente und hat volles Vertrauen zu dem Chirurgen. Die Kinder sind alle zu Hause, und so viele Freunde und Verwandte helfen ihr, daß es ihr lieber wäre, ich bliebe bei meiner Arbeit, als vor Sorge hin und her zu wandern. Sie sieht natürlich nicht, daß ich in meinem Hotelzimmer in Kuching vor Sorge hin und her wandere.

Wir sind beide der Meinung, daß ich sobald wie möglich mit dem Chirurgen sprechen muß. Dies wird arrangiert, und er gibt mir eine lange, detaillierte und gründliche Beschreibung, die zu dem Schluß kommt, Helens Fall sei unproblematisch, erfordere kein Operieren im Gehirn, und er halte es nicht für nötig, daß ich noch vor der Operation zurückkomme.

Darauf einigen sich auch Helen und ich.

Nach diesem und anderen Notfallanrufen ist es dunkel, und ich habe keine Ahnung, wie spät es ist. Meine Taschen liegen ungeöffnet dort, wo ich sie fallen gelassen habe, voller schlammiger Stiefel, feuchter Plastikcapes und der schmutzigen Wäsche von vier Tagen. Die Vorhänge bleiben offen. Ich gehe zum Fenster und starre hinaus auf den Sarawak River. Es ist Flut, und die Palmen am gegenüberliegenden Ufer stehen halb im Wasser. Ich muß etwas essen, obwohl ich nichts will, also bade ich, wasche den Dschungelschmutz ab und stoße zum Rest des Teams. Steve hat gerade gehört, daß seine jüngste Tochter durch einen grauenhaften Zufall aus dem Fenster gefallen ist und sich am Kopf verletzt hat. Ein paar Stunden später begannen die Wehen bei seiner Frau, und jetzt hat er eine dritte Tochter.

Wir sitzen im River Café am Wasser. Heute sind wir eine trübe, müde Gruppe, es gab mehr schlechte als gute Nachrichten.

113. TAG

Die Mittagshitze brennt wie eine Lötlampe auf das Gelände des Istana-Palastes, von dem aus Radscha Brooke Sarawak regierte.

Ich unterhalte mich mit dem Rechtsanwalt Stephen Yong, einem prominenten Mitglied der chinesischen Volksgruppe in Kuching und Vater unseres örtlichen Organisators Philip, über die Herrschaft der weißen Radschas. Er ist der Meinung, daß sie wegen ihrer Toleranz gegenüber den unterschiedlichen Sitten und Lebensarten ihrer Untertanen eine wertvolle Tradition rassischer Harmonie in Sarawak hinterließen. Ihr Hauptfehler war, dem hiesigen Aberglauben nicht genügend Aufmerksamkeit zu schenken. Es wurde vorausgesagt, es werde Unglück bringen, den Turm des Istana-Palastes je neu anzustreichen. 1941 entschied der letzte Radscha Vyner Brooke, die ganze Anlage solle zur Feier der hundertjährigen Brooke-Herrschaft renoviert werden. Die Farbe war kaum trocken, als die japanische Armee in gepanzerten Landungsbooten in den Sarawak River einfuhr. Das Land wurde geplündert, und Vyner Brooke floh nach Australien.

Stephen Yong glaubt, daß ihr Einfluß überdauert hat, und wenn man die makellose Uferseite überblickt, glänzt Kuching ganz sicher mit dem Bürgerstolz einer über ihre Grenzen hinausgewachsenen englischen Marktstadt. In der Ferne und vom Rest der Stadt seltsam getrennt, erheben sich jedoch grandiose Bürotürme, die eher an Seoul und Shanghai als an Cirencester erinnern. Dort liegt die Zukunft, und sie wird nicht pittoresk sein.

VON KUCHING NACH DJAKARTA

114. TAG

Die Erkenntnis, wie weit fort und hilflos ich bin, ist an diesem Morgen so heftig, daß ich Pläne mache, nach Hause zu fliegen, wenn Helen nach der Operation aus dem Krankenhaus kommt. Es bedeutet eine Unterbrechung, aber nicht unbedingt den Abbruch der Reise, darin sind wir uns beide einig. Helen klingt weiterhin optimistisch. Sie war heute einkaufen, um für das Krankenhaus etwas zum Anziehen zu haben. Sie sagt, sie kann es kaum noch erwarten. Steves Neuigkeiten sind ebenfalls besser. Der Sturz seiner Tochter hat keinen bleibenden Schaden hinterlassen, aber sie muß noch ihr Auge testen lassen.

Rechts: Javas Reisfelder, wo Landwirtschaft zur Kunstform wird.

Es ist Zeit, Borneo zu verlassen. Abgesehen von dem spannenden Blick auf das Leben im Regenwald, war der Ort nicht so wild, wie ich ihn mir vorgestellt habe. Sabah und Sarawak beeindrucken als ordentliche, effizient verwaltete Staaten mit frisch gestrichenen Bordsteinen. Sie senden den Glanz eines fest verankerten Wohlstands aus, ganz im Gegensatz zu den hektischen Philippinen. Auf der Fahrt zum Flughafen Kuching lese ich in der ›New Straits Times‹, die Malaysische Regierung werde die Prügelstrafe für das Fälschen von Einreisepapieren einführen. Boomende Wirtschaft, strenge Gesellschaft.

Von der wuchtigen, unzugänglichen Masse Borneos nach Java, einer langen, schlanken Insel, die fünfmal kleiner ist, aber zehnmal so viele Bewohner

hat. Java ist nirgends unzugänglich. 115 Millionen Menschen leben auf einem Streifen fruchtbaren Vulkanbodens, nicht größer als England. Unsere Maschine fliegt über Reisfelder, auf denen das Wasser so hoch steht, daß man kaum erkennt, wo das Meer endet und das Land beginnt. Viele Straßen sind überflutet und lange Verkehrsschlangen kriechen unter dem Skelett einer unfertigen Hochstraße in Richtung der indonesischen Hauptstadt Djakarta. Als wir die Innenstadt erreichen, erhebt sich entlang der Jalan Thamrin ein Wald aus Bürotürmen, unter dem das Gewirr einer zwölfspurigen Hauptstraße vorbeiführt.

Dies ist die Metropole, wahrscheinlich die größte der südlichen Hemisphäre. Ihre Energie ist greifbar, ihre Größe unpersönlich, und nach der sanften, warmen Umgebung Sarawaks drückt sie zwangsläufig auf die Stimmung.

Bei den Teepflückerinnen von Gunung Mas.

DJAKARTA

115. TAG

»Ramadan – Monat der Selbstbeherrschung« ist die Schlagzeile der ›Djakarta Post‹, die mir um sechs unter der Tür durchgeschoben wird. Neunzig Prozent der indonesischen Bevölkerung sind Moslems, also wird das Leben des Landes von dem Fest, das von den wahren Gläubigen verlangt, 29 Tage lang zwischen Morgen- und Abenddämmerung auf Essen, Trinken und Sex zu verzichten, stark beeinflußt werden.

»Die Moslems sehen den Ramadan als Monat des Segens, der ihnen die Möglichkeit gibt, sich zu reinigen«, erklärt die Zeitung. Nur die Kranken und

Alten, schwangere Frauen, stillende Mütter und Leute, die weite Reisen machen, sind ausgenommen. Aber was ist mit denen, die nur kurze Strecken reisen? Werden sie von Hunger und Durst zermürbt in Schlangenlinien auf den Straßen fahren? Wie gefährlich ist die Reise, auf die wir jetzt gehen?

All das frage ich meinen indonesischen Reisebegleiter Eko Binarso, als wir um kurz nach acht über die dampfenden Straßen Djakartas fahren, um die Fahrt zum 1000 Kilometer entfernten Hafen Surabaja anzutreten, wo wir ein Schiff durch die Inseln und weiter nach Australien nehmen wollen.

Der kleine Eko, der Mitte Dreißig ist, einen dichten Haarschopf hat und eine erfolgreiche Trekkingfirma führt, meint, daß die Leute während des Ramadans alles in allem ruhiger fahren, weil ihr Magen nicht so voll ist und vom wahren Moslem verlangt wird, gegenüber niemandem die Beherrschung zu verlieren. Er entwickelt seine Theorien mit einem verschmitzten, undurchschaubaren Lächeln, das es sehr schwer macht zu wissen, ob irgendeins seiner Worte wahr ist oder nicht.

Andererseits kann es sein, daß er durch die Anwesenheit von Mr. Suherto gehemmt ist, seine wahre Meinung zu sagen. Wie in Vietnam und China müssen wir einen Regierungsbegleiter mitnehmen – jemanden, der die Dinge schwieriger macht, indem er uns hilft. In Indonesien ist es der liebenswert besorgte, konfuse Mr. Suherto. Er bezeichnet unsere Arbeit als »Aktivitäten« – z.B. »Was sind heute Ihre Aktivitäten?« oder »Wo ist Ihre nächste Aktivität?«

Wir fahren auf einer ausgebauten Autobahn, die von riesigen Reklametafeln für Golf- und Poloplätze flankiert wird. Sie ist nur sechzig Kilometer lang, bevor sie in eine verstopfte, zweispurige Straße übergeht.

Für ein fastendes Land ist schrecklich viel Nahrung zu sehen. Am Straßenrand stapeln sich Bananen, Jams, Melonen, Rambutan, Avocados und natürlich die berühmte stinkende Delikatesse, die Durian, von der es hier heißt: »Riecht wie er, schmeckt wie sie.«

Etwa neunzig Kilometer nach Djakarta halten wir in Gunung Mas, einer ausgedehnten Teeplantage, wo die niedrigen, sorgfältig beschnittenen Büsche sich als dichte, grüne Kruste über die Hügel ziehen. Dazwischen bewegen sich die Pflückerinnen in ihrer Uniform aus breitkrempigen Basthüten, Kopftüchern, blauweißen Trainingsjacken, Röcken über den Hosen und festen Gummistiefeln. Sie wimmeln wie menschliche Heuschrecken auf den Hügeln, tragen metertiefe Körbe auf dem Rücken und schnippeln erbarmungslos.

Der Mann im Teeverkostungsraum zieht die Wangen ein, gurgelt, spuckt und spricht von einer »guten Ernte«. Obwohl Boden und Klima für die Qualität wichtig sind, kann das Geschick der Pflückerinnen den Ausschlag geben. Die gestiefelten Frauen von Gunung Mas sind nicht bloß Heckenstutzer in Reih und Glied, sondern auf ihre Art Experten, die jeweils eine Blüte und zwei Blätter von den saftigsten jungen Zweigen aussuchen – das, was man PG (Premier Growth)-Teespitzen nennt.

Unser Ziel für die Nacht ist die Stadt Bandung. Ein paar Ampeln von unserem Hotel entfernt geraten wir in den Hinterhalt einer wohlausgebildeten Einheit junger Männer, die Stadtpläne, Schnitzereien, Batik und große Farbfotos der Baywatch-Stars verkaufen.

116. TAG

Mox Salvus Redeas – ›Mögest Du bald sicher zurückkehren‹ ist ein guter Wahlspruch für jeden Reisenden, besonders für jene, die wie wir den pazifischen Rand umrunden und noch viele tausend Kilometer vor sich haben, aber keiner, den ich in einem Hotel auf Java erwarten würde. Aber da zieht er sich am oberen Ende einer Balustrade entlang, als wir das Savoy-Homan-Hotel in Bandung verlassen. Es ist ein Kolonialhotel, und da die Holländer den größten Teil Indonesiens kolonisierten, ist es kein Zufall, daß die außergewöhnliche Jugendstilausstattung auch von einem Holländer namens Aalbers stammt. Die in den dreißiger Jahren vollendeten eleganten Linien und die stilvolle Dekoration des ›Savoy Homan‹ wären auch in den schicksten Ecken Manhattans nicht fehl am Platze. Tatsächlich ist sein gegenwärtiger Glanz vor allem das Werk von Frances B. Affandy, einer Amerikanerin von unermüdlichem Enthusiasmus. Sie beschreibt sein Design außen als »Stromlinien-Jugendstil« und innen als »tropischen Jugendstil«. Sie hat die üppige, detaillierte Dekoration einschließlich eines fünf Meter breiten Wandreliefs wiederhergestellt, das die schöne neue Welt der europäischen Technik auf eine gigantische Karte des landwirtschaftlichen Java überträgt.

Koloniale Bindungen beeinflussen noch immer den Tourismus. Als wir abfahren, trifft eine holländische Gruppe ein. Sie stehen in der Halle und wundern sich über den Optimismus ihrer Vorfahren. Aber nur sechs Jahres, nachdem Aalbers seine Arbeit vollendete, marschierten die Japaner ein. Hier, wie im Rest Südostasiens, verloren die Japaner den Krieg, rissen aber die europäische Kolonialherrschaft mit sich zu Boden. Die Holländer versuchten nach 1945, Ostindien zu halten, aber nach ihrer Niederlage im Unabhängigkeitskrieg zogen sie vier Jahre später endgültig aus Java ab.

Nicht weit von unserem Ausgangspunkt sehen wir heute morgen die Anzeichen der seismischen Instabilität, die dieses Land zum Paradies der Bauern und Vulkanologen macht. Die am Straßenrand liegenden Haufen fruchtbarer schwarzer Erde sind ein Überbleibsel der Ablagerungen des nahegelegenen Mount Galunggung, eines von dreißig aktiven Vulkanen auf Java. 1982 war der Galunggung fünfzehn Minuten lang berühmt, als eine Wolke aus frisch hinausgeschleuderter Vulkanasche einen darüberfliegenden Jumbojet einhüllte und alle vier Triebwerke zum Aussetzen brachte. Die Maschine verlor an Höhe, aber wie durch ein Wunder konnte der Pilot genug Schub aufbringen, um sicher in Djakarta zu landen.

Die gewaltsame, unvorhersehbare Energie der Vulkane hat zugleich einen Garten Eden und einen Ort des Todes hervorgebracht. Diese Ebenen mögen Zerstörung gesehen haben, zur Zeit ist das fruchtbare, intensiv bebaute Land an der Straße von Bandung nach Ciamis eindeutig freundlich.

Eine der Freuden Javas ist es, daß so viel von der Insel noch nicht von der Agrarindustrie erfaßt ist. Die Hauptstraße bleibt einspurig, und wir können ebensogut hinter einem ponygezogenen Einspänner festhängen wie hinter einem überladenen Bananenlaster. Zwischen grünen Feldern und blumenbewachsenen Streifen stehen solide Häuser. Unverputzte, rote Ziegelmauern sind durch Holzveranden, schräggestellte Läden und Schindeldächer gemildert, die eher an die Provence als an Ostindien denken lassen. Jedes, wie bescheiden

Oben: Ernte auf der fruchtbarsten Insel der Welt.

Oben rechts: Der Kraton in Yogyakarta.

auch immer, wird von einer Satellitenschüssel geschmückt. In Yogyakarta, wo wir übernachten, lasse ich mich mit dem National Hospital in London verbinden. Helens Operation ist vor dreißig Minuten abgeschlossen worden. Man beruhigt mich, sie sei »wie nach dem Lehrbuch verlaufen«, und fragt, ob man etwas von mir ausrichten solle. Also sende ich ihr meine Liebe, und was das schönste ist, sie ist schon wach genug, um mir ihre zu schicken.

YOGYAKARTA

117. TAG

Marhaban Ya Ramadan – ›Willkommen zum Ramadan‹ – steht in weißen Buchstaben auf grünen Bannern über den holländischen Kolonialstraßen von Yogyakarta, der alten kulturellen Hauptstadt Javas. Ramadan bedeutet vieles, unter anderem, daß man früh aufwacht, ob Moslem oder nicht.

Als Moslem muß die erste Mahlzeit vor Sonnenaufgang zubereitet und verzehrt sein. Rufe zum Gebet zerreißen die frühen Morgenstunden, und um vier Uhr zehn werde ich von etwas geweckt, das wie der Beginn einer Revolution klingt, sich aber als Salve von Knallfröschen herausstellt. Unser Hotel liegt an der Jalan Marlioboro, die nicht nach der Zigarette benannt ist, sondern nach dem Herzog von Marlborough, ein Name, den sie während der kurzen britischen Herrschaft zu Beginn des 19. Jahrhunderts bekommen haben muß. Sie führt zum Kraton, dem Palast der Sultane von Yogyakarta aus dem 18. Jahrhundert. Er ist von vier geraden Mauern umgeben, jede davon einen Kilometer lang, in denen sich neun Tore befinden, die man uns als Symbole der neun Eingänge des Körpers erklärt. (Hinterher im Bus kommt keiner von uns auf mehr als sieben. Oder höchstens acht. Kugellöcher nicht mitgezählt.) Keines dieser Tore öffnet sich direkt auf einen Hof – meist steht eine Mauer dazwischen. Dies sollte böse Geister verwirren, die sonst geradewegs hineineilen könnten. Heute gibt es irdischere Kontrollen. Ein Schild zeigt zwei gezeichnete

Gamelanmusiker mit Gongs, die eine Musik wie »Mondlicht und fließendes Wasser« machen.

Torsi, der eine in ein grelles Top mit tiefem Ausschnitt, der andere aus weißen Shorts quellend. Daneben steht ›NO‹.

Nachdem wir unsere tief ausgeschnittenen Tops gewechselt haben, wandern wir durch eine eklektische Mischung von Gebäuden, die von javanesischen Hindutempeln über islamische Moscheen und Pavillons mit klassischen Säulen bis zu einem Musikpavillon der Belle Époque reichen. Der riesige Palast wirkt ein wenig heruntergekommen. Dieses herrliche Gebräu aus Blattgold, Marmorboden und Teakholzsäulen, die ein wundervoll abgestuftes Dach tragen, soll das Zentrum des Universums symbolisieren. Aber im Zentrum des Universums liegt ein Haufen Vogelexkremente. Eine Enttäuschung ist, daß die Gamelankonzerte – die bewunderte Musik Javas – eingestellt sind. Auf einer Tafel steht: »Während des Ramadan kein Tanz, keine Musik.«

Mit Hilfe von Joan, einer Hawaianerin, die mit einem Gamelanlehrer verheiratet ist, haben wir Gelegenheit, ein Gamelanorchester bei einem improvisierten Konzert zu hören, das nicht weit vom Zentrum Yogyas stattfindet.

Gamelan, abgeleitet von Gamel, dem javanesischen Wort für Hammer, ist eine Musik für Schlaginstrumente, die auf Gongs (Gong ist auch ein javanesisches Wort), Handtrommeln und Bronzexylophonen gespielt wird, obwohl Flöten und ein zweisaitiges Instrument namens Rebab die Schlaginstrumente oft ergänzen. Der Klang der Gamelanmusik ist mit dem von fließendem Wasser verglichen worden.

Heute abend haben wir die Chance, es selbst zu hören, es versammelt sich ein vierzehnköpfiges Orchester, das die Gongs aufbaut, manche flach in einem Gestell liegend, andere hängend. Alle Musiker sind Männer. Einer ein Albino.

Während sie sich unter den Mango- und Brotfruchtbäumen, die Schutz vor gelegentlichen Schauern bieten, warmspielen, telefoniere ich mit dem Chirurgen, der Helen operiert hat und in den letzten Tagen so geduldig mit meinen Fragen war. Er bestätigt, daß alles gut gegangen sei, daß das Melangiom gutartig war und vollständig entfernt worden sei. Dann fragt er nach dem Geräusch im Hintergrund.

»Es ist etwas namens Gamelanorchester«, hebe ich an.

»Hab ich mir gedacht!« ruft er aus. »Mein Saxophonlehrer leitet ein Gamelanorchester.«

»In London?«

»Ja.«

Diese Koinzidenz ist seltsam tröstlich. Es ist lächerlich, aber als ich zurück in den Garten gehe, erinnert mich die Musik Javas an Zuhause.

Die Musik ist nur die Hälfte der Abendunterhaltung. Joan hat auch einen Dalang, einen Puppenspieler gefunden, der das Wayang Kulit genannte traditionelle Schattenspiel aufführen wird. Ein guter Dalang ist hier fast wie ein Popstar. Sie haben ihre eigenen »Roadies«, die den Baumwollvorhang aufbauen, das Licht einstellen und ihnen während der Vorstellung Tee bringen. Die besten verlangen drei Millionen Rupiah für den Abend (etwa dreitausend Pfund). Dafür müssen sie ein ganzes Epos erschaffen, dabei fünfzig verschiedene Puppen bewegen und ihnen Stimmen geben.

Als die heutige Vorstellung beginnen soll, sitzen die Kinder mit gekreuzten Beinen auf dem Boden vor dem Vorhang. Die meisten Erwachsenen interessieren sich mehr für die Musiker dahinter. Fliegen summen in der feuchten Wärme des Abends scharenweise um sie herum, während der Dalang sich mit gekreuzten Beinen hinter eine lange weiße Baumwolleinwand setzt, sich ein altmodisches Mikrophon um den Hals hängt und die ersten beiden Stabpuppen aus einer langen Reihe auswählt, die in ein Stück weiche Bananenbaumrinde gesteckt sind. Die Lichter werden gedämpft, so daß nur eine große, weiße Birne übrigbleibt, die die Vorderseite des Vorhangs beleuchtet, und eine grüne dahinter. Eine spindeldürre, dämonische Figur erscheint mit baumelnden Händen und Armen auf der Leinwand. Der Dalang erzeugt eine hohe, schrille Stimme. Die Bronzegongs ertönen, zuerst leise wie im Wind raschelnde Blätter.

Wayang Kulit ist nichts für Kleinmütige. Die Geschichten basieren auf den großen Hindu-Epen wie dem Mahabharata und dem Ramayana, und jede Vorstellung dauert acht Stunden, obwohl der Dalang sie interpretieren, kürzen oder ausschmücken kann, ganz wie es ihm oder ihr beliebt. Wayang Kulit kann auch politische Propaganda enthalten und wurde während des Unabhängigkeitskampfes benutzt, um eine antiholländische Stimmung zu verbreiten. Nach anderthalb Stunden ununterbrochener Vorstellung reicht der Assistent dem Dalang die erste Tasse Tee. Mir sinkt bereits der Kopf auf die Brust. Die Schlachtszenen muntern mich zeitweise wieder auf. Die Puppen drehen und wenden sich und wirbeln unter rasenden Spagaten, Scherensprüngen und Saltos umher. Die Musiker beteiligen sich durch Grunzen und Schreien.

Als die Nacht sich dahinschleppt, sagt Joan, wir hätten Glück gehabt. Die längste Vorstellung, die sie sonst für Touristen geben, dauert bloß eine Stunde.

VON YOGYAKARTA NACH BOROBUDUR

119. TAG

Als wir Yogyakarta verlassen, ist der Monsun wieder da. Es ist das morgendliche Verkehrschaos. Ein Strudel von Menschen auf gurgelnden Mopeds mit Kapuzen und Regencapes bewegt sich in die Stadt wie ein Vogelschwarm.

Draußen auf dem Land fließen vom zwölfstündigen Regen geschwellte Flüsse mit der Farbe von starkem Tee breit und rasch dahin. Auf den Reisfeldern geht die Arbeit unter einem Wald von Plastikregenschirmen weiter.

Nicht weit von Yogya erhebt sich eines der größten Monumente der Welt, der gewaltige buddhistische Tempel von Borobudur, eine riesige Anlage aus schwarzem Lavastein, die seit 1200 Jahren auf einem niedrigen Hügel umgeben von Reisfeldern und Kokoshainen steht. Wie die Tempel im Wüstensand am Nil war Borobudur vernachlässigt, überwachsen und halb verschwunden, als es Anfang des 19. Jahrhunderts die Aufmerksamkeit europäischer Kolonisten erregte. Stamford Raffles, der Gründer Singapurs, der einst Java verwaltete, schrieb ein Buch über die »Wiederentdeckung« von Borobudur, das die westliche Phantasie anregte, und seitdem wurde es immer weiter repariert und restauriert. Die Arbeit ist noch nicht vollendet und steht unter Aufsicht der UNESCO, die hier über zwanzig Millionen Dollar ausgegeben hat.

Der mächtige Komplex besteht aus fünf Terrassen, die ein Mandala darstellen, das Symbol der Harmonie des Universums. Die Terrassen bilden einen Pfad der Erleuchtung, der fast drei Kilometer weit um den Tempel führt. Er ist von Mauern mit reichhaltigen und verschlungenen Steinreliefs flankiert, die Buddhas eigene Suche nach Erleuchtung abbilden.

Als Eko und ich die steilen Stufen erklimmen, wirkt die schwarze Basaltmasse nicht vielversprechend. Aber die Beharrlichkeit wird auf dem Weg reich belohnt. In den weichen Stein sind herrliche Bildtafeln gegraben worden. Obwohl es auch abstrakte Muster gibt, sind es die Alltagsszenen, die am meisten berühren. Menschliche Körper und Gesichtsausdrücke sind mit einer fast schockierend modern wirkenden Intimität und Unmittelbarkeit festgehalten. An verschiedenen Stellen stehen rätselhafte Schilder mit der Aufschrift ›Kratzen verboten!‹ am Weg. Ein jovialer UNESCO-Beamter mit Bauhelm, der Moosablagerungen untersucht, sieht mich ratlos dastehen. »Es heißt nicht, daß Sie sich nicht kratzen dürfen, Sir... das Kratzen auf den Steinen ist verboten.« Er erzählt, man habe 600 Bauarbeiter und Steinmetze gebraucht, um bei der Restaurierung in den letzten neun Jahren zwei Millionen Steine zu ersetzen, also sind sie verständlicherweise empfindlich. Ganz oben auf Borobudur befindet sich eine einzige solide Stupa – die spitze glockenförmige Kuppel, die für buddhistische Tempel typisch ist – umgeben von konzentrischen Ringen kleinerer Kuppeln. Eko blickt in die Ferne.

»Jetzt sind wir im Himmel«, sagt er.

»Im Mittelpunkt des Universums?«

»Der Galaxie.«

Er erklärt, der Ort eines solchen Monuments sei nicht zufällig gewählt worden. Seinem genauen Standort wurde gewaltige Bedeutung beigemessen. Als ich mich umsehe, kann ich zum ersten Mal würdigen, warum dieser große, menschengemachte Berg dort steht, wo er steht. Er ist gleich weit von fünf Vulkanen entfernt, drei davon über 3000 Meter hoch, was ihn nicht nur ins symbolische Zentrum des Universums stellt, sondern auch die symbiotische Beziehung zwischen dem Mensch und den Vulkanen darstellt, aus denen dieses Land entstand. Eko sagt, jetzt sei nur noch eines zu tun. »Bist du jetzt zum Klettern bereit, Michael?« Morgen sollen wir in die Öffnung eines Vulkans schauen, verspricht er.

Borobudur
Oben: Schnitzwerk mit der Wanderung des Buddha.

Unten: »Der Mittelpunkt der Galaxie.« Stupas und umgebende Vulkane auf dem Tempel von Borobudur.

120. TAG

Mein Wecker klingelt morgens um 3 Uhr 10. Es dauert nicht lange, bis ich wach bin, da die schneidende Kälte mich halb wachgehalten hat. Die Umgebung ist ungewohnt. Eine Blockhütte.

Nach der gestrigen Fahrt in den Osten von Java, während der wir einmal pro Stunde dem sicheren Tod auf einer tückischen Straße entronnen sind, kamen wir im Vorgebirge des Tengger-Hochlands an. 2500 Meter über dem Meeresspiegel.

Gestern abend war es vielleicht kühl und erfrischend, heute früh ist es bloß bitterkalt, und ich wühle in meinem Koffer nach jedem Pullover, den ich finden kann, wobei ich Sonnenaufgänge, Vulkane, Dokumentarserien und alles andere verfluche, was mich zu dieser gottverlassenen Zeit an diesen gottverlassenen Ort gebracht hat.

Eine Tasse Kaffee und einen Schokoladenriegel später ist es 3 Uhr 45, und ich sitze auf einem kleinen Pony und breche in die Dunkelheit auf. Wir sind ein gemischter Haufen. Ein paar Japaner, ein oder zwei Australier. Das einzige, was wir gemeinsam haben, ist, daß wir nicht reiten können.

Nach einer halben Stunde flacht der steinige Pfad ab, und ich fühle mich auf meinem untersetzten, kleinen Reittier wohler. Die Wärme, die es ausstrahlt, wenn ich die Hand auf seinen Hals lege, beruhigt mich. Das erste blasse

Heiliger Vulkan im Tengger-Hochland.

Blau und Weiß stiehlt sich auf einen stockdunklen Himmel, und es ist, als würde einem eine Augenbinde abgenommen.

Auf den ersten Blick sind wir in einer öden, stummen, vage bedrohlichen Landschaft, die mit nichts zu vergleichen ist, was ich je gesehen habe. Und je mehr das Licht den Himmel erfüllt, desto seltsamer wird sie. Wir überqueren eine Oberfläche mit tiefen Einschnitten zwischen drohenden Kämmen aus Vulkanasche, die sich wie riesige gespreizte Finger zum nächsten Gipfel ziehen. Eine einsame Wolke schwebt über dem Gipfel, und ich rieche einen unverwechselbaren Schwefelgeruch. Wir nähern uns unserem Ziel, dem aktiven Vulkan Mount Bromo. Höhe: 2949 Meter über dem Meer. Letzter größerer Ausbruch: letzter Oktober.

Früher Aufbruch zum Mount Bromo. Der Einsame Reiter mit seinem Freund.

Wir lassen die Ponies zurück und klettern zweihundert Schritte bis zum Rand des Kraters. Das Bild hinter uns ist biblisch. Eine Kolonne mit Lampen und Fackeln durchquert die staubige Ebene und kommt auf uns zu. Ich klettere vorsichtig am schmalen Kraterrand entlang, und als ich eine sichere Stelle zum Stehen gefunden habe, schaue ich zum ersten Mal hinein. 150 Meter unter mir auf dem Grund einer großen Felsenschale ist ein schwarzes Loch, aus dem langsam und ununterbrochen zischender weißer Dampf aufsteigt, jetzt sanft wie ein Seufzer, aber bedrohlich wie eine Zündschnur, die zum Sprengstoff führt.

Dies ist für mich eine ebensogroße Manifestation der Naturgewalten wie der Blick die Victoriafälle hinab. Dort fiel alles hinunter. Hier am Rand des Mount Bromo sehe ich, was herausgeschleudert worden ist. Eine brandneue Landschaft, ofenfrisch und noch dampfend. Felsen, die so neu sind, daß man seinen Namen darauf schreiben könnte.

Ich bleibe, solange ich kann, bis die Gruppen schwatzender Besucher fort sind und eine dunstige, blaßgelbe Sonne aufgestiegen ist. Außer mir ist nur noch Fraser am Rand des Kraters, richtet den Mikrophongalgen hinab und nimmt das drohende Keuchen der Erde auf.

Am Vormittag verlassen wir Bromo und das Hochland von Tengger. In meinem Fall widerwillig. Ich werde nicht nur die spektakuläre Landschaft vermissen. Das Wetter, über das ich mich heute früh so geärgert habe, ist jetzt fast perfekt. Die Sonne scheint aus einem Himmel mit hohen Zirruswolken, die Luft ist trocken und frisch, und die Temperatur beträgt 21°, während eine sanfte Brise kommt und geht.

Die Bewohner der Dörfer, durch die wir fahren, sind meist Hindus, die während der moslemischen Eroberung Javas im 17. Jahrhundert bis ans äußerste Ende der Insel gedrängt wurden. Sie führen ein prekäres Leben in jedem Sinn des Wortes und bauen Zwiebeln, Lauch, Kohl und anderes Gemüse auf steilen Hängen an, die den Gesetzen der Schwerkraft zu spotten scheinen.

Surabaya, eine Vier-Millionen-Stadt und Hauptstadt Ost-Javas, ist nicht so schön wie sein Name. Es ist eine Stadt mit roten Dächern, die rasch von den gesichtslosen, modernen Hochhäusern verdrängt werden, die für so viele boomende Städte am pazifischen Rand typisch sind. Wie vielen von ihnen bleibt ihm keine Wahl als die Modernisierung. Nachdem es den II. Weltkrieg überstanden hatte, wurde Surabaya fast vom Frieden zerstört. Nach der japanischen Kapitulation 1945 wurden junge Angehörige einer indonesischen republikanischen Partei verdächtigt, General Mallaby ermordet zu haben, der die Besetzung der Stadt durch die Alliierten leitete. Es folgte eine drei Wochen wütende Schlacht, während der die Stadt von alliierten Bomben eingeebnet und Tausende ihrer Bewohner von holländischen Truppen getötet wurden. Es war einer der Schlüsselmomente in der vier Jahre später vollendeten Unabhängigkeit Indonesiens und erwarb Surabaya den Titel »Heldenstadt«.

Als wir ins Stadtzentrum fahren, umrunden wir einen Kreisverkehr, der vom Heldendenkmal beherrscht wird. Es zeigt ein gewaltiges Krokodil, das mit einem Hai kämpft.

SURABAYA

121. TAG

Im ältesten Teil des Hafens von Surabaya liegen die Pinisi-Boote. Die Pinisi sind alte Segelboote mit hohem Bord und hohem Mast, die die meiste Fracht zwischen den Inseln des indonesischen Archipels befördern. Sie sind ganz aus Holz gebaut, und zwar völlig ohne Pläne oder schriftliche Unterlagen. Darin ähneln sie dem augenblicklichen Punkt unserer Reise.

Wir hatten gehofft, einen Weg durch die Timor-See zu den australischen Inseln zu finden, die von hier kaum mehr als 1600 Kilometer entfernt sind. Normalerweise läge das in Reichweite der Pinisi, aber es ist später Januar, und die Winde und Strömungen laufen alle in die falsche Richtung. Niemand will uns nach Osten bringen. Das ist doppelt frustrierend, weil mir diese alten Schiffe gefallen. Sie erinnern mich an die Dhaus am Persischen Golf und deren Schiffsleute. Es ist der gleiche Eindruck von einheimischem Handwerk, das außerhalb des internationalen Wirtschaftssystems existiert, der gleiche Eindruck von Familien und Freunden, die seit Jahrhunderten auf dieselbe Art miteinander Geschäfte abwickeln. Es ist keine Welt, die Leute von außen willkommen heißt.

Wir mögen eine Sackgasse erreicht haben, aber sie hätte zu keinem besseren Zeitpunkt kommen können. Ich rufe im Krankenhaus an. Helen hat so gute Fortschritte gemacht, daß sie nach Hause darf. Dank der Launen der Timor-See fliege auch ich nach Hause.

Mount Bromo
Oben links: Im Krater. Dampf aus dem Erdinneren.

Oben rechts, ganz links und links: Landwirtschaft an den steilen Hängen des Tengger-Hochlands.

DARWIN

126. TAG

Darwin ist 1900 Kilometer von Surabaya entfernt. Ich kann es nicht empfehlen, über London zu reisen, wenn man nicht muß, da es den Weg um 25 000 Kilometer verlängert. Für Steve und mich war der lange Flug um die Welt und der kurze, scharfe Schock des nördlichen Winters die Anstrengung wert. Steves Töchtern geht es gut, und Helen geht es gut genug, daß sie mich bittet, eine Weile nicht mehr herumzureisen, um Kopfjäger zu interviewen.

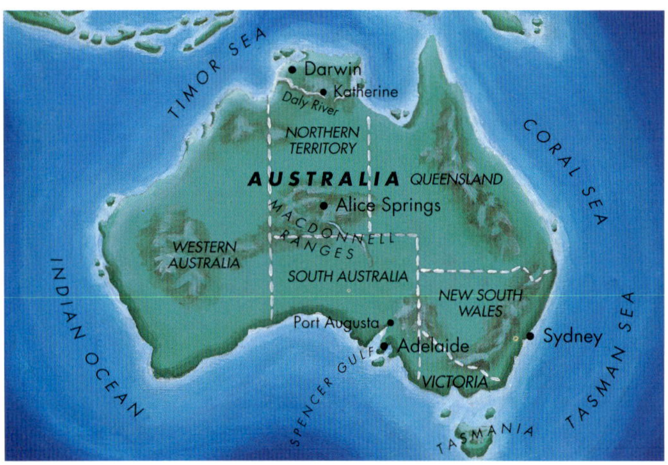

Die Flugreise kann die eigene Zeit- und Raumwahrnehmung so komprimieren, daß uns gestern abend, als wir die australische Küste überflogen und im Anflug auf Darwin waren, um das Team wiederzutreffen, die graue Themse-Mündung und die blutroten Abwässer des Daly River unter uns nur ein paar Kilometer auseinanderzuliegen schienen. Obwohl wir vier Tage weg waren, ist es, als hätten wir die Tropen nie verlassen.

Ein walisischer Naturforscher des 19. Jahrhunderts namens Alfred Wallace, der die Fauna auf beiden Seiten der Timor-See genau studierte, war der Meinung, es gebe einen klaren evolutionären Unterschied zwischen der orientalischen und der australasiatischen Landmasse. In jüngerer Zeit wurden seine Schlüsse von Geologen erhärtet, die nun sicher zu sein scheinen, daß vor 150 Millionen Jahren ein gewaltiger Kontinent, den sie Gondwanaland nennen und der aus Australien, der Antarktis, Indien, Arabien, Afrika und Südamerika bestand, durch die Bewegung der Teile der Erdkruste, die tektonische Platten heißen, auseinander zu reißen und zu driften begann. Australien bewegte sich als letzte dieser großen Landmassen und ist seit Millionen Jahren stabil geblieben. Während sein nächster Nachbar Java eines der jüngsten, am instabilsten und fruchtbarsten Länder der Welt ist, ist Australien eines der ältesten, trockensten und unwirtlichsten.

Die Australier selbst sind keineswegs unwirtlich. Und ganz bestimmt nicht trocken. Der Alkoholkonsum in Darwin ist legendär, jeder Einwohner dort putzt etwa fünfzehn Liter Alkohol im Jahr weg, Männer, Frauen und Kinder.

Hier im buschbewachsenen Teil, den die Australier das Top End nennen, sind wir so nah an Singapur wie an Sidney, es herrscht eine robuste Unabhängigkeit. Die Einwohner meinen, wenn man so verrückt ist, hier zu leben, ist

Mit dem Straßenzug auf dem Stuart-Highway.

das letzte, was man will, daß einem jemand Vorschriften macht. Das ist der allgemeine Eindruck, den ich aus dem Gespräch mit Scotty (hier wird jeder Name früher oder später mit einem ›y‹ abgerundet) mitnehme, der mich und einen 55 Meter langen Lastzug den Stuart-Highway entlang nach Katherine fährt. Scotty ist klein und untersetzt, hat einen dichten schwarzen Schnurrbart und dunkles krauses Haar unter einer Baseballkappe. Er fährt die längsten und schwersten kommerziellen LKWs der Welt, die Landtrains. Sie transportieren Nahrungsmittel und Fracht über enorme Entfernungen durch ganz Australien.

Ich sitze zweieinhalb Meter über der Straße in einer Kabine, umgeben von einer glänzenden Sammlung von Luftfiltern und Auspuffrohren. Unter mir hängen 2000 Liter Sprit in sechs schimmernden, hitzereflektierenden Chromtanks. Achtzehn Gänge steuern einen Cummins-Dieselmotor mit 500 PS, der drei Kühlanhänger mit der zulässigen Höchstgeschwindigkeit von neunzig Kilometern über die lange, gerade Straße zieht. Gitter schützen Scheinwerfer und Scheiben vor Steinen und Käfern, für größere Dinge sind die anderthalb Meter hohen Kuhfänger da. Das letzte Mal ist Scotty vor einer Woche mit einem Känguruh kollidiert. Er war sehr verärgert, weil es den LKW an der Seite traf und ein Rad beschädigte.

Erklimmen der Kriegsmaschine.

»Am besten, man trifft sie direkt von vorn. Wenn du siehst, wie sie weggeschleudert werden, weißt du, daß der Wagen okay ist.«

Vor uns ist ein Minicockpit aus Zifferblättern und Apparaten, Computern und Funkausrüstung, hinter uns ein geräumiges Schlafabteil in gepolstertem und knopfbesetztem Leder wie eine Ecke in einem vornehmen Club.

Mittags sind wir aus dem grünen, sumpfigen Küstenstreifen heraus und fahren durch heißes, rötlichbraunes Felsen- und Steppengebiet, das sparsam mit Straußgras und der abblätternden schwarzen und weißen Rinde feuerbeschädigter Gummibäume bedeckt ist. An einem Ort namens Emerald Springs, der nur aus einem Pub, dem Riverside Inn, zu bestehen scheint, hält Scotty an. An der Tür hängen Schilder: ›Tag, Kumpel‹, ›Willkommen‹ und ›Tiere bitte an die Leine‹.

Honigfresser sitzen auf den Dachbalken und stoßen mit einem lauten »Whiek« nieder, um Krümel von den Tischen zu picken oder frech die Bar entlang zu stolzieren, die aus Schwellen der einspurigen Bahnlinie besteht, welche bis 1977 Emerald Springs mit Katherine verband. Man redet davon, eine Eisenbahn von Alice Springs bis Darwin zu bauen, aber Scotty glaubt nicht, daß er das erleben wird. Transport bedeutet hier oben Lastwagen. Soweit ich sehe ist der einzige Lesestoff im Pub ein Exemplar von ›Big Rigs – Die Nationale Fernfahrerzeitung‹. Auf der Vorderseite ist eine Frontalansicht des Ford Aeromax-120 zu sehen. Nach dem Lunch fahren wir wieder nach Süden.

»Gutes Futter«, bemerkt Scotty, als wir an Bord klettern. Der Cummins startet mit dem Aufbäumen eines überraschten Pferdes.

»Das ist ein Druckluftstarter, kein elektrischer«, klärt Scotty mich auf.

Jetzt weiß ich's.

In der flimmernden Nachmittagshitze sehe ich meinen ersten Emu. Er ist kaum mehr als ein Haufen Federn am Straßenrand, und wenn Scotty mich nicht netterweise auf ihn aufmerksam gemacht hätte, hätte ich gar nicht gewußt, daß es ein Emu ist.

Um fünf Uhr rollen wir auf der Eugene-Betty-Brücke über den Katherine River und stoßen auf die berühmteste Ampel Australiens. Sie wurde kürzlich im Stadtzentrum installiert und ist die einzige im Umkreis von 1600 Kilometern.

KATHERINE

127. TAG

Frühmorgens, während die Temperatur noch unter 30° liegt, fahren wir zu der kleinen Start- und Landebahn zwei oder drei Kilometer außerhalb von Katherine, um uns mit dem fliegenden Tierarzt Peter Trembath zu treffen, der uns erlaubt hat, ihn ein paar Tage zu begleiten, um das Land und seine Tiere kennenzulernen.

Als wir eintreffen, liegt der Flugplatz verlassen, abgesehen von zwei einmotorigen Cessnas. Der Fluglotse namens Dave und sein Hund Jabba kommen heraus, um uns zu begrüßen. Kurz vor sieben kommt Peter Trembath. Er ist ebenso mager und fit wie Dave dicklich. Er trägt ein grünes Golfhemd und eine passende Baseballkappe mit der Aufschrift ›Katherine Vet Care‹ und trägt einen Kater mit Namen Arthur in einem Käfig. Er hat gerade eine Hüftoperation hinter sich – Arthur nämlich – und maunzt untröstlich. Jabba trottet zu ihm und schnuppert neugierig an der frisch genähten Narbe.

Dave ist nicht glücklich. »Landeprobleme. Fitzroy geht nicht, 38 Millimeter Regen letzte Nacht. Coolibah ist zu naß.«

Es ist die Monsunzeit, hier »Große Nässe« genannt. Das erklärt, warum soviel Land um Katherine herum gutes Weideland ist und warum die Fliegen schon auf sind, mein Gesicht attackieren und sich um meine Augen und Ohren herum niederlassen.

Peter Trembath scheint unverdrossen. Er lächelt breit, beschließt zu starten, »und dann sehen wir weiter«. Nach dem Regen sind die Flugbedingungen stabiler, die Luftströmungen weniger launisch. Er fliegt seine eigene Maschine. Die Entfernungen sind hier so groß, daß er seine Kunden nicht anders erreichen kann. Wir holpern den roten Sand und das spärliche Gras der Startbahn entlang, heben ab und fliegen nach Norden. Das Nördliche Territorium ist größer als Frankreich, Großbritannien und Deutschland zusammen, hat aber nur 160 000 Einwohner, ein Viertel davon Nachkommen der Ureinwohner, die vor 40 000 Jahren über die indonesischen Inseln nach Australien kamen. Der erste Weiße, der dieses entfernte Land erreichte, war vor 134 Jahren der Forschungsreisende John McDouall Stuart. Wir überfliegen ein Tafelland aus verschlungenen, eingekerbten Steilabbrüchen, wo rote Felskrusten

Ich treffe Peter Trembath am Flugplatz von Katherine.

die dünne grüne Baumdecke durchstoßen. Wo der Katherine River sich ins Hochplateau von Arnhem-Land gräbt, werden die Schluchten tiefer und spektakulärer.

Nach den Sehenswürdigkeiten ist es Zeit fürs Geschäft. Peter lenkt die Cessna nach Südwesten zu »Bluey« Pughs Farm oder »Station«, wie man hier draußen sagt. Nach ein paar Stunden überprüft Peter den Kurs und lehnt sich dann über den Steuerknüppel nach vorn.

»Ich glaube, da ist es.«

»Sie scheinen nicht ganz sicher zu sein?«

»Nein, bin ich nie.«

»Da ist es!«

Bluey und Janelle Pugh züchten seit fünf Jahren Krokodile. Da wir hier in Australien sind, hat »Bluey« rote Haare und einen roten Schnurrbart. Mit ihrer

Handtaschen von morgen. Blueys und Janelles französische Sammlung.

Tochter Raine wohnen sie in einem charaktervollen Buschhaus mit Wellblechdach, Veranda mit Ziegelboden und vollgestopften, gemütlichen Zimmern mit Zementboden. Ein Schwarm weißer Kakadus fliegt auf, als wir draußen auf dem Feld landen, und Falken und kleine, aber unverwechselbare Adler mit keilförmigem Schwanz kreisen in beständiger Wachsamkeit am Himmel und warten auf das, was die Krokodile übriglassen.

Bluey ist ein stämmiger Mann, der sich beim Reden gern mit der Hand übers Haar fährt. Er spricht langsam, leise und ohne Eile. Krokohäute gehen vor allem auf den französischen Markt, sagt er, die besten an Gucci, Cardin und Hermès, und bringen im Moment etwa 12 Dollar 50 pro Zentimeter, ungefähr fünfmal soviel wie die von Alligatoren. Andererseits sind Alligatoren leichter zu füttern, sie brauchen nur trockene Fertignahrung.

»Und Krokodile?«

»Wildpferde, Wildtiere. Pferde sind gut – hoher Phosphorgehalt, wenig Fett, viel gutes Protein.«

»Sie verfüttern Pferde an Krokodile?«

Er nickt freundschaftlich.

Meine Augen werden unwillkürlich von einem großen Plakat über dem Sofa angezogen: ›Landschlangen des Nördlichen Territoriums‹.

»Gibt's hier viele?«

»Wir kriegen viele Westliche Braunschlangen...«

Seine neunjährige Tochter Raine kommt herein, sie hat langes rotes Haar wie Alice im Wunderland.

»Letzte Woche war eine in meinem Handtuch.«

»Dann gibt's Pythons«, erzählt Bluey weiter, »aber die sind kein Problem, die fressen die ganzen Ratten und Frösche. Nein, aufpassen muß man wegen der Königsbraunschlangen. Die kommen hinter einem her. Eine ist doch mal da durch die Tür gekommen, nicht?«

Janelle antwortet aus der Küche.

»Ich hab ihr eins mit der Schaufel übergezogen, und die Schaufel ist richtig vom Rücken abgeprallt.«

Sie lachen nostalgisch. Janelle erscheint und stellt eine Platte frischgebackenen Schokoladenkuchen auf den Tisch.

Draußen auf der Farm weiß man schon lange vorher, welche die Krokodilschuppen sind. Ein fauliger Geruch von Ammoniak und totem Fleisch hängt in der Mittagshitze. Bluey führt mich hinein. Die Temperatur wird konstant auf 32° gehalten (was heute gut drei Grad weniger sind als draußen). Sobald Bluey eine der Plastikbahnen hochhebt, gibt es ein zappelndes Durcheinander, als Dutzende von meterlangen Krokodilen übereinanderklettern und wütend schnappen. Die Unterseite der Plane wimmelt von Küchenschaben. »Unsere geheime Nahrungsergänzung«, sagt Bluey. Er greift hinein, packt ein Krokodil am Schwanz und schlägt es mit dem Kopf gegen die Wand des Geheges.

»Träum süß«, sagt er und grinst.

Hinten im Schuppen surren Industriekühlschränke und schützen Blueys neueste Investition – Hunderte von Krokodileiern, für die er und seine Männer beim Sammeln in den nahen Sümpfen buchstäblich Kopf und Kragen riskiert haben. Janelle muß meinen mißbilligenden Blick bemerkt haben.

»In freier Wildbahn überlebt von diesen Eiern nur ein Prozent«, erklärt sie, »bei uns in kontrollierter Umgebung 70 Prozent.«

Als wolle er mich von diesem Krokodilglück überzeugen, erscheint Bluey mit einem Tablett voller Eier, von denen er mir eines gibt.

»Was mache ich damit?«

»Einfach oben aufbrechen.«

(Wenn ein Australier das Wort »einfach« benutzt, heißt das, man soll irgend etwas tun, was nicht leicht ist, wie in »zieh einfach das Schwert aus dem Stein« oder »spalte einfach das Atom«.) Natürlich fangen meine Hände an zu zittern, als ich die Schale aufklopfe und dabei das Stoßen eines scharfen, spitzen Gegenstandes spüre, der mir von innen zu helfen versucht. Dann sind wir auf einmal zusammen. Ein schleimiger, sich windender Minidinosaurier versucht meinen Fingern zu entkommen, so wie er eben dem Ei zu entkommen versuchte. Erst jetzt merke ich, daß ich gerade ein Krokodil entbunden habe. Nach dem Lunch (von Bluey gekochtes Krokodilragout) schleppen wir uns in die inzwischen fast unerträgliche Hitze von über 38° hinaus, um Peters schwierigste Untersuchung zu beobachten. Ein ausgewachsenes, fünf Meter langes Krokodil muß herausgehievt, betäubt und untersucht werden. Bluey und Patrick, einer von seinen Männern, werfen eine Schlinge über das Maul des Krokodils und ziehen es aus dem Gras und Schlamm seines Geheges durch ein Tor in der Umzäunung, wobei es mit dem Schwanz um sich schlägt und sich

Raine, Bluey und der Krokodil-Geburtshelfer.

hin und her windet. Kiefer und Hinterbeine werden mit Isolierband festgeklebt, ein Sack über den Kopf geworfen und eine Valiuminjektion verabreicht. Während Peter einen offenen Abszeß an der Nase behandelt, frage ich Bluey, ob er nach allem, was wir heute gesehen haben, noch immer Angst vor Krokodilen hat. »O ja«, nickt er lächelnd und spielt an dem Ring in seinem Ohr. »Deshalb paß ich so gut auf. Aus Angst.«

Ein oder zwei Stunden später erinnere ich mich an diese Worte. Wir haben unseren Rückflug nach Katherine halb hinter uns, als der dämmernde Himmel vor uns von gewaltigen Blitzen zerrissen wird. Zwei große schwarze Regenfronten kommen mit außerordentlicher Geschwindigkeit auf uns zu, wie ein riesiges, sich schließendes Tor. Ich bin der einzige Passagier in Peters Cessna, die plötzlich sehr zart und zerbrechlich wirkt. Schlimmer noch, Peter, der normalerweise ständig Sprüche klopft, ist auf einmal sehr still geworden. Er schaut auf die Instrumente und spricht ins Mikrophon. Der Sturm ist ein überwältigender Anblick, aber ich würde ihn lieber vom Boden aus betrachten. Die schwarzen Regenbänke bedecken jetzt den ganzen Himmel, bis auf einen winzigen Spalt vor uns. Peter fliegt mit Vollgas, aber es scheint zu genügen. Wir sind nah daran, verschlungen zu werden, als wir hindurchschlüpfen und auf einem Flugplatz der australischen Luftwaffe landen. Um sieben Uhr sind wir sicher gelandet, der Regen prasselt herunter, und wir warten müde, aber glücklich, daß Peters Frau uns mit dem Auto abholt. Wir haben vier lebende Krokodile in zwei langen Röhren mit Luftlöchern dabei.

EVA VALLEY

128. TAG

Heute hat Peter einen echten Leckerbissen für mich. Er will, daß ich ihm beim Hundekastrieren in einem Dorf der Aborigines im Eva Valley helfe. »Herrliche Gegend da unten«, fügt er hinzu.

Gegen zehn Uhr gehen wir über kargen Akazien und Gummibäumen nieder, zwischen denen Termitenbauten und ab und zu eine Herde wilder Esel zu sehen sind. Seit dem Land Rights Act von 1976 ist fast die Hälfte des Nördlichen Territoriums an die Aborigines zurückgegeben worden, von denen viele wie die Eskimos außerhalb der Städte leben, ihre eigenen Ratsversammlungen halten und die Vorstellung einer Assimilation an die vorwiegend weiße Kultur ablehnen.

Wir sind auf dem Weg zur Siedlung Manyallaluk, wo 150 Aborigines zwischen neugepflanzten Bäumen und gepflegtem grünen Gras in Leichtbauhäusern wohnen. Sie veranstalten Rundfahrten, und es gibt einen Laden, der Kunst und Kunsthandwerk verkauft. Alkohol ist streng verboten. Peter hält das Dorf für eine der besten Aborigines-Siedlungen.

Als wir wieder auf einer roten Lehmpiste landen, kommt ein großer Mann mit Hängebauch, breiten Schultern und breitem Lächeln heraus, um uns zu begrüßen. Es ist Peter, der Häuptling, gefolgt von einem halben Dutzend neugieriger Jungen. Sie interessieren sich besonders für das Reinigungstüchlein, mit dem ich mir die Tinte von den Fingern wische. Ich gebe jedem eines, und sie fangen an, sich mit großer Begeisterung am ganzen Körper abzuwischen.

Peter und seine englische Assistentin Trish, die dreimal im Jahr hierherkommen, suchen einen Platz, um die Eingriffe vorzunehmen. Sie entscheiden sich für einen Platz unter einem tiefhängenden Flamboyant, wo ein Falttisch aufgestellt wird. »Das ist echter Luxus«, sagt Trish, während sie die Kästen, Scheren und Spritzen ausbreitet. Ich werde einen Eimer Wasser holen geschickt. (Der Wasserhahn ist neben einem tückisch guckenden Hund, der mich mit brütender Bosheit beäugt, womöglich verwechselt er mich mit der Person, die ihm letztes Mal die Klöten abschnitt.) Die beiden Peter überschlagen, wie viele Kandidaten zur Kastration (15 Dollar) und Eierstockentfernung (30 Dollar) anstehen. Viele müssen auch ›gepiekt‹ werden – geimpft gegen Würmer und Räude.

Dann beginnt das Einfangen. Es ist ein völliges Durcheinander. Die Hunde rennen in alle Richtungen davon und bellen wie wahnsinnig. Ihre Besitzer rennen hinterher. Am flinksten ist eine ältere Dame mit wehendem grauen Haar und Mickey-Maus-T-Shirt, die um die Blumenbeete herumsprintet, ihren Hund zum Tisch schleift. Peter weicht seinen gefletschten Kiefern aus, bereitet rasch eine Spritze mit Metamil, einem Beruhigungsmittel auf Heroinbasis. Nach und nach legt sich der schreckliche Lärm, und als das Metamil zu wirken beginnt, sammeln sich auf der Erde unter dem Flamboyant Hunde in verschiedenen Stadien der Betäubung. Peter und Trish gehen an die Arbeit, und ich stehe mit dem Eimer dabei, um aufzusammeln, was an Hoden und Eierstöcken so nebenbei abfällt. Der Vorgang weckt beim Team nostalgische Erinnerungen. Basil hat einmal fotografiert, wie in Kalgoorlie ein Pferd kastriert wurde; Fraser war Toningenieur, als dem Moderator Tom Fraser, der eine Kastration in Argentinien beobachtet hatte, die gebratenen Hoden am selben Abend zum Abendessen angeboten wurden. Als ich frage, ob jemand so was schon mal gegessen hat, nickt Steve bescheiden.

VON KATHERINE NACH KING'S CREEK

130. TAG

Katherine (11 000 Einwohner) wurde nach der Tochter eines der Geldgeber des Forschungsreisenden John McDouall Stuart benannt, der 1860 als erster mit Erfolg das Rote Zentrum Australiens durchquerte und endgültig den Mythos beerdigte, dort befände sich ein riesiger See. Die 1200 Kilometer von Katherine nach Alice Springs sind eine einsame Strecke. Südlich von Alice Springs teilt sich der Stuart-Highway die Wüste mit einer 1877 begonnenen und 1929 fertiggestellten Eisenbahnlinie. Sie heißt die Ghan, weil sie hauptsächlich von afghanischen Kamelreitern gebaut wurde, deren Tiere die rauhen, trockenen Wüstenbedingungen am besten vertrugen. Als der Bau beendet war, wurden die Kamele freigelassen. Sie vermehrten sich so zahlreich, daß sie nicht nur von Zoos und Safariparks gesucht sind, sondern auch in Ländern wie Saudi Arabien als Zucht- und Renntiere hochgeschätzt werden.

Heute sind wir südwestlich von Alice Springs auf Kamelsuche und halten zum Lunch an einem abgelegenen Restaurant namens Jim's Place. Es ist ein gemütlicher, freundlicher Laden ohne Schnickschnack, dessen Gästebuch typisch für die Australier hier draußen im Busch ist. Es ist voller Eintragungen von Leuten, die Buschbrände bekämpften, aus Flüssen gezogen wurden und dabei halfen, Straßen durch die Wüste zu bauen, einschließlich eines Mannes, der dankbar festhält, daß er auf Jims Ranch »sternhagelvoll« war und zum ersten Mal »gemäuselt« hat. Jim ist der Sohn von Jack Cotterill, einem englischen Auswanderer, der hier zur Legende wurde. (In dieser heißen, harten Gegend scheint es nur zwei Möglichkeiten zu geben – entweder wird man eine Legende, oder man wird vergessen.) Beim Tod seines Vaters erbte Jack 1976 einen blühenden Tourismusbetrieb und baute eine erfolgreiche Ranch auf. Ein paar Jahre später starb seine kleine Tochter, außerdem fand man heraus, daß seine Ranch auf Aborigines-Land lag und wies ihn an, es an sie zurückzugeben. Jim war so verzweifelt, daß er einen Bulldozer bestieg und alle Gebäude einriß, mit dem Kommentar, wenn die Aborigines das Land wollten, könnten sie es in dem Zustand haben, in dem sein Vater es vorfand. Die neuen Besitzer bekamen vom Staat Unterstützung und ein paar transportable Unterkünfte, aber sie versuchten es nie mit der Ranch. Alles was heute ein Stück weiter an der Wüstenstraße zwischen Stachelkopfgras und Melde von Jims Traum übrig ist, sind das Gerüst eines Wasserturms, ein Stück Zaun, ein paar eingerissene Hütten und ein kleiner, flacher Grabstein, darauf der Name ›Katherine Charlaine Cotterill‹ und die drei Monate, die sie lebte.

Oben: Der fliegende Tierarzt über dem Arnhem Land (Nördliches Territorium).

Ganz links: In Manyallaluk. Einmal Kastrieren,15 Dollar.

Links: Eingeborenenjungen zeigen mir den Weg.

Später: Abends am Lagerfeuer auf dem Campingplatz King's Creek mit VB (Victoria Bitter) in Dosen und Tellern mit Corned Beef, Kartoffeln und

Gemüse. Um uns herum sitzen in einem Kreis aus flackerndem Licht die Männer und Frauen, die wilde Kamele fangen. Ihr Boß ist Ian Conway. Durch seine Großmutter mütterlicherseits stammt er von den Aborigines ab, deswegen konnte er sein Land behalten. Bei den seltenen Gelegenheiten, bei denen er seinen Buschhut abnimmt, enthüllt er eine hohe Stirn und einen ergrauenden, blonden Haarkranz, der ihm das Aussehen eines dekadenten römischen Kaisers gibt. Bei ihm ist sein Team: seine Tochter Megan, ein großes dunkelhaariges Mädchen, das viel lacht, der magere, ernsthafte Dave Wurst (Wursty), der als Biologe für die Regierung arbeitet, der gertenschlanke Westy, der schwarzbärtige Nicko und Gunnar, ein Däne mit dickem Goldsucherbart und einer

Am Lagerfeuer in King's Creek mit Buschhut und Bier.

strohblonden Mähne, durch die man gerade noch ein Paar blutunterlaufene Augen erkennt. Ian und die Jungs gehen dem australischen Lieblingssport nach – die Poms hochnehmen (»Pom«, von ›Pommy‹, steht für alles Britische, von POME – Prisoner of Mother England – der Aufschrift auf der Kleidung der ersten Häftlinge).

Wir müssen früh raus, und es wird ein langer Tag, also gehen wir gegen zehn Uhr schlafen. In der Nähe steht eine Hütte, die dem ganzen Platz als Bad und Toilette dient. Als ich die Tür aufstoße, steht ein splitternackter Mann aus Leicester vor mir. (Das hat er mir erst später erzählt. Es war nicht an ihm zu sehen.) Er reißt den Mund auf und keucht: »Michael Palin!«, dann packt er Handtuch und Waschbeutel und verschwindet in der Dunkelheit. Zehn nach zehn in der Mitte Australiens. Ich liege in meinem Schlafsack und schaue zu einem wunderbaren Himmel empor, so klar und scharf, wie er nur in der

Wüste sein kann. Weit entfernt leuchten Sternschnuppen kurz auf, in der Nähe flattern Fledermäuse über den Himmel. Eine kühlende Südostbrise rauscht durch die traurigen dünnen Äste der Wüsteneichen. Die Welt hier draußen hat eine so klare, elementare Reinheit, daß ich kämpfe, um wachzubleiben. Basil, der auf der anderen Seite des Lagers liegt, hat dieses Problem nicht. Er ist von zwei Bulldoggenameisen schmerzhaft gebissen worden.

KING'S CREEK

131. TAG

Beim Campfrühstück – Eier, Speck und Würstchen auf dem Holzfeuer gebraten – verspricht mir Ian, der zur Feier des Tages ein blauweiß kariertes Hemd, Jeans und Buschhut trägt, daß ich heute einen der größten Adrenalinstöße meines Lebens bekommen werde. Westys Bemerkung, Bungeejumping sei dagegen harmlos, hilft mir nicht gerade. Das »wir« beunruhigt mich. Ich merke, wie mir die Würstchen im voraus wieder hochkommen.

Um halb acht verläßt unsere Wagenarmada das Lager und fährt über holprige rote Lehmpisten in den Busch. Es ist wie bei Mad Max. Wursty, der ein Tuch wie ein Fremdenlegionär unter seiner Baseballkappe trägt, fährt einen hohen Land Cruiser. Westy fährt auf einer 350er Yamaha an der Fahrzeugkolonne entlang, ein schwarzer Schlauch führt von seinem Helm zu einem Wasserbeutel, den er auf dem Rücken trägt. Irgendwo vor uns ist ein Hubschrauber hoch am klaren Himmel und sucht die Kamele. Dünne Kassia-Zimtbäume bieten den einzigen Schutz vor der Sonne. Hier landen fliegende Untertassen und fallen Dinge vom Himmel.

Es ist wie bei Monty Python. Ich kann mir ein Grinsen nicht verkneifen, als Ian auf einen Kamm steigt, die Hand wie Moses über die Wildnis ausstreckt und ausruft: »Tolle Gegend, um Kamele zu beobachten!«

Hastig werden über Funk Botschaften mit dem Hubschrauber ausgetauscht. Craig, der Pilot, hat Kamele ausgemacht, die sich auf uns zu bewegen. Ian winkt mich zum strapazierten Toyota-Pritschenwagen mit kurzem Radstand, den man »Shortie« nennt. An der Windschutzscheibe klebt der Aufkleber: ›Einsteigen, Hinsetzen, Maul- und Festhalten!‹

Direkt hinter der Fahrerkabine sind zwei parallele Metallstangen angebracht, und Ian gibt mir die Anweisung, mich neben Gunnar dazwischenzustellen. Ich bekomme eine anderthalb Meter lange Holzstange mit einer Schlinge am Ende, die ich dem Kamel über den Kopf werfen muß (und es geht nicht mehr darum, ob ich will oder nicht), sobald Ian mit dem Wagen nah genug ist. In der Theorie klingt das nicht gefährlicher als Teepflücken, aber Ians letzte Worte vor dem Einsteigen geben mir einen Vorgeschmack auf das Kommende: »Sobald's über den Kopf ist, geh um Gottes Willen runter. Wenn du dich im Seil verhedderst, kann's dir das Bein abreißen.«

Dann geht es los. Erst mal von der Straße runter. Ian jagt den Shortie durch den Busch, die Böschungen hinauf und hinab und verfolgt im Zickzackkurs einen Kamelbullen, der die Nase in die Luft gestreckt vor uns davonrennt. Ian versucht jede seiner Bewegungen mitzumachen, und nach ein paar Versuchen, während der Ian seine Ratschläge brüllt, mache ich einen letzten Wurf, dem das Kamel verächtlich ausweicht. Westy und Wursty haben mehr Erfolg. Ian läßt mir einfach keine Ruhe. Versuche die Balance zu halten und mein Stocklasso nach dem letzten Versuch wieder zu richten und werde dabei hin und her geschleudert, schlage mit dem Kreuz gegen die hintere Stange und mit den Rippen gegen die vordere. Greife nach einem Halt, um wieder von Ians 90°-Kurve bei Vollgas herumgeschleudert zu werden. Krümme mich zusammen und schnappe nach Luft, während er brüllt, ich solle mich fertig machen. Ziehe mich hoch, finde mein Gleichgewicht, packe die vordere Stange gerade rechtzeitig, da wirft er das Steuerrad herum und beschleunigt auf einer flachen Steigung so stark, daß meine Füße sich vom Boden lösen.

Wieder am Boden. Gerade noch rechtzeitig, um mich zu ducken, als wir unter einem niedrigen Baum durchfahren. Ian ist fast gleichauf mit drei flüchtenden Kamelen. Er folgt ihrem Lauf, ich werde nach vorne geworfen, meine Schlinge hängt vorne über der Kabine, Ian schreit, ich soll sie wegziehen, bevor sie sich im Lenkrad verfängt. Er wendet für einen neuen Versuch. Das Kamel ist inzwischen viel zu gewitzt. Jeder Wurf ist eine Anstrengung. Aber keine Pause. Nach jedem verfehlten Wurf wendet er und bringt mich wieder in Stellung. Ich bin voller Wut und Frust, der nirgendwohin kann. Wieder brüllt Ian durch den Motorenlärm und das Heulen des Hubschraubers. »Fertig!«

Gunnar, mein Kamelfängerkollege.

Als ich werfe, dreht das Kamel ab. Der Wagen dreht sich und wirbelt heulend den Staub auf. Ich habe mir beim Vorwärtslehnen die unteren Rippen gestoßen. Der Stab ist in meinen Händen so schwer und sperrig wie ein Baumstamm. Ich will bloß noch aufhören. Bitte, laßt mich aufhören. Ian bringt den Wagen wieder auf Kurs, und wir rasen weiter. Ich werde nach vorne geworfen. Er schreit mir zu: »Zieh das verdammte Seil hier raus, ich kann so nicht fahren!« Jetzt explodiere ich. Aller Schmerz, alle Frustration und alle Wut brechen sich Bahn. Ich verfluche Ian, werfe ihm jede Beleidigung an den Kopf. Aber wahrscheinlich hört er's nicht mal wegen des hysterischen Motorengeräusches. Alles ist Lärm und Verzweiflung, aber jetzt hat er mich wieder prima in Position gebracht. Noch ein letzter Wurf, eine letzte Anspannung von Kräften, die ich gar nicht mehr zu haben glaube, und die Schlinge ist drüber! Jetzt weiß ich, was er mit Adrenalinstoß meinte. Er strahlt nur, reibt über den Rücken des Kamels und gibt mir ein Stück Fell. »Hier. Der Rest vom Winterfell.«

Obwohl ich weiß, daß ich morgen grün und blau sein werde, zittere ich immer noch von der Erregung des körperlich anstrengendsten Drehtags meines ganzen Lebens. Was heute geschah, war eine seltene Erfahrung, weit entfernt von der Welt, an die wir uns mehr und mehr gewöhnen, eine Welt der Regeln und vernünftigen Vorsichtsmaßnahmen. Heute hat mich nur mein eigener Instinkt beschützt, und mein Vertrauen zu einer Gruppe von Leuten, die ich kaum kannte. Ich verstehe jetzt ein bißchen besser, warum Menschen in der bren-

Kamelfang
Ganz oben: Die Jagd.

Oben: Das Einfangen (Ian im blaukarierten Hemd).

Oben rechts: Das Kamel ist unbeeindruckt.

nenden Hitze dieses harten, unfreundlichen Landes ihr Geld verdienen, warum Ian, Westy, Wursty und die anderen ihre Kräfte mit den Kamelen messen, statt zum Beispiel Betäubungsgewehre zu benutzen. Man kann es einfacher haben. Aber darum geht es nicht.

ALICE SPRINGS

132. TAG

Mein Körper sieht aus wie ein Kreuzworträtsel. Zwischen weißen Stellen sitzt eine beeindruckende Zahl schwarzer Stellen. Ich beschließe mich auszuruhen, obwohl die Bedingungen nicht ideal sind. Der Wind ist eingeschlafen, das Thermometer zeigt 42°, und die aufdringlichsten Fliegen der Welt sind unterwegs und attackieren jede Gesichtsöffnung.

Ich beobachte, wie sich das Licht auf dem mürben Fels der MacDonnell-

Hügel von Bronze über Kupfer zu Ocker verändert, und bei Einbruch der Nacht zu einem geisterhaften, silbrigen Grau.

134. TAG

Die kurze Geschichte des weißen Australien läßt sich an den Namen auf der Karte verfolgen. Die Alice von Alice Springs war die Frau von Charles Todd, dem Direktor des Telegraphendienstes, der 1872 eine Relaisstelle neben einem Wasserloch einrichtete, das die Eingeborenen seit 10 000 Jahren benutzt hatten. Hier verband er die Überlandtelegraphenleitung, was mit den Worten der ›Illustrated London News‹ auf einen Schlag »alle australischen Kolonien in elektrische Verbindung mit Europa, Asien und Amerika brachte«. Der Todd-River, der zwei Tage bis zwei Wochen pro Jahr die Stadt durchfließt, wurde nach dem Direktor benannt. Der Fluß ist Schauplatz der Henley-on-Todd-Regatta, der einzigen wasserlosen Regatta der Welt. Die Boote haben keinen Boden, die Mannschaft steckt die Beine durch und sprintet durch das ausgetrocknete Flußbett.

Akazien durchs Fenster des Ghan.

Lange bevor die Forscher kamen, hatten die Flüsse, Wasserlöcher und Bergketten eingeborene Namen. Moderne Anlagen haben ihre Bedeutung oft ignoriert. Der Barrett Drive, eine neue Asphaltstraße, die an unserem Hotel vorbeiführt, heißt bei den Aborigines Broken Promise Drive, da sie über heiliges Land geführt wurde, nachdem die Planer ihr Versprechen brachen, eine andere Route zu finden. Wir fahren sie heute zum letzten Mal auf dem Weg zum Bahnhof entlang, von wo wir mit dem Ghan-Expreß nach Süden durch die Simpson-Wüste und nach Adelaide fahren und eine 3050 Kilometer lange Durchquerung des Kontinents vollenden wollen.

Die ursprüngliche Bahnstrecke war ein Desaster. Auf Sand ohne ausreichende Schienenführung verlegt, war sie Überschwemmungen und der Belastung durch die irrsinnig hohen Temperaturen ausgesetzt. Es gab ständig Verspätungen, die längste war drei Monate.

Die neue, 1980 eröffnete Strecke ist sicherer, effizienter und pünktlicher. Sie wurde vor allem für Güterverkehr gebaut, aber der alte Name »Ghan« ist immer noch mit den achtzehn silbergerippten Waggons verbunden, die Passagiere mit unterschiedlichem Komfort in 22 Stunden von Alice Springs nach Adelaide bringen.

Auf dem funktionalen, unromantischen Bahnhof werden Metallstufen vor jeder Zugtür ausgefahren, wie eine lange Reihe von Laufstützen. Unsere 3000 PS-Diesellok heißt ›City of Port Augusta‹ und wird nach den Worten unseres informativen Zugbegleiters eine Höchstgeschwindigkeit von etwa 110 Kilometern erreichen. Akazien, Wüsten-Kassias und Witchetty-Büsche geben nur wenig Schatten, als wir durch die alte, müde Landschaft rollen, die mit niedrigen, roten Kämmen gerippt ist, wie ein vorgeschichtlicher Meeresboden.

Der Sonnenuntergang klafft scharlachrot im Westen. Als er vorüber ist, sind wir an Kulgera vorbeigefahren und in der Provinz South Australia.

MIT DER GHAN NACH ADELAIDE

135. TAG

Sieben Uhr morgens am Bahnhof Post Augusta. Der Zug hat gehalten, und das Zugpersonal holt sich die Sonntagsausgabe des ›Advertiser‹. Eine Familie von Aborigines steigt aus, unter dem Arm mächtige Bettwäschebündel. Es riecht nach verbranntem Gras. Als wir den Bahnhof verlassen, fährt der Zug um eine enge Kurve, und einen Augenblick sehen die Waggons im Licht der gerade aufgegangenen Sonne wie poliertes Gold aus. Es wird ein herrlicher Sommertag werden.

Während wir an der Küste des Spencer-Golfs nach Süden fahren, wird die verdorrte Wüste endlich von einer vertrauteren, weniger erschöpften Szenerie abgelöst. Nach einer Woche unfruchtbarer Trockenheit ist die plötzliche verschwenderische Fülle von blauem Wasser kaum zu glauben, wie eine Fata Morgana. Dann verändert sich alles ziemlich rasch. Industrieanlagen kommen ins Bild. Port Augusta, Whylla und Port Pirie – Australiens Eisendreieck – bedeuten Schmelzhütten, Schornsteine und die größte Bleiveredelungsanlage der Welt. Dann kommen Hecken und Weizenfarmen, frisch abgeerntete Felder und Schafherden, dann Barbecues, Bungalows, Holden Cars und Cricketfelder. Nach einem Hagel von Stationen, deren Namen jedem Londoner vertraut sind – Kilburn, Islington und Mile End – machen die adretten Dächer der Dreißiger-Jahre-Vorstadt den Firmenwolkenkratzern der Neunziger Platz, die wie Pilze des Kapitals aus dem Boden schießen. Wir sind in Adelaide.

Adelaide (South Australia)

South Australia war im Unterschied zu New South Wales niemals eine Strafkolonie. Es hat eine Tradition der Toleranz und war »der erste Staat, der Homosexualität legalisierte«. Die Hauptstadt Adelaide versucht, sich von ihrer soliden, provinziellen Vergangenheit zu befreien und ein bißchen Spaß zu haben. Das prächtige Rathaus im italienischen Stil ist für Hochzeiten und Konzerte geöffnet, in den strengen Handelshäusern der King William Street spielt eine Live-Band in einer Kellerbar. Im alten Bahnhof gibt es ein Spielkasino, und hinter der ehrfurchtsvollen Inschrift der Obst- und Landwirtschaftsbörse – ›Die Erde ist des Herrn und was darinnen ist, der Erdboden und die darauf wohnen‹

– liegt ein ganzes neues Viertel teurer Apartmenthäuser. Unter dem nüchternen klassizistischen Portikus des Parlaments hängt ein Banner mit der Aufschrift ›Stoppt den Medienterror gegen Raver!‹ Eine junge blonde Frau versichert einer großen, lautstarken Menge von Ravern: »Meine Partei ist die einzige, die euch uneingeschränkt unterstützt.«

Die Rundle Street ist ein einziger Haufen von Lokalen, alles Erdenkliche von Pubs und Weinstuben bis zu Cafés, Coffee Shops und Restaurants. Auf dem Trottoir stehen die Tische in Zweier- oder Dreierreihen, an ihnen sitzt eine Menge junger, moderner Australier in Leinenhosen und kragenlosen Hemden oder dünnen Sommerkleidchen, ißt Olivenbrot und trinkt den letzten Jahrgang Chardonnay. Nach zehn Tagen da draußen komme ich mir vor wie auf einem anderen Stern.

ADELAIDE

136. TAG

Beim Frühstück sagt Roger, der den BBC World Service aufmerksamer hört als ich, die IRA habe ihren siebzehn Monate dauernden Waffenstillstand mit einem schweren Bombenanschlag auf die Canary Wharf gebrochen. Mir wird kalt. Die letzten Monate hat einer meiner Söhne für einen Zeitungsverlag im 19. Stock des Canary Wharf Tower gearbeitet. Ich frage Roger, wann die Bombe losging. Gegen sieben Uhr abends. Ich weiß, daß Will meistens nachts arbeitet, also hätte er gerade dort eintreffen können. In England ist es schon spät, aber ich rufe zu Hause an. Keine Antwort. Ich erfinde grauenhafte Szenarios um Helen. Die sanften Hügel der Southern Vales südlich von Adelaide mögen ein tröstlicher Anblick sein, aber sie haben nicht das Geringste mit dem zu tun, was mich im Moment beschäftigt. Aber Schlimmeres (oder Besseres) erwartet mich in dem kleinen Dorf Mount Compass, das sich rühmt, »Australiens einziges Kuhrennen« zu besitzen. Das ist ein so bizarres Ereignis, daß ich die nächsten paar Stunden von allem anderen abgelenkt werde, außer von Melkvorführungen, Ständen mit Wildbret, Ziegelherstellung (mal deine eigene Kuh drauf), und dem fast unglaublichen Les. Les ist ein Trumm von einem Mann, ein Falstaff der Farmer, der seit 22 Jahren den Zeremonienmeister der Compass Cup Country Show macht. Fast drei Stunden reißt er ununterbrochen politisch unkorrekte Sprüche. Bei einem Sackhüpfen, wo die Konkurrenten nach halber Strecke einen weiteren Teilnehmer mitnehmen müssen, ist er in seinem Element: »So, der hat sein Mädchen im Sack.«

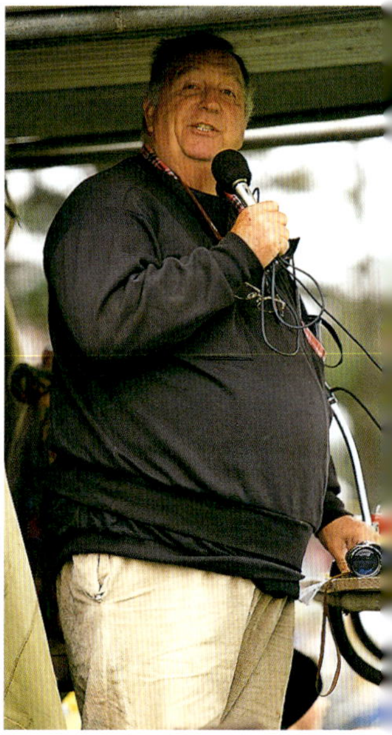

Sogar die Entschuldigung für einen Irrtum gibt Les eine Gelegenheit, die er nicht ungenutzt verstreichen lassen kann. »Tut mir leid«, donnert er, »ist mir rausgerutscht. Das Wort, meine ich.«

Eine Auktion ist im Gange. Durch ein unvorsichtiges Niesen gewinne ich die Gelegenheit, eine Kuh namens Udderley Yours im zweiten Rennen um den Compass Cup zu reiten. Der erste Durchgang ist ein Chaos. Der Starter schickt die Kühe aus den Koppeln, indem er eine doppelläufige Schrotflinte direkt neben ihrem Kopf abfeuert. Sie bäumen sich auf und kommen mit hervorquellenden Augen und trommelnden Beinen heraus. Junge Männer und Frauen versuchen verzweifelt, sich auf diesen vierbeinigen Berserkern zu halten, aber nach dem Ende des Rennens sieht die Arena aus, als sei die Leichte Kavallerie hindurchgeprescht. Ein Reiter wird von Sanitätern der St. John's Ambulance auf eine Bahre gelegt, ein anderer betrachtet stolz die Stelle, wo er früher das Stück Haut zwischen Daumen und Zeigefinger hatte, und bei einer Reiterin – laut Les einer ›Jockette‹ – besteht der Verdacht auf Handgelenkbruch.

Oben: »Udderly Yours« läßt sich nicht hetzen.

Links: Les ist der Schwerpunkt des Compass Cups.

Zum Glück stellt sich Udderley Yours als so friedlich heraus, daß Les sie über die Lautsprecher als die Valiumkuh tituliert. Mit Hilfe meiner drei »Antreiber« gelingt es mir nicht nur, sie zu besteigen, sondern auch die ganze Rennstrecke von 200 Metern oben zu bleiben. Auf Grund dieser Vorsicht werde ich zweiter in meinem Rennen, zwölfeinhalb Minuten hinter der einzigen anderen Kuh, die ins Ziel kommt.

Ich rufe zu Hause an, wecke Helen und höre zu meiner Erleichterung, daß Will nicht bei der Arbeit war, als gestern die Bombe losging.

VON ADELAIDE NACH SYDNEY

138. TAG

Nachdem wir Australien von Norden nach Süden durchquert haben, müssen wir nun wieder nach Osten, zurück zur Pazifikküste und weiter nach Neuseeland, dem südlichsten Teil auf dieser Seite des pazifischen Rands. Ein Zug mit dem passenden Namen ›Indian Pacific‹ kurvt gemächlich über flache Ebenen, vorbei an Broken Hill (wo ein Aborigine namens Charlie Rasp eines der reichsten Silber- Blei- und Zinkvorkommen auf der ganzen Welt fand), dann durch die Blue Mountains und erreicht nach 24,5 Stunden Sydney.

141. TAG

Ich spaziere eine der bedeutendsten Uferpromenaden der Welt entlang. Die Hafenbrücke, Symbol des heroischen Zeitalters der Schwerindustrie, erhebt sich wie ein schützender Patriarch über der zarten, spielerischen Silhouette des Opernhauses. Das eine ist die praktische Lösung eines praktischen Problems, das andere selbst ein Kunstwerk. Sie passen gut zusammen.

Sydney. Die Hafenbrücke, die ›Oriana‹ und das Opernhaus – alle drei vor meinem Hotelfenster.

Bis gestern waren sie in Gesellschaft eines langen, blendend weißen Gebildes, dessen Größe und Eleganz sie beide zu ergänzen schien. Der Liniendampfer ›Oriana‹, der England vor sechs Wochen verließ, legte letzte Nacht um zwölf mit einem Abschiedstuten ab. Auch wir müssen abreisen.

Später: Wir fliegen über die 1600 Kilometer Pazifik, die Australien von Neuseeland trennen. Sie heißen Tasmanische See nach dem holländischen Entdecker Abel Tasman, dem ersten Weißen, der vor 353 Jahren Neuseeland sichtete. Tasman, einer der großen Erforscher, suchte eine Route von Java zur goldreichen Küste Südamerikas (wie wir aus anderen Gründen).

Vom Fenster einer modernen Düsenmaschine ist der erste Blick auf die rollenden, nebligen grünen Hügel und die lange, zerklüftete Küste der Nordinsel Neuseelands dramatisch und zugleich vertraut, wie Irland oder Cornwall. Für Tasman war es der Beweis, daß er sich am Westrand einer gewaltigen südlichen Landmasse befand, die sich bis nach Amerika erstreckte.

Hätte er die Sprache der Maori verstanden, mit denen er eine rauhe Begegnung hatte, bevor er packte und wieder heimfuhr, so hätten sie ihn korrigiert, denn sie waren schon 800 Jahre früher von Polynesien nach Nordneuseeland gekommen. Sie nannten es Aotearoa – »Land der großen weißen Wolke« (woraus einige Maori-Aktivisten »Land des doofen weißen Volkes« gemacht haben). Und sie wußten, daß es eine Insel war.

Während wir uns den Zoll- und Einreiseformalitäten unserer elften Grenze unterziehen, erinnert uns das Land stark an England. Obwohl auf der australischen wie auf der neuseeländischen Flagge der Union Jack zu sehen ist, hat man das Gefühl, er bedeute den Neuseeländern mehr. Vielleicht kommt das vom größten aller Erforscher des Pazifik, Captain James Cook. Cook und seine Mannschaft der ›Endeavour‹ bereisten die gesamte neuseeländische Küste und hielten sie als erste auf Karten fest. Er hatte einen tahitischen Häuptling an Bord, der die Sprache der Maori verstand, und obwohl Cook dadurch in der Lage war, freundliche Beziehungen zu den Bewohnern von Aotearoa aufzunehmen, hinderte es ihn nicht, das Land zu annektieren. 1769 wurde Aotearoa Besitz König Georgs III. von England, behielt aber seinen holländischen Namen Neuseeland.

Sobald die Maori die Segnungen der westlichen Technologie genossen, konnten sie einander in größerer Zahl umbringen als zuvor und an verschiedenen interessanten neuen Krankheiten sterben.

Während die frühen europäischen Siedler sich auf dem fruchtbaren, wasserreichen Grasland vermehrten, sank die Zahl der Maori bis zum Ende des 19. Jahrhunderts von über 100 000 auf unter 40 000. Seitdem sind sie wieder auf eine halbe Million angewachsen, die Europäer zählen etwa drei Millionen. Die einzigen Bewohner, deren Zahl in den letzten Jahren gesunken ist, sind die Schafe, von denen es bloß noch 53 Millionen gibt.

AUCKLAND

142. TAG

Auckland ist von Wasser umgeben (anscheinend gibt es hier pro Kopf mehr Freizeitboote als in irgendeiner anderen Küstenstadt der Welt), und heute kommt es auch noch vom Himmel. Nach 32 000 Kilometern hat eine meiner treuen Reisetaschen mehrere Lecks, so daß ich für die Reparatur in die Stadt muß. Mein Taxifahrer ist ein Inder von den Fidschi-Inseln.

»Polynesier?«

»Nein! Ich bin kein Polynesier. Ich komme aus Fidschi.«

»Ah!«

»Ohne euch Engländer wäre ich immer noch auf Fidschi.«

Während wir die Queen Street mit zischenden Reifen hinunterfahren und der Regen niederprasselt, gibt er mir eine kurze Zusammenfassung der jüngsten Revolution dort und der darauffolgenden Ungerechtigkeiten gegenüber den indischen Händlern.

»Und England hat nicht einen Finger gerührt, um zu helfen.«

»Tut mir leid.«

»Mir auch.«

Einen Moment lang herrscht Stille. Das Gespräch scheint ihn aufgemuntert zu haben.

»Na, und wie finden Sie Neuseeland?«

Auf der Rückfahrt ist mein Fahrer ein Mann aus Tasmanien. Sein Vater ist Ire und will wieder dorthin zurück.

»Er will seine Frau mitnehmen, nach Nordirland.«

»Nordirland ist sehr schön«, sage ich, um ihn nicht zu reizen.

»Sie wird ihn nicht weglassen. Sie sagt, die sind da alle total bekloppt.«

Aus irgendeinem Grund lassen mir diese Gespräche Neuseeland als Zufluchtsort erscheinen. Vielleicht ist der Kiwi ein sehr passendes Nationalsymbol, ein flugunfähiger Vogel, der hier überlebte, weil er nicht bedroht war. Es gab keine Raubtiere. Natürlich nur, bis die Fremden kamen.

Auckland – Mehr Freizeitboote pro Kopf als in jeder anderen Küstenstadt der Welt.

WELLINGTON

144. TAG

»Und wieder ein Tag im Paradies!« gluckst der DJ des Senders More FM nach der Ankündigung, daß die Temperatur über 20° steigen könnte. Wenn man bedenkt, daß wir auf demselben Breitengrad wie Barcelona liegen, klingt das wie ein Witz, aber in Wellington gibt es solche Tage nicht oft. Stürme scheinen von der nahegelegenen Cook-Straße leidenschaftlich angezogen zu werden, und die Windböen, die in den Hafen blasen, sind sprichwörtlich. Die Aucklander lachen über das windige Wetter von Wellington, aber hier sagt man: »Wellington bläst, Auckland döst.« Unglücklicherweise fällt die plötzliche Stille an diesem Wochende mit einem Windfestival zusammen. Paraglider und Drachenflieger werden vielleicht am Boden bleiben müssen.

Mit 330 000 Einwohnern ist Wellington vielleicht kleiner als Auckland (wo fast ein Drittel aller Neuseeländer lebt), aber es ist trotzdem die Hauptstadt, und soweit ich auf meinem Rundgang sehe, scheint es entschlossen zu sein, keinen Minderwertigkeitskomplex zu entwickeln.

The Domain, Auckland. Mit dem Rad an ein paar von Neuseelands fünfzig Millionen Schafen vorbei – dreizehn Prozent des weltweiten Wollmarktes.

Zunächst mal sieht es anders aus. Auckland dehnt sich horizontal aus und hat genug Platz um seine Buchten und Inseln zur Verfügung. Wellington ist kompakt und auf ein hufeisenförmiges Stück Land an der Spitze einer zehn Meilen tiefen Bucht und unter einer niedrigen Hügelkette mit steilen Abhängen beschränkt. Manche davon sind so steil, daß die reicheren Bürger auf Mount Victoria ihre eigenen Cable Cars haben.

Diese Vertikalität führt zu phantasievollen Vergleichen mit San Francisco. Wellington scheint energisch ein Image anzustreben, das besser zur wohlhabenden, liberalen Mittelklassenraffinesse des amerikanischen Pazifik paßt als zum alten, grauen britischen Empire.

Das fast unvermeidliche Kulturfestival ist im Gange, und die gastronomischen Abzeichen werden stolz vorgezeigt – Espressobars, einfallsreiche Küche (zum Lunch habe ich Ziegenkäse mit Honigwabe gegessen), hervorragende Weine von der anderen Seite der Cook-Straße. Gay- und Esoterikbuchläden liegen neben Heilsarmeehospizen. In kräftigen Farben gestrichene Mauern – himmelblau, karmesinrot, kanariengelb – leuchten hell im Sonnenlicht. Ich steige den Hügel zum Vorort Kelburn hinauf, wo man eine schöne Aussicht hat und es hübsche baumbestandene Straßen mit schindelgedeckten Häusern, Giebelbalkonen, vorspringenden Terrassen, geraden Dachfenstern, abgeschiedenen Gärten und schattigen Veranden gibt. Beim Zurückschlendern durch den Botanischen Garten stoße ich auf ein Freiluft-Jazzkonzert. Paare sitzen beim Picknick unter Phönixpalmen und lauschen »You can't play the blues in an airconditioned room«.

Es war fast wie ein Tag im Paradies. Aber irgend etwas fehlt, und die Neuseeländer wissen es. In den Zimmern der komfortablen Villen von Kelburn planen Teenager hinauszukommen – nach Afrika, Amerika und Europa, um die Wurzeln der Kultur kennenzulernen, die man ihnen jeden Tag präsentiert.

Heute morgen stand im ›New Zealand Herald‹ die Geschichte von zwei Männern, die in einen Sex-Shop einbrachen und mit einem aufblasbaren Schaf, einer Sexpuppe und einer Schaufensterpuppe entkamen. Der Bericht vermerkt, die Polizei habe die Öffentlichkeit beruhigt, daß »die Schaufensterpuppe bekleidet war«.

VON WELLINGTON NACH KAIKOURA (SÜDINSEL)

146. TAG

Als Halbwüchsiger war ich von Neuseeland gefesselt, und während die Nordinsel zwar hier und da einen Vulkan und ein oder zwei heiße Quellen hatte, schien sie mir im Vergleich zu den Gletschern, Bergketten und sturmgepeitschten Klippen der wilden Südküste zahm.

Jetzt, wo das Windfestival vorbei ist, bläst eine steife Brise. Obwohl sie genügt, um auf der Fähre unsere Anorakkapuzen flattern zu lassen, bleibt die Cook-Straße ungewöhnlich ruhig, während wir die vierzig Kilometer Wasser überqueren, die im Ruf stehen, eines der rauhsten Gewässer der Welt zu sein.

Als wir in das zerklüftete Netzwerk von Meerengen und Kanälen einfahren, die die versunkenen Küstentäler der Südinsel kennzeichnen, ist das Meer im Sonnenlicht zu einem erstaunlichen Jadegrün geworden, und der Tag strahlt ebenso wie der frisch gestrichene weiße Rumpf unserer in Dänemark gebauten Fähre Arahura – ›Pfad zum Morgengrauen‹. Die Mannschaft ist locker. Es gibt nicht viel zu tun, außer die Wärme zu genießen und das Anlegen in Picton abzuwarten. Sie sind bei New Zealand Rail angestellt, die in jüngster Zeit die volle Kraft der Liberalisierung der alten Staatsindustrien wie einen Dampfhammer gespürt hat. Die Zahl der Angestellten ist in vier Jahren von 25 000 auf 5000 gesunken. Die meisten von denen, mit denen ich spreche, akzeptieren widerwillig, daß die Wirtschaft des Landes als Resultat der Veränderungen jetzt schlanker und gesünder ist – »Australien muß bald dasselbe machen«, sagen sie, »warten Sie's ab.« Einer denkt daran, es mit einer Emufarm zu probieren. Er erzählt, daß ihr Fleisch wenig Cholesterin und wenig Fett habe. »Die Haut ist gut für Lederkleidung, und die Federn sind in China sehr gesucht.«

Die Cook-Straße und die letzten Ausläufer der Nordinsel.

In Picton gehen wir von Bord und besteigen einen Zug mit dem pompösen Namen ›Coastal Pacific‹, an dem nichts Pompöses ist. Der Bahnhof von Kaikoura ist kaum weiter als eine Welle vom Pazifik entfernt. Er nennt sich selbst etwas großspurig Whaleway Station wegen der Hauptattraktion der Stadt. 200 000 Menschen kommen jedes Jahr zum Walebeobachten nach Kaikoura.

»Es ist weltweit einzigartig«, sagt Wally Stone, ein dunkelhaariger Maori, der Whalewatch in Gang brachte. »Da treffen sich drei tiefe Gräben. Aus der Antarktis kommt eine kalte Strömung, eine warme kommt aus dem Pazifik herunter und eine dritte von der amerikanischen Westküste. Sie treffen sich in einer Wanne, die so tief ist, daß man den größten Berg der Gegend reinwerfen könnte, und man würde nichts mehr davon sehen.«

Er deutet zum Horizont, der vom 3500 Meter hohen Tapuaenuku beherrscht wird.

Die Tiefe und Mischung des Wassers macht es fruchtbar. Der Spermwal ist ein Zahnwal und frißt Tinten- und andere Fische. Man hat schon mal einen fünf Meter langen Hai in seinem Magen gefunden.

Oben: Der ›Coastal Pacific‹-Expreß auf dem Weg nach Kaikoura.

Oben rechts: Ein Spermwal taucht vor Kaikoura.

Das Wetter verschlechtert sich, aber morgen wird es noch schlechter, also empfiehlt er, daß wir heute abend rausfahren. Unser Bootsmann ist ein junger Mann mit präraffaelitischem Lockenkopf. Wir schießen los wie eine Rakete und klatschen mit achzig Kilometern über die Wellen. Snow merkt anscheinend nichts von den Stößen und Schlägen, und zeigt uns seltene und wundervolle Dinge am Weg – den Westland-Sturmvogel, einen Schwarm dunkler Delphine oder sonst etwas, das wir vielleicht verpaßt hätten, während uns das Meerwasser ins Gesicht spritzt.

Wir können gottlob Luft holen, während Snow Funkkontakt mit einem Boot herstellt, das ein Gerät zum Empfang von »Öko-Ortungssignalen« an Bord hat – Geräuschen auf hoher Frequenz, welche die Wale vor dem Auftauchen ausstoßen. Sobald einer geortet ist, rasen wir mit voll aufgedrehtem doppelten Außenbordmotor wieder los, und kommen gerade noch rechtzeitig, um eine Schwanzflosse in den Wellen verschwinden zu sehen.

»Pech!« sagt Snow, als wir auf den Wellen steigen und sinken. »Jetzt dauert's wieder fünfzig Minuten.«

Anscheinend haben Wale einen geregelten Zeitplan. Und sie haben Namen. Snow meint, es sei Henrys Schwanz gewesen, den wir verschwinden sahen, aber er versichert uns, Hook, Scar oder Knuckles könnten nicht weit sein. Eine neue Meldung über Funk, und er macht eine 180°-Wende. »Tempo ist alles«, schreit Snow, während wir über die Wellen jagen, aber ich glaube nicht, daß ihn einer hört.

Wir haben Glück. Ein fünf Meter langes Männchen liegt wie ein langer Felsblock da, zwei Drittel des Körpers unter Wasser, und bläst eine Fontäne in die Luft. »Der reinigt sein System«, sagt Snow. Er bringt uns so nah ran wie er darf – etwa fünfzehn Meter – und zeigt uns die Narben auf dem Rücken des Wals, gleich unter der Rückenflosse, wahrscheinlich von Kämpfen unter Wasser. Die Fontäne sagt ihm, wann der Wal wieder abtaucht.

Das ist der eindrucksvollste Moment. Die Schwanzflosse bewegt sich ruckartig nach oben und scheint bewegungslos über dem Wasser zu verharren, bevor sie mit außerordentlicher Sanftheit und Sparsamkeit der Bewegung verschwindet und einen Kreis mit völlig klarem Wasser hinterläßt, einen Abdruck nicht größer als ein Gullideckel.

»Toll«, sagt Snow bewundernd.

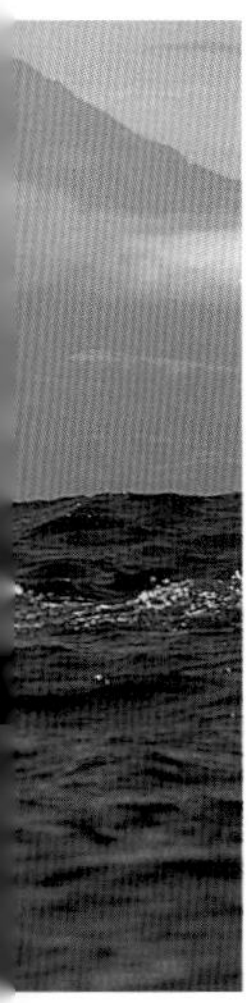

KAIKOURA

147. TAG

Kaikoura ist ein bedeutendes Zentrum der Maori. Sie sind Eigentümer und Organisatoren von Whalewatch. Bevor ich wegfahre, soll ich von den örtlichen Maori mit einer traditionellen Zeremonie auf dem Marae oder Versammlungsplatz willkommen geheißen werden. Da ich ein Pakeha bin – ein hellhäutiger Fremder –, wird mir jemand die komplexe Zeremonie erklären, und ich habe die Pflicht, eine kurze Rede zu halten und – ein Lied zu singen!

Ich werde von Rik eingeführt, einem sehr hochgestellten örtlichen Maori, der zur Zeit einen Entschädigungsprozeß um mehrere Millionen Dollar gegen die Regierung führt, die sich nicht an den 1840 unterzeichneten Vertrag von Waitangi gehalten habe. In der Hosentasche hat er ein Handy. Zwei Maorifrauen begleiten uns. Ich frage Rik, wie wichtig der Stamm heutzutage sei. »Ein Maori ist zuerst Stammesmitglied, dann Maori, dann Neuseeländer«, antwortet er ernst.

Mit einem ähnlichen Gefühl wie am Tag meiner Hochzeit werde ich in den Garten vor dem Versammlungshaus geführt und man sagt mir, wo ich stehen und was ich tun soll.

Zwei junge Männer in Kriegsbemalung mit Speer und Schild kommen heraus, um den Willigi, die Herausforderung, auszustoßen. Sie springen vor, schwingen die Speere, grunzen, singen, stampfen auf den Boden und ziehen schreckliche Grimassen. Abgesehen von ein paar Londoner Kritiken meines Theaterstücks, habe ich noch nie so nackte Feindseligkeit gesehen. (Oder in diesem Fall halbnackte Feindseligkeit). Augen werden gerollt und Münder zu einem Grinsen der Verachtung und des Ekels verzogen, gegen die eine gotische Schimäre aussehen würde wie Julia Roberts. Einer der Männer tritt vor und legt einen kleinen, grünen Zweig vor mir ins Gras. Wenn ich ihn aufhebe, bedeutet das, ich sei ausreichend erschreckt worden und käme in friedlicher Absicht. Ich hebe ihn auf. Die grimmigen Krieger lächeln wie Babys.

Oben: Herausforderung bei den Maori.

Oben rechts: Begrüßung bei den Maori.

Ganz rechts: Auf dem Weg nach Christchurch.

Wir gehen etwas weiter auf die hohe, reichhaltig geschnitzte Giebelwand des Versammlungshauses zu. Eine der Frauen auf der anderen Seite stößt einen Ruf aus – ein langes Heulen mit aufsteigenden und fallenden Kadenzen, das von einer Frau neben mir beantwortet wird. Nach diesem Austausch gehen wir noch etwas weiter auf ein Rasenstück, wo fünfzig Meter von der einheimischen Gruppe entfernt Bänke für uns aufgestellt sind. Darauf beginnt das Mihi – von Liedern unterbrochene Begrüßungsreden. Ein Maori mit irischem und englischem Blut namens Taare Bradshaw erzählt mir von der Geschichte des Ortes. Ich halte ein kurze Rede, eingeleitet von ein paar Sätzen auf Maori, die ich die ganze Nacht auswendig gelernt habe, und dann ist es Zeit für das Lied. Ich habe mit der Idee gespielt, »Every Sperm Is Sacred« aus Monty Pythons *Meaning of Life* zu singen, mich dann aber aus Gründen des guten Geschmacks für meine alte lateinische Schulhymne entschieden.

Die Maori sind aufrichtig, angenehm und vollständig verwirrt. Rik hält noch eine Rede für mich, dann dürfen wir zur einheimischen Gruppe zum Hongi hinübergehen – Händeschütteln und Nasenreiben. Reiben trifft es nicht ganz, es ist viel eher ein Aufeinanderpressen. Eine prima Verwendung für Nasen. Wir werden zum letzten Teil der Zeremonie hineingeführt, dem sogenannten Atmen. »Wir atmen die Luft durch die Nahrung hindurch«, erklärt Rik und schnappt sich ein Würstchen im Schlafrock.

Ich verstehe Rik immer schwerer und verdächtige ihn, das Alkoholverbot gebrochen zu haben. Die grünlippigen Muscheln sind unglaublich lecker, ebenso die heute vielleicht einem Spermwal vor der Nase weggeschnappte Languste.

VON KAIKOURA NACH CHRISTCHURCH

148. TAG

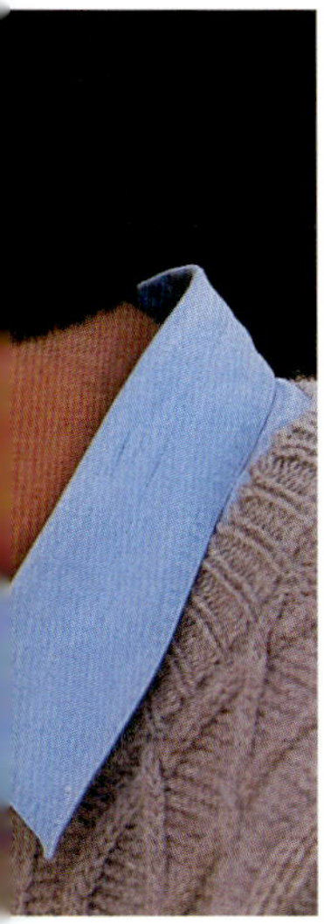

Letzte Nacht im Norfolk Pines Motor Hotel wurde ich vom Geräusch der brechenden Wellen und dem beruhigenden Gefühl, der Pazifik liege auf der anderen Straßenseite, in den Schlaf gelullt. Heute früh scheint der Pazifik verschwunden zu sein. Dichter, kalter Nebel hüllt meine kleine Hütte ein. Ich könnte überall sein. Dann höre ich ein leises Klopfen an der Schiebetür, und die Stimme meines stets fröhlichen Gastgebers John kündigt das Frühstück an. Er versichert mir, es sei nur Meeresnebel, der bald aufklaren werde, was mir nur recht ist, weil ich den ehrgeizigen Plan habe, heute nach Christchurch zu radeln. John kann ein Glucksen nicht unterdrücken, und als er das Tablett mit meinem Frühstück bringt, muß er mir die neueste witzige Geschichte aus seinem Leben erzählen. Diesmal ist es das Begräbnis eines alten Freundes, an dem er gestern teilnahm. Offenbar paßte der Sarg nicht in die Grube. Schließlich mußte der Totengräber einen der Griffe mit der Schaufel abhacken. Tassen und Gläser geraten beim Absetzen von seinem Gelächter ins Klirren.

Aus London kommt ein Anruf, der ›Daily Express‹ habe einen Artikel über Helens Operation gebracht. Andere Zeitungen wollen Reporter losschicken, um mich in Neuseeland zu suchen.

Zeit, aufs Rad zu steigen. Die Sonne zerstreut den Nebel rasch, und ich fahre unter perfekten äußeren Bedingungen die Küste entlang, auf der einen Seite eine mediterrane Mischung aus Pinien, Palmen und Stechginster, auf der anderen Seite Felsen voller schlaffer Bärenrobben, die auf dem Rücken liegen und die frisch enthüllte Morgensonne genießen.

In Christchurch findet an diesem Wochenende eine große Oldtimer-Rallye statt, und 1500 Autos hatten eine Woche Zeit, auf 28 verschiedenen Strecken hinzufahren. Auf den Straßen der Südinsel gibt es so wenige Autos, daß ich mich in die Vergangenheit versetzt fühle, als mich 1930er Chevrolets mit Türbrettern und draufgeschnallten Lederkoffern überholen und Ford Prefects und klobige Austin Twelves auftauchen.

Straußenfarmen, Rennbahnen (hier gibt es mehr davon als in England), dicke, gesunde Kühe und eine wundervolle Sammlung von Ortsnamen – Parnassus, Belfast, Styx – führen uns nach Christchurch, Neuseelands drittgrößter Stadt. Sie sieht so englisch aus wie ihr Name suggeriert, aber die Wirklichkeit ist komplizierter. Natürlich gibt es englisch klingende Public Schools wie St. Bede's und Christ's College, aber ihre Zöglinge sind immer häufiger Asiaten. Unser Hotel mag ›Park Royal‹ heißen, aber die meisten Zimmer sind von japanischen, koreanischen und taiwanesischen Reisegruppen belegt. In Christchurch gibt es ebenso viele Sushi-Bars wie Tearooms.

Als das Telefon klingelt, habe ich gerade eine Stunde geschlafen. Es ist die

Das Südgebirge. Mit dem Hubschrauber zum Tasman-Gletscher.

›Sun‹. Eine Dame, die sich tausendmal entschuldigt, möchte mit mir über meine Frau reden. Ich möchte nicht mit ihr über meine Frau reden. Als ich auflege, überlege ich, ob ich im Schrank nach Fotografen suchen soll.

MOUNT COOK

149. TAG

Während ich mich beschwere, von der ›Sun‹ wachgehalten worden zu sein, behauptet Basil, er sei von den Bissen der Bulldoggenameisen wachgehalten worden, die er in Alice Springs abbekommen hat. Ich glaube, wir könnten alle etwas mehr Schlaf vertragen, aber wir haben noch ein paar hundert Kilometer vor uns, bis wir auf dieser Seite des Pazifik am Ziel sind und Atem holen können, bevor wir uns nach Osten und Norden wenden.

Nach drei Stunden versperrt uns der große, gezackte Kamm des Mount Cook den Weg. Die Straße führt bis zur Vordertür des Hermitage Hotel.

Kaum sind wir angekommen, sagt man uns, daß wir wegen des von Westen kommenden schlechten Wetters sofort aufbrechen müßten, wenn wir auf den nahen Tasman-Gletscher fliegen wollen.

In einer halben Stunde trägt uns der Hubschrauber fast über 2500 Meter hoch in die stumme, weiße Welt des Tasman-Gletschers. Felsbrüstungen ragen steil über uns auf, die eine von einer großen Eiskuppel gekrönt. Mount Cook erhebt sich in der Nähe, eine Pyramide aus aschgrauem Fels, deren perfekter Gipfel aus dem Vorspann von Paramount Films zu stammen scheint. Zwei winzige Figuren bewegen sich langsam in unsere Richtung. Wir spekulieren, ob das die ›Sun‹-Reporter sein könnten.

Später im Hotel. Einen magischen Augenblick lang sieht die abgebrochene Spitze des Mount Cook im Sonnenuntergang wie geschmolzenes Metall aus. Später verbreitet sich ein energischer Neuseeländer beim Abendessen über das Maori-Problem. Seiner Meinung nach gibt es gar keins. Es ist alles von denen erfunden, die er »Feministinnen mit unrasierten Achseln« nennt. Die Maori seien nur an Integration interessiert. Die alte Frage der Besitzrechte am Land,

Das Mount-Cook-Massiv – der höchste Punkt von Australasien.

von der wir in Kaikoura gehört haben, werde nur von einer sehr kleinen Minderheit wachgehalten. Die Stärke seiner Überzeugungen erinnert uns an die Art, wie viele weiße Australier über die Aborigines sprechen. Er sagt, daß Neuseelands Premier die Zukunft seines Landes fest im Asien-Pazifik-Block verankert sieht. Nach Australien ist Japan der zweitgrößte Handelspartner, Korea der viertgrößte vor England. Die Mehrheit der neuen Einwanderer sind jetzt Koreaner oder Taiwanesen.

Wie sehr hat sich alles verändert, seit ich jung war. Bevor ich schlafen gehe, betrachte ich ein letztes Mal den in Mondlicht getauchten Mount Cook. Sogar er ist elf Meter kleiner geworden.

VOM MOUNT COOK NACH DUNEDIN

150. TAG

Heute früh werde ich vom Frühstück weggeschleppt, um einen Kea zu sehen, der hinter der Küche im Müll pickt. Der Kea ist ein Bergpapagei mit großem, scharfem, tödlich gebogenem Schnabel, mit dem er und seine Artgenossen schon mal in dreißig Minuten ein Auto zerlegen können. Er hat keinerlei Angst vor Menschen, was mich eher beunruhigt. Der dicke, furchtlose kleine Vogel stolziert herum wie ein frisch ernannter Ratsherr und fixiert mich ab und zu mit stechenden, herablassenden Augen.

Ich entscheide, daß ich an Parrotnoia leide, einer irrationalen Furcht, alle Papageien der Welt könnten den Sketch kennen, den ich einmal mit John Cleese gespielt habe, und darauf warten, sich zu rächen.

Vergessene Majestät – der Bahnhof von Dunedin.

Nachmittags: Die beiden Waggons des ›Southerner‹ werden von einer Diesellok in den Bahnhof von Dunedin gezogen. Der Bahnhof wurde einmal für große Dinge errichtet. Es ist ein herrliches, überladenes Gebäude im flämischen Renaissancestil, auf das man überall als Rathaus stolz wäre, geschweige denn als Bahnhof. Die Mauern aus rauhen Steinblöcken sind solide und prunkvoll. In der Schalterhalle blicken italienische Putten von der Galerie auf Fenster mit farbigem Glas nieder, die eine Lokomotive mit Kuhfänger und orangen Vorderleuchten und grauer Rauchwolke zeigen. Auf dem gefliesten Boden sind verschiedene Eisenbahnmotive in Mosaik eingelegt – ein Telegraphenmast, ein Signalmast, ein Frachtwaggon. Draußen soll eine robuste Kolonnade auf Pfeilern aus poliertem Aberdeen-Granit den Reisenden beim Warten vor den Unbilden des Wetters von Dunedin schützen. Jetzt halten hier nur noch zwei Züge am Tag.

DUNEDIN

151. TAG

Der Name »Dunedin« (wörtlich »Edin auf dem Hügel«) klingt wie eine Mischung aus Dundee und Edinburgh, was die Stadt gar nicht so schlecht beschreibt. Robbie Burns Statue beherrscht den größten Platz. Ein Schottland mitten im Südpazifik.

Auf den ersten Blick ist es ein strenger, feuchter, kühler Ort, dessen massige Gebäude von gewichtigem presbyterianischem Bürgerstolz strotzen. Der Reiseschriftsteller Paul Theroux nannte Dunedin »kalt und genügsam«, und wenn ich über die steilen Hügel blicke, die noch vom Regen der letzten Nacht glänzen, kann ich den Grund verstehen. Aber unter der nüchternen,

Sie haben die Zukunft in der Hand. Studenten der University of Otago.

grauen Fassade schlägt ein wildes Herz. Jedenfalls versichern mir das ein paar neuseeländische Freunde, die hier auf der hochangesehenen University of Otago waren. Um ein bißchen mehr über dieses alternative Dunedin zu erfahren, habe ich die Teilnahme am alten und traditionellen Leith-Lauf der Studenten des Selwyn College zugesagt. »Die Teilnahme gewagt« ist eigentlich präziser als »zugesagt«, denn der Lauf gehört zu einer Aufnahmezeremonie, die extrem ungemütlich sein soll.

Als ich im ehrwürdigen Innenhof des ziegelroten, 102 Jahre alten Colleges eintreffe, schleifen sich die Erstsemester schon beim Tauziehen durch ein speziell vorbereitetes Schlammbad. Als alle dreckig genug sind, strömen sie und ich aus dem Collegetor und laufen durch eine lange, breite Straße mit kleinen,

Monty Pythons Definition eines Königs - der einzige, der nicht voller Scheiße ist.

schindelgedeckten Villen, die nicht länger von alten Damen bewohnt werden, wie ich nach den leeren Bierdosen und kaputten Stühlen in den Gärten vermute. Dennoch ist dies unser letzter Blick auf die Zivilisation, bevor wir ins schmutzige Wasser des Leith River steigen. Was bisher Sport war, wird jetzt ein Kampf ums Überleben. Die neuen Studenten müssen etwa anderthalb Kilometer des steinigen Flusses laufend, krabbelnd, rutschend, schwimmend oder sonstwie überwinden, während sie mit Eiern, Mehl, Matsch oder irgend etwas anderem beworfen werden, von dem die am Ufer Stehenden glauben, es könne ihre Chancen verbessern, das Leben am Selwyn College zu genießen.

Die Steine sind scharf und tückisch. Da ich wahrscheinlich dreißig Jahre älter bin als die meisten anderen, scheine ich ihnen Hoffnung zu machen. Hier ist jemand, der den Leith-Lauf freiwillig mitmacht.

Das beste ist, mit den Mädchen zu laufen. Die Jungen pflügen in ihrer individualistischen Machoart voran, als sei es ein Rennen, wo man gewinnen müsse, während die Mädchen beschließen, einfach Spaß zu haben, sich unterhaken und durch die Verwüstung waten wie eine Revuetruppe, die in den I. Weltkrieg geraten ist. Die schmiedeeiserne Brücke, unter der das Rennen endet, ist ein letzter Engpaß, wo wir das leichte, tropfende und schnatternde Ziel all jener landwirtschaftlichen Produkte werden, die unsere Peiniger am Ufer noch übrig haben.

Als wir aber aus dieser Hölle schließlich auf den akkurat gemähten Rasen vor dem Hauptgebäude kommen, sehe ich es von der angenehmen Seite. Es war eine Gelegenheit, Neuseelands künftige Philosophen, Gehirnchirurgen, Richter und Premierminister zu treffen. Hoffentlich können sie sich auch noch an mich erinnern.

VON DUNEDIN NACH MILTON

153. TAG

Vierzig Kilometer südlich von Dunedin erreichen wir mit der kleinen, unauffälligen Stadt Milton den südlichsten Teil unserer Route auf dieser Seite des pazifischen Raums.

An keinem Punkt unserer Reise werden wir weiter von England entfernt sein. Trotzdem hat es nirgends englischer ausgesehen. Ein gotischer Kirchturm erhebt sich auf einer Dorfkirche aus Ziegeln. Es gibt ein Heilsarmeehospiz, ein Altenheim ›Sanftes Tal‹ und eine Reklame für ›Frosty Boy‹-Lutscher (›Nie ganz unbeleckt‹).

Die Gärten und dahinterliegenden Felder könnten direkt aus meinem Geburtsort in Yorkshire stammen. Und zwar seit damals unverändert.

Der Südpazifik rollt ein paar Kilometer vor Milton vorbei, derselbe Ozean, an dem ich vor 22 Wochen und 35 000 Kilometern auf Diomede gestanden habe. Wir haben's halb geschafft.

Letzter Blick auf die Pracht der Südinsel. Queenstown, der Wakatipu-See und die Erstaunlichen Berge.

VON KAP HORN NACH PUERTO WILLIAMS

156. TAG

Ich bin überrascht, auf Kap Horn eine Kapelle zu finden. Sie ist klein, kaum länger als fünf Meter. Die Wände sind aus Holzplanken, belegt mit rauher Pinienrinde. Ein Portal mit Blechdach schützt den Eingang, auf dem Boden liegen Gummimatten. Der Altar ist eine Holzplatte, die auf zwei Baumstümpfen ruht. Eine Gipsfigur der Jungfrau Maria schaut auf die leeren Bänke herab. Das spärliche Licht fällt durch zwei kleine, vom Seesalz getrübte Fenster, eines auf jeder Seite.

Vor dem einen Fenster liegt der Pazifik, vor dem anderen der Atlantik. Nirgends sonst liegen die Küsten der beiden größten Ozeane so nah beieinander, daß beide durch eine bloße Kopfbewegung zu sehen sind. Und das ist noch nicht alles. Hinter mir kann ich durch die Tür die Stelle sehen, wo Amerika endet, wo 24 000 Kilometer Küste in einem Haufen grasbewachsener Felsen auslaufen.

Ich gehe dorthin, schließe die Augen und versuche mich zu konzentrieren, damit ich mich später erinnern kann, was es für ein Gefühl ist, auf der Spitze eines Kontinents zu stehen, denn so etwas tut man nicht sehr oft. Nach einer Weile vergesse ich das Land. Das Geräusch des Meers übertönt jedes andere Geräusch, das Bewußtsein des Meers, das auf Tausende von Meilen fast alles bedeckt, überwältigt alle anderen Eindrücke.

Die ersten Europäer auf diesem Flecken waren 1616 William Shouten und Isaac Le Maire, die ihm den Namen ihrer holländischen Heimatstadt Hoorn gaben.

Rechts: Die Isaza vor Kap Horn.

Bobby, der schwarze Collie, der zur Mannschaft aus drei Männern und einem Hund gehört, springt mit wedelndem Schwanz auf mich zu und wendet den Kopf immer wieder beharrlich zur einstöckigen Holzhütte zurück, die als Marinefunkstation, Unterkunft und Postamt dient. Das Schiff der chilenischen Marine, das mich hergebracht hat, das Patrouillenboot ›Isaza‹ liegt grau und unauffällig vor der Küste und wiegt sich auf den Wellen, ein kompaktes 600-Tonnen-Schiff von fünfzig Metern Länge. Die Umrisse seiner vorderen 45-Millimeter-Kanonen zeigen, daß es mehr als ein bloßes Versorgungsschiff ist.

Die Kapelle auf Kap Horn – sonntags morgens schwer zu erreichen.

Das Wetter ist freundlich. Auf dem Weg hierher bemühte sich Kommandant Merino, uns klarzumachen, daß die Chancen, zu dieser Jahreszeit sicher an Kap Horn zu landen (Frühsommer in England, früher Winter in Chile), gegen uns sprächen. Aber im Augenblick haben sich die Wolken verzogen, und eine blasse Sonne wärmt ein grenzenloses, aber friedliches Meer. Es muß ein solcher Tag gewesen sein, als Magellan zuerst der Name für den Ozean einfiel, den er entdeckt hatte. Stiller Ozean. Nun möchte Kommandant Merino uns wieder an Bord haben, denn wir haben 48 Stunden Fahrt von hier bis zur Sicherheit von Punta de Arenas vor uns, der nächsten Stadt auf dem Festland. Das Wetter kann sich überraschend schnell ändern.

Dies ist der Beginn einer langen Reise entlang der amerikanischen Pazifikküste, von Kap Horn, dem südlichsten Punkt, nach Little Diomede, dem nördlichsten, um den Kreis zu schließen. Als wir den chilenischen Marinestützpunkt Puerto Williams erreichen, die südlichste ständig besiedelte Ortschaft der Welt, haben wir fast 160 Kilometer zurückgelegt. Jetzt sind es nur noch 23 840. Beim Anlegen ist es dunkel, und ein Geruch von Holzrauch liegt über der Stadt.

DER BEAGLE-KANAL

157. TAG

Die ›Isaza‹ ist ein Marineschiff ohne irgendwelchen Luxus. Die Unterkunft ist schon ohne uns sieben Leute mit 48 Gepäckstücken eng. Zwischen meiner Koje, eine von sechsen auf beiden Seiten einer kleinen Kabine, und der darüber sind gerade dreißig Zentimeter Platz. Unter einigen Schwierigkeiten habe ich eine Technik entwickelt, hinein- und hinauszukommen, ohne mich aufzurichten. Ich muß ziemlich grotesk aussehen, wie eine Zunge, die zwischen zusammengebissenen Zähnen hervorkommt. Darwin wäre von diesem Beispiel der Anpassung an äußere Umstände bestimmt fasziniert gewesen. Vielleicht hatte er dasselbe Problem, als er in den 1830ern selbst hier entlangfuhr.

Seine Reise ist nicht vergessen. Die Wasserstraße, der wir heute folgen, heißt Beagle-Kanal nach dem Schiff, auf dem er fuhr. Die von Kapitän Fitzroy 1831 angestellten Messungen der Wassertiefe werden noch heute auf der Brücke der ›Isaza‹ benutzt.

Der Beagle-Kanal ist eine wertvolle, geschützte Alternative zu der gefahrvollen Route um Kap Horn, so wertvoll, daß Chile und Argentinien 1979 fast darum Krieg führten. Tierra del Fuego ist zwischen beiden Ländern geteilt, und als wir von Puerto Williams nach Westen auslaufen, liegt die bergige Küste von Argentinien nur anderthalb Kilometer entfernt an Steuerbord. Ein Düsenclipper erscheint aus dem Nichts und landet in der Stadt Ushuaia. Früher war es ein Verbannungsort, ein argentinisches Gegenstück zum sibirischen Magadan, heute floriert der Tourismus und dreimal am Tag werden Skifahrer aus Buenos Aires hierher geflogen.

Langsam lassen wir den Schmutz der Stadt hinter uns und geraten in eine Welt der Naturwunder, wo es keine menschliche Besiedlung gibt. Die Südküste

Kap Horn. Der letzte Kilometer des amerikanischen Kontinents.

von Tierra del Fuego wird von einer Reihe großer, türkisfarbener Gletscher bestimmt, die sich an die sonnenabgewandte Südseite der Berge klammern. Eisplatten, die der Schwerkraft zu trotzen scheinen, hängen abenteuerlich zwischen gezackten Gipfeln, bis sie in die Täler absacken und ihren langsamen, unaufhaltsamen Weg zum Meer beginnen. Risse und Spalten zeigen die Anstrengung ihres Weges – eisige Schwangerschaftsstreifen auf ihrer trüb blauen Oberfläche.

Wenn die Gletscher sich dem Meer nähern, lösen sich Ströme von Schmelzwasser und Geröll unter ihnen und stürzen als schwindelerregende Wasserfälle von den Bergen.

Oben: Schmelzender Gletscher am Beagle-Kanal.

Oben rechts: Auf dem Beagle-Kanal der Kälte trotzend, um die Schönheit zu erleben.

Es ist eine majestätische, sich ständig neu erschaffende Landschaft – Darwin nannte sie »die Werkstatt der Natur« –, und ich stehe auf Deck und kann mich nicht davon losreißen, bis die schneidende Kälte mich nach unten treibt. Bei Sonnenuntergang setzt ein Wetterwechsel ein. Unser Kapitän zeigt mir auf der Karte ein kurzes Stück Wasser namens Brecknock-Kanal, wo wir etwa eine Stunde lang den Schutz der Inseln verlassen und voll einem pazifischen Sturm ausgesetzt sein werden. Er empfiehlt uns, vor dem Schlafengehen unser Gepäck festzuschnallen.

Ich schiebe mich in meine Koje und warte. Gegen ein Uhr fangen wir an, den Sturm zu spüren. Die nächsten dreißig bis vierzig Minuten rüttelt uns der Pazifik ordentlich durch, und ich bin richtig froh, daß ich so wenig Platz zum Bewegen habe.

DURCH DIE MAGELLAN-STRASSE NACH PUNTA ARENAS

158. TAG

Während der Nacht fahren wir in die Magellan-Straße ein. Das Wetter scheint sich geändert zu haben, auf jeden Fall hat der Sturm nachgelassen, aber ich bin völlig unvorbereitet auf den Anblick, der sich mir bietet, als ich an diesem Maimorgen das Schott aufstoße. Wir liegen halb von der Küste umgeben in einer kleinen, runden Bucht. Der Wind hat sich gelegt, und das Land ist ganz mit

Pringle Stokes' Grab an der St. John's Bay.

Schnee bedeckt. Der Himmel ist silbern und paßt zur Meeresoberfläche und dem militärischen Grau der ›Isaza‹. Vor dieser unwirklich monochromen Landschaft frage ich mich, ob der Sturm letzte Nacht schlimmer war, als er schien, und wir jetzt in einer gefrorenen Vorhölle sind.

Dieser Ort heißt St. John's Bay, der erste Kapitän der HMS ›Beagle‹ ist hier begraben. Fünfzig Meter vom Meer enfernt steht ein Grabstein mit einem Kreuz und der Aufschrift: »Dem Andenken von Kommandant Pringle Stokes RN, HMS ›Beagle‹, der an den Folgen der Gefahren und Entbehrungen bei der Vermessung der Westküste von Tierra del Fuego starb. 12.8.1828.« In Wahrheit nahm er sich im Winter das Leben.

Es ist ein Land der Geister, denn die Indianer, die Darwin hier traf, wurden in den folgenden hundert Jahren von den europäischen Farmern, die hier heraus kamen und das Land für ihre Schaf-Farmen in Besitz nahmen, systematisch ausgerottet.

Im Lauf des Nachmittags erspähe ich kurz die vielfarbigen Dächer von Punta Arenas, dem Sprungbrett zur Antarktis, wo ich vor viereinhalb Jahren auf meiner Reise *Von Pol zu Pol* abflog und wieder ankam. Damals habe ich mich gefreut, es zu sehen, und heute ist es genauso. Es ist eine richtige Stadt mit Hotels, einem Flughafen und 80 000 Einwohnern, die isoliert am Ende Südamerikas liegt, die einzige Stadt dieser Größe für Tausende von Kilometern. Sie begann als Strafkolonie, ebenso wie die eine Flugstunde entfernten Falkland-Inseln.

Die ›Isaza‹ quetscht sich ans überfüllte Kai, wo das mitgenommene polnische Fabrikschiff ›Pollux‹ gerade eine Riesenladung Krill anlandet. Nach drei Tagen unter dem Schutz der Armada de Chile gehen wir zum letzten Mal über das Fallreep an Land und von da ins Hotel ›Cabo de Hornos‹ zu einem Bad und einem Drink. Von meinem Fenster aus sehe ich zunehmend wildere Böen durch die Magellan-Straße fegen und tröste mich, daß wir es gerade rechtzeitig geschafft haben.

VON PUNTA ARENAS NACH PUERTO NATALES

159. TAG

Chile ist ein langes, schmales Land mit dreizehn Verwaltungsbezirken, jeder mit einem Namen und, von der Hauptstadt Santiago abgesehen, mit einer römischen Ziffer. Wir sind auf der Schnellstraße Nr. 9 im Bezirk XII, Magellanes y Antartica Chilena. Es ist sehr kalt und sehr feucht, und ich kann kaum glauben, daß wir in Bezirk I, wenn und falls wir ihn denn erreichen, die Hitze einer Wüste spüren sollen, wo es in manchen Teilen niemals regnet.

Patagonien: Die Straße nach Norden.

Telegraphenstangen und Schafe so groß wie große Schlittenhunde sind das einzige, was sich vom niedrigen Horizont über dem ungeschützten, feuchten, braunen Grasland nördlich von Punta de Arenas abhebt. Wo überhaupt Bäume stehen, haben Rinde und Äste eine gespenstische, grüne Farbe. Sie sehen tot aus, aber es ist nur eine Moosschicht, die sich in der feuchten Luft gebildet hat.

Die chilenische Haltung gegenüber ihrem fernen Süden wird am besten durch den Namen auf einem Schild beschrieben, an dem wir gerade vorbeigefahren sind: ›Provincia del Ultimo Esperanza‹. Provinz der Letzten Hoffnung. Auf einem windgepeitschten Hügel an der Straße liegt ein Reliquienschrein aus

Der Schrein der tausend Plastikflaschen.

einer gewaltigen Zahl leerer Plastikflaschen, die um einen kleinen Glaskasten herumliegen, in dem Kerzen brennen. Ich erfahre, daß es sich um ein Andenken an eine Frau handelt, die auf der Straße starb, als sie die Pampa durchwanderte. Obwohl sie verdurstete, überlebte ihr Baby, indem es an ihrer Brust saugte. Man sah darin ein Wunder. Ein Bild zeigt die Frau auf der Straße liegend, während ein Strahl himmlischen Lichts auf ihre Brustwarze fällt, und es herrscht der Glaube, daß ein Kranker geheilt werde, wenn man eine Flasche Wasser an diesem Schrein hinterläßt.

Puerto Natales ist eine langgezogene, niedrige Stadt an der schmalsten Stelle Chiles, nur fünf Kilometer von der argentinischen Grenze entfernt. Sie zieht sich am Sund der Letzten Hoffnung entlang, wo sich große Schwärme von Kormoranen, Reiherenten und den charakteristischen schwarzköpfigen Schwänen versammeln, unbeeindruckt von den niedrigen Wolken und dem kalten, peitschenden Regen.

Vor dem Abendessen gehe ich an der Küste entlang, eingepackt wie ein Nordpolforscher, während unter meinen Füßen Muschelschalen knirschen, die die Möwen fallengelassen haben.

VON PUERTO NATALES NACH TORRES DEL PAINE

161. TAG

Das Frühstück ist in Chile eine herbe Enttäuschung. Ganz abgesehen von der obligatorischen Scheibe blaßgelben Käses, die etwa so verlockend ist wie ein Stück Hauttransplantat, ist da noch das schwierige Kaffeeproblem. Das einzige, was es gibt, sind meistens Tütchen mit Instantkaffee und Kannen mit heißem Wasser. Heute morgen aber hege ich große Hoffnungen. Der Kaffee kommt auf einem Tablett unter einem weißen Tuch. Zwei Silberkannen werden auf den

Tisch gestellt. Keine Spur von Tütchen. Mit erwartungsvoll zuckenden Nüstern hebe ich den Deckel der ersten Kanne. Heißes Wasser. Schnell die zweite. Halbvoll mit kalter Milch. Verzweifelt sehe ich mich nach dem Ober um, aber er hat jeden meiner Wünsche schon vorweggenommen und präsentiert mir triumphierend ein weiteres Silbertablett mit einer Dose Maxwell-Kaffee, bereits akkurat für mich geöffnet.

Ein rosa Sonnenaufgang verbreitet vorsichtigen Optimismus, als wir auf einer nicht asphaltierten Straße weiter nach Norden in den Torres-del-Paine-Nationalpark fahren. Früher weideten hier Schafe, aber die Nachfrage nach Wolle ist in den letzten Jahren gesunken, und die Ovejeros, die Schafsjungen, mußten Cowboys werden. Wir sehen, wie sie in Ponchos, schlammbespritzten Lederjacken und breiten Hüten auf ihren Pferden sitzen und die Kühe von einer Weide zur nächsten treiben, wobei ihnen Schäferhunde helfen, die anscheinend über Nacht zufriedene Rinderhunde geworden sind. Die Torres

Oben: Torres del Paine, gespiegelt in den Seen eines der einsamsten Nationalparks der Welt.

Oben links: Chilenische Cowboys.

Links: Sonnenuntergang in Puerto Natales.

del Paine wachsen aus dem weiten, rollenden Grasland empor wie ein geologisches Manhattan. Die Torres selbst sind atemberaubend – zwei aufragende, blaßgelbe Bergspitzen, die schlank und elegant in der Sonne leuchten. Aber sie sind nur ein Teil eines ungestümen Aufbäumens des Gesteins, das auch die Cuernos (Hörner) del Paine geschaffen hat, zwei gedrehte, verschnörkelte Gipfel, und auch den König des Ganzen, den über 3500 Meter hohen Cerro Grande. Blendend klare blaue Seen bieten die Gelegenheit, diese Landschaft doppelt zu sehen.

Als wir das kleine Gästehaus am Ufer des Lago Grey erreichen, wo wir übernachten werden, ist es vier Uhr nachmittags, und die Dämmerung setzt ein. Vom Ufer vor unsern Fenstern dehnt der See sich nach Norden bis zum Fuß eines Gletschers aus, von dem blaue Eisschollen abgebrochen sind und in unserer Richtung über den See getrieben werden. Von Wind und Regen zerfurcht, liegen sie auf Kiesbänken wie verlassene Karnevalswagen.

Wenige Seelen verirren sich zu dieser Jahreszeit so weit in den Park, und wir haben das Gästehaus fast für uns allein. Ich sitze am holzgeheizten Ofen, spiele Domino und trinke sieben Jahre alten Scotch mit 7000 Jahre altem Gletschereis. Manchmal ist die Arbeit fast erträglich.

Wir filmen die Eisberge auf dem Lago Grey (bevor das Wetter mies wurde).

NATIONALPARK TORRES DEL PAINE

162. TAG

Ein Gefühl von Abgeschiedenheit. In der Nacht wird der Wind stärker und läßt mein Fenster einmal mit solchem Krachen und Heulen auffliegen, daß ich überzeugt bin, ein Berggeist sei in mein Zimmer gefahren.

Bei Sonnenaufgang hat sich der Wind zu noch größerer Wut aufgestachelt, zerrt an den mickrigen Bäumen und biegt sie zur Erde. Beim Frühstück bestaunen wir den Anblick der großen, gezackten Reihe von Gipfeln, die von der hellen Morgensonne vergoldet werden.

Ich mühe mich hinunter zum Ufer des Lago Grey. Der schwarze, kristalline Sand ist von knorrigen Ästen und Baumstümpfen übersät, die von den Elementen weiß geschliffen sind. Ab und zu kommen so starke Windstöße, daß ich das Gefühl habe, der Wind rolle mir die Augenlider zurück.

Vor dem Lunch machen wir den mutigen und wahrscheinlich tollkühnen Versuch, den Grey-Gletscher zu erreichen. Der Wind hat sich abgeschwächt, aber es hat angefangen zu regnen. Sobald wir aus dem Windschatten einer kleinen Insel heraus sind, wird unser Boot von hohen Wellen ergriffen, die über den Bug klatschen und es mit Wasser füllen. Der Bootsmann steht mit einer Hand am Außenbordmotor, mit der anderen an einem Halteseil und kriegt das meiste ab. Bald sind wir naß bis auf die Knochen, und Kamera und Tonausrüstung droht irreparabler Schaden, aber was uns zum Umkehren bewegt, ist der Anblick unseres Bootsmanns, der jedesmal die Augen schließt, wenn eine Welle uns trifft, und dem der Wind Tropfen wie MG-Feuer über sein Gesicht fegt. Die pfefferminzblauen Klippen des Gletschers bleiben aufreizend unerreichbar, eine Erinnerung, daß wahre Schönheit fast immer ihren Preis hat.

Eine durchgehend nach Norden führende Straße durch Chile beginnt erst 370 Kilometer nördlich von hier. Sie ist von uns durch ein dauerhaftes Eisplateau und einige der höchsten Berge der Anden getrennt. Wenn wir weiterkommen wollen, müssen wir aufs Meer.

DIE CHILENISCHEN FJORDE

163. TAG

Habe an Bord der ›Puerto Eden‹ schlecht geschlafen, eines soliden Frachtschiffs mit rotem Rumpf, daß seinen Weg durch die chilenischen Fjorde sucht. Es gibt eine Handvoll Kojen für Passagiere, und aus einer davon purzle ich nach einer bitterkalten Nacht, in der ich dauernd von Bauernhöfen geträumt habe.

Was ich sehe, macht meine Träume zur Wirklichkeit. Über Nacht ist die ›Puerto Eden‹ eine Arche Noah voller Viehtransporter mit Schweinen und Rindern geworden, die dicht an dicht auf zwei Decks geparkt sind. Die Schafe, von denen manche so eng eingepfercht sind, daß sie aufeinanderstehen, treten von einem Bein aufs andere, schnuppern erwartungsvoll die Seeluft und blinzeln durch die Gitterstäbe ins rosige Glühen des Sonnenaufgangs. Die Rinder werden nach Norden zum Mästen gebracht. Sie werden vier Tage und Nächte auf diese Art ertragen müssen.

Es gibt nur wenige Passagiere an Bord und nicht viel zu tun. Ein israelischer Student und seine Freundin spielen Karten mit Linda, einer voluminösen, kettenrauchenden Amerikanerin. Ein japanischer Vater mit Sohn widerlegen dic Vorstellung, daß Japaner nur gruppenweise reisen. Ein Junge aus Italien ist allein unterwegs, und ein chilenischer Geschäftsmann nimmt das Schiff, weil er die Landschaft liebt. Er ist groß, hat einen Bart und hängende Tränensäcke und sieht unendlich traurig aus. Er hat einen Sohn im Teenageralter dabei und verbringt viel Zeit damit, auf Deck die schneebedeckten Gipfel zu betrachten, während sich sein Sohn in seinen Kopfhörern verkriecht oder Gameshows im Fernsehen guckt.

Später, als wir den Kirke-Paß erreichen, wird es noch aufregend. Man kommt nicht anders durch das Spitzenmuster der Inseln als durch diesen äußerst engen Kanal zwischen felsigem Festland und seichten Sandbänken. Als wir uns Stück für Stück mit kaum zwei Metern Wasser unterm Kiel vortasten, werden wir von Tieren beobachtet. Seehunde geben eine Vorführung im Synchronschwimmen, Seelöwen liegen Bauch an Bauch in der Sonne, eine herrliche Parodie eines Mittelmeerstrands zur Hochsaison. Sie blinzeln zu uns herüber, als warteten sie schon Jahre darauf, daß hier mal ein Schiff auf Grund läuft.

166. TAG

Wir sind in der Stadt Castro auf der Insel Chiloé. Der Regen trommelt heftig auf das Dach meines Erkerzimmers mit Blick über die Bucht.

»Mal vente«, sagt unser Fahrer beim Frühstück. Der Wind hat sich wirklich gedreht. Das trockene, kalte, ruhige Gebirgsklima ist von einem der maritimen Tiefs abgelöst worden, die diese Insel zu einem der feuchtesten Orte der chilenischen Küste machen.

Wir steigen in den Bus und fahren durch die Straßen von Castro, vorbei an einer lila- und orangefarbenen Kathedrale mit Metallhaut. Fast drängen uns

Oben: Wie man den Pferdekiefer spielt.

Oben rechts: Beim Curanto auf Chiloé.

zwei Linienbusse in den Graben. Bis Santiago fahren sie 1200 Kilometer nach Norden auf der Carretera Austral Longitudinal – der Lebensader des südlichen Chile. Wir biegen auf eine unbefestigte Straße ab. Zwischen einer bunten Mischung von Anbauten liegt das Haus von Felipe und Sonia, die Gastgeber eines Curantos – einer Art chilenischen Muschelbackens – sind, das unter freiem Himmel auf traditionell chilotische Weise zubereitet wird.

Felipe ist in den Vierzigern, hat reichlich dunkles, krauses Haar und trägt Jeans und Anorak. Er sieht aus wie der Lieblingsprofessor an einer progressiven Universität. Sonia wirkt älter. Sie hat kurzes, dunkles Haar und ein rundes, starkes Gesicht wie ein Boxer. Hunde, Katzen und ein Hahn folgen ihr auf Schritt und Tritt. Der Regen hat sich zu einem Nieseln abgeschwächt, aber noch immer ist es ein Wetter, das man seinem ärgsten Feind nicht zur Grillparty wünschen würde.

Ich helfe Sonia Kartoffeln schälen. (Die Chilotes, wie man die Bewohner von Chiloé nennt, behaupten, die Kartoffel, die die Spanier nach Europa brachten, sei auf dieser Insel entdeckt worden.) Ich frage, wie viele Leute erwartet werden. Sie sagt 38.

»Un grande curanto?« frage ich.

»No, pequeño«, antwortet sie, ein kleines.

Sie hat schon Curantos mit tausend Kilo Kartoffeln vorbereitet. Unterdessen graben Freunde ein gut einen Meter tiefes, quadratisches Loch für das Feuer, andere sammeln die Torfstücke, die zum Kochen gebraucht werden. Einige Steine werden auf eine Unterlage aus langsam brennenden Manio-Holz gelegt, unter dem das Feuer entzündet wird. Während wir darauf warten, daß die Steine die richtige Temperatur erreichen, zeigt Sonia mir, wie man zwei Milcao und Capelete genannte Arten von Kartoffelkuchen zubereitet (ich merke mir die Namen, indem ich sie mir als spanische Rechtsanwaltskanzlei vorstelle). Jetzt kommt der entscheidende Moment. Wenn die Temperatur erreicht ist, muß alles so schnell gehen, daß sie nichts von ihrer Hitze verlieren. Als das Holz auseinandergezogen und die Steine enthüllt werden, ruft Sonia, die in den Rauchwolken wie eine Revolutionsheldin aussieht, nach den Zutaten. Muscheln werden auf Kartoffeln gelegt, darauf in Pangue-Blätter gewickelter Lachs, darauf Würste und ein paar Schinken, meine Milcao und Capelete kommen zwischen die Würste und obendrauf wieder Muscheln. Der ganze gastronomische Scheiterhaufen wird mit Torfstücken geschlossen, aus denen Rauch entflieht, wie bei einer tückischen atomaren Katastrophe.

Danach gibt es nicht mehr viel zu tun als Chicha zu trinken – den örtlichen Cidre – und nicht das Wort Mikrowelle zu erwähnen.

Als das Essen zwei oder drei Stunden später aus dem Feuer geholt wird, sieht es sichtbar mitgenommen und ziemlich dreckig aus, wie etwas, das man aus einem eingestürzten Haus gezogen hat, aber mit Ausnahme meiner Milcao und Capalete schmeckt es sehr gut. Besonders, wenn man Rauch mag. Der Regen, der freundlicherweise aufgehört hat, bis wir das Essen nach drinnen gebracht haben, setzt wieder mit voller Kraft ein. Nach dem Essen wird gesungen und getanzt.

Normalerweise ergreife ich bei dem Wort »Volkstanz« die Flucht, aber dies hier ist etwas besonderes. Die Tänze sind stark, einfach und jeder nimmt voller Ernst daran teil, vom kleinsten Kind bis zum ältesten Mann. Ein großes Mädchen mit üppigem schwarzen Haar schafft es, zugleich elegant und lustig mit einer halbvollen Weinflasche auf dem Kopf zu tanzen. Das älteste Paar im Raum führt als Hahn und Henne den stolzierenden Werbungstanz Cueca vor, wobei sie weiße Taschentücher über dem Kopf schwenken und unter der Ermunterung des Publikums mit scharrenden Schritten eng umeinander herumtanzen. Die Musik ist eine einzigartige chilotische Mischung aus Akkordeon, akustischen Gitarren und Pferdekiefer. Der Kiefer wird gespielt, indem man mit einem Stock über die Zähne fährt, aber man sollte ganz sicher sein, daß das Pferd auch tot ist. Es zeigt die befreiende Wirkung des Chicha und des Curanto, daß ich den Abend mit meinem ersten und vermutlich auch letzten Pferdekiefer-Solo beende.

169. TAG

Nach fast zwei Wochen ist es schön, wieder gutes Wetter und den offenen Pazifik zu sehen. Darwin muß dasselbe empfunden haben, als er Valparaíso fast auf den Tag genau vor 162 Jahren erreichte. Er schrieb in sein Tagebuch: »Nach Tierra del Fuego war das Klima köstlich... die ganze Natur schien vor Leben zu funkeln.«

Valparaíso ist wirklich eine reizvolle Stadt. Groß genug, um seine eigene Bedeutung zu haben, aber ohne die schweren Pflichten einer Hauptstadt dehnt es sich bequem über weite Hügel um eine geräumige Bucht herum aus. Es herrscht eine Atmosphäre lebhafter, verschlissener Vornehmheit, die mich an meine Lieblingshäfen am Pazifik erinnert – Wladiwostok, Tsingtao, Wellington und Nagasaki. Die Häuser haben Farbe und Stil und bieten dem Auge hübsche Blickfänge wie Türmchen, schmiedeeiserne Balkone und Orangenbäume in den Gärten. Es ist auch eine Marinestadt, und mit einer 4000 Kilometer langen Küste nimmt Chile seine Marine sehr ernst. In England gebaute Fregatten der Leander-Klasse und Minenräumer liegen in der Bucht, das verschnörkelte Portal des Hauptquartiers der Armada de Chile dominiert die eine Seite der Plaza Sotomayor und das ebenso üppige Denkmal für Chiles größten Seehelden Arturo Prat die andere. Chiles berühmteste Seeschlacht war 1879 die Schlacht von Iquique. Prats hölzerne ›Esmeralda‹ wurde von der metallenen ›Huascar‹ aus Peru gerammt und versenkt, aber er und seine Männer enterten das peruanische Schiff und kämpften bis zum Tod. Sie unterlagen, aber dem triumphalen Denkmal sieht man das nicht an.

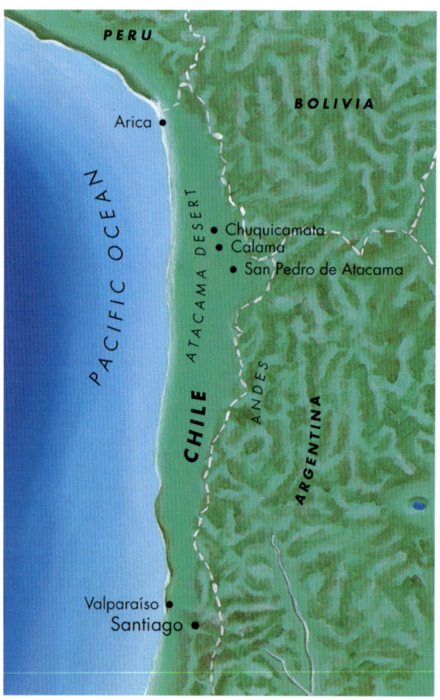

Ich verbringe den größten Teil des Nachmittags damit, auf den Ascensores zu fahren, einer Reihe kurzer Bergbahnen, die die regelmäßigen Erdbeben überstanden haben und nach hundert Jahren immer noch hinauf und hinab fahren. Jede hat zwei Wagen, die aussehen wie Gartenschuppen auf Rädern, und wird auf dick mit Öl und Fett beschmierten Schienen hinaufgezogen, welche auf einer Holz- und Ziegelrampe ruhen. Die Ascensore Artilleria, die von der Küste zu einem alten eisernen Musikpavillon den Hügel hinauffährt, wurde 1893 gebaut und trägt auf dem Drehkreuz die Aufschrift ›Stevens and Sons Ltd., London. Patentiert 1887‹.

Britische Ingenieure haben vielleicht in den 1890ern der Welt gedient, aber die gewaltigen Montagehallen und Fabriken, an denen wir auf dem Weg von Valparaíso nach Santiago vorbeifahren, gehören den neuen Herren – Hyundai aus Korea, Nissan aus Japan. Meine einzige Verbindung zur Vergangenheit ist mein Stadtplan von Santiago – eine Shell-Karte.

SANTIAGO

170. TAG

Chile ist kein dicht besiedeltes Land, es will bloß jeder in der Mitte wohnen. Siebzig Prozent der dreizehneinhalb Millionen Chilenen leben in Santiago und seiner Umgebung. Die Hauptstadt selbst hat fünf Millionen Einwohner, und sobald wir ankommen, kommen uns die üblichen Nachteile einer Metropole wie Straßenverkehr und Umweltverschmutzung schlimmer vor als sonst. Teils, weil wir aus dem leeren, unverschmutzten Süden kommen, und teils, weil sie wirklich schlimmer sind. Windstille und kalte Luft hält die Chemikalien und

Alt und neu. Die Plaza de las Armas in Santiago.

Auspuffgase gefangen. Wie in Manila dürfen die Autos nur jeden zweiten Tag fahren, und wie in Manila scheint das kaum einen Unterschied zu machen.

Aber wie das mit der Umweltverschmutzung nun mal ist, wenn man mittendrin ist, fällt sie einem nicht so auf, und obwohl die Sonne matt und verschwommen ist, scheint sie zum Spätherbst zu passen, und auf dem Zentralfriedhof fallen goldene Blätter von ganz allein.

Um das Leben einer Stadt kennenzulernen, ist der Zentralfriedhof kein schlechter Ausgangspunkt. Die Hoffnungen, Ziele, Ambitionen, sogar Lebensstile der Bewohner zeigen sich hier ganz offen. Der Zentralfriedhof von Santiago ist ebenso riesig wie die Stadt selbst. An zwei Millionen Menschen aller Arten und Stände wird hier erinnert, von denen unter Grabhügeln bis zu denen, die in teuren, marmornen Bunkern, maurischen Palästen, aztekischen Tempeln oder griechischen Basiliken ruhen, als könne Geld die Sterblichkeit irgendwie mildern.

Ein Ort in diesem gewaltigen und wunderbaren Museum chilenischen Lebens und Sterbens scheint das Meiste zu leisten, was ein Denkmal leisten kann. Es ist ein Rechteck aus sechzig Meter langen und drei Meter hohen Marmortafeln, das auf massiven Felsblöcken ruht. Es heißt Denkmal der Verschwundenen. Zwei Serien von Namen bedecken die Tafeln. Am einen Ende stehen Name, Alter und Verhaftungsdatum der Detenidos Desaparecidos, die in der Haft verschwanden. Am anderen Ende befinden sich die Ejecutados Politicos, der wegen ihrer politischen Meinung Hingerichteten. Die Altersangaben gehen hier von 23 Jahren aufwärts. Sie erinnern an keinen Kolonialkrieg, sondern an Ereignisse vor weniger als 25 Jahren, als Augusto Pinochet nach dem Sturz von Allendes Regierung durch das Militär 1973 die Macht ergriff. Während der nächsten siebzehn Jahre erlitt das Land schwere Einschränkungen der Menschen- und Bürgerrechte. Bis jetzt stehen hier 2000 Opfer. Wenn das Denkmal vollendet ist, werden hier 4000 Namen stehen.

Santiago.
Oben: Schachspiel im Park.

Unten: Das Denkmal der Verschwundenen auf dem Zentralfriedhof.

Es scheint fast unvorstellbar, daß dieses weltoffene und zivilisierte Land einen solchen Ausbruch von Furcht, Gewalt und Haß erlaubt haben sollte.

Chilenen der Linken wie der Rechten akzeptieren inzwischen, daß an dem Gift, das in den siebziger Jahren in das System eindrang, beide Seiten Schuld waren.

»Jeder macht Fehler«, sagt Patricio, den ich zuerst auf der Reise *Von Pol zu Pol* in Santiago traf. Dieses einfache, wirkungsvolle Denkmal ist nicht nur eine Liste von Namen, sondern ein greifbarer Akt der Buße, ein offenes Eingeständnis nationalen Versagens.

VON SANTIAGO NACH SAN PEDRO DE ATACAMA

174. TAG

Viertel nach sechs am Morgen. Wir sind auf dem Weg durch die Straßen Santiagos, entlang der Flutmauern des Mapucho, vorbei an der auffallenden Glaskuppel des Museo de Belles Artes. Noch immer steht der Vollmond am Himmel. Zusammengedrängte Gruppen von Männern, die Windjacken und Pudelmützen gegen die Kälte tragen, warten darauf, zur Arbeit abgeholt zu werden. Zu dieser Tageszeit wirkt die Stadt ungemütlich, voller schattenhafter Gestalten, die hoffen, einen Job als Tagelöhner zu bekommen.

Wir fliegen 1450 Kilometer nach Norden, über den Wendekreis des Steinbocks zur Bergbaustadt Calama am Rand der Atacama-Wüste, jenem Norte Grande genannten Teil Chiles, wo es seit Menschengedenken nicht geregnet hat. Unser wenige Stunden dauernder Flug von den gemäßigten Herbstnebeln Santiagos zur ungemilderten Hitze ist ein kurzer, scharfer Schock.

Die Wüstenstraße von Calama aus beginnt wenig vielversprechend. Müll liegt auf beiden Seiten der asphaltierten Autobahn. In der trockenen Luft rostet oder zerfällt nichts. Es liegt einfach in Haufen dort, wo es hingeworfen wurde. Wir fahren an einem toten Hund vorbei, den jemand von der Straße gezogen und am staubigen Rand liegengelassen hat, seine Beine stehen gerade ab, als sei er mitten im Zur-Seite-Rollen versteinert. Man ist versucht, diesen Ort für ein Nirgendwo zu halten, aber diese Schnellstraße 23 soll in den nächsten Jahren verbreitert und verlängert werden, damit Argentinien und Paraguay zum ersten Mal eine Straßenverbindung zum Pazifik bekommen. Bald sind wir von allen Anzeichen menschlicher Besiedlung entfernt. Wir fahren über einen Paß, und vor uns erstreckt sich die unermeßliche Weite eines ausgetrockneten Salzsees. Der Boden ist nicht so weiß, wie man meinen sollte, sondern mit rotem Sand bestäubt, eine Farbe wie rohes Fleisch. Es gibt keinerlei Schutz, und die Sonne scheint tagaus, tagein 365 Tage im Jahr.

Wir kommen ins Tal des Mondes. Als wir anhalten, um zu filmen, werde ich mir der völligen Stille bewußt. Kein Lüftchen regt sich, und selbst wenn es eins gäbe, ist weder ein Blatt noch ein Grashalm zu sehen.

Das letzte Tal vor San Pedro ist das Tal des Todes. Das Licht ist fast verschwunden, und doch verändern die Felsen immer noch ihre Färbung. Diesmal ist es die intensivste Schattierung von allen, ein tiefes Violett. San Pedro de Atacama ist eine kleine Oasenstadt aus einstöckigen Häusern mit weißen

Lehmziegelmauern und Straßen mit Kopfsteinpflaster. In den goldenen Tagen des Nitrat-Abbaus war es einer der Rastplätze der Eselstreiber.

Meine Mönchszelle in der ›Hosteria San Pedro‹ paßt genau in diese Gegend, aber kaum habe ich das Licht ausgeknipst und mich an die Stille im Tal des Mondes zu erinnern versucht, als die Scheinwerfer eines Reisebusses über mein Fenster streifen. Einen Augenblick später entlädt sich eine Gruppe von fünfzig Schulmädchen auf den Parkplatz. Der Generator ist ausgegangen, also gibt es kein Licht. Ich liege wach und lausche einem Geräusch, das kein Besucher in seiner ersten Nacht in der Atacama-Wüste erwartet hätte – fünfzig Schulmädchen, die im Dunkeln ihre Zimmer zu finden versuchen.

Unten und ganz rechts: Durch die Atacama-Wüste.

SAN PEDRO DE ATACAMA

175. TAG

Um vier Uhr weckt mich ein Klopfen an der Tür. Zeit zum Aufstehen. Es ist fürchterlich kalt. So kalt wie nur irgendwo auf dieser Reise, einschließlich Alaska. Unser Plan führt uns heute weiter nach Norden in die Anden, um zu versuchen, El Tatio zu erreichen, das höchste Geysirfeld der Welt. Die Einheimischen sagen, man müsse es bei Sonnenaufgang sehen, bevor die Luft sich erwärmt und der Dampf sich zerstreut. Es sind über hundert Kilometer auf einer Lehmpiste, deswegen fahren wir zu dieser gottlosen Zeit um halb fünf nach San Pedro. Im silbergrauen Schein des Mondlichts wirkt die alte Stadt surreal, wie etwas, das noch in meine Träume gehören sollte.

Ich trinke einen Grappa aus meiner Sheffield-United-Feldflasche. Unser Fahrer will die schlimmsten Schlaglöcher vermeiden und reißt das Steuer hin und her, so daß wir eine erfrischende Kombination aus horizontaler und seitlicher Desorientierung genießen.

Auf diese Etappe habe ich einen digitalen Höhenmesser mitgenommen: Wir sind 4000 Meter geklettert. Ich werde mir meines Atmens bewußt und muß über einen Vorgang nachdenken, über den ich normalerweise nicht nachdenke. (Mir war heute morgen schon aufgefallen, daß es ungewöhnlich anstrengend war, die Stiefel zu schnüren.) Bei 4500 Metern bildet sich Eis an der Innenseite der Windschutzscheibe. Bei 4800 Metern bin ich auf dem höchsten Punkt, den ich auf der Erde je erreicht habe. Ich frage Nigel, der schon überall gewesen ist, ob er schon mal was von der Höhenkrankheit gemerkt hat. »O ja«, antwortet er, »nach zwei oder drei Tagen über 4500 Metern schwellen einem Gesicht und Hände an.«

Ich bin froh, die Geysire in einem Stück zu erreichen. Aus der Entfernung gesehen, steigen die Dampfsäulen aus einem Kessel auf wie Hunderte von

Lagerfeuern. Man kann nah heran, aber nicht zu nah. Die Oberfläche dieses Sees aus heißen Quellen ist eine zerbrechliche Kruste, vor kurzem sind zwei Touristen eingebrochen und ins kochende Wasser darunter gefallen. Einer wurde nie gefunden.

Um Viertel vor acht bricht die Sonne über den Rand des Gebirges und beleuchtet den Dampf aus der brodelnden Erde von hinten. Die Temperatur liegt noch immer unter Null, und der Dampf kondensiert und friert sofort zu kleinen Partikeln, die im Licht glitzern und funkeln.

Zum Frühstück gibt es Eier à la fumarole – in Geysirdampf gekocht. Hinterher gehe ich ein Stück den Berg hinauf, wo außer stachligem Corion-Gras kaum etwas wächst. Eine große Dampfwolke entweicht einer Öffnung am Berghang, und ich stehe darüber, eingehüllt von den reinigenden, beruhigenden Schwaden aus natürlicher Energie, und bewundere den Reichtum an

Farben und Formen, den das Sonnenlicht in einem Land enthüllt, das eine halbe Stunde zuvor tot schien.

Am Ende dieser langen Tagesfahrt voller Schönheit vergleichen wir im Hotel unsere Eindrücke, nicht über die Pracht des Tages, sondern wie lange wir letzte Nacht nicht geschlafen haben.

Wir haben uns zu früh gefreut. Das ominöse Zischen von Druckluftbremsen zerreißt die Nachtluft, und das wohlbekannte Geräusch von hohem Mädchenlachen folgt auf dem Fuße.

Dampfbad in 5000 Metern Höhe. Die El-Tatio-Geysire in den chilenischen Anden.

CALAMA

176. TAG

Wieder in Calama. Das halbe Team war im selben Flügel wie die Schulmädchen einquartiert, also hat das halbe Team nicht geschlafen. Roger hat den Lehrern deutlich die Meinung gesagt, die die Schultern zucken und sich entschuldigen, aber was sollen sie denn machen? Es ist eine Klassenfahrt. Die Kinder sind den ganzen Weg aus Santiago gekommen. Sie sind überreizt. Als wir das Hotel verlassen, drängen sich die Mädchen in Sechserreihe um das einzige öffentliche Telefon.

Es gibt nur einen Grund, warum es in Calama ein Hotel, einen Flugplatz und eine gute, feste Straße gibt, ja, warum es überhaupt eine Stadt gibt, und

Oben: Chuquicamata, die größte Kupfermine der Welt.

Oben rechts: Sechzig-Tonnen-Bagger in Chuquicamata.

das ist das Kupfer. Die Atacama-Wüste sieht vielleicht wie ein Ödland aus, aber unter ihr liegt ein gewaltiger Reichtum an Mineralien – Gold, Silber, Mangan, Zink und Molybdän, aber vor allem Kupfer.

Die acht Kilometer von Calama entfernte Chuquicamata-Mine hat fast ohne Unterbrechung gefördert, seit die Vorkommen 1911 entdeckt wurden. Sie ist so groß, daß ein Schluckauf bei der Förderung eine Magenverstimmung auf den Weltmärkten auslöst.

Der Kupferabbau ist ein äußerst verschwenderischer Vorgang. 550 000 Tonnen Gestein werden täglich abgebaut, davon werden nur 160 000 Tonnen bearbeitet, und nur ein Prozent enthält Kupfer. Inzwischen gibt es um die Mine herum Abraumklippen, -plateaus und -berge, so groß, daß sie von der Natur kaum zu unterscheiden sind.

Die Kupfersuche hat ein vier Kilometer langes, zweieinhalb Kilometer breites und 800 Meter tiefes Loch in die Erde gegraben. Die Mine hat ihre eigene Stadt für 12 000 Arbeiter und ihre 20 000 Angehörigen. Sie hat ihre eigenen Flüsse – sechs Leitungen bringen das Wasser 120 Kilometer weit aus den Bergen, denn diese Mine in der Mitte der Wüste braucht 450 Millionen Liter pro Tag. Sie hat Rauchschwaden, die über dem Schmelzwerk aufsteigen und die einzigen Flecken an einem stechend klaren, blauen Himmel sind.

Chuquicamata ist eine Welt der Riesen. Bagger mit Schaufeln, die sechzig Tonnen auf einmal fassen, füllen Abraumlaster so hoch wie Häuser.

Die Mine gehörte erst der American Anaconda Mining Company, wurde 1971 von Präsident Allende verstaatlicht und gehört jetzt den Chilenen. Sie waren so freundlich, manche würden sagen, so närrisch, mich den Countdown ihrer wöchentlichen Sprengung ansagen zu lassen. In der Kabine hoch über dem Amphitheater der Terrassen sitze ich umgeben von Fußballpostern und Pin-up-Girls, und bin mir bewußt, daß jeder Fehler in meinem Spanisch tagelange Vorbereitungen gefährden kann. Und ich muß noch rückwärts zählen. Ich lehne mich über das Mikrophon. »Cinco... Quatro... Tres... Dos... Uno... Fuego!«

Bevor mich irgendein Geräusch erreicht, sehe ich fast anderthalb Kilometer entfernt schwarze Rauchwolken aus dem Boden schießen und mehrere Hektar harten grauen Fels sich in Zeitlupe aufbäumen, bevor er in kleinen Stücken wieder auf den Boden kracht. Diese rollen den Hügel hinab, bis sie von einer Staubwolke verdeckt werden, die zum Himmel aufsteigt und das verblassende Sonnenlicht verdunkelt. Ich bin froh, daß man mir nicht vorher gesagt hat, die Gesamtkosten der Vorbereitung einer Explosion dieser Größe lägen bei 600 000 Dollar.

Trotz der laufenden Kosten dieser enorm verschwenderischen Operation ist der Weltbedarf an Kupfer so hoch, daß die Chiquicamata-Mine im letzten Jahr eine Milliarde Dollar verdient hat. Auf Befehl der chilenischen Regierung gehen zehn Prozent direkt an das Militär.

Vielleicht ist es ein Schandfleck in der auffallend schönen Landschaft der Atacama-Wüste, aber in zwei Jahren wird es nicht mehr der einzige sein. In der Nähe soll eine neue Mine eröffnen, gemeinsam finanziert von britischen, australischen und japanischen Firmen.

Sie soll noch größer werden als Chiquicamata.

ARICA

178. TAG

Im nur neunzehn Kilometer von der peruanischen Grenze entfernten Hafen Arica ist Tag der Armee. Was ganz passend ist, denn Arica kam erst durch Waffengewalt an Chile. Im Pazifischen Krieg 1879 – 1883 gewann Chile von Peru Arica und die Provinz Tarapaca, außerdem einen Batzen Bolivien, samt dessen ganzer Küste.

21 Schüsse Salut am frühen Morgen und die Anwesenheit von General Pinochet verstärken meinen Eindruck, daß die traditionelle Hierarchie Chiles – reiche Landbesitzer und alte Familien im Bund mit einer konservativen und gut ausgebildeten Armee – noch immer unerschüttert ist. Überall sind Seevögel, Pelikane, Sturmvögel, Tölpel, Raubmöwen, Sturmtaucher, Austernfischer und Truthahngeier. Die Wolken sind dick und deprimierend. Die kalte Strömung vor der Küste, die den Namen ihres Entdeckers Humboldt trägt, läßt die warme Luft zu einem hängenden Nebel kondensieren, der die Sonne verdeckt und während acht Monaten die Pazifikküste bis nach Panama verhüllt. Es sieht aus wie Regenwolken, aber hier regnet es nie. Der größte Wasservorrat und die trockenste Wüste der Welt liegen Seite an Seite.

179. TAG

Roger hat die sensationelle Entdeckung gemacht, daß General Pinochet den letzten Abend unter unserem Dach verbracht hat, wo zu seinen Ehren ein Festbankett stattfand. Um einen Beweis zu haben, hat er seinen selten benutzten Fotoapparat geholt und die ersten Bilder auf der ganzen Reise gemacht – 24 Ansichten von General Pinochet beim Verlassen des El-Paso-Hotels in Arica. »Für die Nachwelt«, sagt er bescheiden.

Statt der nebelverhangenen Pazifikküste zu folgen, haben wir beschlossen, mit Bahn und Schiff durch Bolivien ins Innere Perus zu fahren, dann über den Altiplano (die Hochebene der Anden) und entlang des Flußsystems, das schließlich den Südzipfel Kolumbiens erreicht. Es ist möglicherweise die schwierigste und gefährlichste Etappe unserer Reise. »Ohne Fleiß kein Preis« wird die nächsten Wochen unser Motto sein. Wenn, und falls, wir wieder aus dem kolumbianischen Dschungel kommen, wird uns die Vorfreude auf Nordamerika und einen relativ »zivilisierten« Endspurt belohnen.

Eine nach Chiles großem Seehelden Arturo Prat benannte Straße in Arica.

Aricas winziger Bahnhof ist ein paar hundert Meter vom Ozean entfernt, dessen heftige Brecher mit träger, unangestrengter Kraft auf die Felsen krachen. Vom Acht-Uhr-Zug nach La Paz keine Spur. Ein halbes Dutzend räudige Katzen verziehen sich hinter die Büsche, als wir unser Gepäck abladen. Auf dem winzigen Bahnsteig erinnert eine Tafel an ›John Roberts Jones, Ingeniero, der den Bau der Strecke nach Arica beaufsichtigte und am 18. Februar 1911 an Malaria starb‹. Meine Gedanken gehen zurück zu Pringle Stokes von der ›Beagle‹, dessen Grab viertausend Kilometer entfernt an einer schneebedeckten Bucht am anderen Ende Chiles liegt, und ich frage mich, was die beiden Männer getrieben hat, so weit fort von ihrer Heimat zu gehen und ihr Leben zu riskieren.

Sie hatten nicht einmal die BBC als Entschuldigung.

Eine einfache Fahrt nach La Paz kostet 52 Dollar, »nur in sauberen US-Banknoten«, wie mein Ratgeber hinzufügt. Nachdem wir bezahlt haben, können wir nur noch warten. Als der Zug, der uns über die Anden bringen soll, endlich eintrifft, herrscht eine greifbare Enttäuschung unter der Handvoll hauptsächlich ausländischer Reisender, die während der letzten Stunde mit wachsender Unruhe auf die Uhr geschaut haben. Alles, was zwischen uns und Bolivien steht, ist ein einziger staubiger, silbergrauer Triebwagen, der vor dreißig Jahren in Deutschland entworfen und gebaut wurde, um durch die Vororte von München zu zuckeln. Wie bei Pringle Stokes und John Roberts Jones scheint es sein Schicksal zu sein, fern der Heimat zu enden. Und wie es aussieht, auch ziemlich bald.

Jedes einzelne schwere Gepäckstück, und wir haben 48 davon, wird vom Stationsvorsteher mit Hilfe seiner Frau, einer gutgelaunten Frau in einer beigen

Strickjacke, aufs Dach gehievt. Vitaliano, der Fahrer, packt ab und zu mit an. Er fährt den Ferrobus seit 1992, sagt er und fügt stolz hinzu: »Ich bin schon viermal gefilmt worden.« (Nicht gerade das, was wir hören wollen.)

Wir fahren genau zur vollen Stunde ab, allerdings nicht zur vorgesehenen Stunde. Im Zug sind der Fahrer, ein Hilfsfahrer, ein Steward und 25 Passagiere, darunter Linda, die füllige Amerikanerin, die wir zuletzt auf der ›Puerto Eden‹ getroffen haben, und ihr Freund, der heute ein ›Name Your Poison‹-T-Shirt mit einem Totenkopf trägt. Keiner wagt zu fragen, wann wir wohl in La Paz ankommen. Vage erwähnt jemand das Wort »Sonnenuntergang«.

Bei unserem Tempo ist das optimistisch. Der erste Halt kommt an keinem Bahnhof, sondern um eine Weiche zu stellen, ein umständlicher Vorgang, bei dem der Hilfsfahrer hinausklettern, vorausgehen, einen Hebel mit Vorhängeschloß aufschließen und die Weiche umstellen muß. Nachdem der Zug durchgefahren ist, wird das Ganze rückwärts wiederholt.

Ungefähr dreißig Kilometer außerhalb von Arica fahren wir eine lange Linkskurve über den Fluß und kommen plötzlich in die Wüste. Die Obstgärten, Weiden und Maisfelder des Lluta-Tals laufen unter uns aus wie ein dünner, grüner Gletscher. Die letzten Reste von Küstennebel sind weggebrannt. Die Sonne sticht vom Himmel. Unser kleiner Triebwagen, ein bloßes Sandkorn in der Landschaft, klettert langsam und mit beunruhigenden Schaltgeräuschen. Wir scheinen zwischen Himmel und Hölle am Berg zu hängen, während das Getriebe wieder ins Lot zu kommen versucht. Und es ist steil. Auf einer Strecke von vierzig Kilometern klettern wir 2500 Meter.

Eine dünne Wasserleitung aus Plastik läuft neben der Strecke her. Ohne sie würden wir vermutlich nicht über die Anden kommen. An jeder Zapfstelle stoppt der Fahrer den Zug, füllt einen roten Plastikeimer und füllt die Kühlung nach, die in der dünner werdenden Luft noch härter arbeitet.

Ich fange selbst an, benommen zu werden. Wir sind alle vor den Folgen der Höhenkrankheit gewarnt worden, aber alles, was ich im Augenblick spüre, ist eine seltsame Hochstimmung, eine Art Was-soll-schon-sein-Gefühl. Jetzt weiß ich, warum man sagt, jemand sei »high«.

Sechseinhalb Stunden nach der Abfahrt in Arica sind wir an der chilenischen Grenze. Ein verblichenes Schild gibt die offizielle Höhe mit 4055 Metern an. Um uns herum erstreckt sich der Altoplano, ein weites, baumloses Plateau aus sumpfigem Grasland in Farbschattierungen von smaragdgrün bis limonengrün, umstanden von unversöhnlichen weißen Gipfeln – Putre (5822 Meter), Larrancagua (5398 Meter) und der mächtige Vulkan Sajama, dessen Kegel auf 6550 Meter ansteigt. Die Luft ist sauber und klar, und der Sonnenschein blendet. Ich wandere die Strecke voraus, um die beste Aussicht zu bekommen. Nach ein paar Schritten wird mir schwindlig, und ich muß langsamer gehen. Als ich notieren will, was passiert ist, merke ich auch, daß die Tinte aus meinem Füller dünner fließt.

Anderthalb Kilometer weiter, nach einem nur von grasenden Lamas bewohnten Stück Niemandsland, kommt die bolivianische Grenzstadt Charana. Menschen wie Häusern ist anzusehen, daß wir mehr überquert haben als nur eine Linie auf der Karte. Chile hat ein jährliches Bruttosozialprodukt von 2730

Dollar pro Kopf, Bolivien ist mit 680 Dollar pro Kopf das ärmste Land Südamerikas. Die meisten Chilenen sind Mestizos, in Bolivien sind sechzig Prozent reine Indianer. In Chile trägt niemand einen Bowlerhut, in Charana haben alle Frauen welche auf. Das chilenische Militär ist stets wie aus dem Ei gepellt. Die Soldaten an der bolivianischen Grenze tragen formlose, ausgebeulte Hosen, zerknitterte Jacken und Feldmützen aus Baumwolle.

Das einzige Zeichen einer Investition in Charana sind funkelnd neue Banos Publicos, bestimmt die tollste öffentliche Toilette, die ich seit Santiago

Der Triebwagen zwischen Arica und La Paz wird aufgetankt.

gesehen habe. Die Tür ist fest verschlossen. Linda, die Amerikanerin, verträgt die Höhe nicht. Sie sagt, man hätte ihr erzählt, im Zug gebe es eine Sauerstoff-flasche, und nun gibt es keine, und sie habe dem Steward pantomimisch vorgeführt, sie bräuchte dringend etwas zum Inhalieren, worauf er ziemlich mürrisch antwortete: »Nein, das gibt's in Kolumbien, hier nicht.« Schließlich haben sie sich verständigt, und er hat ihr einen großen Becher Kokablättertee gebracht, den er in Chile nicht ausschenken durfte.

Wir sind jetzt über die Wasserscheide und rattern bergab. Der Fahrer hüpft auf seinem Sitz wie auf einem Sprungstab, und der Kokatee fliegt nur so durch

Das Lluta-Tal, der letzte Streifen Grün vor Bolivien.

die Gegend. Dies wirkt Wunder für die allgemeine Kameradschaft, und bald unterhalten sich die beiden Mädchen aus Neuseeland, die mit ihrer Mutter reisen, »damit wir uns mal richtig kennenlernen«, mit dem Deutschen, der mit seiner peruanischen Frau und ihrem neunzehn Monate alten Baby unterwegs ist. Linda und die holländischen Rucksacktouristen reden über ihre jeweilige Höhenkrankheit, und die beiden Norweger, die in Ecuador ausgeraubt wurden, machen sich an zwei äußerst sonnengebräunte Mädchen aus Brisbane ran. Draußen wird es dunkel und kalt. Die Kälte bringt die Unterhaltung zum Stillstand. Nachdem wir unser Huhn mit Pommes frites gegessen haben, versuchen wir zu schlafen, während der kleine Triebwagen Richtung La Paz schaukelt.

Niemand ist überrascht, als es kurz, nachdem wir gerade zwölf Stunden unterwegs sind, ein Quietschen und einen Ruck gibt und dann Stille eintritt. Wir sind entgleist. Der Fahrer klettert mit einer Taschenlampe hinaus und verschwindet dann mit einer Schaufel. Er kommt mit einem Haufen Erde und Steinen zurück, die er zwischen die Schiene und die Lücke füllt. Andere graben nach Steinen und werfen sie ebenfalls hinein. Unter der Gruppe von Einheimischen sind auch zwei kleine Kinder. Ich frage, ob sie schon mal gesehen haben, wie jemand den Zug auf diese Art wieder auf die Schienen bekommt. Sie nicken vergnügt. So wird es immer gemacht. Ich soll mir keine Sorgen machen, es dauert nur eine halbe Stunde. Und wirklich, eine halbe Stunde später fassen die Räder nach einigem heulenden Gasgeben das Geröll und klettern zurück auf die Schienen.

Wir mögen frösteln und müde sein, aber unsere Abenteuer sind noch nicht vorüber. Die Talfahrt nach La Paz ist dramatisch. Die Stadt ist in eine gewaltige Schlucht gebaut, die wir in Korkenzieherspiralen hinabfahren. Die glitzernden Lichter versprechen Glanz und Aufregung, aber der nähere Anblick ist deprimierend. Die Schienen sind nicht eingezäunt und vernachlässigt. Manchmal verschwindet die Strecke unter Sand, Schmutz und Steinen. Rudel von mageren Hunden laufen vor uns herum und scharren in den verstreuten Abfallhaufen. Im Scheinwerferlicht erscheinen zwei Betrunkene, die auf den Schienen entlanglaufen, wacklig auf ihnen balancieren und lachen. Die endgültige Erniedrigung auf unserem gewundenen Weg in die Stadt ist jedoch, daß ein großes Eisentor vor uns geschlossen ist. Die Fahrer, die engelsgleiche Geduld bewiesen haben, klettern mit ihren Taschenlampen wieder hinaus. Schließlich kommt eine Dame in rotem Schal und weitem rosa Kleid aus einer Hütte, holt einen Schlüssel heraus und schließt sorgfältig auf. Als die Fahrer wieder einsteigen, finden sie einen Betrunkenen vor, der in den Zug geklettert ist. Er hat uns für seine Buslinie gehalten und ist sehr verwirrt. Der Fahrer schmeißt ihn raus, und nachdem wir das Tor langsam durchfahren haben, das die Dame im rosa Kleid wieder hinter uns schließt, finden wir uns in der Mitte einer Straße wieder. Der Fahrer hupt die Autos an, die ihrerseits verärgert sind, den Zug aus Chile in ihrem Stau zu haben. Das wundersame, surreale Finale einer Reise, die Minuten später in einem hübschen Bahnhof endet, vierzehn Stunden nach unserer Abfahrt – mit einem Tempo von 26,3 pro Stunde.

LA PAZ

180. TAG

»Soroche«. Daran leide ich. Das spanische Wort hat einen glamourösen Klang, welcher der Übersetzung »Höhenkrankheit« leider abgeht.

Wir alle sind in wechselndem Maße »sorochiert« und werden hier zwei Tage Aufenthalt einlegen, damit unsere Körper sich auf die weitere vor uns liegende Reisewoche in der großen Höhe einstellen können.

La Paz, oder La Ciudad de Nuestra Senora De La Paz, wie sie von ihrem spanischen Gründer Alonzo de Mendoza getauft wurde, ist ein seltsamer Ort. Es ist mit 4000 Metern die höchstgelegene Hauptstadt der Welt, aber sie liegt unten in einem Loch. Die Reichen wohnen am Fuß der Hügel, und die Armen oben. Häuser mit Lehmmauern ziehen sich den Hügel hinauf, während in der Mitte eine moderne Großstadt voller Wolkenkratzer liegt. Zwischen beiden verläuft ein Labyrinth steiler Straßen, die das Auge in Versuchung führen, aber den ungeübten Reisenden auf eine harte Probe stellen.

Das Zentrum scheint von Straßenhändlern beherscht zu werden. Das Pflaster biegt sich unter Säcken von Socken, Haufen von Schuhen, Hügeln bestickter BHs und Bergen bügelfreier Hosen. Daneben sitzen Indianer und Indianerinnen vom Lande, Cholos oder Cholas genannt. Die Frauen sehen besonders interessant aus, auf ihrem dunklen, in der Mitte gescheitelten und oft geflochtenen Haar sitzen Bowlerhüte aus Filz. Ihre Kleider sind aus hellen, glänzenden Stoffen, die sich weit über zahlreichen Unterröcken bauschen. Ihnen wurde das Ganze vor über 200 Jahren von den Gesetzen der Spanier aufgezwungen.

Dennoch, oder vielleicht deswegen, weigerten sich die Indianer entschieden, das Spanische anzunehmen, und noch heute sprechen die meisten nur die Indianersprachen Aymara oder Quechua. Auf den Hügeln hinter der Steinfassade der Basilika San Francisco werden noch viel seltsamere Dinge verkauft, darunter getrocknete Lama-Föten. Sie bringen Glück. Ich erfahre, daß kein Gebäude in La Paz ohne einen Lama-Fötus im Fundament gebaut wird. La Paz war die erste Hauptstadt Südamerikas mit eigener Elektrizität. Damals wurde sie aus Lama-Dung gewonnen.

La Paz, wo die Reichen unten am Hügel wohnen und die Armen oben.

Minibusse quetschen sich an mir vorbei durch die engen Straßen, an den offenen Türen Kinder, die in monotonem Singsang eine Liste von Fahrzielen rufen, wie ein Priester bei der Absolution. Schuhputzer, die nicht älter als acht oder neun Jahre sein können, schreien »Blanco!« und deuten anklagend auf meine abgenutzten Turnschuhe. Es ist eine unordentliche, unterhaltsame Stadt, und ich kehre müde, aber glücklich in die nüchterne, teurere Anonymität des Geschäftsviertels zurück.

Cholas (Frauen vom Land) in der Innenstadt von La Paz.

VON LA PAZ NACH COPACABANA, TITICACASEE

182. TAG

Zurück zum Altiplano Richtung Titicacasee und peruanische Grenze. Es ist Winterzeit, trocken und strahlend klar. Struppiges Gras, Farmhäuser aus Lehm mit gemauerten Umfriedungen für die Tiere – hauptsächlich gesund aussehende Lamas und weniger gesund aussehende Rinder.

Die Luft auf diesem Tafelland ist so still, daß beim ersten Anblick des Titicacasees schwer zu entscheiden ist, ob er eine Täuschung ist oder nicht. Auf der Karte wirkt er wie ein Loch durch die Anden, doch in Wirklichkeit sieht er sonderbar entstofflicht aus. Sein Wasser ist von so auffallendem, fast absurdem Tiefblau wie in einem schlecht gedruckten Reiseprospekt. An der Uferlinie scheinen Land und Wasser miteinander zu verschwimmen, und die Inseln auf dem See wirken, als schwebten sie einen Meter über dem Wasser.

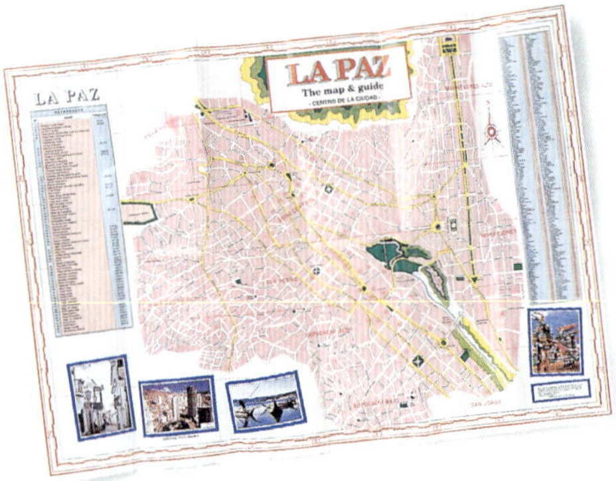

Nachdem ich mir die Augen gerieben habe, und er noch da war, wird der See immer schöner und anziehender. Mit über 14 000 Quadratkilometern Oberfläche und 500 Metern Tiefe ist er ein gewaltiges Stück Wasser, 5000 Meter über dem Meeresspiegel. Die Inkas hielten ihn für die Quelle der Schöpfung, den Geburtsort des Sonnengottes. Er heißt El Lago Sagrada, der Heilige See.
Der Grund für seine unklare Uferlinie sind die weiten, krausen Totora-Felder, üppiges gelbgrünes Schilfrohr, das den See umgibt, und aus dem noch immer Fischerboote gebaut werden. In den frühen siebziger Jahren zogen die traditionellen Handwerkskünste der einheimischen Aymara-Bootsbauer den norwegischen Entdecker Thor Heyerdahl an, der sie zwei Schilfboote bauen ließ, Ra I und Ra II, auf denen er erfolgreich den Atlantik überquerte. Paulino Esteban, einer der Indianer, die mit ihm segelten, arbeitet mit Heyerdahl an einem

neuen Projekt, dem Bau eines Schiffes, das stark genug für eine Pazifiküberquerung von Peru nach Tahiti ist. Estebans Alter ist schwer zu schätzen. Er ist klein, energisch und freundlich, sein Gesicht ist ledrig, seine Augen sind flink und wach und seine Hände noch immer geschickt.

Alles wird aus dem Totora-Schilf gemacht. Die geschnittenen Rohre werden ins Wasser gestellt, um biegsam zu werden. Die Schnüre, die sie zusammenhalten, stammen von der äußeren Rinde. Die Kunst beim Bootsbau besteht darin, zu wissen, wie dick die Schilfbündel sein müssen, damit sie wasserdicht sind, und wann und wo die Schnur gebunden werden muß, um ihnen ihre Form zu geben. All das geschieht mit Hand und Auge. Und sogar mit dem Fuß. Wenn Paulino ein Schilfbündel hat, das dick genug ist, macht er ein extrastarkes Seil, indem er die Schnur flicht und dabei mit dem großen Zeh festhält. In sechs Tagen kann er ein komplettes Boot bauen. Wie die Lehmhäuser besteht es aus einem erneuerbaren heimischen Material und ist für eine autarke Gemeinschaft sinnvoll. Aber schon winkt die moderne Welt verführerisch. Ein großes Hotel ist in der Nähe von Estebans Bootswerft entstanden, und das Heulen neugekaufter Außenbordmotoren zeigt, daß die Fischer, die es sich leisten können, mit dem Geld aus dem Tourismus rasch die traditionellen Boote aufgeben, wegen derer die Touristen den ganzen weiten Weg gekommen sind.

Der Schilfbootbauer Paulino Esteban.

Bolivien.
Oben: Die Kathedrale von Copacabana.

Oben links: Testfahrt mit einem Schilfboot auf dem Titicacasee.

Ganz links: Kasani. Hinter dem Torbogen liegt Peru.

Links: San Pueblo Tiquina. Denkmal für Boliviens Helden des Pazifischen Krieges.

Eigentlich besteht der Titicaca aus zwei Seen, verbunden durch einen Kanal von einem Kilometer Breite, den man vom Dorf San Pablo Tiquina aus mit einer Fähre überquert.

Am Ufer steht die seltsame, kleinwüchsige Statue eines gewissen Don Eduardo Avaroa, eines Helden des Pazifischen Krieges, der unbeholfen auf dem Sockel sitzt. Unter ihm zeigt ein Bild einen bolivianischen Soldaten in Sandalen, der einem gestiefelten chilenischen Soldaten das Bajonett in den Hals sticht, darunter der Schriftzug: ›Lo Que Un Dia Fue Nuestro, Nuestro Otra Vez Sera.‹ ›Was einmal unser war, wird wieder unser sein.‹ Ich zweifle irgendwie daran. Aber es macht mir den Ort sympathisch.

Auf der anderen Seite des Sees führt eine unbefestigte, steinige Straße an einem herrlichen Stück unverbauter Küste entlang, die mich an die griechischen Inseln erinnert. Sie bringt unseren Bus nach Copacabana, 160 Kilometer nördlich von La Paz, wo wir übernachten. Es ist eine solide Stadt mit Kopfsteinpflaster, alten Steingebäuden und einer riesigen, weißen Kathedrale im maurischen Stil, die von den Spaniern 1605 begonnen wurde.

Mein Zimmer ist ein einfaches, weiß getünchtes Quadrat. Die heiße Dusche wird von nackten Drähten erzeugt, die zu einem Heizelement im Duschkopf führen. Es sieht mehr wie eine Frühform des elektrischen Stuhls aus, also gibt es nur eine kalte Dusche oder gar nichts. Ich entscheide mich für gar nichts und gehe dann ins Bett. Bin sehr aufgeregt, hier zu schlafen. Nicht viele Leute, die ich kenne, haben schon am Titicacasee geschlafen.

VON COPACABANA NACH PUNO

183. TAG

Der Enthusiasmus von letzter Nacht war verfrüht. Ich habe am Titicacasee nicht geschlafen. Ich habe am Titicacasee wachgelegen und bin ab und zu am Titicacasee aus dem Bett gekrochen und habe meine Taschen nach zusätzlichen Kleidungsstücken durchwühlt. Am Morgen sah ich aus wie ein Polarforscher und zitterte immer noch. So kalt ist mir in einem Schlafzimmer nicht mehr gewesen, seit ich im Internat war und in einem besonders harten Winter morgens erwachte und einen Zentimeter Schnee am Fußende meines Bettes fand. Schlimmer noch, in tiefster Nacht hat irgendwo im Hotel ein Kind geschrien, und seine Schreie scheinen stundenlang im Innenhof widergehallt zu haben. Am frühen Morgen haben Explosionen die Luft zerrissen. Jemand hat mir beim Frühstück gesagt, es sei der Tag des Hl. Antonius, als sei damit alles erklärt.

Ich gehe auf dem Zahnfleisch. Seit wir Chile verlassen haben, habe ich nicht mehr gut geschlafen. Die Höhe hat mir keine Kopfschmerzen, Nasenbluten oder andere interessante Symptome beschert, mit denen ich zu Hause angeben könnte, nur einen schwächenden, stetig schlechter werdenden Schlaf. Viel zu oft wache ich kurzatmig und mit Herzklopfen und trockenem Mund auf. Und heute muß ich zur Vorbereitung auf den Amazonasdschungel noch anfangen, wieder starke Malariatabletten zu nehmen.

Um halb elf erreichen wir die Grenzstadt Kasani. Neben dem pistazienfarbenen Zollgebäude hängt die rot-gold-grüne Fahne Boliviens schlaff in der aufsteigenden, windstillen Hitze. Einige Zeit wartet niemand außer uns. Nachdem unsere Papiere gründlich und ohne Hast untersucht worden sind, löst ein Grenzposten die Kette zwischen zwei Feldsteinpfeilern und läßt uns aus Bolivien heraus. Wir fahren über eine Anhöhe, durch einen Torbogen und von bolivianischem Kopfsteinpflaster auf peruanischen Asphalt. Vor dem peruanischen Migraciones werden wir langsam von Damen mit Bowlerhüten angesteuert, die alle Arten von Accessoires aus Alpakawolle verkaufen – Handschuhe, Sweater, Taschen, Ponchos, Pullover, Socken und Zipfelmützen mit Ohrenklappen. Drinnen blicken durch eine große Brille die japanischen Züge von Presidente Alberto Fujimori aus einem Bilderrahmen herunter. Er schaut drein, als mache er Reklame für sein Brillenmodell.

Wir fahren weiter auf der blaßbraunen Straße am Ufer des zu zwei Dritteln peruanischen Titicacasees, bis wir nach Puno kommen, wo der Tag des Hl. Antonius von der Menge und den Straßenmusikanten gefeiert wird.

Auf der Brücke der ›Yawari‹ mit Meriel Larken und Kapitän Carlos.

Puno ist der wichtigste Hafen am See, und hier traf 135 Jahre vor uns ein in England gebautes Dampfschiff, die ›Yawari‹, ein, das auch aus Arica über die Berge kam. Unglücklicherweise traf es in 2000 Einzelteilen ein, jedes klein genug, um auf dem Rücken eines Maultiers transportiert zu werden. Die ›Yawari‹ wurde mühevoll zusammengesetzt und am Weihnachtstag 1870 zu Wasser gelassen. Sie liegt immer noch in Puno am Kai, umgeben von einem dicken grünen Algenbrei, aber ihr frisch gestrichener schwarzer Rumpf und Schornstein sehen intakt aus. Eine Engländerin hat es sich mit Hilfe ihres peruanischen Kapitäns zur Aufgabe gemacht, den 125 Jahre alten Dampfer nicht nur zu retten, sondern auch wieder den See befahren zu lassen, für den er gebaut wurde.

Ein paar Veränderungen gibt es schon. Eine Vierzylinder-Dieselmaschine von Bolinder (selbst schon eine Antiquität) hat die originale Dampfmaschine ersetzt, die wie die Stromerzeugung von La Paz mit Lama-Dung lief.

»Sie mußten in jedem Hafen neuen Dung sammeln«, erzählt Meriel. »Natürlich hat er den meisten Frachtraum in Anspruch genommen.«

Meriel hofft, zahlende Gäste dort unterzubringen, wo früher der Dung gelagert wurde.

»Zehn Doppelkabinen mit Bädern. Großer Luxus«, versichert sie mir.

VON PUNO NACH CUZCO

184. TAG

Ich wache um 5 Uhr 45 auf. Ein weiter Blick über Schilf und Ufer von meinem Fenster aus. Unser Hotel steht auf einem Hügel nahe der Stadt. Es ist lang, niedrig und modern, wie ein sinistres medizinisches Forschungszentrum. Es gibt eine englische Übersetzung der spanischen Gebrauchsanweisung für das Telefon, aber nachdem ich sie zwölfmal gelesen habe, gebe ich's auf.

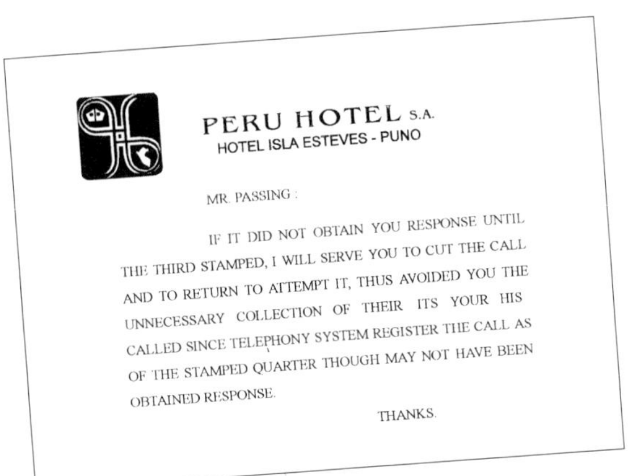

PERU HOTEL S.A.
HOTEL ISLA ESTEVES - PUNO

MR. PASSING :

IF IT DID NOT OBTAIN YOU RESPONSE UNTIL THE THIRD STAMPED, I WILL SERVE YOU TO CUT THE CALL AND TO RETURN TO ATTEMPT IT, THUS AVOIDED YOU THE UNNECESSARY COLLECTION OF THEIR ITS YOUR HIS CALLED SINCE TELEPHONY SYSTEM REGISTER THE CALL AS OF THE STAMPED QUARTER THOUGH MAY NOT HAVE BEEN OBTAINED RESPONSE.

THANKS.

Wir müssen früh am Bahnhof sein, um den Zug nach Cuzco zu erwischen. Die erste Neuigkeit beim Frühstück ist ein Bahnstreik. Gerüchte fliegen umher, genährt von zahlreichen und völlig widersprüchlichen Informationen. Als wir hinkommen, steht der Zug jedoch im Bahnhof, und ein Mann verkauft auf dem Bahnsteig wollige Lamas, also ist alles in Ordnung.

Im Zug gibt es drei Klassen: Primera, die ziemlich unbequeme I. Klasse, Segunda, die äußerst unbequeme II. Klasse, und Inka, für Touristen. Die Inka-Klasse hat Air-condition und ist vom Rest des Zuges durch verschlossene Türen getrennt, die zur Quelle großer Frustration werden, als wir filmen wollen. Die Gereiztheit steigt. Da wir noch nicht mal den Bahnhof verlassen haben, ist das kein gutes Zeichen. Aber wir fahren pünktlich in Puno ab, und nach langem Gefeilsche darf ich in der unklimatisierten Pracht der Primera fahren. Eine Grundregel besagt, daß dort, wo am wenigsten Platz ist, die Leute mit dem größten und sperrigsten Gepäck zu finden sind. Gewaltige, formlose Bündel sind quer über den Gang plaziert. Ein nicht abreißender Strom von Verkäufern mit Wasser, Zigaretten, Orangen, Empanadas, Schokolade, Kokatee und sogar Gitarrensoli überwindet sie gewandt. Hier ist des Lebens ganze Fülle, wie die ›News of the World‹ früher zu sagen pflegten, außer für die, die das

Oben und rechts: Im Zug nach Cuzco.

Land stilvoll besichtigen wollen. Sie sind in die Inka-Klasse gesperrt und schauen einander an.

In Juliaca, nach ein paar Stunden Fahrzeit, werden wir an einen anderen Zug gehängt, der von der Küste aus Arequipa kommt. Das ist eine hochkomplizierte Sache. Anweisungen werden gebrüllt, Arme geschwungen, gekreist und gekreuzt. Teile des Zuges verschwinden mit einem Mann, der sich am Ende des Waggons festhält und mit den Armen fuchtelt, nur um eine halbe Stunde auf genau demselben Gleis, aber ohne den Mann, wiederaufzutauchen. Diese Manöver werden so byzantinisch komplex, daß wir nur annehmen können, es werde wirklich gestreikt, und die Direktion fahre den Zug selbst.

Inzwischen werden die Passagiere, die in Juliaca zusteigen wollen, in einem umzäunten Gehege vom Bahnsteig ferngehalten, bis der Zug bereit ist. Eine alte Frau hat einen Hund in ihrer Einkaufstasche. Jedesmal, wenn er den Kopf heraussteckt, schlägt sie ihm kräftig eins drauf. Plötzlich gibt es ein Krachen, gefolgt von einem Vibrieren, einem Vorwärtsruck, einem weiteren Dampfhammerkrachen und Stille. Die Züge aus Puno und Arequipa sind aneinandergekoppelt, und wir sind fertig zur Weiterreise.

Zwei große Dieselloks ziehen uns die langsame und stetige Steigung zum La-Raya-Paß empor, etwas über 4200 Meter. Am Bahnhof von La Raya sind die Lehmwände mit politischen Parolen bekritzelt. Kinder laufen neben dem Touristenwaggon her und reiben sich die Handflächen. Es ist ein verwahrloster Ort an einer zauberhaften Stelle. Dies ist eine der großen Wasserscheiden Südamerikas. Nördlich von hier laufen alle Wasser schließlich in den Amazonas.

Auf der anderen Seite der Anden-Wasserscheide. Der Urubamba wird schließlich zum Amazonas werden.

Entlang dieser Strecke wurde die Zivilisation der Inkas geboren. Lange vor der Inka-Klasse stiegen Manco Capac, der Sohn des Sonnengottes und Mama Occlo, die Tochter des Mondes, aus den Wassern des Titicacasees und wanderten auf der Suche nach einem Platz, um sich niederzulassen, in diese Richtung. Schließlich kamen sie an einen Ort, wo Manco Capac seinen goldenen Stab in die Erde stieß und versinken sah. Sie nannten den Platz Cuzco – »Nabel der Erde« –, und es wurde die Hauptstadt des Inkareichs.

CUZCO

185. TAG

Cuzco ist das Oxford, Cambridge und Bath der Anden. Ich weiß das, weil es jemand bei Orangensaft und Croissants in einem äußerst internationalen Speisesaal laut vorliest. Und falls ich es vergessen sollte, steht es auch auf den Gepäckaufklebern und Karten, die in der Touristenboutique im Foyer erhältlich sind. Das Inkareich wurde vor viereinhalb Jahrhunderten von den Spaniern zerstört, aber inzwischen ist es ein großes Geschäft. Das ist vielleicht etwas seltsam, weil seine Blütezeit kaum mehr als hundert Jahre andauerte, etwa 1430 bis 1572. Viele mächtige Inkabauten stehen noch immer.

Je näher ich der Plaza de Armas komme, dem Zentrum des »Nabels der Erde«, desto lauter wird der Lärm von Musik und Stimmen, und als ich aus einer gepflasterten Arkade komme, finde ich mich mitten in einer großen Prozession. Eine fünf Meter hohe Heiligenfigur – vermutlich der Hl. Sebastian, wie ich aus dem Nadelkissen von Pfeilen schließe – wird aus dem Tor getragen. Die Sänfte ist offensichtlich sehr schwer und wird unter vielem Grunzen und Grimassieren von wenigstens fünfzig Männern getragen, viele davon barfuß. Eine amateurhafte Amateurkapelle führt die Prozession an. Hinter ihr kommen Tänzer mit Sombreros und Masken mit grinsenden Gesichtern, langen Nasen, roten Wangen, Bärten und Schnurrbärten. Sie schwenken Bierflaschen und führen einen betrunkenen Can-Can vor. Ich frage jemanden, wen sie darstellen sollen.

»Das sind die Spanier. Das Vorbeitragen der Statuen war eine Möglichkeit für die Einheimischen, indirekt gegen die Herrschaft zu protestieren.«

Hat dieser Protestgeist der Inkas heute noch eine Bedeutung?

Mein Gesprächspartner hat keinen Zweifel.

»O ja. Er ist sehr stark. Es ist der Geist Perus.«

»Die Inkas waren die Römer des präkolumbianischen Amerika«, schreibt Peter Frost in seinem unverzichtbaren Cuzco-Führer, »und Cuzco war ihr Rom.«

Cuzco
Rechts: Inkamauern.
Unten: Fronleichnamsprozession. Die Heiligen werden vor der Kathedrale vorbeigetragen.

Unten rechts: Gläubige in der Kathedrale.

Die Spanier zerstörten nicht einfach alles, sondern praktizierten die viel schärfere Beleidigung, ihre Kirchen über den Inkabauten zu errichten. Um die Einheimischen zu beeindrucken, bauten sie diese Kirchen so prunkvoll wie möglich, so daß die Stadt heute voller Kuppeln, schöner Türme und reichgeschnitzter Steinfassaden ist.

Obwohl die Fundamente der Inka vergleichsweise streng aussehen, ist die Steinmetzarbeit auf den grauen Kalksteinmauern täuschend komplex und geschickt. Einer der polygonalen Blöcke hat zwölf Ecken und paßt noch immer genau in die Wand eines alten Palastes. Es stimmt, daß die Baumeister der Inka nie den Bogen entdeckten, aber ihre geraden, trapezförmigen Öffnungen wurden besonders stabil gebaut, und bei den großen Erdbeben, die die Stadt 1650, 1950 und jüngst wieder 1986 erschütterten, blieben die Inkabauten unbeschädigt.

Warum also wurde das Reich der Inka so leicht von der Handvoll Spanier unterworfen, die 1535 mit Pizarro kamen? Zu den hierfür vorgebrachten Gründen zählt ihr Mangel an Waffen, die sie den Musketen und Pferden entgegensetzen konnten, ihre anfängliche Verwechslung der Spanier mit den göttlichen Kriegern ihrer Legenden und die Fähigkeit der Invasoren, die Differenzen zwischen verschiedenen Parteien im Königshaus auszunutzen. Dazu kommt die Kriegs- und Eroberungslust der Spanier, die gerade die Mauren besiegt und durch ihre Unterstützung von Columbus Amerika den Europäern geöffnet hatten.

Doch die Tatsache bleibt, daß ein kultiviertes, hochorganisiertes Reich von weniger als 200 Europäern besiegt wurde.

188. TAG

Obwohl mein Körper jetzt über eine Woche Zeit gehabt hat, zusätzliche rote Blutkörperchen zu produzieren, muß er sich immer noch an den knapperen Sauerstoff in dieser Höhe anpassen, und wenn ich meine Zehen berühre oder mir die Schuhe zubinde, komme ich ins Keuchen. Ich bin nicht der einzige. Das Hotelfoyer ist voller Westler mit kurzen Hosen, kräftigen weißen Beinen und hängenden Rucksäcken, die ihren Führern erklären: »Meine Frau fühlt sich nicht wohl. Sie kann heute nicht mitkommen.«

Eine bessere Nachricht ist, daß wir morgen den Weg ins Tal beginnen, das uns erst nach Macchu Picchu führt und schließlich die Berge hinab in den Dschungel, wo uns ohne Zweifel weit üblere Dinge als die Höhenkrankheit erwarten. Mehr als eine Woche werden wir in offenen Booten fahren, und selbst wenn es dort nicht regnet, sind potentiell gefährliche Stromschnellen zu durchqueren, also bringe ich heute einen großen Teil des Tages damit zu, alles, was ich brauche, in eine wasserdichte Tasche zu packen, und den Rest in schwarzes Plastik zu hüllen.

Im Hotel gehen wir früh schlafen, denn morgen müssen wir früh raus. Im Foyer sitzt ein Japaner auf einem der roten Plüschsofas mit einer Atemmaske vor dem Gesicht und einer ein Meter fünfzig hohen Sauerstoffflasche neben sich. Auf seiner Reisetasche steht ›Ultimate Andes‹.

Auf den Straßen von Cuzco.

VON CUZCO NACH MACCHU PICCHU

189. TAG

Neben die von einer Kuppel gekrönten Kolonialkirche schmiegt sich der Bahnhof für die Züge nach Macchu Picchu. Niemand wird auf den Bahnsteig gelassen, bevor der Zug einrollt. Die Passagiere der Ersten Klasse warten hinter rußigen Scheiben, die der Zweiten Klasse hinter Türen mit Gitterstäben. Mögen die Warteräume auch schmutzig sein, der Bahnsteig läßt sich auf diese Art makellos sauber halten. Er ist frisch orange gestrichen und mit Blumenampeln behängt.

Als wir abfahren, erscheinen aus dem Nichts die Händler. Plötzlich ist der Wagen voller Leute, die Tee, Schokolade, kalte Getränke, Tamales und billigen Schmuck verkaufen. Ein Mann hat eine Hand voller Uhren und eine Sammlung von Taschenlampen und Schweizer Armeemessern in seinem Jackett. Es ist alles etwas verfrüht, da die Lok an der ersten Steigung verendet und wir langsam in den Bahnhof zurückrollen. Nach einem weiteren Versuch wird die Lokomotive gewechselt, und wir widmen uns wieder dem Hügel und den Händlern. Die Strecke aus Cuzco heraus ist so steil, daß der Zug im Zickzack klettern muß. An einem Berghang halten wir, warten, legen die Weiche um,

Kornspeicher der Inka, die in den Berg gebaut wurden, um das Korn trocken, kühl und sicher zu lagern.

fahren den Berg entlang zurück und auf der anderen Seite den Hang hinauf, bremsen, legen die Weiche um, fahren zurück und so weiter, bis wir auf 4000 Meter sind und einen letzten Blick von den Slums am Berg auf die eleganten Plätze und hübschen Steinbauten der Stadt unter uns werfen.

Als wir wieder über die Hochebene fahren, wird das Leben an Bord mit jeder Minute hektischer. Der Korridor in der einfachen Klasse ist nun so verstopft, daß die Händler, um weiterzukommen, aus der Tür klettern und sich außen am Zug zum nächsten Waggon schwingen müssen, wobei sie ihre Bauchläden mit Lebensmitteln, Getränken, Uhren oder was immer umklammern. Mir gegenüber stillt eine Frau ihr Baby, eine andere hat ein schlafendes Kind in den Armen, was recht bemerkenswert ist, da genau neben ihr zwei Jungen heftig auf Charangos schrammeln, kleinen ukuleleähnlichen Gitarren, während ein dritter ebenso intensiv zwei Steine aneinander schlägt. Am ersten Halt steigt niemand aus, und eine Menge Leute mit Zwiebelsäcken steigen zu. Eine mächtige Frau mit den klassischen hohen indianischen Wangenknochen, breiten Nasenlöchern und zurückgekämmtem, in der Mitte gescheiteltem Haar schafft es irgendwie mit einer Platte frischer Salate durch die Menge. Sie schiebt sich mit felsenartiger Ruhe hindurch, ohne auch nur eine Olive zu verlieren.

Zuckermais ist die örtliche Spezialität und gesellt sich säckeweise zu Zwiebeln, Lauch, Karotten, Koriander- und Basilikumbündeln, die diesen Zug zum würzigsten machen, den ich je erlebt habe. Die Dame mit dem Häuptlingsgesicht bringt jetzt Wackelpudding und Eis, und irgend etwas Namenloses bewegt sich in einer der Taschen auf dem Sitz vor mir.

Die Berge zu beiden Seiten der Strecke werden nun steiler und wilder, während der Zug vorsichtig über die gewundene Strecke fährt und der Urubamba-Fluß neben uns zu wirbeln und schneller zu fließen beginnt. Der Bahnhof Aguas Calientes, wo wir aussteigen, ist eine Überraschung. Der Zug kommt aus einer dunklen, sich schlängelnden Schlucht heraus und ist plötzlich von hellen Lichtern und munterem Treiben umgeben. Auf beiden Seiten der Gleise liegen Läden mit Souvenirs und Kunsthandwerk, Cafés, Restaurants und

Hotels für Rucksacktouristen. Der Grund für diese plötzliche Explosion von Lebendigkeit ist Macchu Picchu. Von hier verkehrt ein Bus zur Vergessenen Stadt der Inka, der durch Haarnadelkurven um steile, bewaldete Klippen herum klettert. Die überhängenden Wände sind mit Bromeliaden bewachsen, die nur deshalb auf dem nackten Fels wachsen, weil sie ihre Nahrung aus der Luft, nicht aus der Erde beziehen.

Die gewundene Lehmstraße heißt Hiram-Bingham-Highway nach dem Amerikaner, der Macchu Picchu 1911 »entdeckte«. Sie endet bei einem kleinen niedrigen Hotel, vor dem die Busse mit den Tagesbesuchern parken. Es ist die einzige Unterkunft direkt am Ort und hat nur dreißig Zimmer. Wir übernachten hier und treffen ein, als der letzte Bus gerade abfährt. Zu den Ruinen ist es ein kurzer Fußweg.

Macchu Picchu ist eine Welt schwindelerregender Vertikalen. Anbauterrassen aus Stein und die Mauern von Tempeln und Wohnhäusern klammern sich an ein schmales Vorgebirge, um das der Urubamba 350 Meter tiefer eine Kurve macht. Der nackte Kamm des Cerro San Miguel erhebt sich im Osten und die baumbestandene Spitze des Huayna Picchu – »Junger Gipfel« – ist ein hoch aufragender Wachturm an der Nordwestecke des Ortes. Viele Kilometer entfernt umsteht eine große Zahl schneebedeckter Gipfel den Horizont.

Das einzige Anzeichen einer Außenwelt sind die über fernen Bergen im Nordosten sichtbaren Wolken aus dem amazonischen Regenwald. Ich erfahre, daß dieses Land der grünen Schluchten zwischen trockener Hochebene und tropischem Regenwald »die Augenbraue des Dschungels« genannt wird.

Es ist fast dunkel, und als ich wieder in meinem Hotelzimmer bin, ist die gewaltige Aussicht zu bloßen Umrissen geschrumpft. Schwalben schlüpfen unter den Dachbalken hinein und hinaus. Mit dem Sonnenuntergang fällt die Temperatur tief. Ich öffne das Fenster und spähe hinaus. Wenn es einen Ort für Frieden und Einkehr gibt, dann muß es dieser sein.

Dann ertönt Musik aus der Bar unter mir. Begleitet von Abbas »Dancing Queen« senkt sich die Nacht über Macchu Picchu.

VON MACCHU PICCHU NACH QUILLABAMBA

190. TAG

Trotz seiner luftigen Lage liegt Macchu Picchu 1000 Meter niedriger als Cuzco, das seinerseits 1000 Meter niedriger als La Paz liegt, was den ersten tiefen Schlaf erklären mag, den ich seit unserem Aufstieg in die Berge genieße. Zu dumm, daß ich ihn um halb sechs wieder unterbrechen muß, damit wir es filmen können, wenn die Sonne den heiligen Felsen trifft.

Unglücklicherweise ist es der erste bedeckte Morgen, seit wir vor zwölf Tagen Chile verließen, also müssen wir wohl filmen, wie die Wolken den heiligen Felsen treffen. Nicht, daß ich mich beschwere. Außer einem halben Dutzend anderer Leute, die auch hier geschlafen haben, und einigen Lamas, die wie die Besitzer durch die Ruinen spazieren, am Gras knabbern und ge-

Oben: Dorfbewohner im Heiligen Tal. Das Leben hat sich hier seit den Zeiten der Inka nicht verändert.

Oben rechts: Macchu Picchu. Das Lama wartet auf das Signal der Regie.

legentlich miteinander kämpfen oder sich paaren, haben wir die Vergessene Stadt für uns.

Der heilige Fels heißt Intihuatana, frei übersetzt »der Ankerpflock der Sonne«. Es ist ein Gnomon genannter Steinblock voller Schnitzwerk, eine Sonnenuhr, deren vier Ecken nicht nur in die vier Himmelsrichtungen weisen, sondern auch auf vier heilige Gipfel im umgebenden Gebirge (die gleiche Synchronizität, die wir in Borobudur auf Java gesehen haben).

Die Inka waren Animisten, hielten die Berge für Götter und glaubten an die Sonne als größten Gott, also muß dieser Stein, der angibt, wann Getreide angepflanzt werden sollte, die wichtigste Stelle von Macchu Picchu gewesen sein. Heilige Steine wie diese sind jetzt überaus selten, da die katholische Kirche als erstes daran ging, die am höchsten verehrten Gegenstände dessen zu zerstören, was sie als heidnischen Sonnenkult ansah. Damit stellt sich eine weitere bisher unbeantwortete Frage. Warum ließen die Spanier bei ihrer systematischen Zerstörung der Inkakultur Macchu Picchu ungeschoren? Heute ist man sich fast sicher, daß die Spanier nie davon erfuhren. Aber die Herrscher des nahegelegenen Cuzco, die Pizarro als erste begrüßten, hätten ihm bestimmt von der Existenz einer strategisch so wichtigen Stadt erzählt. Vielleicht war es gebaut, aber bereits verlassen worden, möglicherweise wegen einer Seuche oder eines Krieges. Es ist ein Geheimnis, das die Phantasie anregt. Eine Stadt von solcher Raffinesse auf diesen steilen Hängen zu bauen, kann weder einfach gewesen noch schnell gegangen sein, und es scheint unvorstellbar, daß 400 Jahre lang kein Wort über ein solches architektonisches Kunststück aus diesen Schluchten gedrungen sein soll. Die Vergessene Stadt ist noch immer nicht ganz entdeckt.

Die Gegenwart macht sich bemerkbar. Eine Lok tutet, und eine Linie von Bussen nimmt weit unten vor dem Bahnhof Aufstellung, während der Zehn-Uhr-Touristenzug aus Cuzco um die Kurve biegt.

Nur eine Handvoll Ausländer fahren je mit dem Zug in die andere Richtung. Quillabamba ist kein bedeutender Ort, aber dort leben 25 000 Menschen, und es ist die letzte größere Stadt am Urubamba, der ein paar hundert Kilometer nördlich zum Ucayali und dann zum Amazonas wird.

Als wir dort ankommen, ist der Übergang von den Bergen zum Regenwald schon fast vollzogen. Warme, süße Gerüche treten an die Stelle der frischen Luft des Altiplano. Insekten begrüßen uns, und zu beiden Seiten des Flusses wachsen Bananenstauden.

Wir scheinen das Hotel überrascht zu haben. Auf der Karte stehen bloß »Huhn Supreme« und »Huhn Milanese«. Ich frage den Kellner nach dem Unterschied. »Ist beides dasselbe«, zuckt er die Schultern, »plattgepreßtes Huhn.« Als ein weiterer Gast eintritt, stürzt der Türrahmen auf ihn und verpaßt ihm einen heftigen Schlag an der Wade.

Ich liege im Bett, während meine Augen vom Anti-Moskito-Spray brennen, und lese Patrick Leigh-Fermors *Briefe aus den Hochanden*. Er trinkt gerade Whisky, um warm zu bleiben. Schon jetzt scheint seine Welt weit hinter uns zu liegen.

Die Vergessene Stadt Macchu Picchu. Im Hintergrund der Gipfel des Huaynu Picchu.

191. TAG

Die Organisation unserer nun so nah bevorstehenden Flußreise liegt in der Hand von Barry Walker, einem Ornithologen aus Manchester, der mit seiner peruanischen Frau in Cuzco einen guten Pub namens ›The Cross Keys‹ führt. Barry wirkt neben den einheimischen Indianern wie ein Turm. Mit seinem ergrauenden Haar und wohlgeformten Bierbauch sieht er wie eine Kreuzung zwischen einem Rockschlagzeuger aus den siebziger Jahren und dem Vorbild für das Werbeplakat ›Skegness ist so erfrischend‹ aus. Sein Enthusiasmus ist fast unbegrenzt, und er ist besonders auf das gespannt, was vor uns liegt, weil er, nach seinen Worten, »diesen Teil des Flusses noch nie gesehen hat«.

Wir laden unsere Ausrüstung in das, was er »Barrys Big Bus« nennt, und machen uns auf den Weg nach Kiteni, wo wir in Boote umsteigen werden. Eine lange, langsame Fahrt, während der ich Zeit habe, mich zum ersten Mal seit Darwin in Australien wieder an die Tropen zu akklimatisieren. Ein staubiger Pfad durch dichten Dschungel, über dem sich gewaltige, aufgeschlitzte Bananenblätter wie die zerschlissenen Segel eines Schiffs erheben. Wir kommen an Häusern vorbei, die im alles überwuchernden Grün oft nur an einer Rauchwolke zu erkennen sind. Lastwagen voller Dorfbewohner, die sich oben auf Kaffeesäcken festhalten, schwanken auf ihrem Weg zum Markt in Quillabamba.

Der Tag wird heißer. Es sind weniger Menschen auf der Straße. Die Anden laufen in niedrigen Hügeln aus, und der nie weit entfernte Urubamba fließt schneller und stärker.

Das Reisen in diesem Teil Perus wird nicht gefördert. Eine als ›Sendero Luminoso‹ – Leuchtender Pfad – bekannte maoistische Guerillagruppe kämpfte in den achtziger und zu Beginn der neunziger Jahre gegen die peruanische Regierung, was zu mehr als 30 000 Todesopfern führte. Seit Alberto Fujimori, der Sohn japanischer Einwanderer von der anderen Seite des pazifischen Raums, 1990 zum Präsidenten Perus gewählt wurde, hat er einen harten Kurs gegenüber den Terroristen verfolgt, der in der Festnahme und Verurteilung des Anführers des ›Leuchtenden Pfads‹ Abimael Guzman gipfelte. Offiziell ist die Gruppe keine Bedrohung mehr, aber die Polizei an den Straßensperren und die Kontrolle unserer Papiere zeigen, daß nicht alles völlig gelöst ist.

Wenn Quillabamba das Ende der Bahnstrecke war, dann ist Kiteni das Ende der Straße. Ein kurzer Pfad führt noch weiter, aber es gibt alles in allem außer dem Fluß keinen Weg nach Norden.

Wir rumpeln die Hauptstraße entlang, die sich nur Straße nennen kann, weil zu beiden Seiten Häuser stehen. In jeder anderen Hinsicht ist sie ein Streifen ödes Land. Eine peruanische Flagge hängt schlaff von einem Gebäude mit Stacheldraht auf den Mauern hinab. Es gibt eine große Satellitenschüssel, einen Laden namens ›Video Dick‹ und einen Hauch von Abwasser in der Abendluft. Wir fragen, wo wir die Nacht über kampieren können, und werden durch das Dorf zu einem harten, grasbewachsenen Fußballplatz geschickt.

Einheimische Kinder sind gerade mitten in einem Spiel unter Aufsicht eines sehr weißen Mannes, der sich als Theologielehrer aus Armagh in Nordirland herausstellt. Während Barry und sein Team die Zelte direkt auf dem Mittelkreis aufschlagen, beobachten die Kinder jede unserer Bewegungen, als seien wir Marsmenschen. Wir essen um einen Tisch in einem offenen, mit Moskitonetzen behängten Zelt. Ich komme mir wie eine Zirkusnummer vor. Trotzdem tue ich alles für Suppe, Huhn mit Reis und ein oder drei Tetrapacks chilenischen Wein.

Das Schlafengehen ist abenteuerlich, um es milde auszudrücken. Die Toilette ist ein mit Sackleinen behängter Holzrahmen über einem Erdloch (aus dem es so stinkt, daß sich mein empfindlicher Darm zu arbeiten weigert) und das Badezimmer ein nahegelegener Fluß voller Geröll. Ich schlittere zwischen den Felsen umher, um eine Stelle zu finden, die tief genug zum Eintauchen ist. Ein Chor von Ochsenfröschen begleitet mich. Ich wasche mich, raffe meine Sachen zusammen und steige über die Trittsteine zurück zum Ufer. Erst als ich im Zelt bin, fällt mir ein, daß ich das Seifenkästchen aus Metall vergessen habe, das ich seit Alaska dabei habe. Ich denke daran zurückzugehen, weiß aber, daß ich es im Dunkeln nicht finden werde. Aus irgendeinem Grund geht dieser Verlust mir nahe. Es ist nichts besonders Wertvolles, aber die Tatsache, daß ich es viele Monate und Tausende von Meilen sicher aufbewahrt habe, scheint wichtig zu sein. An diesem Punkt der Reise erscheint mir jeder Verlust als böses Omen. Ein Zeichen, daß ich den Überblick verliere.

Als ich im Bett liege, höre ich, wie kleine Füße näherkommen, sich wieder zurückziehen, wie geflüstert wird und sie wieder näherkommen.

AUF DEM URUBAMBA

192. TAG

Aufstehen kurz vor sechs Uhr. Auf dem Frühstückstisch wartet mein Seifenkästchen auf mich, das heute morgen von einem der Kinder zurückgebracht wurde. Ich hätte nie erwartet, es wiederzusehen, und bin bewegt.

Bei Kaffee und geröstetem Brot zeigt Barry uns ein Satellitenbild unserer Route auf dem Fluß. Es zeigt, wie der Fluß die Linie eines letzten Felsenkamms, eines Außenpostens der Anden, durchschneidet, bevor er in Schlangenlinien den Dschungel durchfließt.

Um durch diesen Einschnitt zu kommen, müssen wir die gefährlichsten aller Stromschnellen auf dem Urubamba hinunterfahren, den Pongo de Mainique. Mit dem Pongo (was »Hohlweg«, »Lücke« oder »Schlucht« bedeutet) ist nicht zu spaßen, und keiner der Bootsmänner würde uns in der Regenzeit hinunterfahren.

Wir gehen dann zum Fluß, wo wir zum ersten Mal unsere Boote sehen. Es sind einfache, etwa acht Meter lange Holzkanus, die Rümpfe mit leuchtenden Farben bemalt, inzwischen allesamt verblaßt. Barry macht mich mit Gustavo bekannt, der mein Motorista sein wird – mein Bootsmann. Er steht

Das Urubamba-Abenteuer beginnt.

etwas schüchtern mit verschränkten Armen daneben. Sein Gesicht ist rechteckig, narbig und in gewisser Weise gutaussehend, wie ein Marlon Brando der mittleren Periode. Während er den Außenbordmotor bedient, wird sein Freund Adolfo, mit Waden wie Tischbeinen, mit Stock und Paddel vorne sitzen und die Wassertiefe testen.

Während die Boote beladen werden, sitzen die Familien der Mannschaften auf einem langen Stück Treibholz am Ufer, verteilen gute Ratschläge und Aufmunterung und brechen regelmäßig in ein unerklärliches brüllendes Gelächter aus. Vielleicht spürt Barry meine Besorgnis. Er zeigt auf die Mannschaft. »Die sind die besten, absolut die besten«, sagt er.

Vor der Abfahrt bekommen wir Schwimmwesten, die wir die ganze Zeit tragen sollen. Bis zum Rand beladen (unser Boot sieht aus, als könnte es schon unter der bloßen Last des Trinkwassers sinken), fahren wir auf den Urubamba hinaus, der an dieser Stelle mehrere hundert Meter breit ist und schnell genug über die Felsen fließt, um eine Menge Schaum zu erzeugen.

Barry, der schätzt, daß wir in drei Stunden das erreichen, was er »gefährliches Wasser« nennt, nimmt kaum noch das Fernglas herunter.

»Soldatenaras«, verkündet er und zeigt in die Höhe. »Gutes Zeichen.«

»Selten?«

»Selten sind sie nicht, aber eine ›Indikatorenart‹. Sie zeigen die Gesundheit eines Waldes an, wenn man also Macaws sieht, weiß man, daß der Wald intakt ist.«

Innerhalb einer Stunde hat er mich in die wunderbare Welt von Breithauben-Stirnvogel, Nackthals-Schmuckvogel und Fahltyrann eingeführt. »Es gibt hier mehr Arten auf einem Quadratkilometer als irgendwo sonst auf der Erde«, erzählt Barry hinter seinem Fernglas weiter, »1700 Arten. Und es sind nicht bloß die Vögel. Peru hat die größte Artenvielfalt der Welt. Schmetterlinge, Ratten – da, am Ufer! Ein Salmonreiher.«

Als es Zeit wird, für die Mittagspause anzulegen, erkenne sogar ich einen Salmonreiher. Sie sehen ein wenig düster aus, groß und dünn wie Zypressen.

Mittags erreichen wir das Gebiet der Machiguenga-Indianer. Ihre Kinder planschen im Wasser, und wir sehen sie auf den Felsen waschen oder auf zerbrechlichen Balsaflößen den Fluß überqueren. Ein kleiner Junge schwingt einen Fischschwanz an einer Angelschnur um den Kopf und wirft ihn im Wasser aus. Mit ihrem rundgeschnittenen Haar und ihren einfachen braunen Kleidern sehen die Machiguenga aus, als stammten sie aus einer fernen Vergangenheit. Ich winke, aber sie winken nicht zurück.

Als wir uns dem Pongo de Mainique nähern, werden die Wolken dichter und es beginnt leicht zu nieseln. Kein gutes Wetter für Stromschnellenfahrten. Wir beschließen, das Lager aufzuschlagen und auf besseres Wetter für morgen zu hoffen. Adolfo und ein paar Freunde fahren mit einem Boot raus und bringen einen Wels von einem Meter Länge zum Abendessen zurück.

Ich nehme Handtuch und Waschbeutel und wandere am Ufer entlang, um einen passenden Platz zum Waschen zu finden.

»Pinkel nicht ins Wasser«, ruft Barry mir hinterher. »Es gibt einen kleinen stachligen Fisch, der vom Urin angelockt wird und direkt in den Penis schwimmt.«

Artenvielfalt ist doch was Wunderbares.

Barry bekehrt mich zum Vogelbeobachten.

193. TAG

Herrlich ruhige (und seltene) acht Stunden Schlaf, nachdem ich eine Ecke an der Pazifikküste ohne Hähne, Hunde, Verkehr, Discos, Karaoke, Fahrradklingeln, Babys und chinesische Knallfrösche gefunden habe. Nur das zutiefst beruhigende Rauschen des Urubamba hat meine Träume begleitet.

Im Pongo de Mainique. Die atemberaubende Schönheit von Wasserfällen auf schwarzem Granit.

Das Wetter hat sich so weit verbessert, daß wir keine Entschuldigung haben, nach dem Abbrechen des Lagers nicht die Stromschnellen zu durchfahren. Alle scheinen bemerkenswert ruhig zu sein.

Unter grauem schmutzigen Himmel sieht auch der Fluß schmutzig aus, als unsere drei Kanus unter den Blicken eines gelbköpfigen Geiers losfahren, der uns seit dem Frühstück beobachtet hat. Alles ist besonders sorgfältig vertäut worden, einschließlich Basil, der nicht schwimmen kann, und Clem, dessen Rücken heute fast völlig steif ist.

Adolfo steht am Bug und mißt mit dem Stock die Wassertiefe, während Gustavo das Boot über eine Folge immer höherer Wellen steuert. Während der Fluß sich beschleunigt, wird der Wald auf beiden Seiten unheimlich still. Vor uns enden die letzten Hügel der Anden in einer dunklen, nebelbedeckten Wand, durch die kein Weg zu führen scheint.

Plötzlich geschieht etwas Bemerkenswertes. Als wir auf den Pongo zu hüpfen, federn und schlittern, erwacht Nigels Radio plötzlich zum Leben und in der Mitte des turbulenten Urubamba ertönt eine Stimme aus Wembley. Barry schreit mir über das Klatschen und Spritzen des Wassers hinweg zu: »Verlängerung! Sie sind in der Verlängerung!«

»Pongo! Pongo!« ruft Gustavo und deutet voraus.

Eine etwa zwanzig Meter hohe Felswand löst sich aus dem grauen Nebel.

»Noch acht Minuten«, brüllt Barry, während Gustavo das reißende Wasser nach einer Fahrrinne absucht, die uns vom Fels fernhält, ohne daß wir auf den Kiesbänken kentern. Es ist ein geradezu lächerlicher Zufall, daß zwei meiner größten Leidenschaften, Reisen und Fußball, so zusammentreffen sollen und daß England gerade in dem Moment um sein Leben spielt, als wir an eines der potentiell gefährlichsten Stücke dieser neunmonatigen Reise kommen. El Tel und ich im selben Kanu.

Wasser schlägt ins Boot und zwingt Barry, das Radio zu verstauen, während wir den Fuß der Klippe umfahren. Wir drehen uns, kommen gegen ein paar kräftige Rückströmungen, dann sind wir plötzlich aus den schäumenden Stromschnellen heraus und in der glatten, klaren Stille der Schlucht.

Nichts, was ich gelesen oder mir vorgestellt habe, hat mich auf diesen Ort vorbereitet. Es sieht eher aus, als wäre dieser letzte Kilometer der Anden mit Sprengstoff gespalten worden, statt durch einen Fluß. Die Wände sind scharfkantig, Felsen hängen wie die Reste abgestürzter Brücken über. Lianen hängen ins Wasser, auf manchen wachsen orangerote Blumen wie aufrechte Kandelaber. Das ständig die glatten, schwarzen und bemoosten Wände hinablaufende Wasser hat den Fels zu verrückten und wunderbaren Formen ausgewaschen – symmetrisch geriffelte Oberflächen, vollkommen glatte Schalen, Höhlen und Kammern.

Es ist eine verzauberte Welt. Die Luft ist ganz still, Schreie von Wellensittichen hallen von oben wieder, Mauersegler mit weißen Halskrausen schießen über das Wasser. Ein blauer Morpho, der größte Schmetterling, den ich je gesehen habe, flattert träge zwischen den Felsen. Die animistischen Machiguenga glauben, die Morphos seien Waldgötter, die ihr Gebiet bewachen.

Wir legen in einem Einschnitt im Windschatten einer der beiden letzten Klippen an, die wie Mauern auf beiden Seiten des Flusses gegenüberliegen, und hören im Radio, wie 80 000 Menschen im Wembleystadion einen gehaltenen Elfmeter und Englands Einzug ins Halbfinale bejubeln.

Der Übergang ins Tiefland ist rasch und vollständig. Vulkanische Felsen und harte schwarze Strände werden von weichen roten Schlammbänken abgelöst, die gern ins Wasser rutschen. Obwohl der Fluß hier und da noch ein schwieriges, reißendes Stück hat, wird er breiter und ruhiger. Ein kalkweißer Kaiman reckt bei unserem Näherkommen den Kopf und gleitet dann von der Sandbank ins Wasser.

Wir schlagen unser Nachtlager auf einem sandigen Strand auf, wo der Fluß eine niedrige Insel umfließt. Ein Paar Fledermausfalken mit schwarzen Köpfen und gelben Augenlöchern sitzen bewegungslos auf der Spitze eines abgestorbenen Baums. Hohe Stauden von Cana Brava – wildem Zuckerrohr – erheben sich hinter uns bis in fünf Meter Höhe oder mehr, bevor sie sich vornüber elegant zur Erde neigen.

Wembley in Peru. Wir verfolgen im Pongo das Elfmeterschießen.

Später: Basil, der am Fluß eine rauchen wollte, kommt aufgeregt zurück. Anscheinend hat er eine Schlange in Richtung der Zelte vorbeigleiten hören. Die Männer haben sie umzingelt. Barry beruhigt ihn. Hier sind alle Schlangen ziemlich harmlos, sagt er. Schließlich läßt er sich überzeugen, sie näher anzuschauen. »Mein Gott, eine Lanzenotter!« Anscheinend ist es die zweitgefährlichste Schlange am Amazonas, nach dem Buschmeister. Basil gibt für diesen Abend das Rauchen auf, und die Schlange, ein dünnes, glückloses Geschöpf, wird von den Bootsmännern totgeschlagen.

AM URUBAMBA

194. TAG

Wieder ein Lager am Fluß. Adretter Regenwald, zunehmend zerknitterter Reisender.

Die ganze Nacht habe ich Durchfall. Viermal greife ich nach Taschenlampe und Klopapier, ziehe den Reißverschluß an meinem Zelt geräuschlos auf (unmöglich) und stapfe durch den Sand zum Toilettenzelt. Hier ziehe ich geräuschlos den Reißverschluß auf (unmöglich) und balanciere dann Lampe und Papier, während ich versuche, nicht ins Loch zu schauen, oder, noch schlimmer, die Taschenlampe hineinfallen zu lassen. Auf dem Rückweg schlurft Basil an mir vorbei und murmelt: »Wenn Gott mich für so ein Leben geschaffen hätte, hätte er mir vier Beine und ein Fell gegeben.« Ein kühler, bedeckter Tag. Kalter Gegenwind.

Als wir von unserem neuen Lagerplatz ein Stück am Ufer entlangwandern, treffen wir einen jungen Indianer in grünem Baumwollhemd und Jeans, der mit Pfeil und Bogen fischt. Er steht am Wasserrand und blickt konzentriert und stumm in den Fluß. Wenn er ein Opfer gefunden hat, beugt er sich vor, macht einen Buckel wie eine Katze und erstarrt bewegungslos. Nach mehreren Minuten in dieser Stellung läßt er plötzlich den Pfeil fliegen. Er tritt vor und faßt ins Wasser. Der Pfeil hat genau den Kopf eines kleinen, weißen Fisches durchschlagen. Für eine Zigarette zeigt er uns den Pfeil, der aus einem Stück Cana Brava mit einem gezackten Nagel als Spitze besteht, und den Bogen aus Chonta, einem Teil der Palme. »Das Fischen ist jetzt gut«, sagt er, »das Wasser steht niedrig, und sie sind leichter zu sehen.« Er lädt uns für morgen zum Johannisfest in sein Dorf ein.

In derselben Nacht: Als ich um zwei Uhr morgens aus dem Klozelt komme, sehe ich auf dem Wasser und im Wald Lichter näherkommen. Alle möglichen panischen Gedanken jagen mir durch den Kopf, von der Szene am Ende von *Apocalypse Now* über unser Gespräch beim Abendessen über isolierte Stämme am Oberlauf des Camisea bis zu der Angst, daß die Dorfbewohner uns für Petroleros halten und kommen, um uns niederzumachen. Schnell ins Zelt. Ich ziehe den Reißverschluß hoch und sitze mit pochendem Herzen da, bis sie nah genug sind, um mich erkennen zu lassen, daß die Lichter zu Fischerbooten gehören und die Männer nicht nach mir suchen, sondern schweigend und konzentriert ins Wasser starren.

195. TAG

Im Machiguenga-Dorf Shivankoreni beginnt die Fiesta de San Juan mit einer Folge trauriger, auf einer Muschel geblasener Töne, welche die Dorfbewohner zu ihren uralten Zeremonien rufen. So klingt es jedenfalls, als wir den rutschigen Lehmpfad entlangschlittern, der uns vom Fluß zu der Ansammlung von Holzhäusern mit Blechdächern führt, die sich einen halben Meter über dem harten Lehm und Gras erheben. Tatsächlich existiert die Muschel nur in meiner Phantasie. Der Klang wird auf einem Stück Plastikschlauch erzeugt, und die uralten Zeremonien stellen sich als Fußballspiel heraus. Sogar meine Illusionen über das Alter dieses Dorfes fallen rasch in sich zusammen, als ich den Häuptling frage, wie weit zurück im Dunkel der Zeiten die Anfänge seines Dorfes liegen. Er denkt kurz nach, bevor er antwortet: »37 Jahre.«

Shivankoreni. Einfache Holzhütten, teure neue Wellblechdächer.

Shivankoreni ist ein Ort im Übergang. Die Holzhütten sind traditionell, aber die neuen Blechdächer sind ein Zeichen des Wohlstands. Auch das Fußballspiel ist eine Mischung aus alt und neu. Der Fischer, den wir gestern beim Fischen mit Pfeil und Bogen getroffen haben, hat Talent, Sinn für Taktik und ein Paar Fußballschuhe, während andere in geflickten Shorts und mit nackten Füßen spielen. Der Schiedsrichter hat keine Uhr. Ein Zeitmesser beendet die erste Hälfte nach genau 45 Minuten, verschwindet dann aber mysteriöserweise, was zu einer epischen zweiten Halbzeit von 63 Minuten führt.

Es folgt ein Frauenspiel, das kürzer und sehr viel interessanter ist. Es gibt keinen Mannschaftsdress, die meisten spielen in Kleidern und Röcken. Auch beim Schuhwerk gibt es keine Ungleichheit. Alle sind barfuß. Trotzdem ist es ein Superspiel. Röcke werden gerafft und Schüsse aus zwanzig Metern hineingehämmert. Das Bild einer kräftigen Großmutter, die im langen Baumwollkleid durch die Verteidigung wirbelt und das Netz, wenn es ein Netz gäbe, aus

Shivankoreni.
Das Frauenspiel.

zwanzig Metern Entfernung trifft, werde ich so bald nicht vergessen. Nach dem Fußball wird eine Autobatterie geholt, auf den Tisch gestellt, und man schließt die Leitungen an etwas an, was zunächst wie ein kleiner Generator aussieht, sich dann aber als Verstärkeranlage herausstellt. Spanische Discomusik erfüllt die Luft, aber niemand kümmert sich darum. Es wird viel Masato, fermentierter Yuccasaft, getrunken, der von den Frauen des Dorfes bereitet wird. Erst nachdem ich eine hölzerne Schale davon gekostet habe, sagt man mir, daß die älteren Frauen noch immer Spucke als Ersatz für Zucker bei der Zubereitung benutzen. Es hat ganz harmlos geschmeckt, wie etwas saurer Himbeerjoghurt. Ich warte besorgt, wie mein strapazierter Darm auf Machiguengaspucke reagieren wird.

Das Festmahl selbst ist zwingend. Die Frauen kommen mit verschiedenen Gerichten aus ihren Hütten, und im Schatten einer Baumgruppe, wo Binsenmatten und Bananenblätter, die als Teller dienen, auf der Erde liegen, wird ein Halbkreis gebildet. Die Ältesten werden von ihren Veranden gerufen und sehen mit ihren gestreiften Roben und Stirnbändern noch träger und gebieterischer aus. Die bedeutenderen unter ihnen tragen im Gesicht tiefrote parallele Streifen aus Achiote, den gemahlenen Kernen einer haarigen, roten Frucht, die hier reichlich an den Büschen wächst (und inzwischen von westlichen Kosmetikfirmen sehr gesucht ist).

Es kann an unserer Anwesenheit liegen, die sie hemmt, aber ich glaube, es ist noch etwas anderes. Als wir aufbrechen, bestätigt der Häuptling, daß Shell ihnen die Wellblechdächer im Austausch gegen ihre Kooperation geliefert hat, und er erwartet, daß die Petroleros bald zahlreich wiederkommen, um die Ölquellen in Betrieb zu nehmen, die sie gefunden und zum Teil schon angebohrt haben. Er ist froh über ihre Rückkehr, aber es mag der Grund für die Teilnahmslosigkeit des Dorfes sein. Jeder in Shivankoreni weiß, daß sich vieles bald unwiderruflich ändern wird.

Als wir ungefähr eine Stunde später wieder auf dem Urubamba fahren, hören wir das hohe Jammern eines Schnellbootes, und aus einem Nebenfluß kommt ein schnelles Aluminiumdinghi, unter dessen Sonnendach ein Dutzend Ölleute sitzen. Sie sitzen in Reih und Glied wie Lego-Figuren und tragen identische gelbe Helme und orange Schwimmwesten.

Es ist unmöglich, ihre Gesichter zu erkennen, und sie schenken uns kaum einen Blick, als sie vorbeirauschen und flußabwärts verschwinden, während wir in ihrem Kielwasser und ihrer undefinierbar feindlichen Austrahlung hin und her schwanken.

AUF DEM URUBAMBA NACH SEPAHUA

196. TAG

Die fünfte Nacht im Zelt. Die Lebensmittel werden knapp. Kein Ei mit Schinken mehr zum Frühstück. Die Brötchen sind hart wie Steine. Schlimmer noch, nur noch ein Karton chilenischer Rotwein für die nächsten zwei Nächte.

»Zuckervogel«, sagt Barry plötzlich und blickt von seinem Kaffee auf. Einen Augenblick lang denke ich, er ist durchgedreht, aber er zeigt auf einen Ast am Rand des Dschungels. »Hörst du ihn?«

Der Urubamba wird breiter und erwachsener, während wir nach Norden aus dem Gebiet der Machiguenga in das der Piro fahren.

Kinder auf dem Camisea.

Am späten Nachmittag erreichen wir die Stadt Sepahua an der Einmündung eines schmalen Flusses. Dort, wo wir am Strand unser Lager aufschlagen wollen, steht ein Tisch, an dem zwei junge uniformierte Soldaten sitzen, deren T-Shirts sie als Mitglieder der Batalia Contrasubversivo ausweisen. Sie müssen alle nach Sepahua kommenden Boote nach Schmuggelgut allgemein und Drogen im besonderen untersuchen. Die Sonne sticht nieder, und wir warten, daß Barry sie bequatscht, die richtigen Papiere zeigt, und so weiter. Anscheinend reicht das nicht, und sie verlangen, unsere Taschen zu durchsuchen, bevor sie uns auf ihr Stück Sand lassen.

Sepahua war womöglich die Stadt, die Colonel Percy Fawcett, der in den fünfziger Jahren am Amazonas gestorbene Forschungsreisende, meinte, als er von den Orten sprach, »die einem zuerst wie ein Loch erscheinen und bei der Rückkehr aus dem Dschungel wie eine Metropole«.

Nach sechs Tagen auf dem Fluß reicht schon die Tatsache, daß es eine Bar mit Tischen, Stühlen und kaltem Bier gibt, um der Stadt fast eine pariserische Raffinesse zu geben.

Clems Rücken macht ihm immer mehr Beschwerden, und er ist jetzt ernsthaft bewegungsunfähig. Obwohl wir noch für eine Nacht in die Zelte am Ufer zurück müssen, können wir nicht viel länger auf dem Fluß bleiben. Heute nacht zerreißen gegabelte Blitze und Wetterleuchten den Himmel im Westen. Donner grummelt und kommt näher. Die Luft ist hier feuchter, und die Insekten wenden uns ihre volle Aufmerksamkeit zu.

SEPAHUA

197. TAG

Um sieben Uhr früh erscheinen die jungen Soldaten aus Lima, die den wenig beneidenswerten Auftrag haben, den Strand von Sepahua zu bewachen, mit zwei Stühlen, einem Tisch und drei Kalaschnikows. Ihre Ankunft fällt mit dem Beginn eines gemächlichen Regens zusammen, und bald pakken sie ihre Sachen zusammen und latschen wieder dahin zurück, wo sie hergekommen sind. Ihr Verschwinden führt nicht zu einer Flut von Narcos und Contrabandidos. Tatsächlich ist das erste Boot ein Kanu voller Schulkinder in adretten grauen Schürzen und weißen Baumwollhemden, die feierlich in einer Reihe stehen, während sie den breiten Urubamba vom nebligen Westufer aus überqueren. Ich verbringe eine halbe Stunde mit dem fruchtlosen Versuch, mein Zelt von Sand zu säubern. Kein sauberes Stück zum Anziehen mehr, nur noch die Wahl, das zu tragen, was am wenigsten eklig ist. Im Lauf des Vormittags hört der Regen auf und hinterläßt eine erstickende Hitze. Die einzig mögliche Verteidigung gegen diesen erschöpfenden Luftmangel ist, sich überhaupt nicht zu bewegen, aber wir müssen uns über die Abflüge informieren, und so wandern Barry und ich den Strand entlang in die Stadt.

Sepahua. Ein Soldat bewacht den Fluß vor Contrabandidos.

Wir treffen zwei amerikanische Missionare, die morgen nach Lima zu fliegen hoffen. Sie haben gehört, daß noch mehr Gewitter angesagt sind und die Gefahr von Springfluten besteht. Ich sehe ein Bild von Clem als König Canute vor mir, der hilflos dasitzt, während das Wasser um seinen Thron steigt.

Heute können wir absolut nichts anderes tun, als die Wartezeit abzusitzen, Bier zu trinken und zu hoffen, daß wir am späten Nachmittag das Halbfinale England-Deutschland im Radio empfangen können. Sepahua ist ein Ort geselliger und ansteckender Faulheit, eine Grenzstadt, wo man keine Fragen stellt, keine Urteile fällt und kein besonderes Verhalten erwartet. Es hat keine Partnerstadt und wird von keinem Bürgerverein sauber gehalten. Es hat keinen Rundgang der Sehenswürdigkeiten und kein historisches Zentrum. Es ist einfach ein Ort mitten im Dschungel, und wem er nicht gefällt, der braucht nicht zu bleiben.

Barry bekommt den BBC World Service nicht herein, findet jedoch einen schwachen, aber verständlichen Kommentar aus Wembley auf französisch. Als Gareth Southgate »pour le penaltie sixième« antritt, stehen wir unter einem Granatapfelbaum auf dem schäbigen Hauptplatz. Gustavo, der Bootsmann, schwankt reichlich angeheitert zu uns und legt uns die Arme um die Schultern. Southgates Schuß wird gehalten. Gustavo liebt uns alle, das will er uns jetzt, wo die harte Arbeit vorbei ist, sagen, wir sollen uns alle amüsieren, was Lustiges erzählen und was trinken. Möller trifft. »Les Allemands ont prévalu!« Deutschland hat gewonnen. Gustavo grinst zärtlich und drückt fest meine Schulter.

VON SEPAHUA NACH PUCALLPA

198. TAG

Nach der siebten Nacht am Urubamba tragen wir die ganze Ausrüstung ans Ufer und beten, daß es zum letzten Mal ist. Fast die ersten, denen wir begegnen, sind die amerikanischen Missionare.

»Ich dachte, Sie wollten gestern abend nach Lima fliegen?« frage ich sie.

»Dachten wir auch, aber die Maschine ist nicht gekommen.«

»Irgendeine Begründung?«

Sie schütteln die Köpfe.

»So ist das hier eben.«

Die Aussicht, noch eine Nacht auf der Sandbank zu verbringen, ist so undenkbar, daß ich mich dabei ertappe, Sepahuas schmuddelige Silhouette nach einer anderen Unterkunft abzusuchen.

Zum Laden, wo es alles gibt, gehört auch ein kleines Flugbüro, und die dafür zuständige Dame, die eben Milchpulver verkauft hat, teilt uns Näheres

Sepahua. Warten auf das Öffnen des Flugschalters (hinter mir).

über unseren Flug nach Pucallpa mit. Es sind schwere Gewitter angesagt. Sie empfiehlt, daß wir jeden Flug nehmen, der heute noch kommt. Egal wohin.

Sechs Uhr abends: Bier im Hotel ›Sol de Oriente‹ in Pucallpa, 333 Kilometer flußaufwärts.

Diese wuchernde Dschungelstadt mit 100 000 Einwohnern ist nach den Sandbänken ein heftiger Schock. Sie ist voller Lärm. Mein Zimmer hat den Blick auf eine Mauer, auf der oben Glasscherben einzementiert sind, darunter befindet sich ein Pornokino, wo ein Film namens *Pretty Anal* läuft. Eine Fußballmannschaft, die ihr Spiel fast die ganze Nacht auf den Korridoren zu wiederholen scheint, wohnt mit im Hotel, und das Restaurant bringt nicht mal ein Hühnersandwich zustande. Kommt zurück, Sand und Toilettenzelt, alles ist vergeben.

PUCALLPA

200. TAG

Es gibt sicher schlimmere Orte als Pucallpa, um unseren 200. Reisetag zu feiern, aber keinem von uns fällt einer ein. Das Hotel ist dazu gebaut, eine kühle Zuflucht vor der tropischen Hitze zu bieten. An einem Tag wie heute, wenn ein heftiger Kälteeinbruch graues Wetter gebracht hat, ist es zwar auf jeden Fall kühl, bietet aber keine Zuflucht. Ich schlafe im Pullover ein, und beim Aufwachen starrt mich die Schmutzwäsche von acht Tagen an.

Ein adretter Franzose mit sanfter Stimme namens Didier Lacasse lebt schon zehn Jahre hier. Ursprünglich kam er her, um die traditionelle Medizin des peruanischen Amazonasgebiets zu erforschen und vor allem den Gebrauch der Ayahuaska-Rebe. Die einheimischen Schamanen bereiten sie auf eine Art, daß eine halluzinogene Trance bei Heiler und Patient ausgelöst werden kann, die körperliche und geistige Leiden kurieren soll. Inzwischen hat Didier seine eigene Kräuterpraxis fünf Meilen vor der Stadt, zu der er mich auf einem makellos gepflegten Motorrad fährt. Seine Behandlung beruht darauf, unsere engen Bindungen an die Natur wiederherzustellen, und obwohl das ein wenig vage und verträumt klingen mag, bestätigt das wachsende Interesse der internationalen Pharmaindustrie am peruanischen Regenwald seine enthusiastische Einschätzung des Potentials der Dschungelheilmethoden. Eine Rebe, die Una de Gato (Katzenklaue), regt nachweislich das Immunsystem an und bekämpft Entzündungen und wird jetzt ernsthaft für den Gebrauch bei der Krebs- und Aids-Therapie getestet.

Mit dem Interesse und der Nachfrage nach den Früchten des Regenwalds wird auch Pucallpa wachsen, noch verrückter und noch lauter werden. Es hat eine direkte Straßenverbindung nach Lima, die ohne weiteres über den Fluß verlängert werden kann, und dem nur 105 Kilometer östlich gelegenen Brasilien seine erste Straße zum Pazifik verschaffen kann. Unser nächstes Ziel, die alte Dschungelhauptstadt Iquitos, ist nur mit dem Flugzeug oder auf dem Wasser zu erreichen. Bei dem Gedanken, wie lange wir auf dem Urubamba gebraucht haben, beschließen wir, daß ein Flugzeug für die nächsten 700 Kilometer durch den Dschungel das Sicherste ist.

IQUITOS

203. TAG

Iquitos besitzt die Vergangenheit, die Pucallpa fehlte. Ob es auch eine Zukunft hat, ist unsicher. Sein Erfolg beruhte auf dem Gummi und dem Fluß. Der Gummihandel ist schon lange vorbei, da die Bäume gegen einen Virus anfällig sind, der auf den Gummiplantagen in Malaysia und im Fernen Osten nicht vorkommt. Die Bedeutung als Handelsstützpunkt ist vom Panamakanal, dem Luftverkehr und dem Bau der Trans-Anden-Straße abgelöst worden, welche Iquitos nicht berührt.

Aber es gibt noch immer einen britischen Honorarkonsul. Um mehr über die Stadt herauszufinden, suche ich ihn unter einer Adresse in der Arica-Straße auf. Es ist eine niedrige, mit Zinnen versehene Fassade mit zwei grauen Holztüren, direkt neben dem schicken neuen Büro der Telefonica Peru. Ein geräuschvoller Strom von Moto-Carros, Dreiradtaxis, fließt emsig vorbei. Ich drücke auf den Klingelknopf neben einem Messingschild ›Consulado Britanico‹. Ein kleiner, gepflegter älterer Mann in einem kurzärmligen, blauen Hemd mit ergrauendem, sorgfältig zurückgekämmtem Haar und einem blassen, fast käsigen Gesicht öffnet die Tür. Er stellt sich als Lewis Power vor, geboren vor über siebzig Jahren als Kind einer französischen Mutter und eines irischen Vaters. Das Konsulat befindet sich im einstigen Lagerhaus der florierenden Import-Export-Firma seines Vaters, jetzt ein dunkler und staubiger Schuppen, der an die Kulisse von *Steptoe and Son* erinnert. Es ist mit alten Aktenschränken, Gewichten, Hebeketten, Tauen, Motorteilen und von Ratten und Mäusen angenagten Hauptbüchern und Firmenverzeichnissen vollgestopft – den modernen Überbleibseln eines halben Jahrhunderts Handel.

Lewis kann sich gerade noch an den Gummiboom erinnern, als acht Hochseefrachter pro Monat von Iquitos nach Liverpool fuhren. »Damals war Liverpool näher als Lima. Von hier brauchte ein Schiff sechs Wochen über den Atlantik nach Liverpool. Um Kap Horn hätte es über zwei Monate gedauert.«

Alles um ihn herum, außer dem eingerahmten Foto seines Vaters – »heute morgen abgestaubt« – ist mit wechselnd dicken Staubschichten bedeckt. Er bläst ein wenig von einem Exemplar der ›Peruvian Times‹ von 1955 herunter, das ein optimistisches, wachsendes Iquitos mit modernen Gebäuden, neuen Hotels und vornehmen Hochzeiten zeigt, und unverhüllte Inserate von Exporteuren für Alligatoren-, Krokodil- und Pekarihäute enthält. Iquitos ist nach seinen Worten noch immer Hauptstadt der riesigen Provinz Loreto und voller Menschen (350 000 bei der letzten Zählung), obwohl ich den Eindruck habe, daß der Konsul sie für die falsche Art von Leuten hält.

»Chinesen... überall Chinesen. Und natürlich die Sierranos.«

»Sierranos?«

Mit dem britischen Honorarkonsul Lewis Power im Konsulat von Iquitos.

»Leute aus dem Westen, aus den Anden. Die sind jetzt die Mehrheit. Sie kommen mit ihren Familien. Jeder bringt noch acht Leute mit.«

Lewis Power will bald dieWohnung verkaufen und wegziehen.

»Warum?«

»Warum? Weil ich den Amazonas bis obenhin satt habe.«

Der Malecon ist eine neue Straße mit Blick über den Fluß. Ich nähere mich mit unverhüllter Aufregung. Einer meiner hartnäckigsten Kindheitswünsche war es, den Amazonas zu sehen.

Die Wirklichkeit besteht darin, daß jetzt Trockenzeit herrscht und die Promenaden von Iquitos keinen eine Meile breiten, reißenden Strom überschauen, sondern niedrige Sandkuhlen und grasbewachsene Wiesen, zwischen denen sich Wasserarme verzweigen. Ich habe den Amazonas noch nicht erreicht. Aber es gibt Entschädigungen. Freundliche Restaurants und Bars reihen sich am Malecon aneinander, und es ist ein buntes Treiben zu sehen, besonders bei Sonnenuntergang. Hinter einer Bierflasche in Jaimes hervorragendem Restaurant (drinnen bedecken Karten und Bücher über die Gegend die Wände) beobachte ich, wie ein Mann ohne Beine und mit nur einem Arm sich zur Musik dreht und windet wie ein Derwisch, während sich eine Gruppe mächtiger Amerikaner durch die Menge schiebt, jeder wie Gulliver in Lilliput, in ihrem Gefolge schmuddlige Kinder – Schuhputzer, Bonbonverkäufer und clevere Abstauber auf der Lauer nach ein oder zwei Sol. Ein Händler mit Schlangenhäuten kommt vorbei, bleibt an unserem Tisch stehen und bietet uns die freie Auswahl für fünfzig Sol an. Wir lehnen ab, aber als wir beim Essen sind, kommt er mit einer schwarzen Plastiktüte zurück, aus der er einen weißen Schädel holt. »Jaguar«, sagt er mit der gedämpften Stimme eines Autoverkäufers. Da er unser sofort erloschenes Interesse sieht, bewegt er den Kiefer wie bei einer Puppe auf und ab. »Fünfzig Sol.«

205. TAG

Am Südrand von Iquitos befindet sich das Elendsviertel Belen. Von nahem ist es ein wimmelndes, manisch geschäftiges Trümmerfeld, eher von Überbeanspruchung als von Vernachlässigung gezeichnet. Auf einem niedrigen Hügel, der zum Fluß führt, verkaufen kleine Kinder Säcke mit Holzkohle, ein Mann rollt ein Faß Aguardiente – Zuckerrohrschnaps –, ein anderer entrollt wilde Eberhäute zum Trocknen. Jeden Augenblick erwarte ich, Moll Flanders um die Ecke kommen zu sehen.

Nah beim Fluß werden die Straßen ebener und winden sich zwischen Wäldern aus Stelzen hindurch. Jetzt ist alles voller Menschen, Stände und verfaulendem Abfall. Auf Balkonen über unbedeckten Müllhaufen züchten Leute medizinische Kräuter, die sie gegen Dysenterie nehmen. Die Kindersterblichkeit in Belen liegt zwischen achtzehn und zwanzig Prozent, dennoch kommen immer mehr Menschen, um hier zu leben.

Auf den Straßen von Belen.

Um das harte Leben in Belen zu betäuben, gibt es Alkohol und Zigaretten. Ein großes, attraktives Mädchen namens Julia rollt Zigaretten aus dem vollen, dunklen, Mapacho genannten Tabak. Mit einer flinken, fließenden Bewegung hält sie mit einem Bleistift das Papier gerade, nimmt den Tabak aus einem Plastikbeutel, füllt und rollt die Zigarette und beschneidet dann die Enden mit einer Schere, so schnell, daß sie 3000 Stück am Tag schafft. Eine schenkt sie mir. Der Geschmack ist stark und sehr genußreich, wie extra starke Gauloises. Es ist die beste Zigarette, die ich geraucht habe, seit ich aufhörte. Und das war vor 27 Jahren.

Am Flußufer geht die Stadt auf dem Wasser weiter. Hier arbeiten auch die Canoeiras, Prostituierte in Booten, die man nicht verfehlen kann. Ihre Kanus sind rosa. Ein Zuhälter in einem Wassertaxi bringt einen für einen halben Sol hin, schaut diskret woanders hin und fährt einen für einen halben Sol wieder zurück. Die Canoeira bekommt fünf Sol, also kostet die ganze Sache etwas über zwei Dollar, einschließlich einer Fahrt auf dem Amazonas.

208. TAG

Wir warten in Iquitos auf ein Flußschiff, das uns an die kolumbianische Grenze bringen soll. Jeder hat ein noch schlimmeres Gerücht über Kolumbien auf Lager. Dunkle Geschichten über Drogenhändler und Guerilleros.

Eine Gruppe sehr großer Amerikaner, die sich zur Zeit in Iquitos aufhält, soll Teil der gegenwärtigen Offensive der US-Drogenbekämpfungsbehörde gegen Kokainfabriken im kolumbianischen Dschungel sein. Sie behaupten, Touristen zu sein, deren Flug verschoben wurde. Iquitos mit seinem trägen, anspruchslosen Komfort hat mir gefallen. Seine kolonialen Straßen haben Stil und eine abgenützte, unaufdringliche Eleganz, und obwohl es auf drei Seiten Tausende von Meilen von Dschungel umgeben ist, ist die Atmosphäre offen, aufgeschlossen und zivilisiert.

Die ›El Arca‹ ist ein Flußdampfer mit drei Decks, der 1882 gebaut und von dem Amerikaner Paul Wright restauriert wurde, der mit dem Motorrad von Alaska nach Tierra del Fuego fuhr und dem es in Iquitos so gefiel, daß er zurückkam und hier blieb. Sie liegt in der Nähe des Alten Marktes und ist über eine schmale und wacklige Holztreppe zu erreichen, die bei jedem Schritt zittert und bebt. Ein Mann kommt mit 72 vollen Colaflaschen auf dem Rücken vorbei, die von einem gewirkten Netz gehalten werden, das er um die Stirn trägt. Ein ameisenhafter Strom von Reisenden, Trägern und Passagieren verläuft von und zu den Collectivos – den flachen, hölzernen, reetgedeckten Fähren, die miteinander um Plätze an den Pontons kämpfen. Kinder erscheinen aus dem Nichts und wittern ihre letzte Chance, mir alles mögliche von Kaugummi bis zu Taschenrechnern, BHs und Boxershorts zu verkaufen.

Die beste Zigarette seit 27 Jahren. Julias Zigarettenfabrik in Belen (Iquitos).

Am späten Nachmittag fahren wir auf den Fluß hinaus. Endlich bin ich auf dem Amazonas. Er ist gewaltig, formlos und weckt schwerlich romantische Gefühle. Ein letzter liebevoller Blick auf Iquitos. Der Steuermann der ›El Arca‹ erzählt mir, die Stadt werde in zehn Jahren wegen der vom Amazonas mitgeführten Ablagerungen völlig vom Fluß abgeschnitten sein.

Mit ihrer Höchstgeschwindigkeit von sechs Knoten könnte die ›El Arca‹ die 480 Kilometer zwischen Iquitos und der kolumbianischen Grenze in weniger als 48 Stunden schaffen, aber der Preis für unsere Mitfahrt ist der, daß wir nun zu einer Gruppenreise gehören. Es ist eine kleine und exklusive Gruppe – eine indische Familie, die jetzt in San Francisco lebt, zwei Australier über Fünfzig, ein englisches Ehepaar, zwei alleinstehende Amerikanerinnen – aber es ist dennoch eine Gruppe, und sie läßt sich nicht hetzen.

Abends hören wir einen Eröffnungvortrag unseres begleitenden Naturforschers Daniel. Er ist klein, streng und spricht voller Leidenschaft über das Land, den Fluß, den Regenwald und, jawohl, die Artenvielfalt. Nachdem er uns fast eine halbe Stunde lang mit außergewöhnlichen Tatsachen über das Amazonasgebiet fasziniert hat, bittet er um Fragen.

Eine der Amerikanerinnen hebt sofort die Hand. »In meiner Dusche stehen gut zehn Zentimeter Wasser, die nicht ablaufen.«

AUF DEM AMAZONAS

209. TAG

Heute sind wir beim ersten Morgenlicht auf den Beinen, um in kleinen Booten mangrovenüberwachsene Wasserläufe und eine Dschungellagune zu erforschen, deren völlige Stille nur vom schreienden Ruf eines Vogels unterbrochen wird, dessen Name mir besonders gefällt – der Hornwehrvogel. Unterwegs erfahren wir von Daniel, daß aus der Mündung des Amazonas mehr Wasser fließt, als aus den acht nächstgrößten Flüssen zusammen, und daß die jährliche Regenmenge im Amazonasbecken vor allem wegen der Entwaldung von 900 Zentimetern in den zwanziger Jahren auf 375 Zentimeter gesunken ist.

Von so vielen Fakten am frühen Morgen ganz benebelt, fahren wir dankbar zum Frühstück auf die ›El Arca‹ zurück. Es ist nur eine kurze Rast. Das Schiff dampft flußabwärts zu einem Indianerdorf, wo wir erneut von Bord gehen und uns traditionelle Tänze von gelangweilten Einheimischen ziemlich schlecht vorführen lassen. Bis Mittag ist das Thermometer auf 38° geklettert. Das Schönste an dem ganzen langen, heißen Tag ist für mich der Anblick eines jungen Ozelots in den Armen eines kleinen Indianermädchens am Ufer. Es ist eines der schönsten Geschöpfe, die ich je gesehen habe. Ein langer Körper mit perfekt geformten Flecken, ein kompakter, graziöser Kopf mit großen, schwarzweißen Ohren und einem zugleich stolzen, weisen und besorgten Ausdruck. Das kleine Mädchen will ihn mir für 200 Dollar verkaufen. Natürlich lehne ich ab. Ich fahre nach Alaska – da würde er sich nicht wohlfühlen. Abends frage ich Daniel, was aus ihm werden wird. Er sagt, er wird wegen seines Pelzes getötet werden – bald.

Die ›El Arca‹ auf dem Amazonas bei Caballococha vertäut.

210. TAG

Das heute um 5 Uhr 45 beginnende Reiseprogramm steht mit Kreide auf einer Tafel vor dem Speiseraum. Höhepunkt des heutigen Tages ist ein Abendausflug zu einem See in der Nähe der Stadt Caballococha, um das Nachtleben am Amazonas zu sehen und zu hören. Fledermäuse, kein Roulette. In der Mitte des großen, schwarzen Sees läßt Daniel den Motor abstellen und ist gerade mitten in einem Vortrag über die Einheit und gegenseitige Abhängigkeit allen Lebens in der Natur, als sich ein Schwarm Moskitos um ihn versammelt und ihn so heftig attackiert, daß er sich hinsetzen muß und die Anweisung gibt weiterzufahren und zwar schnell.

Daniel bemüht sich zu korrigieren: »Wie jedes Insekt haben sie viele nützliche Eigenschaften. Erstens bestäuben sie bestimmte Orchideenarten. Zweitens sind sie eine wichtige Nahrungsquelle der Fledermäuse.« Eine Pause und erwartungsvolle Stille.

»Also, morgen früh sechs Uhr, okay?«

Später fällt der Schiffsgenerator aus, also keine Air-condition, keine Wasserpumpe und kein Licht in der Kabine mehr. Wir haben die Nacht über festgemacht, und die Luft ist unbewegt, dumpfig und leblos. Ich öffne das Fenster so weit es geht, und warte darauf, daß die Fledermausnahrung um mich herumzusurren beginnt. Und das sollte der erholsame Teil der Reise sein.

VOM AMAZONAS NACH BOGOTA

211. TAG

Der Generator geht noch immer nicht, also wasche ich mich mit meinen restlichen Erfrischungstüchern. Um halb neun sind wir in Las Tres Fronteras, dem einzigen Punkt, von dem aus man Brasilien, Peru und Kolumbien – das größte, dritt- und viertgrößte Land Südamerikas – gleichzeitig sieht. Schlüsselstellen auf der Karte geben meist nicht viel her, wenn man sie in der Realität sieht, und diese hier ist keine Ausnahme. Eine beliebige Ecke des gewaltigen Amazonasbeckens. Peruanische Zoll- und Grenzbeamte in schwarzen Hemden kommen an Bord, dann verabschieden wir uns von unseren Mitpassagieren, laden unsere Ausrüstung in zwei schnelle Dinghis, fahren quer über den breiten Fluß und lassen die El Arca und Peru zurück, für dessen Durchquerung wir einen Monat gebraucht haben. Leticia (lateinisch »Glück«) ist die Grenzstadt auf kolumbianischer Seite. Die Probleme fangen gleich an. Die Kokafelder, die wir filmen wollten, sind vor kurzem bei einer von den USA unterstützten Offensive zerstört worden (Überraschung!), und alle Hotels in Leticia sind voller Abgeordneter aus Bogotá, die an einer Konferenz über die Artenvielfalt teilnehmen. Wir waschen und ruhen uns im Hotel ›Anaconda‹ aus, während Marcey, unsere respekteinflößende örtliche Organisatorin alle möglichen Leute in den Hintern tritt, damit wir noch ein Flugzeug nach Norden kriegen. Beim letzten Flug des Tages hat sie Erfolg. Gegen Mitternacht trägt unsere British Aerospace 146 uns über den Äquator und aus dem Dschungel heraus. Vom Meeresspiegel auf 2500 Meter. Von 38° auf 10°.

Von der südlichen in die nördliche Hemisphäre und in unsere bisher zwölfte Hauptstadt – Bogotá. Das Hotel, das wir um zwei Uhr nachts erreichen, ist vornehm und komfortabel. Weiße Bettwäsche und klassische Musik im Radio. Nur eine Kette entzündeter roter Stiche an den Knöcheln erinnert mich daran, wo ich gerade herkomme.

BOGOTA

213. TAG

Es ist schwer, Bogotá zu verstehen. Einerseits fühle ich mich hier sehr zu Hause. Oma Libros, ein Buchladen mit Café, den ich gestern entdeckt habe, ist wie Aladins Schatzhöhle und vereint alles unter einem Dach, was ich seit Santiago vermißt habe – Bücher, Kassetten, guten Kaffee und englische Zeitungen. Das italienische Restaurant daneben ist so gut wie meine Lieblingsrestaurants in London. Als ich aber heute morgen dieselben Straßen betrete, ist es Sonntag, die Stahlrolläden sind heruntergelassen und private Wachmänner, alle in schwarz, patroullieren auf und ab und zerren aggressiv an den Ketten großer Schäferhunde.

Das Stadtzentrum um die Plaza Bolivar ist voller herrlicher Gebäude, die das Selbstbewußtsein einer Stadt widerspiegeln, deren voller Name – Santa Fe de Bogotá del Nuevo Reino de Granada de las Indias del Mar Oceano – zeigt, welche Bedeutung die Spanier diesem Teil ihres Reichs zumaßen. Aber wie meine Begleiterin, eine kolumbianische Rechtsanwältin, betont, bombte die Armee vor noch nicht zehn Jahren auf diesem historischen Platz eine Guerillagruppe aus dem Justizpalast heraus, wobei es hundert Todesopfer gab und das Rechtswesen, wie sie sagt, »stark dezimiert wurde«.

In Kolumbien gibt es eine starke Mittelklasse. Die Wirtschaft ist in besserem Zustand als in den meisten Ländern Südamerikas, und doch steht heute morgen in den Zeitungen, daß dem kolumbianischen Präsidenten Samper wegen seiner angeblichen Verbindungen zu Drogenbaronen ein Einreisevisum für die USA verweigert worden sei. Im Zentrum von Bogotá gibt es gute Museen und Galerien und stilbewußt renovierte alte Häuser, während ein paar Straßenblocks weiter niemand hinsieht, wenn Todesschwadronen die Hauptstadt pro Woche von einem Dutzend unerwünschten Personen »reinigen«. Ich verstehe es nicht, und brauche jemanden, der mir dabei hilft.

214. TAG

Tim Ross, ein englischer Journalist mit ergrauender Sechziger-Jahre-Frisur und einer Vorliebe für Sonnenbrillen und Jeans, hat einen unersättlichen Appetit auf das Straßenleben in der gefährlichsten Stadt eines der gefährlichsten Länder. Er lebt mit seiner geduldigen Frau und einem sehr fetten Hasen in einer gemütlichen Wohnung im 26. Stock eines Wohnblocks im Zentrum.

»Oh, ich habe die üblichen Morddrohungen gekriegt«, sagt er.

Tim ist ganz offensichtlich süchtig, nicht nach Drogen, aber nach Drogenabhängigen. Sein Leben dreht sich um die Gefahr, mit der sie leben und aus der er seine eigene Energie und Leidenschaft bezieht. Er bietet an, uns den gefährlichsten Teil Bogotás um die Calle Cartouche zu zeigen – die Kugelstraße.

Ich frage Tim, warum es seiner Meinung nach so viele Drogensüchtige in Kolumbien gibt. Er antwortet, der Grund sei, daß das Land ein Hauptproduzent ist, und wo Produktion ist, ist auch Konsum, und andererseits, daß die Institutionen des Landes von ein paar reichen Familien kontrolliert werden, so daß das politische Leben versteinert ist. Es gibt keinen nationalen Willen, die Probleme der Ärmsten anzugehen.

Nur sechs Blocks vom Präsidentenpalast entfernt, durchfahren wir Straßen, die so schlimm sind, wie nur irgendwelche, die ich auf dieser oder sonst

Bogotá (Kolumbien)
Oben: Tim Ross unterwegs.

Rechts: Große Steaks und große Pferde in der Margarita del Ocho.

Ganz rechts: Don Fabio im Sattel.

einer Reise gesehen habe. Gestalten liegen im Müll herum, andere stehen schwankend und desorientiert, wieder andere sind auf der Suche nach etwas, um den nächsten Schuß zu bezahlen, und werfen uns feindselige Blicke zu.

Als wir in die Calle Cartouche einbiegen, wird hinter uns hergebrüllt, und später kracht etwas an den Wagen.

»Sie werfen Steine«, sagte Tim, der rasch hin- und herschaut. »Sie glauben, wir sind eine Todesschwadron oder die Polizei oder sonstwas.«

Nigel will noch einmal rumfahren, aber Tim ist dagegen.

»Das nächste Mal könnte es was anderes als Steine sein, vielleicht Eisenstangen oder Macheten.«

In einer Straße mit früher hübschen, aber jetzt ausgebrannten Häusern, vor denen Müllhaufen liegen, hat die Polizei eine Straßensperre errichtet und hält die Leute an. Tim redet kurz mit ihnen und sagt dann zu uns, daß wir aussteigen können, aber nah beim Auto bleiben müssen. Als Nigel filmt, sehe ich, wie eine kleine Gruppe von Männern sofort auf die Kamera reagiert. Ihre Blicke verhärten sich zu Feindseligkeit, und ich nehme Bewegungen wahr, die sich auf uns beziehen. Dies sind keine Fixer, sondern härtere Leute. Ich habe das Gefühl, daß es gefährlich werden könnte. Wir verschwinden und fahren zurück zu Tims Wohnung. Ich lade ihn ein, mit uns zum Lunch in die ›Margarita del Ocho‹ zu kommen, einem Restaurant, in dem Pferde zwischen den Tischen auf und ab laufen. Das Restaurant gehört der Familie Ochoa. Der Vater, Don Fabio, ist Manager des Restaurants, und obwohl er selbst nie Ärger bekommen hat, haben seine beiden Söhne gerade fünfeinhalb Jahre wegen großangelegten Drogenhandels im Gefängnis gesessen. Der Lunch in der scheunenähnlichen ›Margarita del Ocho‹ ist unangenehm, weil es uns schwer-

fällt, die großen Fleischfetzen runterzukriegen, während Pferde an meinem Teller vorbeistolzieren, denen Personal mit Besen und Schippen folgt.

Zur Überraschung aller Beteiligten hat Don Fabio sich zu einem Interview bereit erklärt. Auf spanisch. Ich habe zwei Sorgen. Erstens: Ich spreche kein Spanisch. Zweitens: Was fragt man einen Vater, dessen Söhne verurteilt worden sind? Ist das Wetter hier immer so? Was ist Ihr Lieblingsroman?

Es bleibt kaum Zeit, das Interview zu planen. Don Fabio taucht aus seinem Büro auf. Entweder kopiert er Marlon Brando, oder Marlon Brando hat ihn kopiert. Wie auch immer, ich sehe den Paten vor mir. Ich habe das Gefühl, ich sollte zittern, und doch sehe ich nur einen alten Mann. Er trägt einen Stetson und einen schwarzweiß gestreiften Poncho. Seine starken und durchdringenden Augen starren herausfordernd aus einem bleichen, blutleeren Gesicht voller Leberflecke.

Rechts und unten: Coszquez. Guaceros suchen im Aqua Nero (schwarzen Wasser) nach Smaragden.

Ich beschränke meine Fragen auf seine Hauptinteressen – Pferde, Pferde und Pferde. Marcey flüstert mir von hinten Fragen auf spanisch zu, es funktioniert so gut, daß Don Fabio einwilligt, aufs Pferd zu steigen und uns etwas vorzureiten.

Seine Lakaien geraten etwas in Verwirrung, als ein Pferd gebracht und er in den Sattel gehievt wird. Einen Moment lang sieht es so aus, als würden sie den Don fallen lassen oder auf der anderen Seite des Pferdes wieder herunterschubsen. Während der ganzen würdelosen Prozedur starrt der alte Mann mit einem Ausdruck stummen Leidens geradeaus. Doch sobald er im Sattel sitzt, ist er verwandelt. Er ist selbstsicher und trotz seines Umfangs ein geschickter, eleganter Reiter. Er trottet ins Restaurant, um den stolzierenden Paso Fino vorzuführen, den er seinen Pferden beigebracht hat. Von den Familien kommt begeisterter Applaus. Uns hat er schon vergessen.

COSQUEZ

217. TAG

Außerhalb von Bogotá, im westlich gelegenen Boyaca-Tal, wo Simon Bolivar 1819 die entscheidende Schlacht für die Unabhängigkeit Kolumbiens von Spanien schlug, befindet sich Cosquez, die größte Smaragdmine der Welt. Sie wurde vor über zehn Jahren eröffnet, förderte aber die ersten fünf Jahre nichts, da der Berg, in dem sich die Mine befindet, von rivalisierenden Banden umkämpft war. 3500 Menschen starben bei den Kämpfen.

Heute leben hier 6000 Menschen, aber nur 1200 arbeiten für die Firma, die die Konzession besitzt. Diese wiederum beschäftigt eine Privatarmee zur Aufsicht. Ich sehe einen Mann ein Schnellfeuergewehr auf dem Fuß balancieren. Gewehre und doppelläufige Pistolen werden wie Umhängetaschen getragen. Die Frauen wirken ebenso hart. Sie tragen enge Jeans mit Revolvern im Gürtel. Es ist eine Welt mit müden, harten, rotäugigen Gesichtern, schwarzen Schlammpfaden, auf denen Geländewagen schlittern, um nicht Pferde und Esel mit Nachschub anzufahren.

Damit die Einheimischen ruhig bleiben, erlaubt man ihnen den Zugang zu einem Fluß, der am Fuß des Berges aus der Mine fließt. Alles, was sie hier finden, dürfen sie behalten. Eine Menge von 200 oder 300 Menschen wird von der Hoffnung ins heiße Tal gezogen, daß ein paar Krumen vom Tisch des Reichen für sie abfallen. Sie werden Guaceros genannt – Straßenkehrer. Sie krabbeln im tintenschwarzen Gerinnsel herum, manche schaufeln Kies in Siebe und untersuchen ihn, andere schaufeln ihn weniger methodisch ans Ufer, wieder andere graben verzweifelt im Schlamm, als wollten sie einen Angehörigen retten. Ab und zu steigen durchnäßte, schwarze Gestalten aus dem Schlamm empor wie urzeitliches Leben.

Weiter unten, entfernt vom Austritt des Stroms, wo die Funde weniger gut sind, aber es ruhiger ist, sehe ich eine Frau und ihren Sohn den Schlick untersuchen. Sie hebt schwere Steine aus dem Fluß und bückt sich, um zu sehen, was darunter sein könnte. Ihr Sohn, kaum älter als sechs, starrt umher. Hinter ihnen trinkt ein Hund an dem schwarzen Wasser.

Von oben, wo die Guaceros behelfsmäßige Läden und Cafés gebaut haben, ähnelt das Treiben um das sprudelnde Wasserloch irritierend einer Unglücksstelle – einem Flugzeugabsturz oder einem Erdrutsch. Die Unwirklichkeit verstärkt sich, als ich ein wenig den Hügel hinaufschaue, wo der von den Minenarbeiten noch unberührte Hang mit grünem Gras, Bäumen und Blumen bedeckt ist.

CARTAGENA

217. TAG

Cartagena ist vergleichsweise frei von Guerillaaktivitäten und daher bei den Kolumbianern, die es sich leisten können, sehr beliebt. (Obwohl ich gehört habe, daß Pablo Escobar, der berüchtigste aller Drogenbosse, drohte, es in die Luft zu sprengen, als die Regierung wegen seiner Auslieferung schwankte.)

Die Annehmlichkeiten der Küste. Neun Wochen und einen Tag nach Kap Horn erreichen wir Cartagena.

Wir sind fast wieder auf Kurs. Obwohl Cartagena nicht am Pazifik liegt (der Ozean ist 400 Kilometer entfernt), war es der Speicher der Schätze des spanischen Reiches. Der fast unvorstellbare Reichtum der Anden, den die Conquistadoren aus dem heutigen Ecuador, Bolivien und Peru preßten, wurde über den Isthmus von Panama transportiert und hinter den Mauern von Cartagena angesammelt, bevor er weiter nach Europa gebracht wurde.

Die Conquistadoren beschlossen, das Land zu bebauen. Dem Goldrausch folgte ein Landrausch. Die Siedler sahen, daß hier alles wuchs. Das einzige Problem war, daß so viele Indianer bei Kämpfen oder durch aus Europa eingeschleppte Krankheiten gestorben waren, daß es nicht mehr genug Arbeits-

Die zivilisierten Straßen von Cartagenas Altstadt.

kräfte gab. Also wurden Tausende Sklaven von Afrika nach Südamerika gebracht, meist auf englischen Schiffen. Mit Siedlern und Sklaven kamen die Missionare, noch immer steht ein Palast der Inquisition auf dem Hauptplatz der alten Stadt.

Nach den Missionaren kamen Piraten und Freibeuter wie Francis Drake, aber Cartagena widerstand ihnen allen (auch dem britischen Admiral Sir Edward Vernon, der 1741 von Blas De Lezo, einem einäugigen, einarmigen und einbeinigen Kommandanten abgewehrt wurde). Cartagenas wilde, unorthodoxe Geschichte ging bis 1811 weiter, als es die erste Stadt der Neuen

Welt wurde, die ihre Unabhängigkeit von Spanien erklärte. Diese Kühnheit wurde mit brutaler Gewalt bestraft, aber als Simon Bolivar Cartagena 1821 endgültig befreite, nannte er es La Heroica – die Heldenstadt.

220. TAG

Heute ist unser letzter Tag in Südamerika. Neun Wochen und ein Tag, nachdem wir Kap Horn betraten, und fast acht Monate nach der Abfahrt aus Little Diomede sind wir auf Heimatkurs. Es ist Juli, die heißeste Zeit des Jahres an der Karibikküste, die Zeit von Fieber und Seekrankheit. Die Annehmlichkeiten der

Die Murallas, Cartagenas Stadtmauern aus dem achtzehnten Jahrhundert. Dahinter das karibische Meer und die Goldroute nach Europa.

Stadt mit ihrer lebendigen, atmenden, zivilisierten Altstadt werden von einer hundertprozentigen Luftfeuchtigkeit eingeschränkt, die mich an Stellen schwitzen läßt, wo ich es nie für möglich gehalten hätte.
Kolumbien sollte eigentlich das perfekte Reiseziel sein – es ist gut erreichbar, modern und bis auf die Verbindungen im Binnenland recht effizient. Doch es steht im Schatten der Drogistas und der weitreichenden und verfestigten Korruption, die ihnen solche Macht und solchen Einfluß erlaubt. Träge Touristen sollten wegbleiben, während Abenteuerlustige ihren Gewinn aus dem Besuch dieses riesigen, reichen, aber verwahrlosten Landes ziehen können.

VON CARTAGENA NACH MEXICO CITY

221. TAG

Ein klebriger, schaler Sonnenaufgang. Ich fahre zum letzten Mal durch Cartagena, am eleganten Schmiedeeisen einer Stierkampfarena vorbei, Symbol einer Stadt, die ihre Vergnügungen stilvoll genießt. Auf der Küstenstraße zum Flugplatz. Das karibische Meer sieht müde aus, als habe es eine anstrengende Nacht gehabt. Farblose Wellen schleichen an den Strand und brechen erschöpft auf dem Sand zusammen. Die Luft riecht nach der Hitze von gestern, und die Luftfeuchtigkeit ist bereits erstickend.

Am Flugplatz gibt es eine zweistündige Verzögerung wegen einer militärischen Flugvorführung zur Feier des Tages der Unabhängigkeit, und elegante Kolumbianer lesen das neueste Buch ihres Nationalhelden Gabriel Garcia Marquez, der inzwischen in Mexico City wohnt. Ein in Kolumbien lebender Franzose erzählt mir eine gute Geschichte über das exzentrische Land, durch das wir gerade gekommen sind. Nach einem nicht weit zurückliegenden Absturz in den Anden wurde längere Zeit der Flugrecorder vermißt. Man fand ihn schließlich hoch in den Bergen im Haus einer alten Dame. Sie hatte ein Tuch darüber gelegt und benutzte ihn als Altar.

Mein Bild unseres nächsten Zieles ist für immer von einem Satz überschattet, den ich in Charles Nicholls Roman *The Fruit Palace* las: »In Mexico City leben fünfzehn Millionen Menschen, und es riecht, als würden alle zugleich furzen.« Als wir vier Stunden nach dem Abflug in Mexico City landen, bin ich auf das Schlimmste vorbereitet. Es regnet, und das sei gut so.

Weniger gut ist, daß unser voriges Reiseland einen langen Schatten wirft. Alles aus Kolumbien kommende Gepäck muß geöffnet und von der Anti-Drogen-Polizei durchsucht werden. Unsere Filmausrüstung ist ihnen besonders verdächtig, und erst um drei Uhr morgens wird sie endgültig freigegeben.

Mexico City – die größte Stadt der Welt bedeckt 3100 Quadratkilometer.

Mexico City, von seinen Bewohnern einfach aber verwirrend »Mexico« genannt, ist eine Mischung des Grausigen und Großartigen. Moderne Schnellstraßen führen an einer kolossalen Ausbreitung gesichtsloser Betonkästen vorbei, in denen die meisten der sechzehn Millionen Einwohner der größten Stadt der Welt leben, umgeben von Trümmern und braunen, erstickten Flüssen. Letztlich lösen sich diese riesigen Barrios (Slums) in den Gitterplan aller spanischen Kolonialstädte auf. Charakteristische grüne und graue VW-Käfer-Taxis schwärmen die monumentale Hauptader, den Paseo de la Reforma entlang, vorbei an den Statuen der großen Aztekenherrscher, die von Cortez und seinen Conquistadoren vor 470 Jahren vertrieben wurden.

Vor unserem Hotel steht eine Statue Christoph Columbus' wie ein riesiger Verkehrspolizist im Zentrum eines Kreisverkehrs und schickt uns mit ausgestrecktem Arm und angezogenem Knie die letzten paar Kilometer der

Reforma hinunter zur Plaza de la Constitucion, auch als »Zocalo« bekannt, dem Herzen Mexikos und für die Spanier das Zentrum ihrer Neuen Welt.

MEXICO CITY

222. TAG

Ich trinke Kaffee auf der Terrasse im siebenten Stock des Hotels ›Majestic‹ und schaue auf den Zocalo hinab, den riesigen Platz im Zentrum der Stadt. Unten breitet sich Mexikos Kolonialgeschichte aus. Das Steinpflaster wurde zuerst 1520 von Cortez gelegt, der die Azteken ihre Niederlage spüren ließ, indem er die Steine ihrer eigenen Tempel benutzte. Auf der entfernten Seite hängt in einer bogenförmig verzierten Nische die Glocke von Dolores, die 1810 in der Stadt Dolores Hidalgo geläutet wurde, um das Signal zum Beginn des Unabhängigkeitskriegs gegen die Spanier zu geben.

In der Mitte des Platzes steht eine Gruppe um eine füllige, als Superman verkleidete Gestalt herum, die einen hölzernen Bauzaun mit einem auffallenden bunten Wandbild bemalt, um das sich politische Slogans ziehen – Libertad, Trabajo, Dignidad, Respeto, No a la Contaminacion, No al Credito bancario.

Unter der dünnen Hülle einer Kabarettnummer ist sie eine gute alte Attacke auf den US-Imperialismus. Sogar das Wort »Amerika« sei von den USA gestohlen worden. »Ich bin ein Amerikaner«, ruft er zornig und bekommt Beifall von der Menge, die weitgehend aus Arbeitern besteht. Der Kern seiner Botschaft ist, daß die Regierung mit dem jüngsten Handelsabkommen mit den USA den Stolz der Nation für einen Zwanzig-Milliarden-Kredit verpfändet hat.

Alles an Super Barrio ist kalkuliert. Seine Montur ähnelt jener der maskierten Catcher – der Lucha Libre (freie Kämpfer), die Helden der Barrios von Mexico City. Durch das Tragen von Masken können sich die Erniedrigten und Beleidigten verwandeln. Im Ring kann ein gewöhnlicher Mann zum Gott werden. Der Impuls für Super Barrios Basisbewegung rührt direkt von Mexikos Geographie her. Im September 1985 tötete ein Erdbeben von 8,1 auf der Richter-Skala fast 10 000 Menschen, die meisten in den Elendsquartieren um Mexico City. Aus der Empörung über das Ausbleiben effizienter Hilfe durch die Regierung wurden Selbsthilfegruppen geboren, die die Aufmerksamkeit auf die Bedingungen lenken wollten, unter denen viele Mexikaner leben.

Ich verlasse Super Barrio, der sich einer wachsenden Menge widmet, und gehe hinüber zum Palacio Nacional. Von einem klassischen Innenhof mit Arkaden gehen Regierungsbüros ab. Die Wände des Innenhofs sind mit einer monumentalen Bilderserie von Mexikos berühmtestem Maler Diego Rivera geschmückt. Ich sehe in diesen eindringlichen Gemälden dieselben Inspirationsquellen wie in Super Barrios Straßenpolitik. Rivera war zugleich Marxist und Patriot, idealisierte die aztekische Vergangenheit (mehr das Weben und Tanzen, weniger die Menschenopfer), dämonisierte die spanischen Eroberer und wandte sich direkt an das Volk.

Als ich aus dem Palast komme, ist Super Barrio nicht mehr da. Um den Holzzaun stehen Beamte und notieren sorgfältig alle Aufschriften. Eine Arbeitskolonne folgt ihnen und überpinselt jeden Zentimeter des Wandbilds. Ich stehe da und sehe zu, wie Justicia Buchstabe für Buchstabe verschwindet. Am späteren Nachmittag gehe ich zum Coliseo-Theater, um die ›Lucha Libre‹ mit eigenen Augen zu sehen. Ein Catcher namens El Satanico kämpft gegen Lizmark aus Acapulco. Die ältliche Dame neben mir erzählt, er sei früher Totengräber gewesen. Offensichtlich ist sie ein Fan. Sie trägt hellroten Lippenstift, und ihr Haar kräuselt sich in kleinen, schwarzen, geölten Locken. Ein großes Silberkruzifix hängt über ihrem roten Pulli, fliegt aber beiseite, wenn sie aufspringt und kräftig brüllt: »Mach ihn fertig!« oder »Schlag ihm die Zähne ein!«

Auf dem Zocalo. Super Barrio for President.

Als ich mich umsehe, bemerke ich viele Frauen, einige davon sehr viel älter als meine Nachbarin, die sachkundig begutachten, wie Beine gepackt, Lenden umschlungen, Arme umgedreht, Körper über gebeugte Knie gestoßen und dann von oben angesprungen werden.

Nach dem Abendessen entspanne ich mich vor einer Pulqueria (Pulque ist der milchige Saft der Agave, eine Art Tequila) an der Plaza Garibaldi, wo mir eine der vielen Mariachi-Kapellen ein Ständchen bringt, die in kurzen schwarzen Jacken und engen schwarzen Hosen mit Silberknöpfen an der Naht über den Platz schwärmen. Sobald die Mariachi-Kapelle weiterzieht, erscheinen Blumen- und Losverkäufer. In Mexico ist man nie allein. Nie. Ich kann die Plaza nicht verlassen, ohne den elektrischen Machismo-Test zu versuchen. Auf einem

Mariachi-Kapellen auf der Plaza Garibaldi.

»Immer für ein Küßchen gut.«

abgeschabten Zigarrentablett befindet sich ein kleines Kästchen, aus dem zwei Drähte zu je einem Metallzylinder führen. Als ich einen in jeder Hand halte, dreht der Zigarrenverkäufer einen Knopf, der einen Stromstoß durch mich schickt – oder ihn jedenfalls schicken soll. Zuerst funktioniert es nicht, und der Mann schlägt ungeduldig auf das Kästchen. Sofort kitzeln vierzig Volt durch meine feuchten Handflächen. Er dreht bis auf Siebzig oder Achzig, bevor ich beschließe, daß mir das macho genug ist. Er liest die Tabelle am Drehknopf ab, wo frei übersetzt steht: »Immer für ein Küßchen gut.«

223. TAG

»Armes Mexiko«, schrieb Präsident Porfirio Diaz zu Beginn dieses Jahrhunderts, »Gott so fern und den Vereinigten Staaten so nah.« Obwohl wir den USA gar nicht so nah sind, gibt es hier sehr viel mehr englischsprachige Zeitungen und Fast-Food-Ketten als in Südamerika. Ich werde durch die Entdeckung eines Restaurants belohnt, daß nicht nur echt mexikanisch kocht, sondern sogar Gerichte aus der Zeit vor der Eroberung anbietet. An einem bescheidenen Platz namens Plaza Aguila zwischen einem Fleischer und einer Reinigung eingeklemmt, spezialisiert sich Fonda Tino auf Comída Exotica y PreColomb, was sich hauptsächlich als Insekten herausstellt. Tino, eine gewaltige, an Oliver Hardy erinnernde Gestalt, serviert mir einen Vorspeisenteller mit winzigen Geschöpfen. Maden, Käfer, Ameiseneier, Moskitolarven und Babygrashüpfer sind appetitlich angerichtet. Sie sind gewürzt, in Öl fritiert und knusprig. Tino beobachtet mein Gesicht mit so liebevoller Besorgnis, als würde alles andere als ein »Wundervoll!« nach den Maden ihn in Tränen ausbrechen lassen. Und tatsächlich, wenn man sie einfach als Imbiß betrachtet, sind Maden gar nicht übel.

Von wirbellosen Tieren abgesehen, ist die aztekische Speisekarte beschränkt. Natürlich aßen sie Fisch, aber Rinder, Schafe und Ziegen wurden erst von den Europäern eingeführt. Bei Fleisch griffen sie auf Hund, Truthahn und Gürteltier zurück. Alles findet sich auf Tinos Speisekarte. Ich verzichte auf Hund und entscheide mich für Gürteltier mit Bohnen, was köstlich ist. Von meinem Enthusiasmus ermutigt, läßt Tino mich nicht gehen, ohne seine Spezialität probiert zu haben, Thunfisch in Mango-Chrysanthemen-Soße. Neben dem Essen auch die Blumen zu verzehren, war eine meiner vielen neuen Erfahrungen beim Lunch an der Plaza Aguila.

Als ich später ins Hotel zurückkomme, den Geschmack von Ameiseneiern noch auf den Lippen, ist gerade ein Drehbuch für die Szenen von *Wilde Kreaturen* angekommen, die nachgedreht werden müssen. Nach dieser Reise soll ich wieder in meine Rolle schlüpfen – als Bugsy, der Wärter des Insektenhauses.

VON MEXICO CITY NACH QUERÉTARO

224. TAG

Buses del Norte ist einer der vier großen Busbahnhöfe an den Kardinalpunkten von Mexico City. Ich erfahre, daß die meisten Mexikaner die Reisebusse der langsameren, aber teureren Eisenbahn vorziehen. Wir nehmen einen komfortablen, wie ein Leichenwagen verhängten Bus mit Aircondition, der auf einer modernen Mautstrecke, der Schnellstraße 57, nach Norden fährt. Die Landschaft ist wenig aufregend. Verstreute Fabriken, Montagehallen und Kraftwerke. Ein Großteil dieser Infrastruktur stammt aus den USA, die Angst vor der Instabilität des Nahen Ostens hatten und ihren Ölbedarf aus Mexiko zu decken versuchten.

Die Casa de la Marquesa in Querétaro.

Zweieinhalb Stunden nördlich von Mexico City liegt die hübsche Stadt Querétaro. Mit seinen weichen Steinfassaden, sauberen Plätzen und herrlich dekorierten Kirchen erscheint es wie die wohlerzogene Personifizierung stabiler spanischer Kolonialherrschaft. In Wirklichkeit war Querétaro stets ein Pfahl im Fleisch der Obrigkeit. 1810 gab die Frau des städtischen Verwalters eine Nachricht weiter, durch welche die beginnende Verschwörung gerettet wurde, die zur Unabhängigkeit von Spanien führte. Sechzig Jahre später wurde hier der Habsburgerkaiser Maximilian hingerichtet, und 1917 entwarfen Revolutionäre hier die gegenwärtige Verfassung des Landes.

Das durch Silberminen und Landwirtschaft reiche Querétaro hat sich an seinen Wohlstand gewöhnt, aber Bettler mit ausgestreckten Händen stehen dennoch vor den Tischen der eleganten Restaurants an der Plaza de la Independencia.

Mein Zimmer im reichgeschmückten Stadtschloß, der Casa de la Marquesa, ist eines der schönsten, die ich auf dieser Reise bewohnt habe. Es ist im Stil der Alhambra von Granada dekoriert, mit üppigen Mosaikkacheln, bunten Glasfenstern und einer Dachkuppel. Beim Schlafengehen entlädt sich ein gewaltiges Gewitter.

Ich liege mit Kissen im Rücken im Bett, während der Regen die Kuppel herunterströmt. Ab und zu wirft ein greller Blitz die Schatten des Wolkenbruchs an die Wand. Ich lese eine Geschichte Mexikos. Man nimmt jetzt an, daß die ersten Mexikaner, wie auch die Vorfahren der peruanischen Inkas, Nomaden waren, die auf einer Landbrücke aus Sibirien kamen, welche später in den Wassern der Beringsee versank. Obwohl ich es heute nacht so bequem habe, kann ich es nicht erwarten, diese Wasser wiederzusehen.

TLACOTE

225. TAG

Nicht weit von Querétaro halten wir in Tlacote. Es wurde berühmt, als ein im Sterben liegender Hund Wasser aus einer Quelle trank und sich auf wunderbare Weise erholte. Fast zwei Jahre lang wurde das Dorf von Hinkenden und Lahmen überschwemmt, aber die verließen es, wie sie gekommen waren, und so legte sich der Trubel.

Don Antonio ist ein Kleinbauer, der Mais, Bohnen und Kürbis anbaut. Er hat das dunkle, ledrige Gesicht eines Menschen, der die meiste Zeit seines

Tlacote - das ländliche Mexiko. Don Antonio überzeugt sich, daß wir nicht mit leeren Händen gehen.

Lebens hart unter freiem Himmel gearbeitet hat. Er trägt einen breitkrempigen Strohhut, und sein T-Shirt hat Löcher und Schweißflecken. Sein Land gehört ihm, aber seine Erwartungen sind nicht hoch. Sobald er seine Frau und seine drei Kinder ernährt hat, dazu die neun Kinder, um die er sich nebenher kümmert, ist nicht mehr viel übrig, was er auf dem Markt verkaufen kann, um sein Los zu verbessern. In der Nähe gibt es eine künstliche Bewässerungsanlage, aber er kann sich die Gebühr für das Pumpen nicht leisten, also hängt er von Agua de Dios ab, Gottes Wasser, wie er lächelnd und nach oben deutend sagt. Wolkenbrüche wie der von letzter Nacht versetzen ihn in äußerst gute Laune. Er ist vorsichtig optimistisch, sich am Ende des Jahres zwei Schweine kaufen zu können. Kaktusblätter wachsen zwischen den trockenen Steinen der Mauer hindurch, die seinen Besitz umschließt. Seine Frau Guadeloupe begrüßt uns mit einem breiten Grinsen. Sie trägt ein weißes T-Shirt über einem Rock mit Blumenmuster und weißen Turnschuhen. Sie zeigt mir, wie Tortillas traditionell gemacht werden. Eine Maispaste wird auf einer Granitplatte ausgerollt und dann von einer Hand in die andere geklatscht, wobei sie nach und nach größer wird, bis sie soweit sind, auf eine Platte über dem Feuer gelegt zu werden. Das Geschick, mit dem sie ein vollkommenes Exemplar nach dem anderen produziert, wird womöglich in den nächsten Jahren aussterben, wenn immer mehr Handpressen in Gebrauch kommen. Sie versucht mir die Grundlagen beizubringen, aber als sie zwölf Tortillas gemacht hat, klebt mir aus irgendeinem Grund noch die erste an der linken Hand.

Don Antonio und Guadeloupe sind nette Leute, die sich den Erfordernissen des Filmens amüsiert und mit Engelsgeduld unterziehen. Als wir aufbrechen, lassen sie uns nicht ohne Beutel voller Tortillas und extra ausgesuchter Maiskolben abfahren. Ich wünschte, sie würden auch mitkommen.

TIJUANA, BAJA CALIFORNIA

226. TAG

Über 1500 Kilometer nordwestlich von Tlacote, am Nordende der ausgedörrten Halbinsel Baja California, liegt die Grenzstadt Tijuana. Sie ist von den USA durch eine 43 Kilometer lange, drei Meter hohe, als Tortilla-Vorhang bekannte Stahlbarriere getrennt, die von den US-Behörden in den siebziger Jahren errichtet wurde, um die illegale Einwanderung einzudämmen. Die wirtschaftliche Ungleichheit zwischen beiden Ländern ist so groß, daß von den 1994 illegal in die Staaten Einreisenden neunzig Prozent Mexikaner waren. 1995 wurden 1,2 Millionen beim illegalen Grenzübertritt aufgegriffen. Auch als wir heute dastehen, bereiten sich ein Dutzend Leute darauf vor, ohne Papiere oder Pässe bei hellem Tageslicht über die Grenze zu gehen.

Unter eine niedrige Brücke in einem trockenen Flußbett geduckt, über die regelmäßig große, staubige Lastwagen Richtung Tijuana oder von dort weg donnern, befindet sich eine große Gruppe von Mexikanern, oder möglicherweise Guatemalteken, Venezolaner oder Peruaner, die darauf warten, unter dem

Zaun ins Gelobte Land zu kriechen. Die harte, braune Erde um sie herum ist mit den Resten kleiner Lagerfeuer gesprenkelt und voller verstreuter Zigarettenpäckchen, Plastikbecher, Colaflaschen, Pappe, sogar einem alten Bettgestell. Es sind junge Männer, Mädchen und alte Frauen dabei. Falls sie verwandt sind, ist es nicht zu erkennen. Die Stimmung ist gedämpft und wachsam. Etwa eine Meile entfernt, auf der anderen Seite der Grenze, kurvt träge ein Hubschrauber hoch über den USA. Wir sind von Arturo hergeführt worden, einem untersetzten, vollbärtigen Mexikaner mittleren Alters mit dem Aussehen eines übergewichtigen Bühnenschwarms. Er selbst ist zweimal drüben gewesen, einmal hat er den Rio Grande an der texanischen Grenze durchschwommen. Beim zweiten Mal blieb er fast sechs Monate. Er ist der einzige Mensch, den ich kenne, der den Geruch von frisch gemähtem Gras haßt. »Erinnert mich daran, wie ich in New York gearbeitet und Gras gemäht hab. Ein schrecklicher Geruch. Erinnert mich daran, wie schrecklich die Welt sein kann.«

Tijuana - Warten auf das Überqueren des Tortilla-Vorhangs.

Arturo spricht mit Bitterkeit über amerikanische Heuchelei.

»Ein Drittel aller landwirtschaftlichen Produkte kommt aus Kalifornien. Die Arbeiter sind zu 90 Prozent Mexikaner, 66 Prozent davon ohne Papiere.«

Er blickt zu der buntgemischten, schäbigen Gruppe, von der ein paar gebückt durch ein Loch im Zaun spähen, wie Schulkinder, die ihre Nasen an Schaufenster pressen. »Deshalb gehen sie immer noch rüber.«

Die Immigranten sind als Pollos (Hühner) bekannt und die, die ihnen über die Grenze helfen, als Polleros oder Coyotes. Ein einfacher Grenzübertritt kostet hundert Dollar oder mehr, wenn man gefälschte Dokumente braucht, klettert der Preis bis auf tausend. Ein riskantes Geschäft. Viele Pollos sprechen nur Spanisch und haben keine Ahnung, wo sie sind. Sie werden oft ausgeraubt von Banden junger Mexikaner, die ihnen ihr letztes Geld abnehmen.

Während wir miteinander sprechen, kriecht ein junger Mann unter dem Zaun nach Kalifornien. Er trägt seinen Besitz in einer über die Schulter geworfenen Plastiktüte bei sich. Er scheint gar nicht zu versuchen, sich zu verstecken. Arturo ist nicht überrascht. Manchmal ist es bei all den Laserstrahlen und Sensoren sicherer, bei Tag über die Grenze zu gehen, als bei Nacht.

Alle auf der mexikanischen Seite bleiben stehen und beobachten den jungen Mann. Es herrscht keine Aufregung, nur Neugierde. Die meisten von uns scheinen das Geräusch der Fahrzeuge vor ihm zu hören. Selbst als die beiden Ford Broncos der Grenzpatrouille auf ihn zufahren, macht er keinen Versuch, zu fliehen oder zur Grenze zurückzulaufen. Er ist nicht weiter als 300 Meter gekommen. Aber da haben sich schon alle weggedreht.

Man wird ihn verhören, seine Fingerabdrücke nehmen, ihn vielleicht kurze Zeit inhaftieren und dann zurückschicken. Wenn er die Grenze schon öfter illegal überschritten hat, könnte er sehr viel länger ins Gefängnis kommen.

Eine Stunde später, als die Sonne am wolkenlosen Himmel am höchsten steht, bindet ein Mädchen, das nicht älter ist als siebzehn oder achtzehn und besser gekleidet als der Rest, sich weiße Baumwollstreifen als Knieschützer über die Hose, gibt der Gruppe Zeichen, daß sie warten soll, kriecht unter dem Zaun durch und ist fort. Sie bewegt sich wie ein Soldat, kriecht schnell wie eine Katze, duckt sich und benutzt das Flußbett als Deckung.

Mehrere Minuten bewegt sich nichts. Dann rennt sie aufgerichtet weiter. Jetzt kriechen weitere sieben Leute unter dem Zaun durch und laufen das Flußbett entlang, ihre Habe in halbleeren Umhängebeuteln. Diesmal sieht Arturo mit geradezu schmerzhafter Konzentration zu. »Sie müssen nur noch 200 Meter bis zur Straße schaffen, dann warten Autos.«

Die Gruppe hat jetzt das Mädchen erreicht und ist einen Moment außer Sicht. Einen Augenblick lang ist alles völlig still. Alle hier feuern sie stumm an. Dann deutet jemand irgendwohin. Ich leihe Arturo mein Fernglas, und er späht. Mit langsamer, gnadenloser Vorhersehbarkeit erscheinen die Ford Broncos. Außerdem brummt noch ein Hubschrauber herüber und kreist über der Gruppe. Einer der Pollos neben mir schleudert eine Plastikflasche gegen den Zaun, aber keiner kann etwas tun.

Der Tortilla-Vorhang verläuft bis an den Pazifik. Unten am Strand liegen Sonnenbadende neben rostenden, mit Graffiti bedeckten Abschnitten. »Es lebe die neue Berliner Mauer«, »Morte a los Migros« (Tod den Grenzbeamten). Zwischen den beiden Seiten besteht ein ziemlicher Kontrast. Die letzten Meter Mexiko sind schmuddelig und geschäftig. Die ersten Meter der USA sind adrett, mit Picknicktischen ausgerüstet und leer.

Auf dem Hügel über dem Pazifik steht ein Obelisk, der schon lange vor dem Zaun hier war. Er erinnert daran, daß diese Grenze 1848 gezogen wurde, als General Santa Ana nach einem Krieg, in dem 50 000 Mexikaner ihr Leben ließen, Kalifornien, Texas, Arizona, und New Mexico an die Vereinigten Staaten verkaufte.

Beim Rückweg vom Strand zu unserem Hotel läutet eine weiß gekalkte Kirche zur Sechs-Uhr-Messe. Tijuana ist immer ein Opfer gewesen. Stadt des Lasters, wo Amerikaner hinkamen und ihr Geld ausgeben konnten, ohne daß irgend jemand Fragen stellte. Es ist jedoch nicht halb so schrecklich, wie ich es mir vorgestellt hatte, und trägt seltsame, aufsässige, sehr mexikanische Züge, die der internationalen Anonymität noch immer widerstehen. Einer davon ist ein Haus in Form einer zehn Meter hohen Frau. Sie steht weiß gekalkt, nackt und wollüstig auf einem ansonsten öden und müllbedeckten Hügel. Ihr linker Arm liegt über der Brust, ihr rechter ist als Parodie der Freiheitsstatue erhoben. Sie wurde von einem Künstler nach dem Vorbild seiner geliebten Frau erbaut. Nun haben sie sich getrennt, und der Künstler wohnt mit seiner neuen Partnerin darin. Anscheinend ist sie nicht gerade glücklich, im Körper seiner ersten Frau zu leben.

Als wir mit dem Filmen dieser einzigartigen Behausung fertig sind, erscheint eine Hand zwischen den Brüsten und winkt uns zum Abschied zu.

VON TIJUANA NACH SAN DIEGO, KALIFORNIEN

227. TAG

Gegen zehn Uhr vormittags gehe ich die letzten Meter auf mexikanischem Boden zum verkehrsreichsten Grenzkontrollpunkt der Welt. Über 30 Millionen Menschen überschreiten jedes Jahr die Grenze zwischen Tijuana und dem amerikanischen San Isidro. Auf der einen Seite warten lange Schlangen von Autos, Bussen und Lastwagen an jedem der 24 Schalter, auf der anderen verkauft eine ununterbrochene Reihe von Souvenirständen Andenken für jede Religion, Sekte und Kultur auf der Welt. Es gibt Buddhas, Batman, Bulldoggen, Gorillas und Cowboys. Reihen von Bart Simpsons stehen neben Figuren von Christus am Kreuz. Die letzte Reklametafel in Mexiko: »Bei Herpes Tel. 800 336«.

Die USA haben Air-condition. Zum ersten Mal seit Wochen fröstele ich, während ich am Einreiseschalter warte, wo Beamte vor Computern sitzen. An der Wand warnt ein Schild vor den Strafen für Drogenhandel, daneben ein Foto des Präsidenten, der nie inhaliert hat.

Nach Tijuana (Mexiko) ist San Isidro (USA) makellos. Fast der erste Amerikaner, den ich sehe, ist als Hot Dog verkleidet und geht vor dem Bahnhof (der von McDonald's gesponsort wird) auf und ab, wobei ein Salatblatt aus Plastik wie ein limonengrünes Tutu an der Hüfte hängt. Die Eisenbahn nennt sich ›San Diego Trolley‹ und trägt mich sauber, effizient und bequem am Imperial Beach entlang nach San Diego.

Das nur vierzig Kilometer vom Chaos der mexikanischen Grenze entfernte San Diego könnte Wohlstand, Macht und Zuversicht der USA kaum besser manifestieren. Riesige Hotels erheben sich wie Zinnen entlang einer Bucht, durch die die größten Schiffe der größten Kriegsmarine der Welt gleiten. Alles wirkt groß, sauber, nüchtern und profitabel. Hier in San Diego ist schlechtes Benehmen anscheinend abgeschafft worden.

Ich packe aus, entspanne mich, esse geräucherten Marlin mit Salat und schaue auf die Bucht hinaus, in die Juan Rodriguez Cabrillo 1542 einsegelte und das neue Land Kalifornien taufte. Sir Francis Drake kam mit seinen

Souvenirstände an der mexikanisch-amerikanischen Grenze.

Schiffen fünf Jahre später, aber fünf Jahre zu spät. Obwohl es Spanier wie Cabrillo waren, die der frühen europäischen Besiedlung der Westküste ihre Form gaben, wird mir beim Lauschen auf das Schwatzen an den Nebentischen erst langsam klar, daß ich zum ersten Mal seit zehn Wochen wieder in einem Land bin, dessen Muttersprache Englisch ist.

Am frühen Abend bin ich wieder an der Grenze und sehe sie diesmal von der amerikanischen Seite in Gesellschaft von Ron Henley, einem für Öffentlichkeitsarbeit zuständigen Beamten des INS (Immigration and Naturalization Service). Ron ist ein toleranter, umgänglicher Mann Ende vierzig, der nie Öffentlichkeitsarbeit machen wollte, und es kaum erwarten kann, wieder auf

Streife zu gehen. Er war Soldat und kämpfte im Vietnamkrieg. »Wir haben den Hafen von Haiphong vermint«, sagt er stolz.

Er arbeitet in einer Wachstumsindustrie. Die Zahl der Beamten beim Grenzschutz ist seit der Wahl Clintons 1993 um 45 Prozent gestiegen. Im Rahmen eines Programms namens »Operation Wachtposten« wurden vor zwei Jahren die Gesetze verschärft, einschließlich fünf- bis fünfundzwanzigjähriger Haftstrafen für wiederholte illegale Einreise, die Grenzbarrieren verstärkt und ein neues Computersystem zur Erfassung von illegalen Ausländern eingeführt. Während Ron uns im gleichen weißen Ford Bronco Geländewagen zum Grenzzaun fährt, den wir gestern die Pollos abfangen sahen, gibt er zu, das all das die Leute niemals daran hindern wird. »Verdammt, wenn du hier vier Dollar in der Stunde kriegst und drüben vier Dollar am Tag...«

Ron ist gegen das, was manche als »Militarisierung« der Grenze ansehen. Er sieht die Rolle des INS als Kontrolle und Abschreckung. »Wir sind bloß ein Heftpflaster. Wir können das Problem nicht lösen.« Vor kurzem beschlagnahmte er ein Toilettenhäuschen, das auf einem Lastwagen auf der Schnellstraße transportiert wurde, und fand siebzehn Menschen darin. »Das war eine sehr ernste Sache für uns«, sagt Ron. »Diese Leute hatten jeder 500 Dollar bezahlt, um in diese Toilette zu kommen.«

Die dem Grenzschutz zur Verfügung stehende Technologie wird immer raffinierter. Um Mitternacht stehe ich auf einem Hügel am Pazifik, auf dem ein Wagen mit einer Kamera auf einem sechs Meter hohen Arm geparkt ist, die mit Infrarot jede Bewegung im Umkreis von drei Kilometern erfaßt. Im Verbund mit diesen Nachtsichtgeräten arbeiten Hubschrauber mit starken Suchscheinwerfern und Sensoren, die auf Körperwärme reagieren. Sie übertragen Bilder auf die Monitore vor uns. Selten habe ich an der Pazifikküste die Distanz zwischen Erster und Dritter Welt so stark empfunden wie hier, wo ich zusehe, wie die Macht und Raffinesse moderner Technologie Menschen zu kleinen madenähnlichen Wesen auf einem Bildschirm reduziert. Die Azteken und Inkas wurden durch Schießpulver, Rüstungen und Pferde besiegt, die Indianer Nordamerikas durch Gewehre und Whisky. Und hier an der Grenze zwischen den USA und Mexiko spüre ich dieselbe Dampfwalze am Werk. Die amerikanische Paranoia, die für all dies verantwortlich ist, wird durch die Nachrichten im Radio nicht gelindert. Eine Bombe ist bei der Olympiade in Atlanta explodiert. Es hat Tote gegeben. Ron schüttelt den Kopf. Der Scheinwerfer des Hubschraubers fährt ein letztes Mal am Zaun entlang und verschwindet.

VON SAN DIEGO NACH LOS ANGELES

228. TAG

Als wir unser Gepäck in einen anderen Bus laden und nach Norden Richtung Los Angeles fahren, stehen die Hotelflaggen auf Halbmast. Der Autobahnring um San Diego ist anscheinend ein ununterbrochener Gürtel des Wohlstands – ein Beweis für den außergewöhnlichen Aufstieg des Staates Kalifornien, bei der

Los Angeles – Epizentrum des amerikanischen Traums.

Unterzeichnung der Unabhängigkeitserklärung noch ein ferner Außenposten des spanischen Reichs, jetzt mit 32 Millionen Einwohnern der bevölkerungsreichste Staat der USA. Die langen, niedrigen, glitzernden Montagehallen der High-Tech-Industrien und die großen, getönten Scheiben der Versicherungen und Banken gleiten vorbei und reflektieren die Sonne. Die Kalifornier haben sich voller Enthusiasmus dem Umweltschutz verschrieben. Schilder ermutigen zu Fahrgemeinschaften und Sauberkeit (»Die Reinhaltung der nächsten drei Kilometer wird von Mitsubishi unterstützt«).

Wir sind in Los Angeles, umgeben vom Glucksen eines kommerziellen Treibens ohne Grenzen. Dies ist das Land der Rohrchirurgen, Oben-Ohne-Fahrstunden und gebührenfreier Nummern für telepathisch Begabte.

229. TAG

Das Gefühl, wieder auf vertrautem Boden zu sein, wächst, als ich einen freien Tag zwischen den Hockneys im County Museum of Art und in den Hügeln von Hollywood bei Eric Idle, seiner Familie und seinen Freunden verbringe. Bei der Heimfahrt nehmen die Dinge eine weniger vertraute Wendung. Mein Taxifahrer erzählt, er sei ein armenischer Physiker, der in der schlechten alten Zeit der Sowjetunion zwei Jahre als Häftling in Sibirien verbracht habe, weil er Mitglied von Andrej Sacharows Reformpartei war. Ich sage ihm, daß wir in der Kolyma-Region gewesen seien und die Lager gesehen hätten.

Er schaut in den Spiegel, um zu sehen, ob ich es ernst meine.

»Haben Sie politische Gefangene gesehen?« fragt er.

Ich schüttle den Kopf. »Jetzt nicht mehr.«

Wir biegen auf die Schnellstraße und fahren an der Hollywood Bowl vorbei. L. A. liegt smogfrei unter uns.

»Stadt des Vergnügens«, sagt er.

»Fahren Sie gerne Taxi?« frage ich.

»Nein, natürlich nicht.«

230. TAG

Los Angeles entzieht sich jeder Definition. Ist es überhaupt eine Stadt, oder, wie man sagt, »49 Vororte auf der Suche nach einem Zentrum«? Das Straßensystem ermutigt die ständige Bewegung der Menschen hinein, hinaus und zwischen all den Vierteln hin und her. Die lange Pazifikküste bietet einen unbegrenzten Horizont. Der einzige Weg, die Entfernungen zu verkürzen, ist das Ausweichen in die Luft, weswegen ich mich in einem Büro einfinde, das zu einem Hangar des Flughafens von Santa Monica gehört.

Hier befindet sich ein bemerkenswerter Familienbetrieb. Bob Tur, seine Frau Marika, seine Mutter Judy und der Pilot Craig betreiben einen Nachrichtensammeldienst mit dem Hubschrauber, der in dieser Stadt der Legenden legendär ist. Die Wände ihres Büros sind mit eingerahmten Auszeichnungen bedeckt. Turs Filmaufnahme des Lastwagenfahrers, der nach dem Freispruch der Polizisten im Fall Rodney King zusammengeschlagen wurde, ist zwingend und einzigartig. Er hat Leute aus der Wüste und bei Erdbeben gerettet und war der erste Journalist, der O. J. Simpsons Ford Bronco bei der berühmten Verfolgungsjagd aufspürte.

Bob Tur hat uns gesagt, falls wir bereit seien, werde er uns einen Tag lang mitnehmen.

Er eilt spät herein, eine schlanke, gelehrtenhafte Gestalt in kariertem Hemd. Rotbraunes Haar fällt ihm über die Stirn. Er tupft eine blutende Stelle am Hals ab, wo er sich beim Rasieren geschnitten hat.

»Eine gewalttätige Stadt«, und greift nach einem neuen Zellstofftuch.

Er strahlt eine konstante, kaum kontrollierte Energie aus, wobei es ihm gelingt, lakonisch und gesprächig zugleich zu sein. Als er vor zwölf Jahren mit seinem ersten Hubschrauber anfing, arbeitete er frei, jetzt hat er einen Vertrag mit den Nachrichten von CBS. Er arbeitet von zehn bis sieben und hat mittags und am frühen Abend regelmäßige Sendetermine. Es ist nicht sein Traumjob.

»Ich will eigentlich Low-Budget-Monsterfilme drehen.«

Seine Frau, die die Notrufe abgehört hat, fängt eine Meldung auf.

»Eine Schießerei in der Sesame Street.«

Los Angeles - Sunset Boulevard.

Bob schaut kurz auf, tritt wie jemand in Aktion, der seinen Job mit niemandem tauschen möchte. Er schnappt sich Funkgeräte, Kopfhörer, Handys, Pieper, verfrachtet uns in einen Wagen und fährt dahin, wo zwei Millionen Dollar in Form eines Hubschraubers mit Kameras warten.

Über Funk die Nachricht.

»Der Verdächtige ist festgenommen.«

Bob flucht und wir steigen wieder aus. Das wiederholt sich zweimal in der nächsten Stunde.

»Irgendwas wird schon kommen«, beruhigt er.

»Immer?«

Er nickt heftig.

»Hier gibt's zehn Millionen Menschen, und davon sind fünf Millionen total durchgeknallt.«

Heute vormittag anscheinend nicht durchgeknallt genug.

Gegen Mittag beschließt er zu starten und auf die Suche zu gehen.

»Okay ... gehen wir auf die Jagd.«

Wir sind noch keine Minute unterwegs, als wir von einem Sportflugzeug hören, das Probleme beim Anfliegen des Van-Nuys-Flugplatzes im Tal von San Fernando hat. Es hat keinen Sprit mehr und muß vielleicht eine Landung auf der Autobahn versuchen. Bob gibt seinem Piloten Anweisungen und redet mit seinem Büro, der Fernsehgesellschaft und uns, während er zugleich über Kopfhörer seinem Büro, dem Polizeifunk und dem Kontrollturm des Flughafens lauscht. Er drückt auf einen Knopf, und eine neue Stimme ertönt im Kopfhörer. Es ist der Pilot des Sportflugzeugs. Er bestätigt, daß er noch acht Meilen entfernt ist und keinen Treibstoff mehr hat. Er glaubt nicht, daß er's schafft. Wir rasen zu der Stelle, wo er vermutlich landen wird. Es wird so spannend wie nur irgendeine Hollywood-Autojagd, als wir uns dem Flugplatz von der einen Seite nähern und das langsam sinkende Sportflugzeug von der anderen. Bob redet schnell, während weitere Informationen kommen. Wir fliegen eine Kurve, und dort unter uns ist die Autobahn. Das Sportflugzeug ist gerade niedergegangen und sicher auf der mittleren Spur gelandet. Die Polizei hat es nicht geschafft, den Verkehr zu stoppen, und der Pilot hat den richtigen Moment abgepaßt, um zwischen zwei Lastwagen Platz zu haben. Er hat riesiges Glück gehabt. Bob macht Nahaufnahmen mit seinem größten Stolz, einem Fotoapparat mit 72 Millimeter Zoomlinse. Als die Nachrichtenhubschrauber von zwei oder drei anderen Fernsehstationen eintreffen, wendet er sich an Craig.

»Den Rest lassen wir den Geiern.« Und damit starten wir wieder.

Bob vergleicht L. A. mit einem Theater. Es gibt jede Menge Morde und Schießereien.

»Eine Schießerei in Los Angeles ist keine sensationelle Geschichte«, erklärt er. »Im Durchschnitt werden hier an jedem Wochenende 22 Leute umgebracht.« Er hält inne und fügt dann säuerlich hinzu: »Wie viele anständige Leute jedes Wochenende getötet werden, weiß ich nicht.«

Im weiteren Laufe des Tages ist Bob nach ein paar Polizeimeldungen, aus denen nichts wird, der erste, der über einen tödlichen Unfall auf der Autobahn und einen Waldbrand draußen auf den Hügeln berichtet. Als er über dem Pazifik zum letzten Mal im Anflug auf Santa Monica ist, scheint er fast enttäuscht zu sein.

»Ein gewöhnlicher Tag«, sagt Bob. »Ein ganz gewöhnlicher Tag.«

VON LOS ANGELES NACH CARMEL

231. TAG

Bevor uns die Sonne und die Swimmingpools in Versuchung führen könnten, verlassen wir rasch L. A. Aber ich will mich nicht beschweren, ich habe für die 640 Kilometer nach San Francisco einen roten Morgan Eight gemietet, ein englisches Sportcabrio. Wir verlassen L. A. auf dem Highway 101. Sonne und klarer Himmel.

In Santa Barbara ist die Straße mit dichten, blühenden Oleanderbüschen dekoriert, die sanft vom Fahrtwind bewegt werden. Ich fahre an Buellton, der Erbsenhauptstadt, vorbei nach San Luis Obispo, wo wir auf den Highway 1 biegen, eine schmale Straße, die der gewundenen Küstenlinie von der Morro Bay nach Monterey folgt.

Bei all meinen Besuchen bin ich niemals in San Simeon gewesen, das sich der Zeitungsmagnat William Randolph Hearst in den dreißiger Jahren bauen ließ. Die Familie Hearst schenkte es 1957 dem Staat, und es wird mit eiserner Hand verwaltet.

Es gibt zahlreiche Regeln und Vorschriften. »Gäste« müssen »jederzeit« Namensschilder tragen. Ich bekomme die Sondererlaubnis, den Morgan am Ende der drei Kilometer langen Zufahrt zu parken, die durch einen Park führt, den Hearst gern seinen Zaubergarten nannte, eine Sammlung von Gästehäusern, Landschaftsgärten, Terrassen und Teichen, die von den massiven verzierten Türmen der Casa Grande beherrscht wird. 300 Mitarbeiter unterhalten das, was Hearst selbst seine Ranch nannte. Der Hauptstil ist spanisch, aber das

Stilvolles Reisen – mit dem Morgan auf dem Pacific Coast Highway.

Haus ist voller Kunstschätze. Die Große Halle ist eine gotische Phantasie, inklusive Holzvertäfelung aus französischen Kirchen, Aubusson-Wandteppichen, silbernen Kandelabern und so weiter. Hearst hätte auch die Pyramiden eine nach der anderen abtransportiert. Wie Shaw über San Simeon sagte: »So hätte Gott es gemacht, wenn er Geld gehabt hätte.«

Wenigstens machte es Hearst Spaß, seinen Palast zu teilen. Er lud nicht nur an den meisten Wochenenden Gäste ein, er ließ sie auch mit dem Flugzeug zu seinem Privatflugplatz, mit seiner Yacht oder mit einem von der Southern Pacific gemieteten Privatzug hierher bringen. Die meist aus der Welt des Films und der Unterhaltung stammenden Gäste wurden von einem Taxiunternehmen gefahren, dessen gesamte Packard- und Cadillacflotte Hearst ständig zur Verfügung stand. Er ließ Filme in seinem Privatkino voraufführen, oft in Gegenwart der Stars und Regisseure.

Eine Menge von Hearsts märchenhafter Welt ist sorgfältig und liebevoll erhalten worden. Was man aber nicht erhalten kann, ist Hearsts Freude beim Planen dieses Anwesens. Es ist eine Hülle, eine herrliche, schwindelerregend kostbare Hülle, aber der Geist ist schon lange verweht. Man kann sie besichtigen, wenn man ein Namensschild hat, aber wenn man etwas zu berühren versucht, ertönt Alarm, und scharfe Stimmen weisen einen zurecht, wenn man auf einem unerlaubten Stück Marmor steht.

Am Haupteingang der Casa Grande, die der fein detaillierten Steinmetzarbeit der Kathedrale von Sevilla nachgebildet ist, wartet eine Gruppe auf

Der verzauberte Hügel. *Oben:* Die Casa Grande.

Oben rechts: Das Neptunbecken. Hearst brachte Europa nach Amerika.

Einlaß. Ihr Führer sagt ernst zu ihnen: »Würden jetzt bitte alle ihren Kaugummi abgeben.« Ein Mann tritt mit einem Plastikeimer vor. Fast alle machen davon Gebrauch.

Weiter nördlich an der Küste sind Nebelschwaden an Land gezogen und erwischen mich und meinen offenen Wagen in plötzlichen Taschen mit eiskalter Luft und einer Sichtweite von fünfzig Metern. Zwischen den nebligen Stellen sehe ich die Straße steil über dem Pazifik ansteigen. Dichte, dunkle Bäume wölben sich über der Straße.

Dies ist das Gebiet um Big Sur. Ein versteckter Ort zwischen Nebel, Bergen und Wald. Ich versuche den Blick nicht von der Straße zu wenden, aber es ist schwer, sich von der dramatischen Umgebung nicht ablenken zu lassen. Rasiermesserscharfe Klippen erheben sich steil über felsigen Buchten, gegen die die Brecher des Pazifik donnern.

Abends erreiche ich Carmel. Es ist grün und wohlhabend, sauber und gemäßigt. Clint Eastwood war hier mal Bürgermeister, und die Leute in Carmel haben genug Geld, um spezielle Hähne zum Wassersparen zu installieren.

VON CARMEL NACH SAN FRANCISCO

232. TAG

Ein schöner Morgen von der Sorte, die man tiefkühlen und mehrmals verwenden sollte. Ich wandere zwei Blocks zum Ozean hinunter, vorbei an unauffällig verschachtelten Holzhäusern in blumenübersäten Gärten hinter Zäunen, die halb unter purpurner Bougainvillea verschwinden. Palmen, Pinien und Eukalyptus geben ein großzügiges grünes Dach, und die Küste ist von weißem Sand gesäumt.

Oben rechts: San Francisco – Sonnenuntergang über der Bucht.

Bill Fink, der Morgan-Händler aus San Francisco (der 1965, in meinem letzten Jahr dort, für Oxford ruderte), erzählt mir, es gebe ein »Buch« für Carmel, mit Regeln, die den Charakter des Ortes erhalten sollen. Bäume müssen in der korrekten Höhe gestutzt sein, Häuser dürfen nur bestimmte Farben haben, sogar Hausnamen müssen genehmigt werden.

Ich stelle mir einen Besuch von Clint Eastwood vor, der seinen Hut zurückschiebt und Klartext mit mir redet. »Michael, den Leuten hier gefällt ›Dunromin‹ nicht. Das Schild muß runter, oder du verschwindest.«

Knapp eine Stunde nördlich von Carmel wird die Landschaft flacher, und auf den weiten Feldern um Salinas pflücken hundert Mexikaner Erdbeeren. Sie pflücken direkt in grüne Plastikkörbchen, die dann auf Miniaturschubkarren gestapelt und auf Lieferwagen geladen werden. Bei jedem Kasten locht der Vorarbeiter die Pflückerkarte. Sie bekommen einen Dollar vierzig pro Kasten. Zum Pflücken muß man sich herunterbeugen, und die meisten haben Kapuzen oder Tücher gegen die Hitze über den Kopf gezogen. Man hört kein Wort Englisch. Am späteren Nachmittag fährt mein Morgan unter die aufstrebenden orangefarbenen Pfeiler einer der Ikonen der modernen Welt und bleibt dann stehen. Ein Stau auf der Golden Gate Bridge ist immer noch etwas besser.

SAN FRANCISCO

234. TAG

Ein Tag hat ausgereicht, mich wieder vom Exotischen ans Vertraute zu gewöhnen. Das Klima, die Buchläden und Cafés, das Interesse an Kunst (neunzig Millionen Dollar wurden für das neue Museum of Modern Art gespendet), die Häuser, die keine bloßen Wohnblocks sind, die Straßenbahnen und die Hügel – alles trägt zu dem Gefühl bei, auf einem anderen Kontinent zu sein.

In Alcatraz mit den beiden Ex-Sträflingen Glenn Williams und Jim Quillan.

Es gibt jedoch durch und durch amerikanische Aspekte der Stadt, einer davon ist Alcatraz. Da Alcatraz ein Hochsicherheitsgefängnis für die Verbrecher mit den längsten Strafen war, gab es nicht viele Gefangene, alles in allem 1600. Es wurde 1934 eröffnet und 1963 wegen steigender Kosten geschlossen, dennoch ist es das berühmteste Gefängnis der Welt und eine große Touristenattraktion, inzwischen unter der Verwaltung der Park- und Freizeitbehörde. Das Schild am Kai: ›Alcatraz: Behindertengerechter Zugang‹ zeigt keine Spur von Ironie.

Zwei Ex-Häftlinge, die Gefangenen Nr. 586 Jim Quillan und Nr. 1103 Glenn Williams, beide über siebzig, führen mich an dem Ort herum, der stets als der Fels bekannt war. Ein paar Dinge machen sie ganz klar. Die Nähe von Alcatraz zu der lockenden Freiheit der pulsierenden Stadt war einer seiner schlimmsten Aspekte. Quillan wie Williams wollten um keinen Preis eine Zelle mit Aussicht. Ein Ausbruch war so gut wie unmöglich. Obwohl es nur zwei Kilometer vor der Küste liegt, ist das Wasser eiskalt und die starken Strömungen tödlich. In der Geschichte des Gefängnisses gab es nur vierzehn Ausbruchsversuche. Keiner war erfolgreich.

Ich frage Jim und Glenn, ob sie Robert Stroud, den »Vogelforscher« von Alcatraz kannten.

»Klar. Ich hielt ihn für einen Depp. Er mochte Aufruhr.«

»Und hat die ganze Zeit welchen produziert«, fügt Glenn hinzu.

»Immer auf Kosten von jemand anders. Er hat mich siebeneinhalb Jahre meiner schönen Zeit gekostet.«

»Wie fanden Sie den Film über ihn?«

»Den Film?« Jim sieht mich verächtlich an.

»Es war 'ne Komödie«, sagt Glenn.

Jim nickt. »Genau. Eine tolle Komödie.«

Die beiden tauschen Erinnerungen aus wie zwei alte Schulfreunde.

»Guck mal, Jim, das ist der Keller, wo die Wäsche ausgegeben wurde ...«

»Wußte ich gar nicht.«

»Ja, da hat Rodrigues Bowers umgebracht.«

»Weißt du noch, daß hier ein Friseur war? Ich kam her, als Jimmy Gross gerade einen mit einer Schere kaltgemacht hatte.«

Jim und Glenn sind auf ihre Art amerikanische Erfolgsgeschichten. Sie waren Berufsverbrecher, die hier ihre Strafe absaßen, gesühnt haben und in wechselndem Maße berühmt geworden sind. Beide haben Bücher über ihre Erfahrungen geschrieben, und unten im Alcatraz Gift Shop signiert der Ex-Bankräuber Jim Quillan zwischen Bechern, T-Shirts und Videos sein Buch *Erinnerungen an das Leben drinnen.*

»Ich wollte den Kids von der Realität im Gefängnis erzählen. Wir haben dies Medienimage, es wäre männlich, aber es waren Tränen, Schmerz, Kummer, Einsamkeit, Bitterkeit, Wahnsinn, Mord, Selbstmord.« San Francisco ist nicht so aufdringlich modern wie Los Angeles, aber wenige Städte haben so viele soziale Experimente in Gang gebracht. Die Tradition der Beat-Dichter, Haight-Ashbury und der Sommer der Liebe und eine große Toleranz gegenüber der Homosexualität haben zur Entstehung der größten, wohlhabendsten und stabilsten Gay-Gemeinde der Welt im Castro-Bezirk geführt. Ich erfahre mehr in Gesellschaft einer gutaussehenden Frau mit funkelnden Augen, die vor 50 Jahren als Evelyn Fundred geboren wurde. Seit ihrem lesbischen Coming-out nennt sie sich Trevor Hailey.

Oben: Auf den Straßen des Castro-Bezirks.

Unten: Dennis Tomason, Polizist im Castro-Bezirk und Bodybuilder.

»Das hier ist das schwulste Pflaster der Welt«, begeistert sich Trevor, als wir an der Ecke 18th Street und Castro Street stehen. Wenn man sich umsieht, wirkt es so gay wie Guildford am Sonntagnachmittag. Die Straßen sind voller schicker Geschäfte, es gibt ein Jugendstilkino aus den zwanziger Jahren, und hübsche Bürgerhäuser ziehen sich den Hügel hinauf. Nichts am Castro-Bezirk ist heruntergekommen. Die 260 000 Menschen starke schwule und lesbische Gemeinschaft hat es unglaublich aufgemotzt, und die Regenbogenflagge weht nun über einer der sichersten Gegenden der Stadt.

»Kann hier jeder herziehen?« frage ich Trevor.

»Klar«, sagt sie lebhaft. Trevor hat keine Vorurteile. Aber die Gegend hat eine Atmosphäre von Glaubenseifer. Der Kampf ist noch nicht gewonnen.

»In 22 Staaten ist es immer noch illegal, homosexuell zu sein.«

Trevor meint, es habe alles mit Geologie zu tun. Der liberale Geist kann auf den Goldrausch zurückgeführt werden.

»Alle möglichen Leute kamen her, und man mußte alle möglichen Verhaltensweisen tolerieren.« Ich denke an das gute alte Nome und muß ihr zustimmen.

»Michael, das Durchschnittsalter dieser Goldsucher war achtzehn. Sie wollten Spaß haben.«

Trevor wirft ein neues Licht auf die Lokalgeschichte.

»Durch den Panamakanal wurde San Francisco eine Hafenstadt, und Häfen sind meist kosmopolitischer und liberaler. Dann kam Amerikas Eintritt in den II. Weltkrieg, und San Francisco wurde der wichtigste Einschiffungsort für Tausende von jungen Männern und Frauen, die in den Krieg zogen.«

Und die vermutlich Spaß haben wollten.

Ihrer Meinung nach ist die Leistung der Homosexuellen in Castro, daß sie ein Viertel in einem sehr gesuchten Teil einer sehr gesuchten Stadt organisieren können, und zwar gut.

»Der Castro-Bezirk ist für die Homosexuellen, was Israel für die Juden ist«, erklärt sie.

Sie besitzen ihre Häuser und organisieren ihre Firmen, Kirchen und Lokalpolitik wie alle anderen.

Obwohl wie alle anderen zu sein natürlich das letzte ist, was Trevor Hailey sein will oder zum Glück je sein wird.

VON SAN FRANCISCO NACH SEATTLE

235. TAG

Heute steht ein Todesfall in der Zeitung. »Der amerikanische Liberalismus, geboren 1933, starb 1996.« Das bezieht sich auf Präsident Clintons gestrige Unterzeichnung eines republikanischen Gesetzentwurfs, der ihn zu den größten Einschnitten bei der Sozialhilfe seit der Zeit des New Deal verpflichtet.

Die andere Hauptmeldung ist der Bombenanschlag bei der Olympiade in Atlanta. Es gibt inzwischen Gerüchte, er sei von »separatistischen Milizen« verübt worden. Unterdessen flattert vor unserem Hotel die kalifornische Flagge neben dem Sternenbanner. Amerika wirkt angespannt, unbehaglich, nervös. Von allen Ländern im pazifischen Raum habe ich hier am deutlichsten Furcht und Mißtrauen wahrgenommen. Natürlich waren die Leute freundlich. Man streckte die Hand hin, aber erst, nachdem man einen Sekundenbruchteil abgeschätzt hat, wem man sie hinstreckt. Könnte die legendäre Wärme und Spontaneität des amerikanischen Volkes zurückgegangen sein? Hat eine immer raffiniertere Technologie eine elektronische Mauer der Sicherheit und Überwachung in greifbare Nähe gerückt, hinter der sich die Besitzenden endlich vor den Besitzlosen verstecken können? Könnte diese großzügige Nation endgültig die Geduld mit denen, die sich nicht einfügen, verloren haben?

Heute vormittag ist die Stadt in einen Streifen kalten Meeresnebels gehüllt, der von der Hitze des Central Valley über San Francisco gezogen wird. Die Glocken der Grace Cathedral und die scheppernden Straßenbahnwagen auf der Powell Street klingen gedämpft und trauernd. Zeit für die Weiterreise nach Norden, um den Kreis zu schließen.

VON SEATTLE NACH VANCOUVER

236. TAG

Seattle, die Hauptstadt des Staates Washington und der drittgrößte amerikanische Pazifikhafen, liegt 1100 Kilometer nördlich von San Francisco und 210 Kilometer von der kanadischen Grenze entfernt. Trotz all der Busse, Züge, Hubschrauber, Motorboote, Segelboote, Kanus und roten Morgan-Sportwagen konnten wir Etappen wie diese nur Dank der guten alten, langweiligen Düsenflugzeuge schaffen. Ohne sie würden wir wahrscheinlich immer noch im Dschungel von Borneo stecken, und unsere Frauen und Kinder hätten vergessen, wie wir aussehen. Also scheint es nur recht zu sein, daß wir kurz vor dem Ziel einen Augenblick innehalten, um in einem der Tempel des Luftverkehrs unseren Dank abzustatten.

Das Werk für die Boeing-Endmontage in Everett könnte vermutlich die meisten Tempel aufnehmen, die wir auf dieser Reise gesehen haben, und dazu noch ein Fußballfeld. Es bedeckt neunzig Hektar und ist das größte Gebäude der Welt, nach Volumen gemessen. (Das Pentagon in Washington hat den größten »Fußabdruck«, d. h. die meiste Bodenfläche, ist aber nicht so hoch.) Hier befinden sich einige der großartigsten Statistiken der Welt. Meine Lieblingsstatistik betrifft die computergesteuerten Nietmaschinen. »Jede der zehn Maschinen kann alle zehn Sekunden ein Loch für einen Niet bohren, erweitern und ausfräsen und ihn einsetzen, festpressen und abschleifen.« Reine Poesie.

Was mich an diesem riesigen Montageraum, in dem (da kommt wieder eine Statistik) acht Jumbos zugleich fertiggebaut werden können, am meisten erstaunt, ist die Tatsache, daß es hier von dem Moment an, wo ich durch die Hangartore trete (jedes so groß wie ein Feld für American Football), so leise ist wie in einer Bibliothek.

Einige der größten menschengeschaffenen Maschinen (setzen Sie hier Ihre eigene Statistik ein) werden in fast völliger Stille gebaut. Es gibt zwar Geräusche – das Zischen von Hydraulik, das Summen von Ventilatoren, das kurze Keuchen eines Hochleistungsbohrers, aber sie ersterben rasch und fast kleinlaut. Einzelteile werden auf geräuschlosen Wagen transportiert, Angestellte fahren auf Fahrrädern oder Dreirädern durchs Werk.

Everett ist voller Bereiche. Die Cafeterien, die pro Tag (weiter geht's) 17 000 Mahlzeiten ausgeben, sind makellos, und ihre Computerwaagen, -kalorienanalysegeräte und fettfreien Espressos helfen übergewichtigen Angestellten in ihrem verzweifelten Kampf, jene Schlankheit zu erreichen, die auf der anderen Seite des Pazifik so normal ist. Es gibt einen Gartenbereich, wo Raucher, die aus dem übrigen Komplex verbannt sind, ihrer abstoßenden Tätigkeit nachgehen können, und einen ordentlichen und weiträumigen Empfangsbereich mit einem Buch. Überraschenderweise heißt es *Die Kunst Indonesiens.*

Für jemanden, der viele Wochen seines Lebens über der Erde in Boeing-Produkten zugebracht hat, ist all das unendlich beruhigend. Alles in Everett (oder alles, was man als Außenstehender sehen darf) ist sauber, sicher und kontrolliert. Es ist fast ein Schock, die Maschinen bei der Montage zu sehen, das Innere des Rumpfs eine bloße Aluminium- und Fiberglashülle, die Triebwerke eine Ansammlung von Spiralen und Rohren. All das wirkt ein wenig unsittlich. Aber nicht lange. Wenn die Einzelteile nach Everett geliefert sind (die meisten aus den Staaten, aber einige auch aus Südkorea und Kanada), kann ein Jumbo in fünfzig Arbeitstagen montiert werden. Und ein Malerteam kann die Außenhaut in nur 45 Minuten anstreichen.

Bevor ich die Mutter aller Statistiken verlasse, geben mir die enorm zuvorkommenden Leute von Boeing die Chance, eine ihrer 737er abstürzen zu lassen. Ich bekomme eine Auswahl von Orten, wo ich das tun möchte. Wir entscheiden uns für Seattle. Von meinem Platz in der verdunkelten Pilotenkabine des Flugsimulators sehe ich den sich nähernden Flughafen auf eine Leinwand vor mir projiziert. Das Turbinengeräusch wird eingeschaltet, und ein ungemütlich realistischer Eindruck der Buchten und Inseln um den Puget-Sund erscheint 2000 Meter unter mir. Ich glaube, ich bin ganz gut. Ich folge den Anweisungen, halte Kurs und Geschwindigkeit und bringe uns sanft zur Erde. Als ich mich umdrehe, um Beifall für mein Können zu ernten, sehe ich nur ein bleiches und zitterndes Filmteam. Anscheinend habe ich die Landebahn verpaßt, die Ecke des Kontrollturms abrasiert und auf einem vollbesetzten Parkplatz aufgesetzt.

Als wir den 49. Breitengrad und unsere achtzehnte Landesgrenze erreichen, ist es früher Abend. Ein Porträt der Queen hängt an der Wand der Einreisebaracke, und vor uns liegt British Columbia, Kanadas westlichste Provinz. Ihre Hauptstadt Vancouver hat anderthalb Millionen Einwohner, kürzlich um viele Chinesen aus Hongkong vermehrt, die nach dem Juni 1997 lieber unter kanadischer als unter chinesischer Herrschaft leben wollen.

Eine kosmopolitische, multiethnische Menge wandert die Robson Street hinunter zum Wasser, wo der letzte Abend eines internationalen Feuerwerk-Wettbewerbs stattfindet. Es ist eine Stimmung nationalen Jubels spürbar. Die kanadische 4 x 400 Meter Staffel hat bei der Olympiade die USA geschlagen. Ich glaube, wir sind gerade rechtzeitig aus Amerika raus.

Die Boeing-Werke in Everett, wo ein Jumbo wie ein Spielzeug wirkt.

VANCOUVER

237. TAG

Sonntagmorgen/Dimanche matin in/dans Kanada/Canade, wo/ou alles/tout in/dans zwei/deux Sprachen/langues steht.
Ich habe gehört, hier draußen im Westen lebten so wenige Leute, daß man die Züge anhalten könne wie Busse. Ich probiere das außerhalb von Vancouver an der frischen, pinienduftenden Küste des Howe-Sunds aus, ein paar Kilometer nördlich von Vancouver, und ernte eine Dampfwolke und ein durchdringendes Pfeifen, als der Royal Hudson Express seinen spektakulären Auftritt zwischen den dichten Bäumen hat, die den schmalen Raum zwischen Felsen und Meer füllen. Die Lokomotive ist eine elegante 4-3-3 von 1940 mit zwei Heizern, die in ihren makellosen, weißblauen Seersucker-anzügen wie Andy Pandy aussehen. Und sie hält für mich.

Ich schließe aus der unberührten Sauberkeit des Zugs und dem lächelnden Personal, daß es ein Touristenzug ist. Der originale Royal Hudson Express fuhr 1939 anläßlich des Besuchs von George VI. und Queen Elizabeth quer durch Kanada. Jetzt fährt er nur noch die 65 Kilometer bis Squamish, dank örtlicher Geschäftsleute. Er besteht aus sechzehn Waggons aus den fünfziger Jahren und einem luxuriösen Salonwagen von 1940, in dem ein herrlicher Lunch zur herrlichen Landschaft serviert wird. Unglücklicherweise spielt das Wetter nicht mit. Ständig wird mir versichert, wenn ich sie nur sehen könnte, läge vor dem Fenster eine der schönsten Gegenden Kanadas. Alles, was ich erkenne, sind Sägemühlen und riesige Mengen von Baumstämmen, die den Fluß verstopfen. In der Durchsage, wir würden gleich am zweitgrößten Granitfelsen der Welt vorbeifahren, liegt Verzweiflung (der größte Granitfelsen ist der von Gibraltar).

In Squamish findet seit 39 Jahren ein Holzwettbewerb statt, eine Art Schützenfest des Holzgewerbes, das von einem Wettbewerbstag zu einem Wochenende von Barbecues, Bingo, Schwof, Paraden, Prämierungen geschmückter Fahrräder und der Krönung von Squamishs Miss Jugendbotschafter angewachsen ist. Nirgends höre ich das Wort Holzfäller. Heute redet man von »Integriertem Holzmanagement«, was höhere Kosten für die Holzfirmen zum Nutzen der Umwelt bedeutet.

Ich halte außerhalb von Vancouver den Royal Hudson Express an.

Die Wettbewerbe selbst beruhigen einen jedoch, daß Männer noch Männer sind, und daß auch Frauen Männer sind, wenn es um den Umgang mit Baumstämmen geht. Die Konkurrenten kommen aus England, Neuseeland, Dänemark und dem pazifischen Nordwesten der USA, um im Axtwerfen, Sägen und Hacken sowie im raffinierten Sport des Baumstammlaufens anzutreten. Bei letzterem laufen zwei Männer auf einem vierzig Zentimeter dicken, schwimmenden Stamm, damit er sich weiterdreht, und jeder versucht den anderen durch den Wechsel von Tempo und Rhythmus aus dem Gleichgewicht zu bringen. Es sieht aus wie eine Fred-Astaire-und-Gene-Kelly-Nummer. Der Höhepunkt ist ein Rennen auf einen Baum hinauf und wieder herunter. Denis Butler aus dem US-Staat Washington ist der Sieger, der in weniger als dreißig Sekunden einen dreißig Meter hohen Stamm erklimmt, oben eine Glocke läutet und wieder herunterkommt.

Ich lasse mich überzeugen, an einem Halsbandrennen teilzunehmen. Jeder Teilnehmer muß über schwimmende Stämme laufen und dabei ein Halsband tragen (kein eng anliegendes Band, wie es die Heldinnen bei Jane Austen tragen, sondern einen acht Meter langen Kragen, der 75 Pfund wiegt), das er dann an einen Pfahl hängen muß. Sogar ohne Kragen schaffe ich es nur über die halbe Strecke, bevor ich den tödlichen Fehler begehe, nach unten zu schauen.

Später sehe ich mir in trockenem Hemd und trockener Hose, die mir der Zeremonienmeister besorgt hat, das große Finale an: Baumfällen mit der Motorsäge. Die Berge hallen von 21 Motorsägen wieder, die sich in 21 Baumstämme fressen, während jeder Holzfäller versucht, seinen oder ihren Baum ins Ziel treffen zu lassen. Seltsamerweise hat mich diesmal niemand zur Teilnahme aufgefordert.

VON VANCOUVER NACH PRINCE GEORGE

239. TAG

Letzte Etappe: Mit dem Zug durch British Columbia, dann mit dem Schiff nach Alaska. Als ich um sieben Uhr bei der Abfahrt unseres fünf Waggons langen Zuges die Karte studiere, schätze ich, daß mich nur noch 3500 Kilometer von der Beringstraße und Little Diomede trennen. Es ist wieder Sommer, das Wetter sollte stabil bleiben.

Unser Zug heißt ›Cariboo Prospector‹, nach dem Goldrausch der 1860er, der das Innere von British Columbia erschloß. Captain Cook hatte die Küste bereits achtzig Jahre zuvor beim Handel mit den einheimischen Indianern erforscht und kartographiert, aber erst der Anreiz wertvoller Metalle zog größere Zahlen von Europäern ins Land.

Wir sind in den letzten achtzehn Monaten verwöhnt worden, aber selbst nach unseren Maßstäben ist es ein schöner Morgen für die Abreise. Die Wasser des Howe-Sunds sind friedlich, unbewegt und leuchtend. Zwei gewaltige Autotransporter von Hyundai gleiten langsam die Bucht entlang nach Van-

Ein Mann auf der Kippe. Holzsportfest in Squamish.

couver. Nach ein paar Kilometern macht die Bahnstrecke einen scharfen Knick nach Norden, wobei sie sich riskant am Fuß aufragender Klippen festhält und sich ab und zu ins Dunkel von Einschnitten und Tunneln drückt, die in den harten schwarzen Fels gesprengt wurden. Unsere Route folgt dem Fraser River 740 Kilometer weit nördlich nach Prince George. Unterwegs gibt es acht planmäßige Stationen und 35 »Flaggenstopps«, wo jeder, sofern er das vorschriftsmäßige Metallrechteck hochhält, den Zug stoppen kann.

In Gates werden wir von einer neunzigjährigen Dame in Kostüm und Hut gestoppt. Sie heißt Mrs. Ward und macht ihre vierzehntägige Einkaufsfahrt nach Lillooet. Sie ist eine energische, in Belfast geborene Frau, die seit sechzig Jahren in British Columbia lebt, und hat nicht viel Zeit für Fernsehinterviews. »Das hab ich Ihnen schon gesagt«, wiederholt sie unwirsch.

Die Landschaft ist inzwischen majestätisch geworden, aber ich merke, daß ich nur ein gewisses Maß an Majestätischem vertrage, bevor meine Augen zu meinem Roman über New Jersey zurückschweifen. Ich bin jedoch froh aufzuschauen, als wir an einem Schild mit der Aufschrift ›Marne: 264 Meter Höhe, 2 Einwohner‹ vorbeifahren. Beide sind da, um ihre Post abzuholen. Ein älteres Paar mit schwarzem Hund. Sie lassen den Hund die Briefe tragen.

Nach Lillooet sind wir auf der windabgewandten Seite der Rocky Mountains, die Landschaft ist knochentrocken. Die steilen Wände des Canyons, den der Fraser River durchfließt, haben die Farbe von Schlacke. An einer Stelle fahren wir 650 Meter über dem Talboden auf einem schmalen Sims.

Die Wälder, die nach Vancouver 320 Kilometer weit die Berge bedeckt haben, finden hier keinen Halt, und der Fels ist mit Beifuß und gedrungenen Goldkiefern bewachsen. Im tief unter uns liegenden Wasser werden Lachse gefischt (ich sehe Leitern, um ihnen die Reise flußaufwärts zu erleichtern), und riesige schwarze Netze schützen Ginsengfelder.

Endlich klettern wir aus dem Canyon auf eine blühende Hochebene – das High-Cariboo-Plateau. Hier gibt es Wasser in seichten, schilfigen Teichen, die von Feldern voller wilder purpurner und gelber Blumen und Streifen einer roten Blume namens Kastillea umgeben sind. Das Sonnenlicht flimmert durch Haine von zitternden Espen und Weißfichten. Gelegentlich sieht man Häuser, oft heruntergekommen, auf deren Gelände Alteisen und Autowracks liegen.

Nach fast genau 530 Kilometern überqueren wir die Deep-Creek-Bridge, eine der spektakulärsten aller Holzbrücken. Über den Bäumen wirkt sie dünn und zerbrechlich. Wer an Höhenangst leidet, sollte auf den Ausblick an dieser Stelle vielleicht verzichten, da die Strecke auf der schmalen, ungesicherten Brücke 400 Meter weit mehr als 100 Meter über dem Boden verläuft. Es ist eine der höchsten Eisenbahnbrücken der Welt.

Während wir nach Prince George rollen, entfacht die untergehende Sonne ein letztes Farbenspektakel auf diesem krausen Grasland.

Um neun Uhr dreißig kommen wir mit einer Stunde Verspätung nach vierzehneinhalb Stunden Fahrt an. Mein Hotelzimmer riecht nach Abfluß, aber als ich das an der Rezeption erwähne, heißt es, ich soll mir deswegen keine Sorgen machen. Die ganze Stadt riecht so. Es ist auch kein Abfluß, es ist die Verarbeitung des Holzbreis. Ich schlafe bei geschlossenem Fenster.

VON PRINCE GEORGE NACH PRINCE RUPERT

240. TAG

Wieder ein früher Aufbruch. Im Gegensatz zum Zug von gestern hat der heutige einen Aussichtswagen. Während der ersten paar Stunden ist außer Baumwipfeln nicht viel zu sehen. Nach einer Weile wird die Ähnlichkeit der Bäume seltsam hypnotisch, und ich trinke viele Tassen Kaffee und werde ganz langsam me-schugge. Zum Lunch gibt es Roastbeef oder Pute. Ich nehme Pute, und die Zugbegleiterin nickt zustimmend.

»Sie sehen wie ein Puten-Typ aus.«

Der ›Cariboo Prospector‹ durchquert die Rocky Mountains.

Nach 240 Tagen Reise erfahre ich immer noch Neues über mich. Wir sind ein kleiner Zug – zwei Budd-Waggons mit Aluminiumgehäuse und ein Aussichtswagen – und fahren mit gemächlichen, aber konstanten achtzig Kilometern pro Stunde. Die 764 Kilometer lange Reise endet mit einem großen Finale von Bergen, gewundenen Gletschertälern und steilen Klippen, zwischen denen der Skeena River zum Ozean fließt. Das Wetter, das während unserer spektakulären Eisenbahnreise so freundlich gehalten hat, beginnt sich nun zu drehen, und die ersten Regentropfen klopfen auf die Glaskuppel über meinem Kopf, als wir das Ende der Strecke, den Pazifik und die Stadt Prince Rupert erreichen.

VON PRINCE RUPERT NACH NOME

242. TAG

Prince Rupert ist als Stadt der Regenbögen bekannt. Es hat den drittiefsten Hafen der Welt nach Buenos Aires und Sydney. (Eine der Freuden des Reisens in Nordamerika ist die Fülle an Informationen. Man kann China, Vietnam und die Philippinen durchqueren und erfolglos nach einer einzigen Information über das suchen, aber im pazifischen Nordwesten ist keine touristische Unternehmung etwas wert, wenn sie nicht ein oder drei Broschüren hat.) Es gibt ein kleines, informatives Museum in Prince Rupert, weswegen ich mich schämte, weil ich angenommen hatte, es habe hier nicht viel gegeben, bevor die europäischen Siedler kamen. Tatsächlich gab es hier seit 5000 Jahren eingeborene Stämme, und ihre Totempfähle zeichnen schon eine Geschichte auf, bevor die Hudson Bay Company Gewehre, Medizin und Christentum einführte. Eine recht triviale Sache ist mir im Gedächtnis geblieben. Tax K'walaam ist ein indianischer Name und bedeutet »Ort der wilden Rosen«. Als der weiße Mann kam, nannte er den gleichen Ort ungerührt Fort Simpson.

Gestern hat es pausenlos geregnet, und es gab viele Regenbögen. Ein wäßriger Nebel hängt an den Inseln, als wir an Bord der nach Alaskas größtem Gletscher benannten ›Malaspina‹ gehen, die uns zur Stadt Juneau bringen wird.

Es ist eine amerikanische Fähre, Baujahr 1962, und dies ist ihre 2082. Reise durch den Kanal zwischen den Inseln, der Alaska Marine Highway genannt wird. Von Deck aus ist nicht viel zu sehen, aber es gibt eine Auswahl von Vorträgen mit viel Wissenswertem. Der erste dreht sich vor allem darum, wie feucht Alaska ist. Alles über den Weißkopf-Seeadler soll später folgen. Der Vortrag über die Geschichte Alaskas schüttet einen gnadenlos mit Fakten zu: Alaska hat ein Fünftel der Größe der USA, von den zwanzig höchsten Gipfeln der USA befinden sich siebzehn in Alaska, die Flagge Alaskas wurde vom dreizehn Jahre alten Benny Bensen aus Chignik entworfen und 1927 eingeführt.

Ich flüchte wenigstens drei Stunden vor allen Fakten und Zahlen in meine Kabine. Nach dem Lunch wage ich mich vorsichtig hinaus. In der vorderen Lounge spricht eine junge Frau, die wie eine Square-Dance-Ansagerin aussieht, über Flechten. Auf Deck ist die Sicht noch schlechter geworden. Niemand außer einem Amerikaner mittleren Alters ist zu sehen, der sich auf die Reeling lehnt und in den Nebelschleier hinausspäht.

»Ich habe mich Jahre darauf gefreut«, sagt er, ohne sich umzudrehen.

Auf dem Alaska Marine Highway. Das Wetter zieht sich zu.

NOME

243. TAG

Die ›Malaspina‹ setzt uns in Juneau ab und gibt uns zum Abschied noch an einer Statistik zu knabbern. Juneau ist die einzige Hauptstadt eines US-Bundesstaates, die nicht auf einer Straße zu erreichen ist. Wir haben keine

Wahl, als zu fliegen, erst nach Anchorage, dann ins vertraute Nome, wo wir uns auf die allerletzte Etappe der langen Rückreise vorbereiten wollen. Der Anblick des Lucky Swede Andenkenladens und des Bering Sea Saloon erzeugt eine verfrühte Hochstimmung, die Freude, mein altes Zimmer zu sehen, könnte kaum größer sein, wenn der Nuggett Inn »Journey's End« hieße.

Aber Little Diomede ist noch 209 Kilometer entfernt, und beim Essen in einem Restaurant, wo eine freundliche koreanische Familie »authentisch« chinesisches Essen serviert, hören wir Neuigkeiten. Ein Patrouillenboot der US-Küstenwache beendet bald seine Routinemission vor der Küste Alaskas. Wenn wir es bis Kap Prince of Wales schaffen, den westlichsten Punkt des amerikanischen Kontinents, wollen sie uns an Bord zu nehmen und nach Little Diomede übersetzen. Die schlechte Nachricht: Sie stecken auf der Beringsee in dichtem Nebel und kommen nur noch im Schneckentempo vorwärts. Die Küstenwache verspricht uns zu helfen und alles Menschenmögliche zu tun.

VON NOME NACH WALES

244. TAG

Am schwarzen Brett vor Fat Freddies Restaurant über gesichtete Tiere steht: »Blaumeisen, arktischer Eistaucher und Grizzlybären (3).« Aber nicht, wo die Grizzlybären gesichtet wurden. Als ich jemand frage, ob welche davon in der Umgebung von Kap Prince of Wales waren, schütteln sie den Kopf und grinsen breit. (Das breite Grinsen ist ein Phänomen in Alaska, das in allen außergewöhnlichen Situationen paßt, von der amüsanten bis zur lebensgefährlichen.)

Wales, eine Siedlung von 150 Eskimos, liegt am Ende einer Landzunge zwischen dem Strand und niedrigen Sanddünen mit Strandgras, direkt nördlich von Kap Prince of Wales. Das Kap, ein 650 Meter langer Granitausläufer, war Teil der Bering-Landbrücke, Korridor zwischen Alaska und Rußland von 1450 Kilometern von Norden nach Süden. Die Wissenschaftler glauben, daß die ersten Bewohner Alaskas, sogar ganz Amerikas, vor acht- bis zehntausend Jahren darüber kamen. Seit Ende der letzten Eiszeit liegt er unter dem Meer begraben, das zur Zeit entschieden unwirsch aussieht.

Ich habe das Buch bei mir, mit dem ich vor einem Jahr abreiste, Harry de Windts *Zu Land von Paris nach New York*. Er kam 1901 aus Rußland über die Beringstraße. Seine Beschreibung unseres augenblicklichen Aufenthaltsorts ist nicht ermutigend. »Es gibt wahrscheinlich keinen Ort auf der Welt, wo das Wetter so hartnäckig schlecht ist wie an diesem freudlosen Fleck der Erdoberfläche.«

Die Eskimos leben in langen, niedrigen, modernen Hütten. Es gibt eine Landebahn, ein Schulzimmer, ein Postamt und sonst nicht viel. Ich sehe zum Trocknen aufgehängte Eisbärfelle, aber nichts von Grizzlys.

Wir sind so weit westlich auf dem amerikanischen Kontinent, wie es geht. Sibirien ist bloß 85 Kilometer weit weg, Little Diomede verlockende 40. Jetzt können wir nur noch warten.

Das Ende der Reise ist so nah, daß keiner von uns sich wirklich auf irgend etwas konzentrieren kann, als dorthin zu kommen, und die Stimmung sinkt langsam, als eine Nacht auf dem Boden des Klassenzimmers immer wahrscheinlicher wird. Dann bricht das US-Küstenwachboot ›Munro‹ mit einem roten Streifen, der diagonal über den Rumpf verläuft, aus dem Nebel hervor wie die Hand Gottes oder die US-Kavallerie, angekündigt durch einen plötzlichen Schauer von Funksprüchen.

Von jetzt an geht es schnell. Wir erfahren, daß sich das Wetter in der Beringstraße verschlechtert. Um die Sache zu beschleunigen, kann die ›Munro‹ hier nicht Anker werfen. Wir müssen unsere kleinen Taschen packen und bereit sein, vom Dinghi des Schiffs an Bord gebracht zu werden.

Wir alle sehen, wie ein Dinghi zu Wasser gelassen wird und losfährt. Ein gedrungenes, robustes oranges Boot, das auf den Wellen hüpft. Wir alle sehen, wie es sich durch schwere See kämpft und hinter den größeren Wellen völlig verschwindet. Und wir alle sehen das Dinghi zur ›Munro‹ zurückkehren, als es zwischen den flachen Sandbänken, über die die Wellen mit wachsender Gewalt hinwegrollen, keinen Weg findet. Dem Kapitän bleibt noch eine Möglichkeit, nämlich die, uns mit seinem Hubschrauber abholen zu lassen. Es dauert eine Weile, ihn startklar zu machen, aber wenn das Wetter stabil bleibt, will er ihn in einer halben Stunde schicken.

Wir filmen an einem Friedhof zwischen den Dünen. Als wir fertig sind, heult der Wind um das Kap und peitscht Sandkörner über unsere Gesichter.

Der Hubschrauber überwindet den halben Kilometer, aber es gibt eine Komplikation. Wegen der militärischen Vorschriften kann er uns nicht alle gleichzeitig mitnehmen, also gibt es mehrere zeitraubende Flüge, während das Wetter immer schlechter wird.

Der Rest des Teams, mit Kamera, Film und, wie sich herausstellt, leider auch mit dem Funkgerät, wird sicher zur Munro gebracht. Der Hubschrauber kommt nicht wieder. Fraser und ich sind die letzten an Land und können uns nur neben einem Flugzeughangar in den Windschatten drücken und warten. Die ›Munro‹ ist nicht mehr zu sehen. Sogar das öde, baumlose Kap Prince of Wales wird immer undeutlicher. Ich habe noch nie gesehen, wie das Wetter so schnell so schlecht wurde. So ist Westalaska wahrscheinlich in Wirklichkeit. Die windstillen, sonnigen Tage, als wir das erste Mal hier waren, haben uns in falscher Sicherheit gewiegt. Ich hätte auf Harry de Windt hören sollen. Was für ein absurdes Ende für eine Serie, sich am westlichsten Punkt des amerikanischen Kontinents hinter einen Hangar zu kauern. Eine Stunde vergeht. Wir überlegen, was wir tun können. Fraser hat neunzehn Dollar in der Tasche. Wir wollen schon zur nächsten Hütte stapfen, als wir durch den Wind Motorengeräusch hören. Obwohl wir sicher vom Strand von Wales abgeholt werden, liegt der gefährlichste Teil der Operation noch vor uns. Der Hubschrauber muß genau auf dem richtigen Punkt am Heck eines Schiffs landen, das in einem immer stärkeren Sturm schaukelt und stampft. Die kleinste Fehleinschätzung kann tödlich sein. Das Können des Piloten und die Koordination des Manövers durch Captain Gable auf der Brücke machen mich doppelt verlegen, solche Leute in unsere dämlichen Pläne einzubeziehen.

Der Kreis ist fast geschlossen. Eine letzte Botschaft an die Zuschauer von Bord der ›Munro‹, einen Kilometer vor Diomede.

BERINGSTRASSE

245. TAG

Wieder an der Beringstraße. Diesmal ist es weniger angenehm.

Sicher an Bord der ›Munro‹. Habe die Kabine eines abwesenden Operation Officers namens Kelley bekommen. Sie ist sehr klein, neben mir steht ein Computer, und Vorschriften über umweltgerechtes Fischen, Bücher über Codes und Astronavigation stehen auf einem Regal am Ende der Koje. Meine Kleider hängen über jede mögliche Oberfläche zum Trocknen. Ich schlafe nicht viel. Was auch immer geschieht, es ist der letzte Tag einer neuneinhalb Monate langen Reise. Der Tag, an dem wir den Kreis schließen.

Es ist wieder August, allerdings ist der August in Alaska diesmal nicht so wie irgendwo anders. Das Meer geht hoch, und Wind und Regen fegen übers Deck, so daß man unmöglich länger draußen bleiben kann. Ich kann Little Diomede sehen, aber nur als schwarzen Fleck auf dem Radarschirm.

Den ganzen Vormittag liegen wir vor der Insel und warten auf einen Wetterwechsel, um an Land gehen zu können. Das Abenteuer von gestern abend war eine deutliche Warnung, und so erhebt sich kein Protest, als Captain Gable bei vier Meter hohen Wellen, einem Südwestwind, der mit 65 Kilometern bläst und einer Sichtweite von bloß 800 Metern den Versuch aufgibt, uns in Little Diomede an Land zu setzen.

Außer uns hat er noch 170 Mann Besatzung an Bord, von denen viele darauf brennen, nach vier oder fünf Monaten zum ersten Mal wieder nach Kalifornien zurückzukommen. Als wir über der Datumsgrenze hin und her fahren und ein letztes Mal zwischen den Hemisphären pendeln, kenne ich ihre Gefühle und erhebe keinen Widerspruch. Ich bin traurig, aber keineswegs niedergeschlagen. Was soll's, nach einer Reise von 80 000 Meilen fehlt uns halt einer. Wie die Buddhisten sagen: Nur Gott ist vollkommen.

SIBERIA
RUSSIA
SHEFFIELD UNITED F.C
РОССИЯ
Par avion
PHILIPPINES
VISITING
JOURNALIST
1995
PALIN,
MICHAEL EDWARD
PALIN'S PACIFIC
FV6107
PRESS SECRETARY
CN